★面向21世纪高等院校体育课教材

大学体育教程

DAXUETIYU JIAOCHENG

MIANXIANG21SHIJIGAODENGYUANXIAOTIYUKEJIAOCAI

（第五版）

主　编　乔德平　王晓瑛

副主编　毕研洁　葛　峰　王延军

汪　波　张　弘　张建新

编写组成员（以姓氏笔画为序）

王延军　王晓瑛　毕研洁

乔德平　汪　波　张　弘

张建新　贾文红　葛　峰

兰州大学出版社

图书在版编目(CIP)数据

大学体育教程/乔德平,王晓瑛主编.—5版.—兰州:兰州大学出版社,2012.8
ISBN 978-7-311-02573-1

Ⅰ.①大… Ⅱ.①乔… ②王… Ⅲ.①体育—高等学校—教材 Ⅳ.①G807.4

中国版本图书馆CIP数据核字(2012)第184428号

策　　划　葛　峰　张国梁
责任编辑　王永强　张　仁
封面设计　张友乾

书　　名　大学体育教程(第五版)
主　　编　乔德平　王晓瑛
出版发行　兰州大学出版社　(地址:兰州市天水南路222号　730000)
电　　话　0931-8912613(总编办公室)　0931-8617156(营销中心)
　　　　　0931-8914298(读者服务部)
网　　址　http://www.onbook.com.cn
电子信箱　press@lzu.edu.cn
印　　刷　兰州奥林印刷有限责任公司
开　　本　787 mm×1092 mm　1/16
印　　张　19.25
字　　数　435千
版　　次　2012年8月第5版
印　　次　2012年8月第6次印刷
书　　号　ISBN 978-7-311-02573-1
定　　价　30.00元

前　言

大学体育教育是高等院校对大学生进行身体教育,促进其全面发展的重要手段。大学体育课程是学校课程体系的重要组成部分,是学校体育教育的核心内容,是高等院校体育工作的中心环节。为了实现大学生德、智、体、美、劳全面、协调发展的教育目标,我们以教育部颁发的《全国普通高等学校体育课程教学指导纲要》和教育部、国家体育总局颁布的《学生体质健康标准(试行方案)》为依据,本着“健康第一”、“终身体育”的教育思想和教育理念,组织了甘肃省及西北地区其他省份部分高校长期从事高校体育教育、教学的学者、专家编写了本教材。

在编写过程中,我们力求使本教材成为在校大学生体育学习和满足其终身锻炼的指导性用书。在追求面向全体大学生和树立“健康第一”观念的同时,以发展学生的个性、培养学生终身体育锻炼习惯和终身体育能力为核心。重点突出教材的文化性、科学性、趣味性、健身性、可读性。概括起来,本教材具有以下特色:

1. 观念新颖。本书以学生身心健康作为最终教育目标,紧紧围绕体育锻炼与促进健康的关系进行阐述,旨在使学生树立“健康第一”的观念,充分认识体育锻炼的益处和进行体育锻炼的重要性。

2. 科学性强。本书从理论到实践大量吸收了国内外最新的大学体育教材的研究成果,以大量的科学事实和研究成果为依据,语言严谨凝练,避免有争论的论题和空洞说教,力争言之有理、论之有据。

3. 内容丰富。本书在内容选择上力求丰富、系统,遵循健身性与文化性相结合,选择性与实效性相结合,科学性与可接受性相结合,地域性与民族性相结合的原则,充分反映和体现了《学生体质健康标准》的内容和要求。该教材“体育理论篇”中有体育文化与体育欣赏的论述;“体育实践篇”中有数十种休闲娱乐体育的内容,符合当代大学生身体全面发展的需求;并从所处地域考虑,专门选编了西北地区部分民族传统体育项目和体育游戏供教学和练习。

4. 实用性强。本书注重理论联系实际,努力使学生学以致用。在内容编排上合理吸收国内外最新的大学体育教材的研究成果,力求符合大学生的身心特点,更加贴近学生的学习、生活实际,以掌握有效提高身体素质、全面发展体育能力的知识与方法,养成良好的行为习惯,形成健康的生活方式,使学生在掌握一定体育科学理论知识的基础上,根据个人的身体基础和兴趣,有选择性地掌握体育健身的方法、体育保健的方法、体育休闲的方法、体育竞技的方法,打好坚实的终身体育基础,长期坚持体育锻炼,终生受益。

《大学体育教程》是兰州大学出版社编辑策划出版的系列教材之一，由甘肃省及西北地区部分高校多年从事公共体育教学的专家编写而成，不仅适用于高等院校公共体育课教学，而且可供中等专业以上各级各类学校使用。兰州大学出版社的领导和编辑对本教材的出版付出了艰辛的劳动；本教材参考了国内出版的数十种高校体育教材，我们在此深表谢意！

本教材于2006年6月出版后，得到各类学校师生的好评，也反馈了不少建设性意见。依据教材使用过程中发现的问题，结合体育教学实际需要，我们对本教材进行了修订，增加了“形体”和“瑜伽”两节内容。尽管我们做了很多努力，但书中不尽如人意之处在所难免，祈望专家学者和广大师生提出宝贵意见，以便我们进一步修订完善，使教材的质量不断提高。

《大学体育教程》编写组

二〇〇八年六月

目　录

下编　体育实践篇

上编　体育理论篇

第一章　大学体育与健康教育

学习目标: 了解体育的概念和功能,解读健康、亚健康的定义,确立“健康第一”的思想,实现大学体育教育的目标。

第一节　体育概述

一、体育的概念

在人类社会漫长的历史进程中,体育与人类生存、社会发展息息相连,并不断地、永恒地创造和赋予新的社会意义和社会价值。

19世纪60年代,由西方传入“体育”一词,其意是指同维持和发展身体的各种活动有关联的一种教育过程。100多年来,随着人类社会的不断进步和体育实践的日益丰富,原指体育教育的“体育”概念已不能涵盖具有相对独立体系的竞技运动和“身体锻炼”。根据我国体育发展的特点和规律,“体育”一词有狭义和广义两种含义,狭义的体育是指身体教育;广义的体育是指:体育是一种特殊的社会现象,它是以发展身体、增强体质、增进健康为基本特征的教育过程和社会文化活动。体育既受一定的社会政治、经济的影响和制约,也为一定的社会政治、经济服务。当前,体育的发展趋势呈现出:体育进一步国际化、社会化、科学化,体育手段、内容的多样化和体育终身化。

二、体育的组成

1. 学校体育

学校体育是学校教育的重要组成部分,是全民教育的基础。学校体育按不同教育阶段和年龄特征,通过体育课程、课余训练和课外体育活动的基本组织形式,以“增强体质、增进健康、培养‘健康第一’意识,为‘终生体育’奠定基础”为核心,全面实现学校体育的各项任务。从而与其他教育环节共同构成完整的教育过程,促使学生德、智、体等各方面得到全面发展。

2. 竞技体育

竞技体育亦称“竞技运动”,原指“离开工作进行的游戏和娱乐活动”。ICSPE(国际竞技体育协会)将其定义为“凡是含有游戏的属性并与他人进行竞争以及向自然障碍进行挑战的运动”。而长期以来中国竞技体育界将其解释为:“为了最大限度地发挥和提高人体在体能、身体能力、心理和运动能力等方面的潜力,取得优异运动成绩而进行的科学的、系统的训练和竞赛。”

竞技体育在现代奥林匹克运动的推动下，已有50多种用于国际比赛的运动项目，并设有相应的国际体育组织和单项运动协会。竞技体育以夺取优胜为目标,对人体进行生物学和心理学改造,最大限度开发人的竞技运动能力。由于在组合"对抗"的同时,非常强调"法"的完整和准确,即认为竞技规则在保证运动顺利进行的同时,也在引导运动不断趋向科学化。因此,为应付激烈的赛场竞争,正广泛采用科学先进的训练方法和手段,以探索人类竞技运动的极限。由于竞技体育的表演技艺高超,极易吸引广大观众。因此,它作为一种极富感染力又容易传播的精神力量,在活跃社会文化生活、振奋民族精神、促进各国人民之间的友谊和团结等方面,都有着特殊的教育作用。

3. 社会体育

社会体育亦称"大众体育",是指职工、农民和街道居民自愿参加的,以增进身心健康为主要目的,内容丰富、形式灵活的社会体育活动。它是我国体育事业的重要组成部分。作为学校体育的延伸,可使人们的体育生涯得以继续维持并受益终身。

社会体育以增强人的体质,延长人的寿命,满足人民群众的健美、消遣、娱乐、休闲、保健、医疗、康复、社交等多方面的需要为目的,并不追求达到高水平的运动成绩。《中华人民共和国宪法》第21条明确规定:"国家发展体育事业,开展群众性体育活动,增强人民体质。"这说明了社会体育在整个体育事业和社会生活中的重要地位。

社会体育开展的广泛性和社会化程度,取决于一个国家经济的繁荣、生活水平的提高、余暇时间的增多和对体育的价值观念及社会环境安定等因素。从世界发展趋势看,社会体育作为现代体育发展的重要标志,其普及程度和开展规模,都不亚于竞技体育。近几十年世界各国和中国社会体育发展的进程证明了社会体育具有越来越广泛的群众基础,呈现越来越繁荣的景象。

三、体育的功能

1. 体育的健身功能

健身是体育最主要的本质功能。体育以身体运动为基本表现形式,由它构成的体育锻炼过程,给予各器官系统以一定强度和量的刺激,使身体在形态结构、生理机能和生物化学等方面产生一系列适应性反应。这种"适应性反应"对机体产生的积极性影响,有利于促进健康和增强体质。

(1)改善和提高人的大脑和中枢神经系统

通过长期的体育锻炼可改变大脑的供血、供氧状况,使人头脑清醒、思维敏捷,大脑皮层的兴奋性增强、抑制加深,神经过程的均衡性和灵活性提高,大脑皮层的综合分析能力增强,中枢神经系统对身体各器官系统的调节作用提高。

(2)促进有机体的生长发育,塑造健美的体型,提高人体的运动能力

经常参加体育锻炼,可以使人体的骨骼更加坚实,特别是能使脊柱、胸部和骨盆等支撑器官的发育更趋完美,为塑造健美体型创造条件。

(3)促进人体内脏器官构造的改善和机能的提高

体育活动时,由于人的体内能量消耗增加,代谢产物增多,新陈代谢旺盛,血液循环加速,从而使血液循环、呼吸、消化、排泄系统等的机能得到改善,特别是心脏、肺等在构造上发生变化,从而出现心脏工作的"节省化"和肺活量增大、呼吸深度加深的现象。

(4)提高人对自然环境的适应能力

医学和生理学关于"适者生存"的理论认为:人的健康状况和工作效率,不仅取决于全身各器官、系统的功能和相互协调,而且还取决于整个身体对自然环境的适应能力。在严寒、酷暑、高原、高空、空气稀薄等环境条件下进行体育活动,能提高人对自然环境的适应能力。

(5)提高有机体的应激能力和病后的抵抗力

经常参加体育锻炼有助于推迟人体衰老的生理过程,增强人对疾病的免疫力和病后的康复力,从而达到防治疾病、延年益寿的效果。

2. 体育的教育功能

教育功能是体育最基本的社会功能,就其作用和广泛性而言对人类社会产生的影响,是体育的其他社会功能无法比拟的。所以,人们都十分重视体育在教育中的作用。

马克思主义关于教育的经典论述,从来都把体育视为学校教育不可缺少的组成部分,并始终重视它在这个特定领域里对培养全面发展人才所起的重要作用。学校通过完整的体育教育过程对受教育者进行政治思想、意志品质、道德情操和发展身体的教育,使他们获得基本的体育理论知识,掌握必要的运动技能,学会科学锻炼身体的方法,提高运动实践能力,并养成锻炼身体的习惯。

由于体育所独具的活动性、技艺性、竞争性、群聚性、国际性和礼仪性等特点,它作为一种传播体育价值观的理想载体,在激发爱国热情、振奋民族精神及培养社会公德等方面,都具有极大的社会教育功能。

3. 体育的娱乐功能

"娱乐身心"是被挖掘和利用较早的体育功能。在体育初具雏形的原始社会,原始人在狩猎之余用以宣泄情感而进行的嬉戏活动,虽缺乏明确的目标和稳定的运动方式,却已通过这种潜意识行为,反映出原始人对精神生活的需求。体育形成初期,亦即古代开展民族、民间体育阶段,许多供娱乐消遣的身体活动项目,常在节日庆典、宗教仪式和表演技艺中出现,对调节和丰富人民生活起着重要作用。在同时代的欧洲,自进入文艺复兴时期,人文主义者和新型资产者以"提高和改善人类的生活"为宗旨,大力提倡消遣娱乐活动,并利用各种体育手段开展社交。

随着现代社会物质产品的不断丰富,余暇增多,人们为享受生活,使体育的娱乐功能有了更广泛的发挥。比如,现代都市生活使人与大自然几乎隔绝,但参加户外体育活动,可以调节生活,使人享受返回大自然境界的乐趣;随着生活节奏的加快,体育锻炼有利于密切人际交往和享受集体聚会的乐趣;通过参与体育竞赛活动或从事一些惊险性体育项目,可以在向大自然的挑战中,体验创造人生价值的乐趣;经常欣赏体育比赛和表演,可以从运动员的高超技艺中得到美的艺术享受。

4. 体育的经济功能

体育的经济功能是近期被认识和开发的社会功能,由体育与经济的相互促进作用所决定。经济学家认为,劳动生产力的提高是社会经济发展的重要标志,在对生产力进行价值评价时,人的素质往往是最主要的衡量标准。但在人的诸多素质中,身体素质又显得尤为重要,这就使得世界各国都格外重视体育发展劳动者体力的作用,以期减少发病率，达到促进社会生产力发展的目的。

生产力变革引导生产方式变化和劳动结构的变化，而这一变革对劳动者的身体结构、机能和心理都会产生不良的影响。正是为了对抗这种巨大的异化作用，体育运动才有了真正走向社会并得以迅速发展的历史依托。在市场经济迅速发展的新时期，表现出体育运动对国家的经济发展有重要的促进作用。

(1)有效提高劳动者素质

通常认为，人的素质包括身体素质、文化素质和道德素质等方面。身体素质作为诸素质的物质基础，对生产力的提高起着至关重要的作用。国家对体育的合理投资，既可以促进体育事业的发展，又能不断提高劳动者的健康水平和体质状况。为此，体育的经济功能，最初是由体育本身的发展，间接通过提高国民的身体素质，再转化为劳动生产力的。

(2)对企业文化的建设作用

在现代企业中，企业文化建设越来越为人们所重视。企业文化的优劣，关系到企业的形象、职工的素质、工作的效率和企业的利润。在企业文化中，职工体育是重要的组成部分，它不仅关系到职工的健康，而且有利于增强企业的凝聚力、向心力，发扬团队精神，提高企业的整体实力。

(3)体育产业的形成与发展对国民经济的促进作用

体育产业，是指为满足人们日益增长的体育需要而使体育产品(劳务)进入生产交换、消费和服务的产业门类。目前全球体育产业的年产值高达4000多亿美元，并且保持着20%以上的年增长速度。在发达国家，体育产业占GDP的比重已达到1%~3%。在我国，随着人们生活水平的提高，“花钱买健康”已成为时尚，大众体育消费正在迅速兴起。游泳馆、网球场、溜冰场、旱冰场、健身馆、健美中心、台球室、保龄球馆等已逐渐成为人们经常光顾的消费场所，也带来了巨大的经济效益。体育产业和消费市场的前景是巨大的。从竞技体育看，其本身具有巨大的经济价值，已经成为各国国民经济中颇有前途的产业。全世界各个国家、各个城市都在争办各类大型运动会和单项体育比赛，其主要目的在于“体育搭台，经贸唱戏”，通过举办运动会提高自己的经济形象，产生“广告效应”，以扩大各种经济技术交流、开创新的贸易出口市场，并带动旅游、饮食、服装、信息传播、城市建设、环境卫生、交通等各项事业的发展。此外，门票收入、广告费、赞助费、电视转播费、体育商品出售又为竞技体育职业化、市场化提供了物质保证。开发体育的经济功能，把体育与经济结合起来，通过一系列的经济行为，刺激体育产品的需求，拓展体育市场，加快体育的产业化进程，为国民经济可持续发展注入新的活力。

5. 体育的政治功能

国际舆论经常宣传体育超越政治的观点，但体育和政治的相互联系却始终客观存在，且日益密切，出现了体育运动进一步为政治目的服务、向政治靠拢的现象。其积极作用表现在以下几个方面：

(1)振奋民族精神，进行爱国主义教育

政治与竞技体育最直接的联结方式就是宣扬民族精神和爱国主义。运动员都是代表国家参加国际竞赛活动的，因此，他们的成败胜负就有着特殊的政治含义。

(2)提高国家的地位,显示国家制度的优越性

当一种新的社会制度出现,或者两种社会制度尖锐对立时,体育的这种作用是十分明显的。一些国外学者在论证体育的政治功能时指出:“体育是随着人类社会的进步而发展起来的一种特殊的、礼仪的战争”,“利用国际竞赛显示本国政治制度的优越性是东西方国家的共同现象”。

(3)促进国内政治的统一和各民族的团结

体育运动可以创造安定的社会环境、气氛,有利于社会的良性运行。在多民族国家或地区,各民族之间的体育交流有助于保持民族之间的和睦团结。我国多次举行全国少数民族运动会,对交流民族文化,对边疆地区经济繁荣与社会发展起到了重要的推动作用。

(4)服务于国家的外交政策,提供特殊的外交场合和手段

国家间的体育竞赛活动是国际文化交流的重要内容。在一些特殊情况下,体育交流可以先于国家间的外交活动,为建立和恢复外交关系创造条件。如 20 世纪 70 年代初我国就成功地运用了“乒乓外交”的手段,对实现中美建交起到了积极的作用。

6. 体育的社会化功能

在现代社会,体育的社会化功能越来越引起广泛重视。体育这种文化对社会所具有的第一个重要功能便是促进人的社会化。体育不仅可以为人们提供社会生活所需求的行为能力、行为方式与规范等,而且还可以使人们学到其他社会生活领域中的规则。特别对青少年来说,体育还可以使他们学习到互相尊重、养成良好的社会态度、发展自主性和对道德问题的判断力,促进他们个性的形成与发展。体育社会化,不仅能提高人们对身体、生命、环境和体育的认识,形成正确的体育价值观念,而且还可以在强化竞争的意义、规范、道德等过程中,认识到社会上的各种竞争活动的社会意义。体育社会化的功能具体表现在以下几个方面:

(1)体育运动是向人们提供社会规范教育和实践的场所

体育运动是一种特殊的社会文化活动。强烈的自身参与、激烈的对抗竞争、频繁的人际交往、形式多样的群体活动,是这一文化活动的鲜明特征。因此,在这一领域中,必须确立明确而细致的各种行为规范,如奥林匹克精神、奥林匹克原则、体育道德、比赛规则、竞赛规程等,并通过裁判、仲裁、公众舆论、大众传播媒介等进行监督和实施。

(2)体育运动给少年儿童分配“社会角色”,提供尝试社会角色的各种机会

体育运动中的角色,是指个人在由体育而造成的社会关系中所处的地位。这种地位有其权利、义务和相应的行为要求。

人们在体育教育中所获得的各种各样的角色经验,不仅能有效地增强体质、提高运动技能,而且还有利于促进个性的发展。有意识地让某个学生扮演超出他本人的能力与特征界限的角色,如让替补队员担当主力队员,能够提高本人的自豪感和自觉性,能够刺激本人通过加倍努力去获得成功;而成功所带来的满足感又会增强其自信心,并体验到人的主观努力能改变社会地位。

(3)体育运动可以促进个性的形成和发展

体育不仅能影响到人体的生理属性,还能影响到心理属性,促进身心的健全发展。现代体育同时还能够作为社会教化的手段来促进个性的形成与发展。

7. 体育的文化功能

体育作为一种社会文化现象，本身就蕴涵着丰富的文化内涵。体育的文化特征体现在鲜明的象征性、浓郁的艺术性及丰富的内涵性上。例如，奥运会的五环标志，象征着五大洲的团结，圣火象征着文明之光，表示着生命、热情和朝气。各届的会徽及吉祥物也都有着丰富的寓意和象征性意义。人们在举行一些大型活动的开闭幕式以及各类文化活动前夕，体育的表演往往是不可缺少的。体育运动作为一种文化形态，在作用于人的身体的同时，还作用于人的精神、思想和意识。体育运动中顽强拼搏、勇于进取的精神，公正竞争的精神，团结友谊的精神，爱国主义和国际主义的精神，都是体育文化在人的精神领域里的高度体现。

第二节　健康新概念

健康是人类生存发展的一个基本要素，没有健康就一事无成；健康既属于个人，又属于社会。世界卫生组织总干事马勒博士一针见血地指出："必须让人们认识到，健康并不代表一切，但失去了健康，便失去了一切。"人们对健康的认识，是随着科学的发展和时代的不同而变化着的。以往人们普遍认为"健康就是没有病，有病就不是健康"；有人认为"能吃能睡就是健康"；也有人认为"不生病"或"不虚弱"即为健康。而现代健康观则告诉我们，健康已不再仅仅是指四肢健全，无病痛或不虚弱，除身体本身健康外，还要求心理上有一个完好状态。由于人的精神状态、心理状态和行为对自己对他人甚至对社会都有影响，因此，现代的健康观还应包括人的心理、行为的正常和社会道德规范，以及与环境的协调完美等。可见，健康的含义是多元的、相当广泛的，健康是人类永恒的主题。

一、健康的定义

世界卫生组织关于健康的定义："健康是一种身体上、心理上和社会上的完美状态，而不只是没有躯体疾病和虚弱状态。"也就是说健康包括三种含义：一是躯体健康；二是心理健康；三是良好的社会适应能力。如果一个人躯体健康，而没有一个健康的心理，社会适应能力不强，那么这个人也不是一个健康的人。因此，健康不仅表现为躯体形态的健壮和没有疾患，也表现为良好的精神状态与内心世界，以及对社会的良好适应能力、与他人和睦相处、具有正常的社会活动能力和利用社会环境因素为自身健康服务。

1989年，WHO又将健康重新定义为："心理健康，身体健康，道德健康和社会适应良好。"一个人只有在躯体健康、心理健康、社会适应良好和道德健康四个方面都健全时才能算是完全健康的人。

我国学者提出的健康概念是："在时间、空间、身体、精神、行为方面都尽可能达到良好的状态。"

(1)时间概念：指个人或社会发展的不同时期对健康不能用同一标准来衡量，不能把健康看作是静止不变的东西，应理解为不断变化着的概念。

(2)空间概念：不同地区、不同国家的人，有着各不相同的健康概念和健康标准。这并不意味着没有一个可供人们遵循的健康概念，应区分国家、地区的不同，尽可能达到各自良好的状态。

(3)行为:是一个人在社会生活中对赋予的责任和义务所采取的动态和动机。行为表现为社会性,每个人的行为必然受到他人的影响。

二、健康人应具备的标准

世界卫生组织提出的健康10条标准是:

(1)精力充沛,能从容不迫地应付日常生活和工作的压力而不感到过分紧张;

(2)处事乐观,态度积极,乐于承担责任,事无巨细不挑剔;

(3)善于休息,睡眠良好;

(4)应变能力强,能适应环境的各种变化;

(5)能够抵抗一般性感冒和传染病;

(6)体重得当,身材匀称,站立时头、肩、臂位置协调;

(7)眼睛明亮,反应敏锐,眼睑不发炎;

(8)牙齿清洁,无空洞,无痛感;齿龈颜色正常,不出血;

(9)头发有光泽,无头屑;

(10)肌肉、皮肤富有弹性,走路轻松有力。

以上10条标准是针对一般情况和普遍性而言,但对不同年龄的人,应有不同的要求。因此,世界卫生组织又把人按年龄做出如下分类:

44岁以前的人列为青年;45~59岁的人列为中年;60~74岁的人列为较老年(渐近老年);75~89岁的人为老年;90岁以上为长寿者。

最近,世界卫生组织就人体健康问题提出几项既易记、又易理解的新标准,这几项标准包含了人体生理健康标志和心理精神健康标志,简称"五快三良好"标准。

"五快"标准是针对人的生理健康而言,即:

吃得快:胃口良好,不挑食,能快速吃完一顿饭。

便得快:有便欲就能很快排完大小便,而且感觉良好。

睡得快:上床后能很快入睡,睡眠质量高,醒后精神饱满,头脑清醒。

说得快:思维敏捷,语言运用准确,表达流畅。

走得快:走路时脚步自如,活动灵敏。

"三良好"的标准是针对人的心理健康而言,即:

良好的个人性格:包括性格温和,意志坚强,感情丰富,胸怀坦荡,豁达乐观。

良好的处世能力:包括观察问题客观实在,具有较好的自控能力,能适应复杂的社会环境。

良好的人际关系:包括在人际交往和待人接物时,能助人为乐,与人为善,对人际关系充满热情。

三、健康人应具备的条件

(一)生长发育良好

健康的人,身体发育比较好,主要表现为身高和体重正常,身材匀称,肌肉丰满,四肢有力。胸围呼吸差、肺活量、握力、弹跳力、反应速度等监测指标达到国家规定的良好标准。

(二)身体素质好

健康的人,肌肉运动所表现出来的力量、速度、耐力、灵敏和柔韧等素质,其监测指标达到国家规定的良好标准,它既能反映出人的神经系统和内脏的功能,同时也是健康的重要指标。健康的人,肌肉的体积大、力量大,可占体重的40%~50%。

(三)心肺功能好

健康的心脏,心肌发达,心容量大,每跳动一次能排出血液80~110ml,比一般人多20~30ml。健康的肺脏其肺活量比一般人大,胸廓发达,呼吸肌强壮,呼吸缓慢而深沉,每分钟呼吸10次左右就能满足身体对氧气的需要(一般人为13~18次)。由于心功能增强,其肝脏、胃肠等内脏器官的血液循环旺盛,营养供应充足,也处于健康状态。

(四)神经系统的功能好

无论是学习、工作、思考、判断,还是在日常生活中的各个方面,大脑工作的效率高,不头痛不失眠,吃得香睡得甜,无疑是一种健康的表现。

(五)对外界环境的适应和抗病能力强

人体必须适应外界环境的各种变化。当外界气温升高时,身体通过皮肤毛细血管的扩张向外散热;当外界气温降低时,身体又通过肌肉产热,皮肤血管收缩,减少向外散热,以保持体温平衡。健康的人,天热了不易中暑,天冷了不易感冒就是这个道理。人体对传染病的抵抗力也是一样,身体健康的人,血液中的抗体多,在同样的情况和环境中,不容易得传染病。

四、健康的关键因素

据世界卫生组织公布(1988年),每个人的健康60%取决于自己,15%取决于遗传,10%取决于社会因素,8%取决于医疗条件,7%取决于生活环境和地理气候条件的影响。然而,就每个人本身来说,遗传、社会因素和医疗条件、生活环境、地理和气候条件都是客观存在,除特殊情况外,很难加以改变。在正常情况下,足以影响健康的关键因素是每日饮食是否适宜、体育锻炼是否适当以及情绪(包括精神和心理状态)是否良好或稳定。因此,原苏联医学博士兹马诺夫斯基提出了人的健康公式:

$$\text{人的健康}=\frac{\text{情绪良好(或稳定)}+\text{运动(锻炼)得当}+\text{饮食合理(或适宜)}}{\text{懒惰}+\text{烟酒}}$$

从上述公式中可以清楚地看到,人的健康与情绪良好(或稳定)、运动(锻炼)得当和饮食合理(或适宜)成正比,而与懒惰成性、嗜烟和嗜酒成反比。

(一)合理的饮食

对于每个人来说,合理的饮食是保健因素中关键的关键,远比其他因素更为重要,其理由是:

1. 文体活动的开展、良好情绪的保持是以恰当的饮食为前提的。如果饮食不当而生病或体质变弱,就没有精力从事学习和体育锻炼,也难以保持良好的情绪。

2. 各种食物成分是构成人体细胞、组织、器官生长和更新的原料,更是维持内分泌及新陈代谢等生理活动不可缺少的物质资源，所以人的健康状态和情绪的好坏，直接受到食物的影响。

3. 食物既可养生保健、防病，也能致病，这主要取决于饮食是否合理。

4. 食物是人每日生活、工作和生命存在的物质基础，若缺少或过量，皆不利于人的身体健康。

（二）适当的体育锻炼

适当的体育锻炼可以增强呼吸机能和肠胃消化的功能，活跃大脑、神经以及全身循环系统，并能起到调节情绪、增强体能、健身祛病、抵御衰老的效用。

情绪良好，即心理上的稳定，可抑制不必要的紧张心态，抵御或排除忧愁、烦恼、恐惧等不良影响，从而可以避免引起内分泌失调的副作用，以保持血液质量、脏器功能及神经系统的正常活动。世界著名长寿学者胡弗兰德说："在一切不利的因素中，最能使人短寿夭亡的是不好的情绪和恶劣的心境。"

五、影响大学生健康的因素

（一）人体生物学因素

人体是一个极为复杂的有机体。在影响和制约人体健康的诸多生物学因素中，需要特别提出的是遗传因素和心理因素。

1. 遗传因素

后代形成和亲代相似的多种特征称为遗传特征。遗传不仅使后代在形态、体质以及性格、智力、功能等方面和亲代相似，而且还把亲代的许多隐性的或显性的疾病传给了后代。遗传病不仅种类多，而且发病率高(约占一般疾病的20%)。某些遗传病不仅影响个体终身，而且是重大的社会问题。现在世界上许多国家大力发展康复医学，遗传残疾人是重要的康复对象。对于遗传病，最重要的还是预防，如提倡科学婚姻，用法制来制止近亲结婚等。

2. 心理因素

我们祖先2000多年前就发现了情绪对身心健康的影响。《黄帝内经》中曾多处提到了"怒伤肝"、"喜伤心"、"悲伤脾"、"恐伤肾"。现代心理学的研究也证明了许多疾病的发生与心理因素有关，如心血管病、高血压、肿瘤等。大量的临床实践也证明，消极的情绪(如悲伤、恐惧、紧张、愤怒、焦虑等)能引起各器官系统的功能失调，导致失眠、心动过速、血压升高、尿急、月经失调等症状。在我国癌症普查中还发现心理因素与食道癌、子宫颈癌的发病有着密切关系。

（二）环境因素

1. 自然环境

在优美的自然环境中，人们精神振奋、呼吸畅通、内分泌协调，这些对人的身心健康无疑是十分有利的。

大自然在为人类提供各种营养物质的同时，还存在着传播对人体健康有害的物质，如广泛存在的有害微生物(细菌、病毒)、空气中的污染物、溶于水中的有害成分等。另外，气候的突然变化(如酷暑、严寒、气压、空气湿度异常等)也会影响人体健康。

2. 社会环境

社会是人类生存和发展的最基本、最重要的环境。人们一方面享受着社会生产的成果(例如科技的进步、工业的发展,使人们有了丰富的物质文明);另一方面社会生产的发展(例如现代工业的发展同时带来了废水、废气、废渣、噪音等)也会对人体健康造成危害。随着社会生产发展的加速，也就带来了越来越多的值得研究的影响人体健康的问题。

(三)生活方式因素

生活方式是指人们长期受一定的民族文化、社会经济、风俗,特别是家庭影响,而形成的一系列的生活习惯。

在现代社会,人们越来越清楚地认识到,不良的行为和生活方式是影响人类健康的主要原因。世界卫生组织曾经对发达国家疾病谱和死亡谱的变化进行过详细的调查,认为20世纪70年代以后,在发达国家中导致死亡的主要疾病已变成心脑血管病、恶性肿瘤、意外死亡以及环境污染所致疾病等,而这些疾病的起因都与人们滥用酒精、药物、过度饮食、缺乏体育锻炼、吸烟、吸毒、性淫乱等不良生活方式和行为有关。目前,发展中国家的疾病主要是由贫困造成的恶劣生活条件、不良卫生行为和习惯所致。

(四)卫生保健设施因素

保健是包括对疾病患者进行治疗在内的康复训练、普查疾病、促进健康、预防疾病、预防伤残以及健康教育等一系列活动的总和。显然,健全的社会保健制度是维护和促进健康的重要保障。

社会保健制度涉及多个方面,而其中最重要的是建立和健全初级卫生保健制度。有效地提供增进健康、预防疾病、治疗伤病以及促进身心健康等方面的卫生服务。例如,开展针对性的健康教育,提供安全饮用水和基本卫生设施,改善食品供应及合理营养,开展妇幼保健和计划生育、地方病的预防和控制、常见病和外伤的妥善处理、主要传染病的免疫接种、提供基本药物等。这样,就使所有个人和家庭在能接受和能提供的范围内,享受到基本的卫生保健。

(五)体育锻炼因素

人体在适宜的运动过程中，机体将产生一系列适应性的良性变化而达到健身防病的目的。然而,运动量过大,则可能因身体承受不了而导致伤害;运动量过小,又达不到刺激体内各组织器官从而提高生理功能的目的。因此,体育锻炼要想获得健身效果,必须注意科学性。

视窗

健康五要素说

美利坚大学的国家健康中心提出了一个与健康三维观相似的健康定义,即个体只有身体、情绪、智力、精神和社会等五个方面都健康(也称健康五要素)(如图 1–1),才称得上真正的健康,或称之为完美状态。目前,也常用完美一词来代替健康。

图 1–1

健康的五个要素相互联系、相互影响(如图 1–2)。例如,身体不健康会导致情绪不健康;缺乏精神上的健康会引起身体、情绪和智力的不健康等。

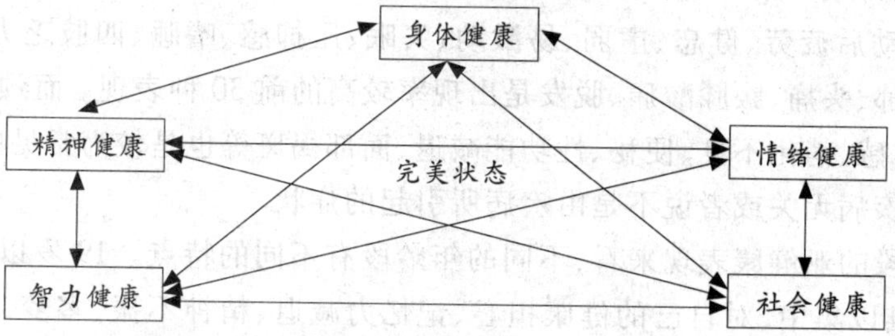

图 1–2

完美状态或健康状态是通过健康的生活方式来形成和保持的，后者包括有规律的体育锻炼、营养适宜、消除不良习惯(如抽烟、酗酒和滥用药物等)以及控制精神压力等。不管你目前的健康状况如何,都应该逐步形成健康的生活方式,从而达到完美状态。怎样才能形成健康的生活方式呢？首先,你应该清楚自己目前的生活方式,然后再通过自己的努力去改变生活方式中的不良之处。

第三节　解读“亚健康”

“亚健康”这个在过去几年还让不少人感到陌生的词汇,近几年却成了一个因为媒体关注而令人耳熟能详的名词。亚健康理论的提出可以被看成是对人类健康认识的新贡献。

一、“亚健康”定义

什么是“亚健康”?它的相关表现有哪些?“亚健康”的发生率到底有多高?什么人群容易出现“亚健康”?什么职业是“亚健康”的高发职业?人们怎样才能远离“亚健康”、走出“亚健康”?这始终是萦绕在人们心头的疑团。为了回答上述问题,解开有关亚健康的种种谜团，青岛大学医学院教授、亚健康理论创始人王育学与青岛海尔药业有限公司合作,在全国范围内进行了首次有关亚健康的大样本调查。通过对回收到的、符合要求的5万多份调查问卷的统计分析,使我们对上述有关亚健康的问题有了比较清醒的认识。比如,在该书中我们可以了解到:

在被调查的我国人群中，亚健康的发生率约为58.18%，而真正患病的人群为5.62%,健康人群为20.18%。这是第一次通过科学的调查方法所取得的第一手最可靠的资料,它可以使我们比较客观地意识到认清亚健康的必要性,意识到提高生活质量必须要重视纠正和调理亚健康状态。

调查显示,影响健康的不良生活因素依次为:吸烟(72.80%)、作息无规律(70.09%)、饮食不节制(60.81%)、嗜酒(58.59%)、缺乏运动(55.00%)。因此,戒烟、适当戒酒、注意饮食和生活规律、坚持适度的运动是减少亚健康出现或纠正亚健康状态的重要举措之一。

作者在书中详细介绍了进行亚健康流行病学调查的思路和设计方法，如对亚健康的常见表现,该调查问卷设计了103项内容进行调查,结果显示:记忆力减退、对自己的健康担心、注意力难以集中、精神不振、多梦、疲劳、情绪不稳定、用脑后疲劳、耐力下降、困倦、烦躁、活动后疲劳、健忘、虚弱、易激动、失眠、压抑感、嗜睡、四肢乏力、不愉快感、头晕、目眩、抑郁、头痛、腰膝酸痛、脱发是出现率较高的前30种表现。而颈背酸痛、胃肠胀气、筋疲力尽感、消化不良、便秘、性功能减退、面部褐斑等也是较为常见的表现。这些表现指的是与疾病无关或者说不是由疾病所引起的症状。

从各年龄段的亚健康表现来看,不同的年龄段有不同的特点。19岁以下组15项表现为:注意力难以集中、对自己的健康担心、记忆力减退、精神不振、多梦、情绪不稳定、用脑后疲劳、困倦、烦躁、总怀疑自己有病、目眩、思维效率低、嗜睡、疲劳、活动后疲劳。值得注意的是,这些症状大多为精神心理因素所造成的,可见对青少年加强心理健康教育是当务之急。

从以上调查我们可以看到,亚健康状态是一个客观存在的事实,是一个不容忽视的健康现象。

可以认为,当今世纪,由于生活节奏加快,竞争日益激烈,常使人难以承受日趋增长的压力,从而出现头痛、头晕、心悸、失眠、食欲不振、疲乏无力等。总之,自觉身体不适,心理疲惫,对社会适应能力差,但医生检查往往并无明确的机体疾病,则表现为亚健康。

世界卫生组织(WHO)认为,亚健康状态是健康与疾病之间的临界状态。现代医学将健康称为第一状态,将疾病称为第二状态,而处于两者之间则称为第三状态,即亚健康状态。

亚健康是介于健康与疾病之间的一种动态变化的中间状态, 即健康→亚健康→疾病,亚健康与其上游的健康之间存在移行变化或重叠状态;同样,与其下游的疾病之间也存在移行变化或重叠状态。这种移行变化是双向的,形成健康→亚健康→疾病的动态变化过程,亚健康处于中位,较之健康或疾病更为复杂。

因此,对健康者要保健养生,对疾病患者要治疗,而对亚健康者则需要调理。若亚健康与健康重叠则需要调理保健或调理养生,若与疾病重叠则应调理治疗。若对亚健康者施以药物治疗,可以被认为是误诊误治。可见,调理应作为纠正亚健康的主要措施。

二、亚健康状态的体育与心理治疗

(一)亚健康与慢性疲劳综合症(CFS)

工作紧张的人群, 在起床后和上班前发现自己全身无力, 似乎提不起精神出门上班,这在国外已经被正式定名为"慢性疲劳综合症"(简称CFS)。国内这类患者数量也日益增多,但尚未引起人们的重视。

据美国医学界的统计,CFS多发于30岁至50的女性, 其中约有四至六成的患者会产生焦虑或抑郁症等并发症。目前美国疾病控制中心有一套CFS的诊断标准,将CFS分为主要症状和次要症状两类。

主要症状包括:疲乏无力,而这种疲乏与无力会因卧床休息而有所缓解。次要症状包括:低烧、喉咙痛、颈部疼痛、肌肉不适、不明原因的肌肉无力、失眠、运动后的长期疲乏(超过24小时)等。

慢性疲劳综合症是一种新疾病,世界卫生组织也把神经衰弱称为"疲劳综合症"。但疲劳综合症与亚健康状态在本质上迥然不同。

(二)亚健康与神经衰弱

亚健康与神经衰弱多发生在青年人和中年人中，尤其以极少参加体育锻炼的脑力劳动者为多。亚健康是由于高级神经活动过分紧张以后，神经处于相对疲乏的一种状态。一般常见的症状为头痛头晕、耳鸣眼花、健忘、焦虑不安、多梦或失眠、遗精、阳痿以及一些不很明显的症状。而亚健康状态包括一切躯体上、心理上的不适感觉，在相当长的时间内难以确诊为某种病症者亦可概括在内。此外，神经衰弱与亚健康状态者的症状表现有许多类似之处，只是表现程度较轻，难以确诊的50多种神经衰弱称为亚健康。

(三)亚健康状态的体育治疗

大量的事实说明，单纯凭借药物，要想治愈慢性疲劳综合症和神经衰弱是困难的，而坚持不懈地参加体育锻炼，确能对慢性疲劳综合症和神经衰弱的治疗起到很好的作用。根据慢性疲劳综合症和神经衰弱患者体质普遍差的特点，一般可选用一种或数种体育活动疗法，如：练太极拳——可使大脑皮质中与运动有关的部分有规律地兴奋，而使其他部分则逐渐抑制，得到充分休息，长期坚持练习，会使脑功能得到恢复和改善。练气功——通过放松和入静，既可调整大脑皮层的活动状态，又能使神经系统和全身得到休息。散步——每天早晚坚持30~60分钟的散步，对患者情绪镇定、精神振奋有帮助，对头痛、失眠的逐步消除也非常有效。此外，按摩、旅行和冷水浴等，均有一定的疗效。

古今中外的医学研究证明，体育锻炼能防止和延缓人的衰老，是任何药物也不能代替的。通过体育锻炼能够调节神经系统和呼吸及心脏血液循环系统的功能，既能抵制退行性病变的发生，又能防止衰老，并且也是提高生命质量和延长寿命的一个重要措施。随着年龄的增长，衰老终究是不可避免的，体育锻炼虽不能使人返老还童，长生不老，但能使人延年益寿，老当益壮。

(四)亚健康状态的自我心理疗法

亚健康状态，除了导致人体的生理疾病外，还可导致人体的心理疾病，如焦虑症、抑郁症和神经衰弱等症。

对于焦虑症患者，可采取自我精神分析疗法——先自我分析过去的经验，发现焦虑的病因，如果能够发现自己的病因，焦虑症便好了一半。然后再分析病因发作的情境，找出其中使之发病的刺激因素，消除不良因素从而达到健心健身的目的。

对于抑郁症患者，可采用支持疗法——寻找亲朋好友向他们倾诉自己的抑郁情绪，在情感上寻求他们的支持，弥补受创的自尊心与自信心，恢复自我控制能力，或者是改变患者现在的生活环境和工作环境，可减轻和摆脱抑郁心情。

对于神经衰弱的患者，可采用家庭森田疗法——第一步是卧床休养，患者可在家中自居一室，除饮食和大小便外，停止其他所有活动，休养三至七天。第二步是轻度活动，白天干些轻松的工作，如扫地、洗衣服等，另外还要写日记，把自己的感受写下来，晚饭后继续卧床休养。第三步是参加重体力劳动，如搬运重物、模拟田间劳动等，努力体会体力劳动的快乐，建立自信心。第四步是实际生活，凭自己的兴趣行事，打破约束，努力去做过去渴望做而自己感到愉快的事。

自我心理疗法还有多种形式，如放松疗法、气功疗法、内现自省疗法等，可根据患者自己的条件采取不同的治疗方法，以取得最佳疗效。

三、亚健康状态产生的原因及其预防

研究发现，随着现代生活节奏加快，工作紧张、竞争激烈、心理压力大、人际关系趋于复杂，加之城市的空气污染、生态环境失衡、噪声、拥挤、大地气候的骤变，以及个人生活方式不良，如过多抽烟、酗酒、喝咖啡、喝浓茶，生活作息无规律，暴食高脂、高糖、高热量的大鱼大肉和甜食，少吃或不吃含纤维素多的蔬菜，或不吃早餐、偏食、挑食等，是导致亚健康状态的主要原因。

（一）运动缓解紧张并及时松弛身心

身心紧张的情况在现代人群中越来越多。紧张会导致神经系统及心血管系统产生明显反应，影响消化功能与大脑机能，影响内分泌和免疫力等，紧张有损身心而引起疾病。自身应付身心紧张的最好办法是体育运动。因为体育运动能调整神经系统，增加全身器官的血液供应，强化身体各组织和器官的功能。只要参加适当的体育运动之后，你就能体会到身心的紧张顿时会松弛下来。专家们认为，松弛身心紧张的体育项目，最好是跑步、游泳、跳绳和骑自行车等单人单项和集体运动。交替运动效果非常明显。如：体、脑运动交替，上下身体运动交替，左、右脑运动交替等等。

（二）科学的生活方式保证机体健康

要想达到机体的健康，就必须采取科学的生活方式。生活要有规律、有节奏，作息制度科学，注意劳逸结合，并学会积极休息的方法，预防和尽快解除或摆脱疲劳，克服“懒病”，投身大自然和安排好每天的体育锻炼时间及每周的娱乐活动。

合理饮食，科学地调配膳食营养，坚持以谷类、蔬菜类、植物性食物为主，动物性食物为辅的膳食结构。克服不吃早餐、重荤轻素、暴食暴饮、偏食等不良的饮食习惯。适当多吃富含纤维素的蔬菜、瓜果，防治便秘。

要戒烟，少饮或不饮酒，少喝咖啡及浓茶，少吃辛辣、冷饮等刺激性食物。

改善、绿化、美化居住环境，减少污染，减轻或避免环境、气候中有毒气体及物质的侵袭及干扰。

（三）既要相信自己又要适应社会环境

愁眉苦脸，焦虑心烦，是百病丛生的前奏。古往今来，健康长寿的人，多半是乐观的人。对生活充满信心，对事业有奋斗目标，做到经常关心别人，这对保持健康来说就像粮食、空气、水和体力负荷一样重要。法国著名作家雨果说过：生活，就是理解。生活，就是面对现实微笑，就是越过障碍，注视将来……尽量理解别人，争取别人理解你，也是保证身心健康的重要内容。

四、亚健康状态自测表

对照以下自测表，如果你的累积总分超过30分，表明健康已敲响警钟；如果累积总分超过50分，就需要好好地反思你的生活状态；如果累积总分超过80分，赶紧去医院找医生，调整自己的心理，或是好好地休息一段时间。

(1)早上起床时，有持续的头发掉落。5分

(2)感到情绪有些抑郁，会对着窗外发呆。3分

(3)昨天想好的某件事，今天怎么也记不起来了，近些天来经常出现这种情况。10分

(4)害怕走进办公室,觉得工作令人厌倦。5分

(5)不想面对同事和上司,有自闭症式的渴望。5分

(6)工作效率下降,上司已表达了对你的不满。5分

(7)工作一小时后,就感到身体倦怠,胸闷气短。10分

(8)工作情绪始终无法高涨。最令自己不解的是无名火很大,但又没有精力发作。5分

(9)一日三餐,进餐甚少,排除天气因素,即使非常适合自己口味的菜,近来也经常如嚼干蜡。5分

(10)盼望早早地逃离办公室,为的是能够回家躺在床上休息片刻。5分

(11)对城市的污染、噪声非常敏感,比常人更渴望清幽、宁静的山水。5分

(12)不再像以前那样热衷于朋友的聚会,有种强打精神、勉强应酬的感觉。5分

(13)晚上经常睡不着觉,即使睡着了,又老是在做梦的状态中,睡眠质量很糟糕。10分

(14)体重有明显的下降趋势,早上起来,发现眼眶深陷,下巴突出。10分

(15)感觉免疫力在下降,春秋流感一来,自己首当其冲,难逃“流”运。5分

(16)性能力下降,经常感到疲惫不堪,没有什么欲望。10分

视窗

据医学调查资料报告,现代人群中,步入人体“第三状态”者有日益增多的趋势,约占总人口的30%~60%。越是经济发达地区,亚健康问题越严重,且有急速蔓延之势。另据国内专家统计,大城市与城镇居民中同年龄人群相比,前者进入亚健康状态的比例要高出7%~9%,可以预计比农村人群还要高出更多。上海市有高级职称的中年知识分子,大多数人处于亚健康状态,这些人群中的亚健康,约85%起因于社会压力及心理因素。心理因素往往是导致亚健康状态的重要因素。亚健康状态所反映出来的种种症状,虽不能作为确诊某种疾病的绝对依据,但它们往往预示着明天各种严重躯体病变的来临。人体“第三状态”虽然各人的程度轻重不一,但因发生率较普遍,而且会直接降低机体的免疫功能,容易引起植物神经功能紊乱和内分泌失调,使人不仅不能发挥感官的最佳机能,感受美好的生活,有碍于工作效率的提高,而且容易发展为真正的疾病,陷入“第二状态”而损害身心健康。

亚健康状态虽非疾病,但显然处于一种不健康的状态,必须给予足够的重视。它可能是导致人类某种疾病的最早原因,也可能是各种疾病的潜伏期阶段或早期症状。若不及早摆脱,随时可能向患病的“第二状态”转化。相反,倘能及时调理,则可能走向健康的“第一状态”。因此,应及早采取措施预防,摆脱和消除亚健康状态。

第四节　大学体育与健康

体育作为一种文化形态,它不仅是增强体质的手段,而且是促进健康最积极的一项人类社会实践过程。面对人类严重的非健康状况,预防和避免疾病、参与受损身体的治疗和康复,特别是减少心理上的疲劳和压力,进而维持社会的健康,促进人类文明的健康发展,就成为新时期体育日渐凸现的重要功能。

人类对体育的需求从生存竞争,到增强体质,再到促进健康,是随着人类生活和生产方式的变革、进步而不断提高的。体育融入新生活方式的最大优势,是它可以积极地生产健康。许多体育活动将更加直接地将自己重新定义为健康服务,为健康不佳和有身

体障碍的人提供合适的体育活动将变得越来越重要。人类需要健康,健康需要体育。体育为了人类文明和健康,这使它产生了前所未有的新动力。

当代世界,随着社会的进步,人的素质(包括身体素质)以及人的全面发展已经成为人类共同关注的问题。培养大学生具有宽广的胸怀,强健的体魄,丰富的创造力,以适应高速度、高强度、高度紧张的学习和工作,是大学教育的目标之一。体育教育既是大学教育的重要内容,也是大学教育的重要手段,它不仅对增强大学生体质,促进大学生身心全面发展具有重要的作用,而且对培养大学生的现代意识和创新精神,促进大学生个性发展也具有重要的作用。德、智、体三者是辩证统一的,但需强调"体者为知识之载而为道德之寓者也。其载知识之车,其寓道德也如舍","无体则无德智"。大学生的年龄特征与中小学生相比,身心发展已日趋成熟,但从生长发育规律及人体发展的全过程去看,大学生身心仍处在不断发展和不断完善的阶段。通过大学体育教育,可使大学生产生对体育的兴趣和爱好,养成良好的锻炼习惯,把体育作为自己日常生活的重要内容和适应现代生活方式的一个途径,并为终身体育奠定良好基础。

一、大学体育的目的和任务

大学体育的目的是:增强大学生的体质,促进大学生身心健康,培养大学生的体育意识、能力、习惯及良好的思想品质,使其成为德、智、体全面发展的社会主义建设者和接班人。

大学体育的任务是:

1. 有效地增强学生体质,提高学生身心健康水平

大学生正处在青春期,是身心发展的关键时期,体育锻炼可促进学生身体各器官、系统良好发育,功能正常,使其体质强壮,精力充沛,对疾病有抵抗能力,对自然环境有适应能力。体质的增强,除了人体骨骼、肌肉、内脏各器官和系统的增强之外,更主要的是大脑机能的改善。它反映中枢神经系统对机体发展、发育和人体运动的控制力,神经系统对各器官机能的支配力,大脑皮层对各器官间活动的协调能力等。

增进健康、增强体质要根据各人的实际,采取有针对性的体育内容、手段和方法,进行科学、系统和持久的锻炼,使精力充沛、免疫力增强、生命力旺盛。

2. 促使学生掌握体育基本知识、技术和技能

知识是人们经过多次实践,对事物本质和规律达到理解、认识的产物;技术是人们充分发挥机体能力以合理有效地完成动作的方法;技能是指技术的实际运用能力。通过"三基"的学习,教会学生科学的身体锻炼方法,培养学生终身参加体育锻炼的兴趣、能力和习惯,提高学生的体育、卫生、文化素养及体育保健、独立锻炼和自我评价的能力,为终身体育奠定良好的基础。

3. 进行思想品德教育,促进学生全面发展

大学体育寓思想品德教育于体育活动之中,教育学生为将来从事社会主义现代化建设锻炼身体,提高社会责任感,树立群体意识,培养学生热爱集体、遵纪守法、团结合作、朝气蓬勃、勇敢顽强、拼搏进取、创造开拓等思想品德,促进学生全面发展。

4. 培养学生审美和创造美的能力

体育运动中的美,是一种综合性的美,它包括形式美、形体美、形态美、和谐美、精神美等方面。体育运动是力量和智慧的结合,身体练习是意念和形体的统一。在体育运动中,学生可以运用自身的动作来表现对客观世界的认识,并通过各种动作来达到增强其功能的效果。美的心灵、美的情操都是通过美的举止、美的动作造型来表现的。大学体育要注意培养学生高尚的情操,培养他们审美和创造美的能力,使之"外在美"与"内在美"达到和谐统一。

5. 发展大学生的体育才能,培养高水平的运动员

充分利用高等学校的有利条件和大学生体能和智能上的优势,对部分体育基础好,有一定专项运动才能的大学生,坚持科学系统的训练,不断提高其运动技术水平。这样,既能通过各种竞赛活动,丰富校园文化生活,又为国家培养高水平的体育优秀人才。国际上许多奥运金牌获得者和世界冠军都是名副其实的大学生。

二、大学体育的主要形式

1. 体育教学

体育教学是大学体育工作的中心环节,是实现大学体育目的的基本途径。《学校体育工作条例》中规定:"普通高等学校的一、二年级必须开设体育课,对三年级以上学生开设体育选修课。"并规定:"体育课是学生毕业、升学考试科目。"为了保证向国家输送身心健康的合格人才,体育成绩将直接影响学生的毕业与获得学位。"学生因病残免修体育课或者免除体育课程的,必须持医院证明,经体育部(室)同意,并报教务处备案,记入学生健康档案等。"这些规定充分表明了体育课程在大学体育工作中的地位及其重要意义,也为大学体育教学指明了方向。

2. 课外体育活动

课外体育活动是大学体育课程的延续和补充, 是实现大学体育目的的重要一环。《学校体育工作条例》规定:"普通高等学校除安排有体育课外,每天应当组织学生开展各种课外体育活动。"开展课外体育活动应当从实际情况出发,根据本校实际情况和传统特点,因人、因时、因地制宜地开展多种多样、生动活泼的课外体育活动,这对巩固和提高体育课的教学效果、增强学生体质、提高文化课学习质量、丰富校园生活、增强集体凝聚力、促进精神文明建设等方面,都起到了良好的促进作用。课外体育活动主要有以下一些形式:

(1)早操。早操即清晨运动,是大学生合理的作息制度中的重要组成部分。早操要根据学生的个体兴趣与需要,根据地区、气候、条件等选择多种多样的内容。如健身跑步、广播体操、气功、武术、太极拳、散步、健美操等。早操可采取集体和个人活动相结合的方式,贵在长期坚持,不仅能保持合理的生活作息制度,还可锻炼意志,养成良好的卫生习惯,促进身心健康。另外,早操对校风、学风建设,促进校园文明也有着重要意义。

(2)课间活动。课间活动是文化课下课后,学生在教室周围进行的短时间的轻微活动,或第二节课下课后集中时间进行的体育活动。课间活动时间一般以 3~10 分钟为宜,运动负荷不宜过大,以散步、广播体操、太极拳等轻柔的内容为主。课间活动的主要意义在:活动躯体、进行积极性休息,消除上课时静坐的体力疲劳,适时地转移大脑的优势兴

奋中枢，为下一堂课的学习投入更充沛的精力。

(3)班级体育锻炼。班级体育锻炼是学生结束一天课程学习之后进行的有目的、有计划、有组织的体育活动。一般是在每天下午，每次时间约一小时左右。具体安排应在院系领导下，以年级或班级为单位，由学生体育骨干组织，开展体育锻炼。在开展体育锻炼过程中要重视体育锻炼安全，防止运动伤害事故的发生；要制订切实可行的体育锻炼计划，建立各项规章制度，合理安排和使用体育场地器材等。实践证明，通过班级体育锻炼，可使学生增强体质、锻炼意志、陶冶情操、丰富知识、拓展视野、身心完善、精神饱满。

3. 课余体育训练

课余体育训练是指大学利用课余时间，对部分身体素质较好，并有体育专长的大学生进行系统训练的一种专门教育过程，它是实现大学体育目的的重要组织形式。

大学开展课余体育训练是贯彻普及和提高相结合的重要措施。它一方面可以把有体育才能的大学生组织起来，在实施全面训练、进一步增强体质的基础上，进行专项训练，提高运动技术水平，使之在参加校际和国际交往中，为校、为国争光，并可为优秀运动队培养后备人才；另一方面可以培养体育骨干，指导普及工作，推动高校体育活动的蓬勃开展，并在训练和比赛过程中，丰富学生课余文化生活，促进校园精神文明建设。

4. 体育竞赛

体育竞赛是大学课外体育的组成部分，是实现大学体育目的的重要组织形式。大学开展体育竞赛，对于检验体育教学和训练效果、交流经验、互相学习、促进运动技术水平的提高；对于广泛吸引大学生参加体育活动，推动大学群众性体育活动的开展，增强体质、增进才智；对于丰富大学生课余文化生活，增强体育意识，培养勇敢顽强、奋发向上、团结友爱、遵纪守法等优良品质和集体主义精神，建设校园精神文明等方面都有重要的作用。

大学体育竞赛有校内竞赛和校外竞赛，应以校内体育竞赛为主。如组织各种球类、越野跑、“达标”等学生喜闻乐见的体育比赛。在形式上可由校、系、年级、班级等分级组织，也可由俱乐部等社会团体组织。

思考题：

1. 体育的功能是什么？
2. 影响健康的关键因素有哪些？
3. 简述自己学习、生活中有哪些压力和亚健康表现，你是如何排解的？
4. 大学体育的主要形式有哪些？你是如何参与和安排这些活动的？

第二章 体育锻炼与身体健康

学习目标：了解体育锻炼对提高人体生理和心理健康的作用，熟悉体育锻炼的理论依据与原则。

第一节 体育锻炼的作用

一、体育锻炼对提高人体生理健康的作用

体育锻炼对于人的生理机能有很大的影响。科研和实践证明，体育锻炼是促进人体发展的重要手段和方法，是维持、加强生命活动，延缓人体衰老，促进人类健康的有效手段，具体表现如下。

(一)体育锻炼有利于人体骨骼、肌肉的生长，能够增强心肺功能，改善血液循环系统、呼吸系统、消化系统的机能状况；有利于人体的生长发育，能够提高人体抗病能力，增强机体的适应能力

心血管病是当今世界上危及人类生命的头号杀手。据报道，在美国，每死去的两个人中就有一个是心血管病患者。在我国，死于心血管病的人亦居首位。大量研究表明，参与有规律的体育锻炼可以显著地降低心血管病的形成和发生的危险性，改善呼吸系统的功能。人在体育锻炼过程中，呼吸过程加深，会吸进更多的氧气，排出更多的二氧化碳，从而使肺活量增大，肺功能增强。经常锻炼的人由于身体适应能力较强，其呼吸显得平稳、深沉、匀和，频率也较慢，安静时的呼吸频率为 7~11 次/分。不锻炼的人呼吸频率为 12~18 次/分，女性比男性快 2~3 次/分。

(二)降低青少年在成年后患上糖尿病等疾病的几率

糖尿病的特征之一是人的血糖水平很高，如果病人不加控制，还会引起许多其他健康问题，如视力减弱和肾亏等。有规律的体育锻炼能控制血糖水平的升高，从而使个体产生糖尿病的可能性大大减小。

(三)体育锻炼是增强体质的最积极有效的手段之一

研究表明，有规律的体育锻炼可以通过提高骨质密度和骨的强度达到预防骨裂的目的。当然，体育锻炼对于骨质疏松的病人也具有积极的治疗作用。体育锻炼还会加强体内营养物质的消耗，使整个机体的代谢增强，从而提高食欲。另外，体育锻炼还会促进胃肠蠕动和消化液分泌，改善肝脏、胰腺的功能，从而使整个消化系统的功能得到提高，为人的健康和长寿提供良好的物质保证。

(四)可以降低过早进入衰老期的危险

人类老化的主要特征之一是身体活动能力的逐步衰退，尤其是60岁以后，身体活

动能力的衰退尤为明显。我国有句谚语:“老年勤锻炼,拐杖当宝剑。”事实表明,有规律的体育锻炼能使老年人身体活动能力的退化减慢,控制体重与改变体型。过分肥胖会影响人的正常生理功能,尤其是容易造成心脏负担加重,寿命缩短。如果一个人的皮下脂肪超过正常标准的15%~25%,那么,他的死亡危险率会增至30%。俗话说:“长练筋长三分,不练肉厚一寸。”由于体育锻炼能减少脂肪,增强肌肉力量,保持关节柔韧性,故可以控制体重,改善体形和外表。

(五)体育锻炼能改善神经系统的调节功能

体育锻炼能够提高神经系统对人体活动时错综复杂情况的判断能力,并及时做出协调、准确、迅速的反应;使人体适应内外环境的变化、保持肌体生命活动的正常进行。人体的活动是在神经系统支配下的协调活动,坚持锻炼的人(特别是中老年人),常表现为机体灵活、耳聪目明、精力充沛,这正是神经系统功能健壮的表现。

总之,体育锻炼在生理上起着很大的作用,它不但能在以上的生理反应中得到增强,还可使人忘却烦恼,心理放松,更可以预防心脏病和癌症的发生。一项持续30年的调查表明,不锻炼的人比经常锻炼的人早逝的可能性大31%。

二、体育锻炼对促进心理健康的作用

人的身体和心理有密切的关系,健康的心理寓于健康的身体,心理不健康则会导致身体异常甚至患病。体育锻炼不仅可以增强学生的体质,同时对促进学生的心理健康有着积极的作用,具体体现在如下几个方面。

(一)体育锻炼为心理的健康发展提供了坚实的物质基础

人的心理是人脑的活动。心理健康发展,必须以正常健康的身体,尤其是以正常健康发展的神经系统和大脑为物质基础。体育锻炼能促使学生身体正常、健康地发展,为心理发展提供坚实的物质基础。这是心理发展的重要条件。

(二)体育锻炼是心理发展的一种动力

体育运动与日常自然的身体运动相比,内容和形式都不尽相同。所以,原有的心理水平往往不能满足所学习的运动项目的需要。例如,短跑要求较短的反应潜伏期、良好的运动距离知觉和运动速度知觉。又如,篮球比赛中的带球上篮,由于要了解场上队员的位置,要求有较大的注意范围,既要带球前进,又要防止对方拦截,需要善于分配注意力。几乎任何运动项目,都要求运动员有勇敢、坚持、自制、不怕困难等良好的意志品质和乐观、友爱、愉快、同情等多样的感情。上述心理活动和心理特征,就一个人的自然发展水平来说,不能满足运动学习和运动竞赛的需要。但是,在不断提高自己的运动水平或战胜对手而进行的运动活动中,学生原有心理水平会慢慢获得提高。也就是说,体育运动的新需要与原有心理水平的矛盾,推动了心理的发展。

(三)体育锻炼能推动自我意识的发展

体育锻炼有助于学生认识自我。体育运动大多是集体性、竞争性的活动,自己能力的高低、修养的好坏、魅力的大小,都会在体育运动中凸现出来,使自己对自我有一个比较符合实际的认识。体育锻炼还有助于自我教育。在比较正确地认识自我的基础上,会自觉或不自觉地修正自己的认识和行为,培养和提高社会所需要的心理品质和各种能力,使自己成为更符合社会需要、更能适应社会的人。

(四)体育锻炼能培养良好的意志品质

体育运动一般都具有艰苦、激烈、紧张、对抗以及竞争性强的特点。学生在参加体育锻炼时,总是伴随着强烈的情绪体验和明显的意志努力。因此,通过体育运动,有助于培养学生勇敢顽强、吃苦耐劳、坚持不懈、克服困难的思想作风,有助于培养团结友爱的高尚情操,有助于激发集体主义和爱国主义的热情,有助于培养机智灵活、沉着果断、谦虚谨慎等意志品质,使学生保持积极、健康、向上的心理状态。积极参加各种课外文体活动,有利于学生的身体健康,为健康的心理提供稳固的物质基础,对学生的身心发展能起到积极作用。体育运动能促进身体形态的发育,改善人体机能,提高运动能力。体育运动对提高学生的认识水平,培养良好的情绪和意志品质,形成优良的性格特征有积极作用。

由于体育锻炼是通过学生自己的身体运动而实现的,所以,不仅增强了学生的身体健康,同时对促进学生的心理健康能起到积极的作用。

三、体育锻炼能使人有良好的社会适应能力

所谓良好的社会适应能力,是指个体的社会行为能适应当时复杂的环境变化,为他人所理解,为大家所接受,且能保持正常的人际关系,能受到别人的欢迎。而参加体育锻炼必须要学会和人打交道,在体育锻炼中,不分职业、社会地位等的区别,拉近了人与人的距离。

第二节 体育锻炼的理论依据与原则

体育锻炼是指运用各种体育手段,结合一些自然因素(日光、空气、水)和卫生措施,以发展身体、增进健康、增强体质、调节精神和丰富文化生活为目的的身体活动的过程。

一、体育锻炼的理论依据

(一)体育锻炼过程的新陈代谢理论

新陈代谢是指有生命的物质与周围环境进行物质交换和自我更新的过程。体育锻炼能使组织系统发生兴奋,加剧物质代谢和能量转换。科学证明,体育锻炼能增强体质是因为:身体活动引起的能量物质的消耗能促进同化作用,加速恢复过程,使体内组织在细胞内部得到更多的补充,合成新的物质,使有机体获得更加旺盛的活力,从而促进机体的发展。体育锻炼是科学的身体活动,能使机体向完善的方向转化,这就是体育锻炼可以增强体质的生理过程和理论依据。

(二)运动负荷的价值阈理论

运动负荷价值阈是指按一定的心率区间确定运动负荷的计量标准。在体育锻炼过程中,达到心搏量极限的程度需要一段发动期。随后,心搏量急剧上升,再经过一段时间,心搏量进入极限。从心搏量急剧上升到心搏量极限,这段数据称为“心搏量极限区间”。心搏量极限区间的低值和高值之间的值,即为运动负荷的有效值。体育锻炼在这个

区间内波动,可取得理想的锻炼效果。

通常,把一般人的健身效果的最佳区间应保持在120~140次/分的心率之间,而以每次保持100~140次/分心率的时间以占一次锻炼总时间的三分之二左右为最佳。生理学实验证明,心率在120~140次/分时,心搏输出量最大;心率在140~180次/分时,每分钟输出量最大。因此,在体育锻炼中,安排强度较大、持续时间不长的无氧代谢,对提高无氧能力的锻炼有一定的意义。

(三)适应环境能力的动态平衡理论

适应环境能力是指人体在适应外界环境中所表现出的机能能力,包括对客观环境的适应能力和对疾病的抵御能力。

客观环境包括自然环境和社会环境。环境的变化会给人体发展带来多方面的影响。良好的环境,促使人体朝着健康的方向发展;恶劣的环境,妨碍人体的正常发展,甚至可能危及人们的生命安全。人体发展的首要条件,是不断地和客观环境取得动态平衡。人是万物之灵,它不仅能消极地适应环境,更能积极地改造环境,利用环境来为人类服务,从而为人体的完善发展创造条件。

日光、空气和水等自然因素是生命的源泉,人体的发展一刻也离不开它们。人体是恒温的有机整体,只有保持在36℃~37℃的体温条件下,才能保证生理功能的正常运行,上下逾越1℃以上,就意味着有疾病状。而光照、气温、风速、温度、气压等气象条件,却总是变化的。为了适应自然环境的变化,人们除了采取积极的御寒防暑手段外,关键在于通过改善营养和进行体育锻炼,使机体内部的产热和散热过程更加旺盛,体温调节机能更加灵敏。实践证明,广泛利用自然因素,不仅能有效地改善机体的体温调节能力,而且具有多方面的健身价值。为此,体育锻炼最好在阳光和煦、空气新鲜的户外进行。根据需要与可能,可采取日光浴、空气浴和冷水浴等锻炼形式。

实践证明,在自然因素和社会环境基本接近的前提下,能否坚持经常的体育锻炼,人体在环境中所表现的动态平衡能力有明显的差异。

二、体育锻炼的原则

(一)自觉性原则

自觉性原则是说,体育锻炼的参加者必须有明确的健身目标,能够自觉地从事体育锻炼。毛泽东曾经指出:“欲图体育之有效,非动其主观、促其对于体育的自觉不可。”体育锻炼是一个自我锻炼、自我完善的过程,如果不是自觉自愿,别人是无能为力的。在克服自身惰性、战胜各种困难后,体育锻炼才能达到预期的结果。同时,体育锻炼还要有一定的作息制度作保证,确信“生命在于运动”的科学道理,把它当作生活中不可缺少的一部分,才能获得愉悦的情感体验,获得最佳的锻炼效果。

(二)适宜负荷的渐进性原则

适宜负荷指体育锻炼要有恰当的生理和心理负荷量。锻炼效果的大小,在很大程度上取决于运动刺激的强度,太弱的刺激不能引起机体功能的变化,过强的刺激不仅不能增强体质,而且还会损害健康。负荷是否适宜,因人因时而异,即使同一个人,在不同的机能状态下,人体对负荷量的承受能力也不尽相同。当身体不佳、情绪不好时,人体的各种机能下降，体育锻炼的负荷量就应调整；当学习和工作紧张、脑力劳动频繁、体力消耗较大时，也要相应调整体育锻炼的负荷量。因而，确定运动负荷的大小，要充分考虑锻炼者的年龄、性别、健康状况、体质水平、项目特点和锻炼目的等各种因素。

适宜负荷的渐进性原则的实质是遵循人体发展和适应环境的基本规律，从不同的主客观实际情况出发，安排适当的负荷量，使之在渐进的基础上有节奏地进行。影响负荷大小的主要因素是锻炼的时间、密度、强度和情绪，在锻炼中可以通过以下因素来调整负荷量：

1. 根据锻炼者的实际情况确定运动负荷的大小。年轻人不要竭尽全力；老年人不要过高地估计自已，要量力而行。

2. 运动负荷应由小到大，逐渐提高。开始从事体育锻炼或中断锻炼后恢复锻炼时，强度宜小，时间宜短，密度不要大，不要急于求成。

3.要注意提高人体已经适应的运动负荷，使体能保持不断增强的趋势。但要加强自我监督，密切注意身体机能的不良反应。

4. 开始锻炼时，要有一个准备适应的过程，然后逐渐加大运动负荷。锻炼结束后，应做放松整理活动。

5. 缺乏一定体育锻炼基础的人，或锻炼中断后的人，不宜参加紧张激烈的体育比赛。

(三)持之以恒原则

体育锻炼贵在持之以恒，养成良好的锻炼习惯。体育锻炼是对机体给予刺激的过程，每次刺激都产生一定的作用痕迹，连续不断的刺激作用，则产生痕迹积累。这种积累使机体的结构和机能产生新的适应，体质就会不断增强，动作技能形成的条件反射就会不断得到强化。如果“三天打鱼，两天晒网”，当前一次的作用痕迹消失时，下一次作用的积累就小。长时间停止锻炼，各器官系统的机能和动作技能形成的条件反射就会慢慢减退，正是“用进废退”的道理。因此，体育锻炼既不能设想在短时间内取得显著成效，更不能希望一劳永逸。

(四)全面性原则

全面锻炼的要求是，体育锻炼必须追求身心的全面协调发展，使身体形态、机能，各种身体素质以及心理品质等方面得到全面和谐的发展。

人体是一个整体，各器官系统是相互影响、相互制约的。任何局部机能的提高，必然促进机体其他部位机能的改善；当某一素质得到发展时，其他素质也会不同程度地有所发展。但是，每一项体育活动都有一定的局限性，如果体育锻炼的内容和方法单一，机体就不能获得良好的整体效应。长期只从事力量练习和健美运动，心肺系统的功能和耐力素质会受到影响；长期只从事身体一侧肢体的活动，则整个机体不能得到匀称发展。因而，每个人应以一些功效大且较有兴趣的运动项目为主，辅之以其他项目，进行全面锻炼。

三、大学生的生理、心理特点

(一)大学生的生理特点

大学生年龄阶段已进入青年期，身体形态、机能、代谢功能等发展已日趋完善和成熟，整个机体具有旺盛的机能、蓬勃的朝气，能承受较大的运动负荷，能较好地适应外部环境的变化。与此同时，也必须在躯体和心灵上，承受包括体育活动在内的锻炼，以促进器官系统的发育和生理功能达到人生最佳的水平。

1. 身体形态

机体进入青春期后2~3年，人体身高以较快的速度增长，女子在17岁后，男子在19岁后，增长的速度才日趋缓慢，直至完成骨化而终止。体重一般是男生20岁、女生18岁后才趋于稳定。其他有关指标，如胸围、头围、肩宽、盆骨宽等生长指标均日趋缓慢。由于大学生年龄阶段已处于青春后期，身体形态发展虽已不断完善，但仍保留青春期的一些特点，即发展的不平衡性和不稳定性。因此，仍应全面锻炼身体，并随着年龄增长，适当开展体操、田径、球类、舞蹈等各类活动，这对发展运动器官，特别对身体的全面发展十分有利，能使体形匀称，体格健壮。

2. 身体机能

神经系统：大学生年龄阶段，第二信号系统已有相当发展，第一和第二信号系统的活动，相互关系更为完善，分析和综合能力显著提高，由于神经系统过程的灵活性高，神经细胞物质代谢机能旺盛，易出现疲劳，但恢复较快。脑细胞内部的结构和机能的复杂化过程迅速发展，致使大脑皮层的发育状况，在一定程度上呈现出一种飞跃的状态，这为思维发展创造了良好的物质基础。根据这一特点，在高校体育教学中，宜采用启发式与比较法，充分利用大学生已有的智能和经验，发扬主动学习精神。这个时期，由于内分泌活动发生变化，性腺活动加强，可使神经系统的稳定性受到影响，动作协调能力暂时下降，女生表现更为明显。

心血管系统：大学生年龄阶段，身体发育日趋完善，心缩力量增强，收缩压增高。这个时期可以承受一定的运动负荷，但强度不宜过大，尤其对于持续时间长的速度耐力性项目，随着年龄的增长，按照循序渐进的原则，可以逐渐增加运动负荷和强度。

呼吸系统：大学生年龄阶段，肺的横径和纵径都继续增加，肺胞体积也随之增加，男生尤为显著。由于呼吸机能增强，频率减慢，深度加大，肺活量增大，呼吸系统发育日益完善。我国男大学生的肺活量一般为3800~4400毫升，女大学生一般为2700~3100毫升。在这个时期，可进行耐力性项目的锻炼，以增强肺功能。

3. 身体素质

根据调查资料，青少年的身体素质，男生各项指标的增长高峰，除速度在7~8岁出现外，其他素质均在12~16岁期间出现；女生大部分素质高峰期都出现在7~9岁，而柔韧和耐力素质到18~19岁又出现高峰。一般来说，到19岁以后，无论是男生或女生的各项身体素质都会进入了下降期。因此，在大学生年龄阶段，仍应加强身体素质的全面锻炼，以促进身体的全面发展。

4. 性成熟

性成熟是青春期最重要的变化之一，它包括生殖器官和形态发育、功能发育和第二性征发育等。

男性的性成熟，主要表现在性器官——睾丸功能的发育与成熟。睾丸的功能是产生精子和分泌雄性激素。睾丸发育时间最早在10岁前后，12~16岁期间迅速增大，17岁前后达到正常水平。性功能发育主要表现在遗精，一般在12~19岁之间。第二性征发育的表现是开始长胡须、体毛多、喉结增大突出、音调变低变粗，肌肉显得强健有力。

女性的性成熟，主要表现在性器官——卵巢功能的发育与成熟。卵巢的功能是产生卵子和分泌雌性激素。8~10岁期间发育加快，10~18岁子宫等器官迅速发育。性功能发育主要表现在月经。第二性征的发育表现在随着乳腺的发育和脂肪的沉积，乳房逐渐隆起，乳头突出，声调变高，皮下脂肪增厚。

男女进入青春期后，虽然有了生殖能力，但身体尚未完全发育成熟，骨骼及心脑等重要器官一般要到25岁左右才能发育完善。大学生年龄阶段正处于性成熟时期，根据以上特点，参加各种体育活动，有助于促进身心健康发展。

(二)大学生心理特点

大学生的年龄特征决定心理特征，其中大学生自我意识的骤然增强是核心问题。围绕这一核心问题，大学生的认知、情感、意志、个性等主要心理过程和心理特征处在一个动态的调节过程之中，并且由过去的被动性调节转为主动的自我调节。因而其心理变化是一生中最复杂、波动最大的时期，其特点从以下四个方面明显地呈现出来：

1. 自我意识方面

进入大学之后，由于环境的变化和达到了近期锻炼目标，会引起心理感受的变化，他们发现原先所认识的自我是由家长、老师塑造出来的，不是真正的自我，因而强烈要求重新塑造并确立真正的自我。在自我评价能力和自我控制能力方面较中学时代有所提高，但发展的水平参差不齐，有的自负自尊，却往往不懂得尊重别人；有的能够控制自己，有的容易被波动的情绪左右。为了努力塑造一个真实的理想的自我，他们开始认识到自我教育的重要性，并努力向着既定的方向、目标不断进取。

2. 情感方面

大学生正处于风华正茂之时，他们的情感特征十分明显。因而是体验人生感情最激烈的年龄。大学生的情感不再像中小学生那样天真、纯朴，而是比较内向、含蓄，表现出心理上的闭锁性。另外，敏感、自尊、好表现自己也是突出的情感特征。随着年级的增高，大学生的情绪波动性逐渐减弱，情感也日趋丰富、复杂。

3. 意志方面

从中学升入大学，标志着一个青年已踏上独立生活和成人社会的路途，为祖国和人民做贡献的时刻即将到来，全社会也盼望大学生早日成才。在各方面的影响下，大学生的独立倾向明显，自觉性明显增强，并能在行动中清晰地意识到自己行动的目的性和社会意义。从果断性和自制力来看，发展较为缓慢。

4. 性格方面

由于大学时期个性倾向日趋形成，自我意识不断发展，大学生的性格基本形成和逐渐稳定，对待现实持较一贯态度和较稳定的行为方式，是大学生性格的主导方面，它突出体现了大学生个性的本质。在性格的意志、理智、情绪等特征方面，大学生逐渐趋于稳定，并能自觉地培养良好的性格。但是，大学生的性格发展尚不成熟，性格结构的四个部分也不协调，所以渴望成才的大学生还必须自觉地进行良好性格的自我教育和自我锻炼，为成材创造良好的主观条件。

(三)大学体育的健康功能

大学体育的健康功能,主要体现在:

1. 大学体育的生理健康功能

(1)大学体育可促进身体形态功能的全面发展

(2)大学体育可促进生理机能的全面发展

(3)大学体育可促进身体素质的全面发展

2. 大学体育的社会与心理健康功能

(1)大学体育有助于改善大学生的情绪状态

(2)大学体育有助于培养大学生的意志品质

(3)大学体育有助于培养大学生的人际交往能力

(4)大学体育有助于大学生心理卫生问题和心理障碍的防治

第三节　体育锻炼与身体健康

你知道不运动的坏处吗？世界卫生组织估计,全球因缺乏运动而导致的死亡人数,每年超过 200 万。不运动,会使身体的免疫能力下降,某些疾病和病毒不能得到有效免疫而诱发猝死。例如:一个小孩儿如果不进行足够多的体育锻炼的话,那他的大脑发育也不会很好,就会影响到智力的发展,出现明显的智能低下。现代医学和体育科学的研究表明,体育锻炼可起到以下作用。

(一)预防心血管病。大量研究表明,参与有规律的体育锻炼可以显著地降低心血管病的形成和发生的危险性。

(二)能够改善呼吸系统的功能。

(三)能够提高消化系统的功能。

(四)能够改善神经系统的功能。

(五)能够降低糖尿病发生的危险性。

(六)能够控制体重与改变体形。

(七)能够延年益寿。

“生命在于运动”,这句话充分说明了体育运动对身体健康的重要性,但并不是说只要运动就能健康,因为只有养成良好的体育锻炼习惯,科学地进行体育锻炼才会健康长驻。为此,必须掌握一定的科学锻炼方法。如果对于一种体育活动不了解,体育锻炼就很可能起不到锻炼身体和增强体质的效果,甚至还会损害身体健康。所以,只有懂得体育运动的基本原理和科学锻炼方法之后,才能达到预期的锻炼效果。最后,要想养成良好的体育锻炼习惯还要持之以恒。前苏联教育家马卡连柯曾经说过:“要形成良好的习惯,最重要的是正当行为的不断练习。”良好习惯的形成,是意志与毅力的结果,因此大学生在养成锻炼习惯的过程中,要有一定的意志力,要持之以恒,要严格作息时间。不管是酷暑,还是严冬,都不改变自身的生活规律,这有利于形成健康的良好的“生物钟”。这样,天长日久,锻炼的习惯就会逐渐形成。

体育锻炼这个问题,在我国,很早就被高度重视了。大学生时期是人一生中身心发育趋向成熟的重要转折时期，在这一时期你会惊异地发现，在生理和心理方面将出现许多前所未有的变化，明显会有一种成人的感觉。随着近年来人民生活水平和文化素质的提高，体育锻炼的客观条件越来越好，人们的主观意识越来越强烈。我们应在体育运动中茁壮成长，在运动中保持健美。

视窗

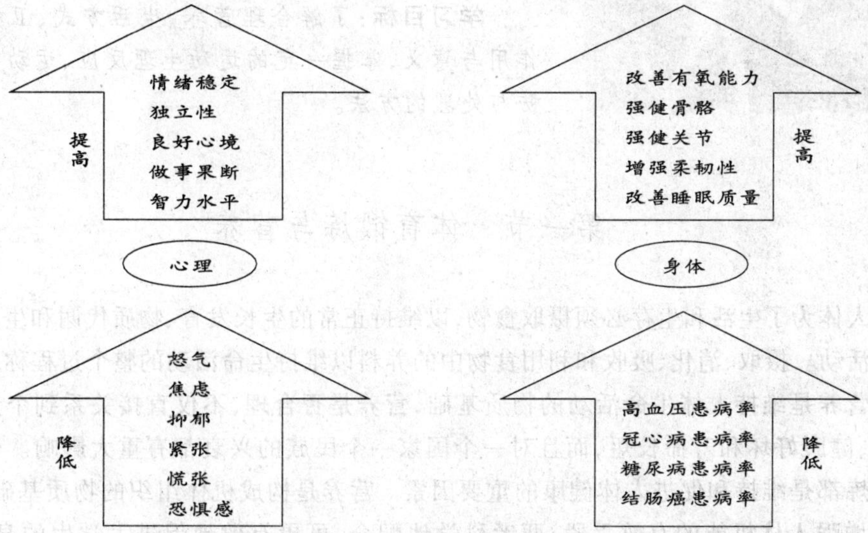

思考题：

1. 体育锻炼的主要作用是什么？
2. 体育锻炼的原则有哪些？
3. 如何养成良好的体育锻炼习惯？

第三章　体育锻炼与营养卫生保健

学习目标：了解合理营养、生活方式、卫生保健的作用与意义，掌握一定的运动生理反应、运动损伤的预防与处理的方法。

第一节　体育锻炼与营养

人体为了生活和生存必须摄取食物，以维持正常的生长发育、物质代谢和生理机能等生命活动。摄取、消化、吸收和利用食物中的养料以维持生命活动的整个过程称为营养。

营养是维持人体生命活动的物质基础，营养是否合理，不仅直接关系到个人的体质强弱、健康好坏和寿命长短，而且对一个国家一个民族的兴衰都有重大影响。营养和体育锻炼都是维持和促进人体健康的重要因素。营养是构成机体组织的物质基础，体育锻炼是增强人体机能的有效手段，两者科学地配合，可更有效地促进大学生的身体发育，提高大学生的健康水平。只注意营养而缺乏体育锻炼，会使人肌肉松弛，肥胖无力，机能减弱；进行体育锻炼而缺乏必要的营养，体内消耗的物质能量得不到应有的补偿，也会使人的机能减弱，妨碍发育，并可诱发营养缺乏症，有碍身体健康。所以，要想使体育锻炼获得良好效果，必须有适当的营养保障。体育锻炼的特点是体力活动紧张，能量消耗大，因此合理的膳食要求应该是：

①维持热能平衡，也就是维持热量摄入和消耗的平衡；

②热能物质比例适当。我国营养学家认为合理的膳食结构应该是蛋白质、脂肪和糖的比例为 1:0.7:4(按重量计)；

③充足的维生素。日常膳食中应有充足的绿叶蔬菜、水果以及动物的心、肝等；

④合理的饮食制度。应定时进餐，进餐后 1.5~2 小时才能参加剧烈运动，运动后应休息 30~40 分钟再进餐；

⑤注意食物的酸碱平衡，主、副食品应保持多样化，不可偏食。

我们重点要分析的是以下两方面的问题。

一、合理营养

合理营养要求膳食必须符合个体生长发育和生理状况等特点，应含有人体所需要的各种营养成份，且含量适当，既不缺少，也不过多，能全面满足身体的需要，能维持正常的生理功能，能促进身体的生长发育和健康发展。这种膳食称为“平衡膳食”。此外，合理营养还要求食物易于消化吸收，不含对机体有害的物质。

二、科学锻炼

首先是科学地安排锻炼，以使身体得到全面发展，避免伤病的发生。锻炼时要因人制宜、因时制宜、因地制宜，根据自己的性别、学习特点，自身的健康状况安排锻炼的时间和进度。运动量和运动强度也要由小到大，在锻炼的过程中逐步积累经验，以达到身体锻炼的最佳效果。其次，还应采用多种多样的运动项目进行锻炼，大学阶段的学生生理和心理都处于特殊的生长发育阶段，这个时期更要注意科学锻炼。科学锻炼包括：运动前先要做好准备活动，使机体逐步进入运动状态；从个人实际出发安排好运动量和运动强度，不要一开始或在无人指导下去做难度过高的技术动作，而且在运动过程中要注意体育卫生（不要饭后马上运动，运动过程中不要暴饮暴食，特别是激烈运动后不能猛喝冷冻饮料；也不要在浑身大汗时马上用冷水洗肢体）等。

体育锻炼时体内代谢的特点对营养有特殊的需要，营养与体育锻炼的关系不仅是一般地维持健康的作用，而是起到了更深层次的强化作用。体育科学研究表明，科学锻炼和合理营养相辅相成。只有重视体育锻炼中的营养问题，才能更有效地发挥食物的营养作用，提高体育锻炼的效果。

第二节 体育与生活方式、卫生保健

一、体育与生活方式

生活方式可以分为文明的生活方式与不文明的生活方式。健康是人类永恒的追求，随着时代的发展，人类的寿命越来越长，人类将更加注重健康，树立“健康第一”的观念。因此，能够促进健康的生活方式就是文明的生活方式。

体育锻炼有助于满足人类健康需要的文明生活方式。人的健康与生活方式有直接关系，不良的、失去平衡的生活方式是一种“自我创造的危险性”。世界卫生组织总干事中岛宏告诫人们，大约在 2015 年，生活方式疾病将成为世界头号杀手。

21 世纪威胁人类健康的疾病主要有：

1. 营养过剩和不良饮食习惯引起的疾病

在美国仅心、脑血管疾病和癌症 3 项就占死亡总数的 70%，其致病的主要因素有饮食过量、脂肪消耗过多，缺少运动，以及吸烟、饮酒和紧张。德国环保局做了具体计算，德国人每天只需消费 160 克的肉，而目前每天却摄入 250 克。奶和蛋的消费量也大致如此。在我国，死亡病因同发达国家正趋于一致。国家统计部门对 35 个大中城市的抽样调查表明，城市居民荤菜与蔬菜的消费量比例为 2:1，精粮与粗粮之比为 10:0.7。这种饮食结构带来的恶果是，由于摄入的高热量、高蛋白、高脂肪过剩而导致血脂代谢异常，使心脑血管疾病成为城市人死亡的最大疾病。同时，由于摄入的热量和胆固醇过多，食物中的某些成份不足，如食物纤维、维生素 A 等，又成为患结肠癌、直肠癌、胃癌、乳腺癌、卵巢癌等癌症的主要原因。因此，有人把这些原因引起的癌病称之为“生活方式癌”。

2. 现代“时尚病”

随着社会的发展，由使用现代电子设备、追求时髦消费和娱乐方式不当引起的疾病叫“时尚病”。比如，彩电、游戏机屏幕放射出的阿尔法和伽马射线会杀死人体的白细胞，致使人体免疫力下降，还会使眼睛患上弱视、斜视、散光等疾病；豪华的室内装修又会带来化学物质污染等。

3. 精神疾病

据美国哈佛大学的一份研究报告，精神健康问题在“全球疾病负担”中占 8.1%。精神疾病无论在发达国家还是在发展中国家都呈增加趋势，其中尤以青少年为盛。城市生活的快节奏，复杂的人际关系，愈演愈烈的竞争环境，导致人们的心理失调，出现诸如焦虑、抑郁、狂躁、自卑和妄想狂等症。诱发多种身心疾病，如偏头痛、便秘、腹泻、溃疡性结肠炎、妇女月经失调、男性阳痿、糖尿病、癌症、高血压、心脏病、神经过敏、精神分裂、狂躁、忧郁等。

4. 重复性工作压力并发症

这将是 21 世纪的一种时髦病。据美国劳工部统计，机械式重复性工作对人体所造成的伤害，如今占所有职业伤害的 65%；按最新的数据显示，重复性工作压力并发症的受害人一年高达 33 万人以上。手腕部重复工作压力并发症是最常见的一种重复性工作压力职业伤害，整日与电脑为伍的工作人员就是最常见的受害者。一般说来，从事体力劳动的蓝领阶层，如在工厂做包装工作或是在生产线上做某种一再重复之装配工作的工人，最易受到重复性工作压力的伤害。但是从 80 年代以来，在办公室工作的白领阶层，受这种伤害的却增加了 7 倍。据研究结果显示，这是由于电脑普及的缘故。坐在键盘前工作，看似轻松，实则肌肉所受到的压力超乎一般所理解的程度。此种姿势有碍于血液的流通，如果姿势不正确，则肩颈的工作就更为辛苦，日积月累会造成肩颈肌肉因长期紧张而出毛病。

5. 吸毒

目前，全世界至少有 4000 万人是吸毒瘾君子。受毒最深的是发达国家。

6. 运动不足

在低机械化时代，人们的体力支出与脑力支出之比为 9:1，到中等机械化时代，已变为 6:4，在全盘自动化时代倒置为 1:9。可以说，在人与自然疏远的过程中，人们得到了许多物质财富与精神财富，但也丧失了很多宝贵的东西，其损失最大的是人体的运动。

7. 机能退化

人吃的是经过多道工序精加工的食品，于是人们的牙齿越来越不坚固；喝的是经过化学加工的水，于是人们的肠胃功能严重减退；空调使人变得越来越不能适应大自然的本来温度，人的适应能力越来越差。

除上述危险以外，性病、艾滋病、流行性病毒、工业性污染、生活危险等都将是 21 世纪对人类健康的严重威胁。

视窗

美国加州大学公共健康系的布莱斯诺博士提出的健康生活方式：

(1)每日保持 7~8 小时睡眠

(2)有规律的早餐

(3)不吸烟

(4)不饮或饮少量低度酒

(5)少吃多餐

(6)控制体重(不低于标准体重的10%,不高于标准体重的20%)

(7)有规律的体育锻炼

(8)每年至少检查一次身体

我国的专家教授,如洪昭光、齐国力等也都提出了体育锻炼的生活方式。体育锻炼是健康的生活方式中不可缺少的重要组成部分。具体表现在两点:第一,科学的发展,交通工具发达,人们步行的机会少了,生产自动化和家用电器的普及,体力劳动相应减少,这就导致大多数人不再从事体育锻炼,形成了运动不足的状况。设法改变运动不足的生活方式,乃是全体国民所必须解决的一个紧迫问题。对那些生活方式还未形成的学童来说,设法使他们不养成运动不足的习惯,就更加紧迫了。儿童易仿效父母的生活习惯,所以在儿童的生活习惯还未形成时使他们养成一辈子坚持体育锻炼的习惯, 成了学校体育的重要任务之一。第二,一方面,信息技术的广泛应用,要求人们在高速度、高强度、高效率的情况下进行工作,其紧张程度,要求人们有更加健康的身体。另一方面,工作时间的缩短和业余时间的增多,人们希望和需要进行丰富多彩的体育活动,来丰富和调剂生活。所以,随着人们生活质量的逐步提高,体育锻炼已成为现代生活方式中不可缺少的最行之有效的重要组成部分。

二、体育锻炼与生活中的卫生保健

体育锻炼与营养同是维持和促进身体健康的重要因素,营养不足与发病率、出生率、死亡率以及身体发育和寿命长短密切相关,而且还影响运动能力。所以人们在参加体育锻炼的同时,对生活中的营养也应予以重视。运动中和运动后的饮水卫生也很重要,长时间的体育锻炼,大量出汗,水分的出人量失去平衡,严重时会发生昏厥。因此,在长时间的运动中注意补充体内水分是十分重要的。运动中或运动后饮水,应以少量多次为原则,切忌一次暴饮。较好的饮水方法是,运动中每隔15~20分钟饮水150毫升左右。

视窗

生活方式与健康

生活方式是指人们长期受一定文化、民族、经济、社会、风俗、家庭等影响而形成的一系列生活习惯、生活制度和生活意识。人类在漫长的发展过程中,虽然很早就认识到生活方式与健康有关,但由于人们一直认为危害人类生命的各种传染病是人类死亡的主要原因,从而忽视了生活方式对健康的影响。直到19世纪60年代后,人们才逐步发现生活方式在全部死因中的比重越来越大。例如,1976年美国年死亡人数中,50%与不良生活方式有关。可见,形成良好的生活方式对于健康至关重要。

健康的生活习惯

一、运动习惯

经常做运动

每星期最好能有3次,而每次的持续时间是30分钟

选择能增进心血管功能、肌肉功能及关节柔韧性的运动

每次应有热身及整理运动

有预防运动创伤的知识

运动前后须饮充足的液体

二、睡眠习惯

要养成早睡早起的习惯

每天最少要熟睡 7 至 8 个小时

三、饮食习惯

小心控制食量,保持理想体重

每天定时进食三餐,并保持均衡饮食

不可缺少任何一顿正餐,尤其是早餐

正餐之间,避免吃零食

要保持牙齿健康,避免吃甜食和糖,同时亦避免吸收过量的卡路里

减少食用动物脂肪(饱和脂肪),应选择多元不饱和脂肪

减少食用胆固醇含量较高的食物

减少食盐以避免高血压

饮足够的水

四、学习习惯

经常有计划及专注地学习,避免因时间不足而带来压力

在长久的学习中,应安排小息以作松弛

学会应付压力及紧张来保持精神健康

五、烟酒习惯

不吸烟或戒烟,尽量避免饮用酒精类饮品

六、其他习惯

保持良好的坐、立、行及睡眠等姿势

维持良好的社群健康习惯,例如人际交往、彼此尊重及自我表达等

第三节 运动中的生理反应与处理

大学生在体育锻炼的过程中，机体的某些生理活动过程可能会受到一定程度的缺失或破坏,常常会出现某种生理反应,如何处理和解决这些问题,下面,我们将一些常见的运动中的生理反应和处理方法予以介绍。

一、运动性昏厥

在运动中,由于脑部突然血液供给不足而发生的一时性知觉丧失现象。

(一)原因和征象

1. 原因:由于剧烈运动,使大量血液积聚在下肢,回心血量减少所致。大学生平时运动少,体育锻炼前未进食,引起的血液中血糖过低也有重要关系。

2. 征象:全身无力,头晕耳鸣,眼前发黑,面色苍白,手脚发凉,血压降低,呼吸减慢而无力。

(二)处理和预防

1. 处理:应立即使患者平卧,足略高于头部,安静,保暖,松解衣领束带,用热毛巾擦脸,并对下肢进行(从足部起)向心性推拿或揉捏,同时用手指点掐人中、百会、合谷等穴。如有呕吐,宜将患者头部偏向一侧,如呼吸停止,应做人工呼吸。

2. 预防:平时要坚持体育锻炼,提高运动机能水平。久蹲后要慢慢站起,快跑后不要马上停下来,不要在饥饿和空腹的情况下参加体育运动。

二、运动中腹痛

腹痛在运动过程中是较为常见的一种症状,这只与运动训练的一些因素有关。大多安静时不疼,运动时才出现。

(一)原因与征象

多在跑步练习中出现,主要原因是:准备活动不充分,开始时运动过于激烈,内在器官功能尚未达到应有状态,致使肝脾功能失调,引起腹痛;有的因运动前吃得过饱,饮水过多,或者腹部受凉,而引起胃肠痉挛;少数因运动时间过长或过于剧烈,使下腔静脉压上升,引起血液回流受阻。

(二)处理和预防

1. 处理:一旦在运动中出现腹痛,就应减慢运动速度和降低运动强度,加深呼吸,调整呼吸和运动节奏,用手按压疼痛部位,或弯着腰跑一段距离,一般疼痛即可减轻或消失。如果无效,或疼痛反而加重,就应停止运动。

2. 预防:饭后 1.5 小时左右才可进行运动。做好准备活动,运动量要循序渐进,并注意呼吸节奏;夏季运动也不要饮水过多;对于各种疾患引起的腹痛应到医院检查确诊,病愈之前,在医生的指导下进行锻炼。

三、肌肉痉挛

肌肉痉挛俗称抽筋,是肌肉不自主的强直收缩所显示的一种现象。

(一)原因和征象

在体育锻炼时,肌肉受到寒冷的强烈刺激时,可发生肌肉痉挛,常在游泳或冬季户外锻炼时发生;准备活动不够,或肌肉收缩过猛,也可发生肌肉痉挛;情绪过分紧张也会引起肌肉痉挛。肌肉痉挛时,肌肉突然变得坚硬,疼痛难忍,而且一时不容易缓解。

(二)处理和预防

1. 处理:对痉挛部位的肌肉做牵引,并配合按摩、揉捏、叩打以及点压委中、承山、涌泉等穴位,以促使肌肉痉挛缓解和消失。

2. 预防:运动前做好准备活动。对容易发生痉挛的部位,事先应做适当的活动;夏季进行长时间运动时,要注意补充盐分,冬季锻炼时,要注意保暖;疲劳或过饱时,不要进行剧烈运动。

四、极点和第二次呼吸

(一)极点

在剧烈运动,特别在中长跑时,能量消耗大,下肢流血量会减少,需氧量明显超出摄氧量，并在达到一定程度时，就会出现呼吸急促，胸闷难忍，下肢沉重，动作不协调，甚至有恶心现象出现，这在运动生理学中称为"极点"。

(二)第二次呼吸

"极点"出现后，适当减慢运动速度，加深呼吸，坚持一段时间，上述生理反应将逐渐缓解与消失。随后功能重新得到改善，氧供应增加，运动能力又将提高，动作变得协调和有力。这标志着"极点"已经有所克服，生理过程出现新的平衡。此种现象，运动生理学中称为"第二次呼吸"。"第二次呼吸"出现后，血液循环功能将稳定在新的较高的水平上。

"极点"与"第二次呼吸"是长跑运动中常见的生理现象，无须疑虑和恐惧，只要坚持经常锻炼和处理得当，"极点"现象是可以缓解和减轻的。

第四节 运动损伤的预防与处理

在体育运动过程中所发生的各种损伤，统称为运动损伤。对运动损伤的预防、治疗，对康复知识的了解，对于提高健康水平，改善大学生的学习态度具有重要作用。

一、运动损伤的原因

大学生造成运动损伤的原因是多方面的，既与锻炼者的运动基础、体质水平有关，也与运动项目的特点、技术难度以及运动环境等因素有关。其主要原因有：

(一)运动者生理、心理状态不良，运动情绪低下，在畏惧、害羞、犹豫以及过分紧张时易发生伤害事故。缺乏运动经验、缺乏自我保护能力，也容易导致伤害事故的发生。

(二)组织方法上有缺陷，不从实际出发，不遵循科学原则。方法不合理，纪律松散以及技术上的错误等，都可造成损伤。如投掷标枪时，上臂外展，屈肘小于90°，肘部低于肩部时，容易造成肌肉拉伤，甚至肱骨骨折。

(三)思想麻痹大意是所有运动损伤因素中最主要的因素。包括运动前不检查器械，预防措施不得力，常在盲目和冒失行动中受伤。

(四)运动前准备活动不充分，特别是缺乏针对性的准备活动，使运动器官、内脏器官功能因没有达到运动状态而造成损伤。

(五)运动场地狭窄，地面不平坦，器械安置不当或不坚固，锻炼时过于拥挤或多种项目在一起运动，容易互相冲撞而致伤。

二、运动损伤的预防

(一)加强运动安全教育，克服麻痹思想，提高预防损伤意识。

(二)认真做好准备活动，对可能发生运动损伤的环境和易伤部位，要及时做好预防措施。

(三)合理组织、安排锻炼，合理安排运动量，防止局部运动器官负担过重。

(四)加强保护与帮助，特别要提高自我保护能力。如摔倒时，立即屈肘低头，团身滚动。由高处跳下时，要用前脚掌着地，注意屈膝、弯腰，以利缓冲和保持身体平衡。

三、常见运动损伤的处理

(一)软组织损伤

这类损伤可分为开放性损伤和闭合性损伤两类。前者有擦伤、撕裂伤、刺伤等,后者有挫伤、肌肉拉伤、腱鞘炎等。

1. 擦伤

(1)原因与症状:机体表面与粗糙的物体相互摩擦而引起的皮肤表层损害,主要征象为表皮剥脱,有小出血点和组织液渗出。

(2)处理:小面积擦伤,用红药水涂抹伤口即可。大面积擦伤,先用生理盐水洗净,后涂抹红药水,再用消毒布覆盖,最后用纱布包扎。

2. 撕裂伤

(1)原因与症状:在剧烈运动或受到突然的强烈撞击时造成的肌肉撕裂,其中包括开放伤和闭合伤两种,常见的有眉际撕裂、跟腱撕裂等。

(2)处理:轻度开放伤,用红药水涂抹伤口即可;裂口大时,则需止血和缝合伤口,必要时注射伤风抗毒血清,以防止破伤风。如肌腱断裂,则需手术缝合。

3. 挫伤

(1)原因与症状:因撞击器械或练习者之间的相互碰撞而造成的闭合性损伤。单纯挫伤在损伤处出现红肿,皮下出血,并有疼痛。内脏器官损伤时,则出现头晕、脸色苍白、心慌气短、出虚汗、四肢发凉、烦躁不安,甚至休克。

(2)处理:在 24 小时内冷敷或加压包扎,抬高损伤处或外敷中药。24 小时后,可按摩或理疗。进入恢复期可进行一些功能性锻炼。如果怀疑内脏损伤,则做临时处理后,送医院检查和治疗。

4. 肌肉拉伤

(1)原因与症状:在外力直接或间接作用下,使肌肉过度主动收缩或被动拉长时引起的肌肉拉伤。肌肉拉伤的主要原因是准备活动不充分、动作不协调、肌肉弹性、伸展性、肌力差者更容易拉伤。损伤后伤处肿胀、压痛、肌肉痉挛,触摸时有硬块。

(2)处理:轻者立即冷敷,局部加压包扎,抬高患肢。24 小时后可按摩或理疗。如果肌肉已大部分或完全断裂,在加压包扎急救后,立即送医院手术治疗。

(二)关节、韧带扭伤

1. 肩关节扭伤

(1)原因与症状:一般因肩关节用力过猛及反复劳损所致。有的扭伤是因技术错误,违反解剖学原理而致。其症状有压痛、疼痛,急性期有肿胀,慢性期三角肌可能出现萎缩,肩关节活动受限。

(2)处理:单纯韧带扭伤,可采用冷敷,加压包扎。24 小时后可按摩或理疗。出现韧带断裂时,应立即送医院缝合和固定处理。肩关节肿胀和疼痛减轻后,可适当进行功能性锻炼,但不宜过早活动,以防止转入慢性病症。

2. 髌骨劳损

(1)原因与症状:髌骨具有保护股骨关节,维护关节外形,传递股四头肌力量的作用,是维护膝关节正常功能的主要结构。髌骨劳损是因膝关节长期负担过重或反复损伤积累所致,也有一次直接外力撞击致伤的。

(2)处理:采用中药外敷、针灸、按摩等。平时加强膝关节肌群力量的练习,如采用静力半蹲,每次保持3~5分钟即可。

3. 踝关节扭伤

(1)原因与症状:踝关节扭伤是运动中跳起落地时失去平衡,使踝关节过度内翻或外翻所致的伤。在准备活动不充分、场地不平坦的情况下,更容易造成踝关节扭伤。主要症状表现为疼痛、肿胀,韧带损伤处有明显压痛、皮下淤血。

(2)处理:受伤后应立即冷敷,用绷带固定包扎。24小时后,根据病情采取综合治疗,待病情好转后进行功能性练习。

4. 急性腰伤

(1)原因与症状:运动时因身体重心不稳定或肌肉收缩不协调而引起的腰部扭伤。多数腰伤是因为腰部受力过重或脊柱运动时超过了正常生理承受能力。主要症状为疼痛,有时可听到瞬间"咯咯"的响声,腰部活动受限。

(2)处理:腰部急性扭伤后,应让患者平卧,不应立即搬动。如果剧烈疼痛,用担架抬送医院诊治。

(三)关节脱位

(1)原因与症状:因外力作用使关节面失去正常的连接关系,叫关节脱位,又叫脱臼。关节脱位可分为完全脱位和半脱位(俗称错位)两种。严重的关节脱位,伴有关节囊撕裂,甚至神经损伤。运动中发生的关节脱位,大多数因间接外力撞击所致。关节脱位后,常出现畸形,与健肢对比不对称,因软组织损伤而出现炎症反应,局部疼痛、压痛和关节肿胀,并失去正常活动的功能。

(2)处理:用长度和宽度相称的夹板固定伤肢。防止震动,及时送医院治疗。

(四)脑震荡

(1)原因与症状:脑震荡指头部受到外力打击后,使大脑管理平衡的感应器功能失调,引起的意识和功能的一时性障碍。在体育锻炼中,两人头部相撞或头部撞地,都可造成脑震荡。致伤时,神志昏迷,脉搏徐缓,肌肉松弛,瞳孔稍大但能对称;神经反射减弱或消失。清醒后,患者常有头痛、头晕、恶心呕吐感;平时情绪烦躁,注意力不易集中,并伴有耳鸣、心悸、多汗、失眠、记忆力减退等。

(2)处理:立即让患者平卧,头部冷敷;若有昏迷,按压人中、内关、合谷穴;若呼吸发生障碍,立即进行人工呼吸。如出现反复昏迷或耳、鼻、口出血,表明病情严重,应立即护送到医院治疗。

(五)骨折

(1)原因与症状:运动中身体某部受到直接或间接的暴力撞击时,会造成骨头损伤。骨折是比较严重的损伤。骨折分不完全性骨折和完全性骨折两种。常见的骨折有肱骨骨折、前臂骨骨折(尺骨骨折较常见)、手骨骨折、股骨骨折、小腿骨折、脊柱骨折和头部骨折等。骨折发生后,患处立即出现肿胀、皮下淤血,有剧烈疼痛,肌肉产生痉挛,肢体失去正常功能。有时骨折部位发生变形,移动时可听到骨摩擦声。严重骨折时,伴有出血和神经损伤、发烧、甚至休克等全身性症状。

(2)处理：若出现休克，应先进行处理，点压穴位，进行人工呼吸或心脏胸外按摩；若伴有伤口出血，应同时实施止血和包扎，之后及时送医院检查和治疗。

第五节　体育疗法及医务监督

一、何谓体育疗法

所谓体育疗法，是以体育为手段，通过特殊的身体练习，达到防治疾病、促进功能恢复、增进健康的方法，又称为医疗体育。

现代医学和体育科学的理论和实践证明，体育疗法是对许多疾病进行综合治疗的重要组成部分，是促进患者机能恢复的重要手段。许多疾病虽然在临床上已近治愈，但全身或局部系统的功能仍然处于恢复状态，有针对性地进行体育锻炼，可以有效地缩短恢复期，使患者早日恢复学习和工作能力。体育疗法是体育的一个分支，也是医学的一个分支。

人类以体育为手段防治疾病，由来已久，我国是世界上最早应用医疗体育的国家，经过几千年的历史演化，体育疗法逐步形成了自身的体系。近年来，又充实了功能性锻炼和器械治疗，使体育疗法的内容更加丰富，疗效更加显著。

二、体育疗法的适应症和禁忌症

体育疗法应用范围很广，根据国内外资料，对以下疾病可取得特殊效果或具有较大的实际意义。但对有些疾病，或者病情严重时，禁忌体育疗法。

(一)适应症

1. 内脏器官疾病有：高血压、冠心病、慢性支气管炎、肺结核、肺气肿、哮喘、溃疡病、便秘、胃病、消化不良、内脏下垂等疾病。

2. 神经系统疾病有：偏瘫、神经衰弱、脑震荡后遗症、周围神经损伤等。

3. 代谢障碍疾病有：糖尿病、肥胖病症等。

4. 运动器官疾病有：腰腿酸痛、颈椎病、肩周炎、脊柱畸形、四肢及脊柱骨折后的康复等。

5. 妇科疾病有：子宫位置不正、痛经、盆腔炎、产后康复等。

(二)禁忌症

1. 病情严重，任何原因的体温升高。例如，严重的炎症、体温升高到38℃以上、各种肺结核活动期、心率明显失常等。

2. 在疾病的急性或亚急性发作期。例如心绞痛发作、结核病合并咳血等。

3. 体疗可能引起出血和剧烈疼痛的情况。

三、体育疗法的特点

(一)充分发挥患者自身性治疗的特点

体育疗法不是药物治疗和外科手术，只有患者直接置身于各种身体练习才能收到疗效。为此，必须做到以下两点：

1. 患者要以积极的态度对待疾病,要有增强战胜疾病的信心。现代医学证明,积极的情绪能调动人体的内在潜力,有利于激发人体各器官功能的自我调节和控制能力。这就是人们常说的“心理治疗”。

2. 体育疗法对人体的影响是渐进式的,有的慢性病需要通过数周数月,甚至更长时间的锻炼才能奏效。因此,要有极大的意志和毅力。

(二)锻炼内容与方法的针对性和系统性特点

体育疗法是一种功能性疗法,它通过肌肉活动,使相应的器官功能得到改善。因此,必须根据患者不同的性别、体质、年龄和病情,采取各种特殊的身体练习,也就是进行针对性和系统性的锻炼。其中包括运动量的可接受性,运动技术、方法的循序渐进性,以及疗程的阶段性和巩固疗效的延续性等。

(三)局部与整体功能同时获得改善的特点

由于人体是一个高度灵敏和高度自动化的系统,体育疗法在作用于局部器官系统的同时,也积极地影响着全身,能起到改善全身整体功能的作用。例如,关节炎患者通过体育疗法,可促使关节化瘀和新的营养物质的吸收,同时能有效地改善神经系统的调节功能,乃至全身的健康状况。

(四)具有治疗和预防双向作用的特点

“体育疗法”既是一种治疗疾病的方法,又是一种积极的预防措施。通过各种全身练习,能增强系统的整体功能,提高机体的免疫力。

四、常见病的体育疗法

1. 医疗性运动:包括医疗体操、健身跑和太极拳等。医疗体操是防治疾病的一种主要运动方式,体操内容和每节体操中的姿势、活动部位、运动幅度、速度以及肌肉收缩用力程度等应按需要选择。太极拳对神经系统、消化系统、呼吸系统等都有良好的作用,长期坚持,不仅能防治疾病,而且有显著的健身效果。

2. 气功:气功疗法在我国已有2000年左右的历史,它是一种锻炼“元气”、增强体质的功夫,我国目前流传较广的有放松功、强壮功、内养功。

3. 按摩:按摩是利用双手双足或器械进行各种操作,以提高和改善人体生理功能、消除疲劳和防治疾病的一种方法。

4. 自然力锻炼:自然力锻炼是利用日光、空气和水等自然因素的作用来改善机体调节功能,提高人体对外界环境变化的适应能力,活跃生命过程,增强人体对疾病抵抗力的方法。常见的有日光浴、空气浴和冷水浴。

随着社会文明的发展,人们对自身的健康要求越来越高,对生活质量的要求也越来越高,而且,当今的人们有了越来越多的闲暇时间。因此,积极的体育锻炼、消遣娱乐已成为现代生活方式中的一项重要内容。生活需要体育,健康更加需要体育。在现代和未来社会中体育的作用将是:提高人们的生活质量,使之更加丰富、科学、健康、文明;体现人们对美的追求;防治“文明病”,延缓衰老。

五、自我医务监督

自我医务监督是指锻炼者在体育锻炼过程中，对自身生理机能和健康状况观察和评定的一种方法，也是全面体格检查的一种补充。

自我医务监督，有助于及时了解自己在锻炼过程中生理机能的变化，有助于预防过度疲劳；有助于调整锻炼计划和运动负荷。自我医务监督是合理安排教学、训练内容和方法的依据，是医生体格检查的参考。因此，锻炼者都应学习和掌握自我医务监督的知识和方法。

自我医务监督的内容，包括主观感觉和客观自身检查两个方面。

（一）主观感觉

主观感觉也叫自我感觉，指锻炼时机体对运动的反映和感受。自我感觉能最直接地反映整个机体的活动状况，特别是中枢神经系统，由于机体情况和运动量不同，运动后每个人的感觉不一样。主观感觉有感觉良好、感觉一般和感觉不良三种情况。感觉良好：愿意参加体育锻炼，对运动有浓厚兴趣，锻炼时心情舒畅，精力充沛，感到愉快，无不适感觉，无心慌气短；初期参加运动锻炼者可有轻微疲劳感，但在一小时内能恢复正常；食欲良好、饮食增加；睡眠改善，入睡快，清晨起来感觉精神爽快，全身舒适有力。感觉不良：运动锻炼过程中，身体疲倦，肌肉酸痛，四肢无力；心情烦躁，容易激动；对锻炼厌烦，不感兴趣；或者使原症状加重，不能坚持锻炼；较重者可有头痛头晕，食欲减退，恶心呕吐，心悸气短，失眠多梦或嗜睡现象。介于良好与不良好之间，锻炼前后无明显感觉变化，为感觉一般。适宜的运动量应是自我感觉良好。如果出现不良反应，应引起重视。其原因多是运动时间过长或过于紧张激烈，是运动量过大所致。或者机体有不适合锻炼的疾病存在，这时应到医院检查，在医生的指导下调整运动量。

（二）客观检查

运动将引起机体许多的变化。一般说来，中小运动量导致的疲劳，24 小时之内可以消除，大运动量导致的疲劳，其恢复一般也不超过 3 天。要及时了解自己的体能状况，除自我感觉外，尚需进行一些简易指标的检查。

1. 脉搏：脉搏是一个简便而非常有效的指标，应每天对自己的晨脉进行检查。运动量合适、身体健康时，每日晨脉的变化每分钟不超过 3~4 次，且节律整齐。如身体机能状态差，每分钟的晨脉可较前日增多 6 次以上；如脉搏持续上升或长期不能恢复到原来水平，说明运动量过大。有心律不齐者，应到医院做心电图检查。

2. 体重：体重是鉴定身体状况的又一指标。至少每周测量一次。运动量适宜，体重减少应小于 1 千克。通常在一场比赛后，可发生暂时性体重下降，过一两天即可恢复，这是正常现象。如果出现体重持续下降，可能是疲劳过度、患有慢性消耗性疾病，或是营养不良，需自我检查并接受医生的检查。

3. 排汗：排汗量的多少与运动量的大小、训练程度、气温、饮水量以及神经系统状态密切相关。在相同情况下，不经常锻炼的人排汗量多，锻炼水平提高后，排汗量可减少。如果在相同的情况下，排汗量比过去明显增多，夜间出冷汗，则是身体疲劳或患病先兆的表现。

4. 成绩：坚持锻炼后，体质应有所增强，成绩应有所提高。不升不降，则说明锻炼方法或运动量的安排不合理。

思考题：

1. 合理膳食与营养包括哪几个方面？
2. 21 世纪威胁人类健康的疾病主要有哪几类？
3. 常见的运动损伤有哪几类？其发生的主要原因是什么？

第四章 大学生体质健康评价

学习目标：了解体质的含义、评价的意义；了解大学生体质的评价指标。

第一节 体质健康评价的意义

一、体质的概念

体质指人体的质量。它是在遗传性和获得性的基础上所表现出来的人体形态结构、生理机能和心理素质的综合。体质是一切生命活动的物质基础。在人的整个生命活动过程中，体质表现出明显的个性差异及个体发展的阶段性。体质的好坏受遗传、营养条件、身体锻炼和生活环境的影响，因而，体质是可变的。在影响体质的诸因素中，经常的、科学的体育运动最为积极、有效。体质包含体格、机能、体能、适应能力和精神状态。

(1)体格：指身体形态(身高、体重、胸围等)的成长发育水平，即体型及身体姿态。

(2)机能：指器官系统的功能，如脉搏、血压、肺活量等，是反映心血管系统机能水平的指标。

(3)体能：指有机体在身体活动中所表现出来的能力，主要包括身体基本活动能力(如走、跑、跳、投、攀、爬、搬运等)、身体素质(如力量、耐力、速度、灵敏性和柔韧性等)和运动能力(身体素质、身体基本活动能力与运动技能结合所表现出来的综合能力)。

(4)适应能力：指人体在适应外界环境时所表现出来的机能能力，包括对外界环境，特别是气温和水温的适应能力，对疾病的抵抗能力和修复能力。

(5)精神状态：好的精神状态表现为精力充沛，能坚持长时间的工作；精神状态好时疲劳出现晚，精力恢复快。

二、体质评价的意义

体质测定和评价在学校体育卫生工作中占有重要的地位。实施《学生体质健康标准》，对于促进学校体育卫生的科学化，增强学生体质和提高健康水平有重要作用。了解和掌握学生的体质状况，掌握学生体质变化的规律，为体育教学、训练提供了科学依据，便于因材施教。同时，让学生了解自己的体质状况、锻炼效果及存在的问题，能加强其独立锻炼的目的性、科学性和自觉性。

第二节 《学生体质健康标准》评价指标与测试方法

一、评价指标

大学生的评价指标有五项：身高标准体重、肺活量体重指数两项为必评指标；选评指标有三项：从台阶试验、1000 米跑（男）、800 米跑（女）中选评一项，从 50 米跑、立定跳远中选评一项，从坐位体前屈、握力体重指数、仰卧起坐（女）中选评一项，详见表 4–1。

表 4–1 《大学生体质健康标准》的评价指标和得分

评价指标	得分	评分指标
身高标准体重	15	必评
台阶试验、1000 米跑（男）、800 米跑（女）	20	选评一项
肺活量体重指数	15	必评
50 米跑、立定跳远	30	选评一项
坐位体前屈、握力体重指数、仰卧起坐（女）	20	选评一项

通过对学生每一项指标进行评价，使学生了解自己在体质健康方面的情况和等级。教师可以根据学生的具体实际，对于不够理想的指标，进行有针对性的锻炼，不断提高学生的体质健康水平。

二、测试方法

（一）身高

1. 测试目的

将学生身高、体重测试结合起来测评，能够评定学生的身体匀称度，间接反映学生的身体成分状况，引导学生关注自己的身体形态及营养状况。

2. 测试方法

受试者赤足，以立正姿势站在身高计的底板上，上肢自然下垂，足跟并拢，足尖分开约成 60°角）。足跟、骶骨部及两肩胛区与立柱相接触，躯干自然挺直，头部正直，两眼应平视前方，耳屏上缘与眼眶下缘在同水平线上。测试人员应站在受试者的右侧，将水平压板轻轻沿立柱下滑，轻压于受试者头顶。测试人员读数时双眼应与压板水平面等高。以厘米为单位，精确到小数点后一位。

3. 注意事项

（1）身高计应选择平坦靠墙的地方放置，立柱的刻度尺应面向光源。

（2）严格掌握“三点靠立柱”、“两点呈水平”的测量姿势要求，测试人员读数时两眼一定要与压板等高，两眼高于压板时要下蹲，低于压板时应垫高。

（3）压板与头部接触时，松紧要适度，头发蓬松者要压实，头顶的发辫、发结要放开，饰物要取下。

（4）测量身高前，受试者不应进行剧烈活动和体力劳动。

(二)体重

1. 测试目的

测试学生的体重时,需与身高测试相互配合,以评定学生的身体匀称度,间接反映学生的身体成分状况,引导学生关注自己的身体形态及营养状况的水平。

2. 测试方法

测试时,测量仪应放在平坦地面上,调整0点至刻度尺水平位。受试者赤足,男性受试者穿短裤;女性受试者穿短裤、短袖衫,站在秤台中央。测试人员放置适当砝码并移动游标使刻度尺平衡。读数以千克为单位,精确到小数点后一位。测试误差不得超过0.1千克。

3. 注意事项

(1)测量体重前受试者不应进行剧烈活动和体力劳动。

(2)受试者站在秤台中央,上下移动杠杆动作要轻。

(3)每次使用杠杆秤时均需校正。测试人员每次读数前都应校对砝码重量,避免差错。

(三)台阶试验

1. 测试目的

台阶试验是一项定量负荷机能的测试,主要用以测定心血管系统的功能,间接推断机体的耐力。台阶试验是在固定时间(180秒)内完成固定的负荷,根据恢复期心跳频率恢复的快慢计算的指数,反映心脏对运动负荷的承受能力,是在运动负荷相对等同的情况下,比较心功能的优劣。

2. 测试方法

男生用高40厘米的台阶(或凳子),女生用高35厘米的台阶(或凳子)。上、下台阶(或凳子)的频率是30次/分,因为节拍器的节律为120次/分。受试者按节拍器的节律完成试验。即从预备姿势开始,听到第一响声时,一只脚踏在台阶上;第二声响声时,踏台阶腿伸直,另一脚跟上台并立;第三响声时,先踏台的脚下地;第四声响时,另一只脚也下地,还原成预备姿势。

用2秒上、下一次的速度(按节拍器的节律来做)连续做3分钟。做完后,立刻坐在椅子上测量运动结束后1分钟至1分半钟、2分钟至2分半钟、3分钟至3分半钟3次30秒的脉搏数。如果受试者在运动中跟不上上下台阶的频率达3次的,要立即停止运动,并以秒为单位记录其运动持续的时间,并测试3次脉搏数。用下列公式求得评定指数,计算结果有小数的,对小数点后的1位四舍五入取整进行评分。

$$评定指数=\frac{踏台上下运动的持续时间(秒)\times 100}{2\times(3次测定脉搏的时间)}$$

3. 注意事项

(1)受试者在测试前不得从事任何剧烈运动。患心脏病者不能测试。

(2)按2秒上、下一次的节奏进行。当受试者跟不上节奏时应及时提醒,如果3次跟不上节奏应停止测试,以免发生伤害事故。

(3)上、下台阶时,膝、髋关节都应伸直。

(4)被测试者不得自己测量脉搏。

(5)如果受试者不能完成3分钟的负荷运动,以实际上、下台阶的持续时间进行计算，计算公式和方法同上。

（四）肺活量

1. 测试目的

在不限时间的情况下，一次最大吸气后再尽最大力量呼出的气体量，能反映学生的肺通气发育水平及功能。

2. 测试方法

检查电源线及接口是否牢固，按工作键液晶屏显示“0”，即表示机器进入工作状态。

首先令被测试者面对仪器站立，先将口嘴装在叉式管的进气端，手持叉式管，深吸气后屏住气再对准口嘴尽力深呼气，直到不能呼气为止，防止此时从口嘴处吸气。测试中不得中途二次吸气。吹气完毕后，液晶屏上最终显示的数字即为肺活量毫升值。每位受试者测试3次，每次间隔15秒，记录3次数值，选取最大值作为测试结果。以毫升为单位，不保留小数。

肺活量体重指数=肺活量÷体重

3. 注意事项

(1)电子肺活量计的计量部位的通畅和干燥是仪器准确的关键，吹气筒的导管必须在上方，以免口水或杂物堵住气道。

(2)受试者吸气均应充分，呼气以中等速度，呼气时可以弯腰，但呼气开始后不得再吸气。

(3)定期校对仪器。

（五）坐位体前屈

1. 测试目的

测量学生在静止状态下躯干、腰、髋等关节可能达到的活动幅度，主要反映这些部位关节、韧带和肌肉的伸展性、弹性及学生身体柔韧素质的发展水平。

2. 测试方法

受试者两腿伸直，两脚平蹬测试纵板，两脚分开约10~15厘米，上体前屈，两臂伸直向前，用两手中指尖逐渐向前推动游标，直到不能前推为止。测试仪的脚蹬纵板内沿平面为0点，向内为负值，向外为正值。记录以厘米为单位，保留一位小数。测试3次，取最好成绩。

3. 注意事项

身体前屈，两臂向前推游标时两腿不能弯曲。

（六）握力

1. 测试目的

测试学生上肢肌肉的发展水平。

2. 被测试者两脚自然分开成直立姿势，两臂自然下垂。一手持握力测量仪全力紧握(此时握力仪不能接触衣服和身体)，记下握力仪指针的刻度(或握力器所显示的数字)。用有力的手握2次，取最大值。以千克为单位，测试时保留1位小数。握力与体重的大小有关，故采用握力体重指数进行评分。

握力体重指数=握力÷体重×100

3. 注意事项

保持手臂自然下垂姿势，手心向内，不能触及衣服和身体。

(七)仰卧起坐(女)

1. 测试目的

测试腹肌耐力。

2. 测试方法

受试者全身仰卧于垫上，两腿稍分开，屈膝呈 90°左右，两手手指交叉贴于脑后。另一同伴压住其踝关节，以便固定下肢。受试者起坐时两肘触及或超过双膝为完成一次。仰卧时两肩胛必须触垫。测试人员发出“开始”口令的同时开始计时，记录 1 分钟内完成的次数。1 分钟到时，受试者虽已坐起但肘关节未达到双膝者不计该次。

3. 注意事项

(1)如发现受试者借用肘部撑垫，或利用臀部起落的力量起坐，该次不计数。

(2)测试过程中，观测人员应向受测者报数。

(3)受试者双脚必须放于垫上。

(八)立定跳远

1. 测试目的

测试学生下肢肌肉爆发力及身体的协调能力。

2. 测试方法

受试者站在起跳线后，两脚自然分开站立，脚尖不得踩线(最好用线绳做起跳线)。两脚原地同时起跳，不得有垫步或连跳动作。丈量起跳线后缘至最近着地点后缘的直线距离。每人试跳 3 次，记录其中成绩最好一次。以厘米为单位，不计小数。

3. 注意事项

(1)发现犯规时，此次成绩无效。3 次试跳均无成绩者，再跳至取得成绩为止。

(2)可以赤足，但不得以钉鞋、皮鞋、塑料凉鞋测试。

(九)50 米跑

1. 测试目的

测试学生速度、灵敏素质及神经系统灵活性的发展水平。

2. 测试方法

受试者至少 2 人一组测试。站立起跑，受试者听到“跑”的口令后开始起跑。发令员在发出口令同时要摆动发令旗。计时员视旗动开表计时。受试者躯干到达终点线的垂直面停表。记录以秒为单位，精确到十分之一秒。

3. 注意事项

(1)受试者最好穿运动鞋或平底布鞋，赤足亦可，但不得穿钉鞋、皮鞋、塑料凉鞋。

(2)发现有抢跑者，要当即召回重跑。

(3)如遇风，一律顺风跑。

(十)800 米跑或 1500 米跑

1. 测试目的

测试学生耐力素质的发展水平，特别是心血管及呼吸系统的机能与肌肉耐力。

2. 测试方法

受试者至少2人一组进行测试,站立起跑。当听到"跑"的口令后开始起跑。计时员看到旗动开表计时,当受试者的躯干到达终点线垂直面时停表。

3. 注意事项

(1)测试人员应向受试者报告剩余圈数,告诉受试者在跑完后应继续走动,以免发生意外。

(2)受试者不得穿皮鞋、塑料凉鞋、钉鞋参加测试。

第三节《大学生体质健康标准》测试成绩评价

大学生体质评价分为四个等级。将五个单项测得的成绩直接或者计算指数后查出单项分值,相加求出总分,按总分进行等级评价。

优秀:总分86分以上; 良好:总分76~85分;

及格:总分60~75分; 不及格:总分60分以下。

《学生体质健康标准》包括小学生、中学生和大学生,这里只介绍大学生体质健康评分标准(表4–2~表4–5)。

表4–2 大学男生身高标准体重(体重单位:公斤)

身高段(厘米)	营养不良 7分	较低体重 9分	正常体重 15分	超重 9分	肥胖 7分
140.0~140.9	<32.1	32.1~40.3	40.4~46.3	46.4~48.3	≥48.4
141.0~141.9	<32.4	32.4~40.7	40.8~47.0	47.1~49.1	≥49.2
142.0~142.9	<32.8	32.8~41.2	41.3~47.7	47.8~49.8	≥49.9
143.0~143.9	<33.3	33.3~41.7	41.8~48.2	48.3~50.3	≥50.4
144.0~144.9	<33.6	33.6~42.2	42.3~48.8	48.9~51.0	≥51.1
145.0~145.9	<34.0	34.0~42.7	42.8~49.5	49.6~51.7	≥51.8
146.0~146.9	<34.4	34.4~43.3	43.4~50.1	50.2~52.3	≥52.4
147.0~147.9	<35.0	35.0~43.9	44.0~50.8	50.9~53.1	≥53.2
148.0~148.9	<35.6	35.6~44.5	44.6~51.4	51.5~53.7	≥53.8
149.0~149.9	<36.2	36.2~45.1	45.2~52.2	52.3~54.5	≥54.6
150.0~150.9	<36.7	36.7~45.7	45.8~52.8	52.9~55.1	≥55.2
151.0~151.9	<37.3	37.3~46.2	46.3~53.4	53.5~55.8	≥55.9
152.0~152.9	<37.7	37.7~46.8	46.9~54.0	54.1~56.4	≥56.5
153.0~153.9	<38.2	38.2~47.4	47.5~54.6	54.7~57.0	≥57.1
154.0~154.9	<38.9	38.9~48.1	48.1~55.3	55.4~57.7	≥57.8
155.0~155.9	<39.6	39.6~48.8	48.9~56.0	56.1~58.4	≥58.5
156.0~156.9	<40.4	40.4~49.6	49.7~57.0	57.1~59.4	≥59.5
157.0~157.9	<41.0	41.0~50.3	50.4~57.7	57.8~60.1	≥60.2
158.0~158.9	<41.7	41.7~51.0	51.1~58.5	58.6~61.0	≥61.1

续表

身高段	营养不良	较低体重	正常体重	超重	肥胖
（厘米）	7分	9分	15分	9分	7分
159.0~159.9	<42.4	42.4~51.7	51.8~59.2	59.3~61.7	≥61.8
160.0~160.9	<43.1	43.1~52.5	52.6~60.0	60.1~62.5	≥62.6
161.0~161.9	<43.8	43.8~53.3	53.4~60.8	60.9~63.3	≥63.4
162.0~162.9	<44.5	44.5~54.0	54.1~61.5	61.6~64.0	≥64.1
163.0~163.9	<45.3	45.3~54.8	54.9~62.5	62.6~65.0	≥65.1
164.0~164.9	<45.9	45.9~55.5	55.6~63.2	63.3~65.7	≥65.8
165.0~165.9	<46.5	46.5~56.3	56.4~64.0	64.1~66.5	≥66.6
166.0~166.9	<47.1	47.1~57.0	57.1~64.7	64.8~67.2	≥67.3
167.0~167.9	<48.0	48.01~57.8	57.9~65.6	65.7~68.2	≥68.3
168.0~168.9	<48.7	48.7~58.5	58.6~66.3	66.4~68.9	≥69.0
169.0~169.9	<49.3	49.3~59.2	59.3~67.0	67.1~69.6	≥69.7
170.0~170.9	<50.1	50.1~60.0	60.1~67.8	67.9~70.4	≥70.5
171.0~171.9	<50.7	50.7~60.6	60.7~68.8	68.9~71.2	≥71.3
172.0~172.9	<51.4	51.4~61.5	61.6~69.5	69.6~72.1	≥72.2
173.0~173.9	<52.1	52.1~62.2	62.3~70.3	70.4~73.0	≥73.1
174.0~174.9	<52.9	52.9~63.0	63.1~71.3	71.4~74.0	≥74.1
175.0~175.9	<53.7	53.7~63.8	63.9~72.2	72.3~75.0	≥75.1
176.0~176.9	<54.4	54.4~64.5	64.6~73.1	73.2~75.9	≥76.0
177.0~177.9	<55.2	55.2~65.2	65.3~73.9	74.0~76.8	≥76.9
178.0~178.9	<55.7	55.7~66.0	66.1~74.9	75.0~77.8	≥77.9
179.0~179.9	<56.4	56.4~66.7	66.8~75.7	75.8~78.7	≥78.8
180.0~180.9	<57.1	57.1~67.4	67.5~76.4	76.5~79.4	≥79.5
181.0~181.9	<57.7	57.7~68.1	68.2~77.4	77.5~80.6	≥80.7
182.0~182.9	<58.5	58.5~68.9	69.0~78.5	78.6~81.7	≥81.8
183.0~183.9	<59.2	59.2~69.6	69.7~79.4	79.5~82.6	≥82.7
184.0~184.9	<60.0	60.0~70.4	70.5~80.3	80.4~83.6	≥83.7
185.0~185.9	<60.8	60.8~71.2	71.3~81.3	81.4~84.6	≥84.7
186.0~186.9	<61.5	61.5~72.0	72.1~82.2	82.3~85.6	≥85.7
187.0~187.9	<62.3	62.3~72.9	73.0~83.3	83.4~86.7	≥86.8
188.0~188.9	<63.0	63.0~73.7	73.8~84.2	84.3~87.7	≥87.8
189.0~189.9	<63.9	63.9~74.5	74.6~85.0	85.1~88.5	≥88.6
190.0~190.9	<64.6	64.6~75.4	75.5~86.2	86.3~89.8	≥89.9

注：身高低于表中所列出的最低身高段的下限值时，身高每低1厘米，实测体重需加0.5公斤，实测身高需加上1厘米，再查表确定分值。

身高高于表中所列出的最高身高段时，身高每高1厘米，其实测体重需减去0.9公斤，实测身高需减去1厘米，再查表确定分值。

此表引自教育部、国家体育总局颁发的《学生体质健康标准》（试行方案）

表 4-3　大学女生身高标准体重(体重单位:公斤)

身高段(厘米)	营养不良	较低体重	正常体重	超重	肥胖
	7 分	9 分	15 分	9 分	7 分
140.0~140.9	<36.5	36.5~42.4	42.5~50.6	50.7~53.3	≥53.4
141.0~141.9	<36.6	36.6~42.9	43.0~51.3	51.4~54.1	≥54.2
142.0~142.9	<36.8	36.8~43.2	43.3~51.9	52.0~54.7	≥54.8
143.0~143.9	<37.0	37.0~43.5	43.6~52.3	52.4~55.2	≥55.3
144.0~144.9	<37.2	37.2~43.7	43.8~52.7	52.8~55.6	≥55.7
145.0~145.9	<37.5	37.5~44.0	44.1~53.1	53.2~56.1	≥56.2
146.0~146.9	<37.9	37.9~44.4	44.5~53.7	53.8~56.7	≥56.8
147.0~147.9	<38.5	38.5~45.0	45.1~54.3	54.4~57.3	≥57.4
148.0~148.9	<39.1	39.1~45.7	45.8~55.0	55.1~58.0	≥58.1
149.0~149.9	<39.5	39.5~46.2	46.3~55.6	55.7~58.7	≥58.8
150.0~150.9	<39.9	39.9~46.6	46.7~56.2	56.3~59.3	≥59.4
151.0~151.9	<40.3	40.3~47.1	47.2~56.7	56.8~59.8	≥59.9
152.0~152.9	<40.8	40.8~47.6	47.7~57.4	57.5~60.5	≥60.6
153.0~153.9	<41.4	41.4~48.2	48.3~57.9	58.0~61.1	≥61.2
154.0~154.9	<41.9	41.9~48.8	48.9~58.6	58.7~61.9	≥62.0
155.0~155.9	<42.3	42.3~49.1	49.2~59.1	59.2~62.4	≥62.5
156.0~156.9	<42.9	42.9~49.7	49.8~59.7	59.8~63.0	≥63.1
157.0~157.9	<43.5	43.5~50.3	50.4~60.4	60.5~63.6	≥63.7
158.0~158.9	<44.0	44.0~50.8	50.9~61.2	61.3~64.5	≥64.6
159.0~159.9	<44.5	44.5~51.4	51.5~61.7	61.8~65.1	≥65.2
160.0~160.9	<45.0	45.0~52.1	52.2~62.3	62.4~65.6	≥65.7
161.0~161.9	<45.4	45.4~52.5	52.6~62.8	62.9~66.2	≥66.3
162.0~162.9	<45.9	45.9~53.1	53.2~63.4	63.5~66.8	≥66.9
163.0~163.9	<46.4	46.4~53.6	53.7~63.9	64.0~67.3	≥67.4
164.0~164.9	<46.8	46.8~54.2	54.3~64.5	64.6~67.9	≥68.0
165.0~165.9	<47.4	47.4~54.8	54.9~65.0	65.1~68.3	≥68.4

续表

身高段（厘米）	营养不良	较低体重	正常体重	超重	肥胖
	7 分	9 分	15 分	9 分	7 分
166.0~166.9	<48.0	48.0~55.4	55.5~65.5	65.6~68.9	≥69.0
167.0~167.9	<48.5	48.5~56.0	56.1~66.2	66.3~69.5	≥69.6
168.0~168.9	<49.0	49.0~56.4	56.5~66.7	66.8~70.1	≥70.2
169.0~169.9	<49.4	49.4~56.8	56.9~67.3	67.4~70.7	≥70.8
170.0~170.9	<49.9	49.9~57.3	57.4~67.9	68.0~71.4	≥71.5
171.0~171.9	<50.2	50.2~57.8	57.9~68.5	68.6~72.1	≥72.2
172.0~172.9	<50.7	50.7~58.4	58.5~69.1	69.2~72.7	≥72.8
173.0~173.9	<51.0	51.0~58.8	58.9~69.6	69.7~73.1	≥73.2
174.0~174.9	<51.3	51.3~59.3	59.4~70.2	70.3~73.6	≥73.7
175.0~175.9	<51.9	51.9~59.9	6.0~70.8	70.9~74.4	≥74.5
176.0~176.9	<52.4	52.4~60.4	6.5~71.5	71.6~75.1	≥75.2
177.0~177.9	<52.8	52.8~61.0	61.1~72.1	72.2~75.7	≥75.8
178.0~178.9	<53.2	53.2~61.5	61.6~72.6	72.7~76.2	≥76.3
179.0~179.9	<53.2	53.2~62.0	62.1~73.2	73.3~76.7	≥76.8
180.0~180.9	<54.1	54.1~62.5	62.6~73.7	73.8~77.0	≥77.1
181.0~181.9	<54.5	54.5~63.1	63.2~74.3	74.4~77.8	≥77.9
182.0~182.9	<55.1	55.1~63.8	63.9~75.0	75.1~79.4	≥79.5
183.0~183.9	<55.6	55.6~64.5	64.6~75.7	75.8~80.4	≥80.5
184.0~184.9	<56.1	56.1~65.3	65.4~76.6	76.7~81.2	≥81.3
185.0~185.9	<56.8	56.8~66.1	66.2~77.5	77.6~82.4	≥82.5
186.0~186.9	<57.3	57.3~66.9	67.0~78.6	78.7~83.3	≥83.4

注：身高低于表中所列出的最低身高段的下限值时，身高每低 1 厘米，实测体重需要加 0.5 公斤，实测身高需要加上 1 厘米，再查表确定分值。

身高高于表中所列出的最高身高段时，身高每高 1 厘米，其实测体重需减去 0.9 公斤，实测身高需减去 1 厘米，再查表确定分值。

此表引自教育部、国家体育总局颁发的《学生体质健康标准》（试行方案）

表 4-4　大学男生评分标准

分值 项目	优秀				良好				及格				不及格	
	成绩	分值	成绩	分值	成绩	分值	成绩	分值	成绩	分值	成绩	分值	成绩	分值
台阶试验	59 以上	20	58~54	17	53~50	16	49~46	15	45~43	13	42~40	12	39 以下	10
1000 米跑(min:s)	3:39 以下	20	3:40~3:46	17	3:37~4:00	16	4:01~4:18	15	4:19~4:29	13	4:30~5:04	12	5:05 以上	10
肺活量体重指数	75 以上	15	74~70	13	69~64	12	63~57	11	56~54	10	53~44	9	43 以下	8
50 米跑(秒)	6.8 以下	30	6.9~7.0	26	7.1~7.3	25	7.4~7.7	23	7.8~8.0	20	8.1~8.4	18	8.5 以上	15
立定跳远(厘米)	255 以上	30	254~250	26	249~239	25	238~227	23	226~220	20	219~115	18	194 以下	15
坐位体前屈(厘米)	18.1 以上	20	18.0~16.0	17	15.9~12.3	16	12.2~8.9	15	8.8~6.7	13	6.6~0.1	12	0.0 以下	10
握力体重指数	75 以上	20	74~70	17	69~63	16	62~56	15	55~51	13	50~41	12	40 以下	10

表 4-5　大学女生评分标准

分值 项目	优秀				良好				及格				不及格	
	成绩	分值	成绩	分值	成绩	分值	成绩	分值	成绩	分值	成绩	分值	成绩	分值
台阶试验	56 以上	20	55~52	17	51~48	16	47~44	15	43~42	13	41~25	12	24 以下	10
800 米跑(min:s)	3:37 以下	20	3:38~3:45	17	3:46~4:00	16	4:01~4:19	15	4:20~4:30	13	4:31~5:03	12	5:04 以上	10
肺活量体重指数	61 以上	15	60~57	13	56~51	12	50~46	11	45~42	10	41~32	9	31 以下	8
50 米跑(秒)	8.3 以下	30	8.4~8.71	26	8.8~9.1	25	9.2~9.6	23	9.7~9.8	20	9.9~11.0	18	11.1 以上	15
立定跳远(厘米)	196 以上	30	195~187	26	186~178	25	177~166	23	165~161	20	160~139	18	138 以下	15
坐位体前屈(厘米)	18.1 以上	20	18.0~16.2	17	16.1~13.0	16	12.9~9.0	15	8.9~7.8	13	7.7~3.0	12	2.9 以下	10
握力体重指数	57 以上	20	56~5.2	17	51~46	16	45~40	15	39~36	13	35~29	12	28 以下	10
仰卧起坐(次/分钟)	44 以上	20	43~41	17	40~35	16	34~28	15	27~24	13	23~20	12	19 以下	10

思考题：

1. 《学生体质健康标准》中，属于大学生的测试项目有哪些？
2. 如何针对《学生体质健康标准》，做一些针对性的体育锻炼？
3. 请根据《学生体质健康标准》预测自己的体质健康状况。

第五章　体育文化与体育欣赏

学习目标：了解体育文化与奥林匹克运动的内涵，认识奥林匹克文化的意义及国内外重大赛事；学会对体育主要项目的欣赏。

第一节　体育文化

人类进入21世纪，社会步入知识经济时代。所谓知识经济，是指由于知识的应用、开发而引起的社会经济增长量占全社会经济增长总量60%以上的经济模式。显而易见，知识经济时代各国综合国力的竞争将归于掌握知识的人才的竞争，而人才质量的差别不仅在于其所掌握的专业知识和技能，更在于人的综合素质，其中包括文化素质。文化是人类社会特有的现象，是一个有机的系统，我们每个人都处在这个系统之中，谁也离不开文化。人类生存、发展的过程，同时就是选择文化、创造文化的过程。

对"文化"含义的阐述，我国大多数学者认为：文化是一个社会历史范畴，是人类社会特有的现象，是以人们的活动方式以及由人的实践活动而创造出的物质产品和精神产品的总和，是人类社会历史发展的一个重要标志。一般而言，文化包括三个层面的内容，即物质文化、制度文化和精神文化。体育是一种文化存在，这是从社会学角度对体育所进行的审视。在人类跨入新世纪的今天，体育文化已有广泛的社会基础和社会影响。正如在2000年第一届劳伦斯世界体育奖颁奖典礼上，南非前总统曼德拉说过的一句话，"体育拥有改变世界的力量"。那么这种足以改变世界的体育是什么呢？就是一种文化力量。

一、绚丽灿烂的体育文化

在人类文化世界里，有一种奇异的文化，就是体育文化。在这种文化中充满了各种神奇的矛盾：运动与静止、抗衡与友谊、竞争与协作、严肃与幽默、高雅与粗俗、爱与恨、善与美，乃至生与死。它给人类社会带来欢乐、健康和笑声，也带来激情、热望与振奋，使我们所生活的这个星球，更充满生机、充满活力，也更充满人情味，充满使命感。

（一）多姿多彩的人体文化

有一种文化是以人的身体为媒介而存在的，人们称它为人体文化。在人体文化中有一个内涵深刻、外延广阔的部分，这就是体育文化。从时间的广延性来讲，它贯穿于人类社会的全部历史，而且有越来越膨胀的发展趋势；从空间的广泛性来讲，从互不沟通的民族部落到散居地球上的世界各国，都产生和发展着不同形态的体育文化，而这些千差万别的体育文化从本质上来说又是何其相似，都有着共同的本质特征。体育运动是一种以人的完善为最终目的人体文化，以增进人的健康、增强人口体质为本质功能。同时，人的心理活动得到调适，并和周围的人群发生更多的人际关系，使人能够更好地在社会中生存、发展。体育文化是一种以动作技能、运动技术为文化符号的人体文化，其动作是由人类走、跑、跳、投、攀登、爬越、支撑、悬垂、搬运等基本活动技能组成。体育文化有着趋向竞赛活动的“本能”。任何体育文化在发展过程中，无论是民间活动，还是国际活动，无论是青少年活动，还是中老年活动，都有一种相互比试、较量、角逐的趋势，最终形成竞赛。竞技体育是人体文化的最高表现形式。

(二)源远流长的体育文化

体育是一种最古老的文化，几乎可以说它与人类共存亡。当人类需要凭借劳动而生存而又需要将劳动的技术传授给下一代，训练他们的技能和体力以应付恶劣环境的时候，就已经有了体育。人类用语言、文字、书本、教具在学校课堂进行教育的年代屈指可数，而人们进行身体教育的时代却源远流长。体育主要产生于劳动。但劳动不是体育的唯一源泉。古代宗教祭祀活动的舞蹈、部落纷争的格斗、娱乐休闲的游戏、健身祛病的医疗(康复)活动派生了体育活动的雏形。体育自一产生就深入到人们的社会生活中，在人类的各个社会时期中得到了长足的进步，终于在数千年的时间内形成了这样一个色彩斑斓的大千世界。

(三)折射艺术光辉的体育文化

艺术与体育相比，前者温文尔雅，后者蛮拙孔武。但把艺术和体育加以认真辨析，就会发现两者之间存在着非常紧密的文化联系。艺术蕴涵体育，体育深藏艺术。只要将二者置于文化的视野，我们顿时会看到在体育中折射出艺术的光辉，这种光辉可以从雕塑、建筑、舞蹈、绘画等多方面反映出来。仅以中国艺术和体育的关系来考察，则可以看出，中国的艺术与体育，承袭着共通的、固有的中国文化，交相辉映。中国武术作为一种体育内容与中国舞蹈、中国戏曲密不可分，只是将动作的实用性转变成了纯粹的表演性。在国际上，艺术体操、花样滑冰、体育舞蹈等现代体育运动项目无一不是受艺术的启迪而创造和发展的。尤其应该注意的是，在人类不断追求着的艺术发展道路上，体育作为文化因素对它的作用是不容忽视的。

二、奥林匹克运动文化

古希腊位于巴尔干半岛南端的欧、亚、非三大洲交界处，是古代奥林匹克运动的发源地。古代奥运会每4年举办1届，从公元前776年有文字记录的第1届奥运会到公元393年，共举办了293届，历时1169年。古代奥运会是人类体育文化宝库中的一颗明珠，对社会的发展、人类的进步和世界和平起着巨大的促进作用。

(一)现代奥林匹克运动的产生和发展

19世纪下半叶，随着经济形式和国际政治的发展，竞技体育运动迅速发展，各种运动方式比较流行，到后来综合性较强的竞技运动会又逐渐发展起来。

到19世纪末，体育超越了国界，出现了体育国际化趋势。西方的现代化体育，以商人、军人、传教士和各种文化人为媒介，向世界传播，形成了东西方体育以及不同类型的体育交流融合的国际化大趋势。

1881年，第一个国际单项体育组织——国际体操联合会成立。此后，划船、滑冰等项目的国际组织也相继成立，并制定了比赛规则，有了统一领导核心，各单项的比赛已陆续兴起。随着国际体育交往的扩大，建立一个综合性的国际体育交流的大舞台，建立一个协调各单项组织的国际体育组织来发挥管理作用，已成为时代的迫切需要。

欧美一些国家和地区为复兴奥运会而着手进行了各种尝试，如1834年7月和1838年8月在赫里辛鲍尔格附近的拉姆列斯疗养地举办过两次纪念古代奥运的"斯堪的纳维亚运动会"。在英国，马奇温克和布鲁克博士组织的"奥林匹克节"每年举行1届，持续了几十年。

在世界各地复兴奥运会而进行的尝试中，1859年第一届泛希腊奥运会按照古代奥运会传统进行，而运动员必须有希腊血统，竞赛的优胜者被授予按古代奥运会传统制作的桂冠和少量现金。

1897年和1889年，又先后举办了两届泛希腊奥运会。希腊人复兴奥运会的多次尝试，激起了全民族对奥运会的极大热情，从各个方面积累了复兴奥运的经验。

(二)顾拜旦的体育思想

在创办奥林匹克运动的过程中，法国教育家顾拜旦做出了杰出的贡献。顾拜旦1863年出生于一个法国贵族家庭，享有男爵爵位，曾获得过文学、科学和法学3个学位。喜欢修辞学和古希腊历史等，对竞技运动亦颇有兴趣，擅长曲棍球和足球。顾拜旦在政治上是个反对君主制的共和主义者。在他投身教育和体育改革的初期，正值法国为雪普法战争之耻，举国大兴兵式体操和军事训练的年代，他却希望通过体育改革，增强民族体质，而不是单纯为了备战。因此，他没有一味地支持当时流行的兵操，而对欧洲大陆流行的体操和托马斯·阿诺德(英国教育家)有关竞技运动的理论和实践进行了比较，肯定了竞技运动的教育价值。他认为阿诺德推行的"竞技运动自治"，可以同时收到身体训练、道德教育和社会活动能力培养的功效，使学生在体育锻炼中培养勇敢、刚毅、顽强、遵守纪律、公正、无私的良好品质；主张在学生中开展体育活动，并以体育为重点来改革教育。因此，教育思想是顾拜旦的思想核心。

顾拜旦作为一个历史学者对古希腊文化的浓厚兴趣和深入的研究使他对古希腊体育和古代奥运会有深刻的了解。他认为，古希腊的竞技运动具有特殊的社会价值，它与艺术和品德高尚的公民共同构成了支持古希腊文明的三大支柱。他对古代奥运会也有特殊的感情。因此，在1875—1881年间，当奥林匹克的考古成果不断公布时，年轻的顾拜旦便酝酿着一个宏大的愿望——复兴奥林匹克。

1892年11月25日，顾拜旦在巴黎大学发表了"重建奥运"的构想。在他不满32岁时成功地组织了"巴黎国际体育代表大会"，会议讨论并决定恢复奥运会的原则，选定希腊雅典为举办第一届现代奥林匹克运动会的城市，同时还成立了国际奥林匹克委员会，制定了第一部《奥林匹克宪章》。从第一届奥运会后，顾拜旦开始担任国际奥委会主席，直到1925年主动引退。由于对现代奥林匹克运动的卓越贡献，他被国际奥委会授予终身名誉主席称号。

"参加比取胜更重要"是顾拜旦体育思想的重要体现，这种思想就是我们现代人所常说的"重在参与"。对人生而言，重要的决非凯旋，而是战斗，"第一"只有一个，关键是使人们勇敢地面对挑战，去实现人生的理想和价值，去造就更加健壮的人类。这一哲理，使我们更加清楚地看到，顾拜旦提倡和复兴奥林匹克运动具有非常广阔的胸怀，是以人类不断完善自己为出发点，绝非仅仅为了夺取桂冠和金牌。

在顾拜旦的眼中，体育是神圣的，至高无上的。他以浪漫主义手法，满怀激情地赞美体育是“天神的欢娱，生命的动力”。

视窗

体育颂

（法）皮埃尔·德·顾拜旦

啊，体育，天神的欢娱，生命的动力。你猝然降临在灰蒙蒙的林间空地，受难者，激动不已。你像是星光熄发的使者，向暮年人微笑致意。你像高山之巅出现的晨曦，照亮了昏暗的大地。

啊，体育，你就是美丽！你塑造的人体变得高尚还是卑鄙，要看它是被可耻的欲望引向堕落，还是由健康的力量悉心培育。没有匀称协调，更谈不上什么美丽。你的作用无与伦比，可使二者和谐统一；可使人体运动富有节律；使动作变得优美，柔中含有刚毅。

啊，体育，你就是正义！你体现了社会生活中追求不到的公平合理。任何人不可超过速度一分一秒，逾越高度一分一厘。取得成功的关键，只能是体力与精神融为一体。

啊，体育，你就是勇气！肌肉用力的全部含义是敢于搏击。若不为此，敏捷、强健有何用？肌肉发达有何益？我们所说的勇气！不是冒险家押上全部赌注似的蛮干，而是经过慎重的深思熟虑。

啊，体育，你就是荣誉！荣誉的赢得要公正无私，反之便毫无意义。有人要弄见不得人的诡计，以此达到欺骗同伴的目的，他内心深处却受着耻辱的绞缢。有朝一日被人识破，就会落得名声扫地。

啊，体育，你就是培育人类的沃地。你通过最直接的途径，增强民族体质，矫正畸形躯体，防病患于未然，使运动员得到启迪：希望后代长得茁壮有力，继往开来，夺取桂冠的胜利。

啊，体育，你就是乐趣！想起你，内心充满欢喜，血液循环加剧，思路更加开阔，条理愈加清晰。你可使忧伤的人散心解闷，你可使欢乐的人生活更加甜蜜。

啊，体育，你就是进步！为人类的日新月异，身体和精神的改善要同时抓起。你规定良好的生活习惯，要求人们对过度行为引起警惕。你告诫人们遵守规则，发挥人类最大能力，而又无损健康的肌体。

啊，体育，你就是和平！你在各民族间建立愉快的联系。你在有节制、有组织、有技艺的体力较量中产生，使全世界的青年学会相互尊重和学习，使不同民族特质成为高尚而和平竞赛的动力。

运动场上团结、友谊、和平的气氛就是顾拜旦终身的追求。顾拜旦的一生，是为国际奥林匹克运动奉献的一生。1937 年 9 月顾拜旦因病逝世，享年 74 岁，他的遗体安葬在瑞士洛桑的国际奥林匹克总部附近。根据他的遗嘱，他的心脏安放在希腊雅典的奥林匹克村，以使这位伟大先驱的心灵永远与奥林匹克的脉搏一起跳动。

（三）奥林匹克竞赛项目及奥运会的主要文化活动

奥运会每 4 年举行一次，分为夏季奥运会和冬季奥运会。1960 年国际伤残人体育联合会成立，此后，也是每 4 年举办一次国际伤残人奥运会。奥运会主要有下列活动内容：

1. 竞技运动比赛

目前有 30 个国际单项体育联合会管辖的 31 个大项是国际奥委会承认的奥林匹克比赛项目，其中夏季奥运会 25 个大项，即田径、赛艇、羽毛球、棒球、篮球、拳击、皮划艇、柔道、摔跤、游泳、现代五项、网球、乒乓球、射击、射箭、排球、帆船等;冬季奥运会有5个大项,即冰上舞蹈、冰球、雪橇、滑冰和滑雪。夏季奥运会比赛项目必须包括至少15个运动大项,冬季奥运会则没有这种最低限制。此外国际奥委会还规定,只有至少在四大洲75个国家或地区广泛开展的男子项目和在三大洲40个国家或地区广泛开展的女子项目,才可列入夏季奥运会;至少在三大洲25个国家或地区广泛开展的男子项目和在两大洲20个国家或地区广泛开展的女子项目,才可列入冬季奥运会。

2. 奥林匹克仪式

奥林匹克仪式如圣火传递、开幕式、闭幕式、发奖仪式等,不仅给奥运会以浓烈的节日气氛,而且大大提高了奥运会的境界,使它更加庄严、神圣。

3. 奥林匹克艺术节

《奥林匹克宪章》规定:“奥运会组委会必须制定一项文化活动计划,这就是奥林匹克文化节。”

奥林匹克文化节是奥运会的重要组成部分,是体育运动与文化和教育融合起来的重要活动。在奥运会期间,举办充分展示承办国和世界各国文化特色的活动,如音乐、舞蹈、文学、艺术、摄影、戏剧、建筑艺术、集邮等,五大洲艺术家济济一堂,各种艺术珍品交相辉映,这种全方位的从物质到精神和谐结合的文化魅力,使奥运会更加灿烂夺目。

4. 奥林匹克青年营

奥林匹克青年营是奥林匹克文化活动的组成部分。这项活动的目的是使来自世界各地的年轻人在奥林匹克的氛围中互相学习、互相交流,更深刻地了解奥林匹克的精神。

青年营员是由各个国家和地区奥委会根据参加者的成绩、贡献等综合情况推荐的,年龄在18~22岁之间。青年营的营期不超过20天,人数在500~1500人之间,活动内容包括体育、文化和民俗活动。

5. 奥林匹克科学大会

自1956年墨尔本奥运会起,世界性的体育科学大会开始在奥运会开幕前在举办国进行。1972年在德国慕尼黑,第一次用了“奥林匹克科学大会”的名称。

科学大会组委会一般由奥运会举办国的国家奥委会确定。组委会通常在会前4~5年就开始进行筹备,如论文征集、经费预算等。

奥林匹克科学大会主要是围绕奥林匹克史、体育美学史、奥林匹克理想教育、运动医学、运动心理学、运动生理学、生物力学、生物化学、运动训练、体育管理、人类学、社会学等体育学科及相关学科交流各种论文及成果。奥林匹克科学大会的举行,对进一步促进体育科学研究做出了较大的贡献。

6. 奥林匹克奖

(1)奥林匹克运动会名次奖:各个项目在运动会上获前三名的优胜者获金牌、银牌、铜牌奖。

(2)奥林匹克勋章:对奥林匹克事业做出突出贡献和在体育运动中取得优异成绩者,授予奥林匹克勋章。金质奖章一般授予为发展体育运动、宣传奥林匹克理想做出重大贡献的国家领导人和已退休的或健在的国际奥委会前任领导人。银质奖章授予在奥林匹克运动中建立了功勋的奥林匹克优秀选手和国家或地区奥委会与体育界的领导人以及其他知名人士。铜质勋章授予在奥运会或体育工作中取得显著成绩的运动员或体育工作者。

(3)奥林匹克纪念牌:奥林匹克纪念牌发给全体运动员(包括奥运会奖牌获得者)、运动队的官员和其他工作人员、国际奥委会委员和出席奥运会的被国际奥委会承认的国际单项奖，以及在国际奥委会规定名额内由有关的国际单项体育联合会正式任命的裁判员、计时员、检查员、司线员等。

(4)奥林匹克荣誉册:每届奥运会组委会都制作一部奥林匹克荣誉册,记载每个比赛项目的奖章获得者(前 3 名)和获奖者(第 4~8 名)的名字。荣誉册存放于奥林匹克博物馆,作为奥林匹克运动的史料保存。

(5)国际奥委会主席体育科学奖:表彰在体育科学研究中的优秀成果。从 1989 年开始,国际奥委会设立了“国际奥委会主席科学奖”,按年度轮流对体育生物、医学、体育社会科学的研究成果予以奖励。

(四)奥林匹克运动的宗旨、格言和精神

《奥林匹克宪章》明确表明奥运会的宗旨是:“通过没有任何歧视,具有奥林匹克精神——以友谊、团结和公平精神互相了解的活动来教育青年,从而为建立一个和平的更美好的世界做出贡献,通过奥林匹克运动,在不同民族、不同文化的各国人民之间架起友谊的桥梁来促进世界和平。”

奥林匹克运动有一句著名的格言叫做“更快、更高、更强”。这句格言不能狭义地理解为“跑得快、跳得高、力量强”。它有更深刻的含义,就是要求所有的人要有一种不断竞争、不断进取、永远向上的精神,正是在这种精神的鼓舞下,运动员面对强手,敢于斗争,敢于胜利,不断战胜自我,向人生的极限冲击。

《奥林匹克宪章》指出,奥林匹克精神就是互相了解,增进友谊、团结和公平竞争的精神。奥林匹克精神强调友谊、团结和互相了解,其目的就在于它为奥林匹克运动提供了一种必不可少的文化氛围和精神境界,只有这样,奥林匹克所提倡的国际交流才能真正得以实现。

一个世纪以来,奥林匹克运动作为一种文化、教育运动在全球广泛开展,对社会的发展、人类的进步和世界和平起到了巨大的促进作用,它的影响已远远超出体育运动的范围,成为当今世界规模最大、影响最深、受到世界各国政府和人民普遍关注的一种国际社会文化现象。

(五)申办奥运会的意义和奥林匹克运动会的申办

奥运会的申办过程本身就是展示一个国家城市形象的极好机会。通过申办奥运会,会极大地鼓舞一个城市、一个国家的民族精神。严格的申办过程也是对一个城市不断用国际一流城市的标准来完善的过程。在长达几年的申办角逐中,申办城市将成为世界媒体关注的焦点,有助于树立国家的良好形象。

奥运会申办成功,将会对该国政治、经济、文化、竞技体育、大众体育、体育科研、体育产业、旅游业等相关行业产生重要的促进作用,带来巨大的经济效益和社会效益。

1. 奥运会举办城市的基本条件

国际奥委会对举办城市的条件有全面明确的规定，这些规定一共有23条，概括起来有以下十个方面：要求政治稳定，体育设施齐备，城市开放并具有现代化，有经济保证，交通便利，通讯设备先进，安全措施可靠，文化艺术发达，城市环境保护得好，并且有举办大型比赛的经验和具有对体育赞助的潜力。申办城市为增加获胜机会，常常提出一些优惠条件，比如，亚特兰大曾提出为奥运村居住者提供免费食宿、医疗、娱乐和交通，记者每天的花销采用优惠的方式，使之在25美元之内。为争得2000年奥运会的举办权，悉尼提出了为各国代表团提供差旅费，建立"绿色奥运村"等措施。

2. 奥运会举办城市的遴选程序

首先由申办城市提出申请（国际奥委会前8年即开始招标，并规定了明确的截止日期）。为了确保申办的合法性，城市的申请报告必须经本国奥委会的批准，并由该国政府签署支持意见。

接到申办城市的申请后，国际奥委会和奥运会项目的各国际单项体育组织，即发出对申办城市各种条件进行调查的各种表格和问卷，申办城市将对这些问题作出回答并汇总，装订成长达数百页的申办报告。申办报告实际上就是一个非常详细的举办奥运会的计划。在国际奥委会开会表决前6个月，申办城市将申办报告递交国际奥委会委员，然后国际奥委会派调查小组赴各申办城市进行实地考察。在国际奥委会召开表决会议前2个月，调查小组将考察结果以书面形式呈交国际奥委会。

3. 确定奥运会举办城市

举办城市的确定权由国际奥委会投票决定，具体形式是在奥运会举办前几年召开的国际奥委会全会上由全体委员秘密投票表决。在投票中，只要某个申办城市获得半数以上的选票，即被确定为举办城市。在争夺比较激烈的情况下，采用多轮投票的方法，每一轮投票淘汰票数最少的一个城市。如果得票相等，则增加一次专门投票，从中淘汰一个城市。一个城市申办奥运会受许多不可控制因素的影响，结果是难以预料的。

举办城市确定之后，该城市即与国际奥委会签订正式协议——"举办城市合同"，承担具有法律约束力的责任，保证组委会遵照《奥林匹克宪章》和国际奥委会的指示，不折不扣地履行协议中的各项条款。

第二节 体育欣赏

一、体育欣赏的意义和内涵

（一）体育欣赏的意义

随着社会的进步，商业性体育的兴起以及新闻传播媒介的迅速发展，观赏体育，也日益成为人们生活中的重要组成部分，而且对体育的了解和爱好还成为一个人教育水平的标志，并为扩大交际，甚至商业活动打开通道。

体育欣赏可分为直接欣赏和间接欣赏。直接欣赏指去体育场馆观看比赛，而间接欣赏则指通过电视直播观看体育比赛。

人们在欣赏体育时的情绪有如下特点：

1. 当对比赛结果有明显的倾向性和强烈的期待感时，观众欣赏时的情绪就非常高涨，如有中国女排参加的奥运会决赛就远比其他两个国家队的比赛更吸引国人。

2. 当比赛结果有很强的不确定性时，观众就会情绪高涨，如中国和古巴女排的比赛就扣人心弦。

3. 当欣赏者对所欣赏的项目有一定了解和爱好时，就会情绪高涨并从中获得更大的启示。

4. 比赛的场地、气氛、周围人的情绪，也会感染欣赏者的情绪。

(二) 体育欣赏的内涵

1. 美化生活，陶冶情操

体育竞赛的魅力吸引着亿万人们去关心、去欣赏。因为在现实生活中，人们追求的是完美的、高节奏的生活，而体育竞赛恰恰适应和迎合了现代人生活的要求和愿望。在体育竞赛中，可以呈现出完整的人体美和各种美的形式，以满足人们对美的追求，通过速度、力量的激烈竞争，使现代人的心理得以宣泄。

通过体育竞赛，观众不仅可以欣赏到运动员健康、强壮、匀称、优美的体魄，而且可以欣赏到运动员所展现的准确、干净、利落、新颖、洒脱的动作，给人以愉悦的美的享受。特别是在紧张激烈的球类竞赛中，一些著名运动员所表现出的高超绝技，更使人心旷神怡，并将人们引入美的境界，进而达到净化心灵、陶冶情操的目的。

2. 振奋民族精神

各式各样的体育竞赛，其参赛者都具有一定的社会群体的代表性。他们在赛场上，一要实现自我的价值，二要为代表的群体争取荣誉。而欣赏者往往与运动员有着千丝万缕的联系，不是同一学校或单位，就是同一地区、民族或国家，因此，体育竞赛的成败、胜负、荣辱都与欣赏者有着息息相关的联系。欣赏运动竞赛，可以强化集体观念，激发爱国热情，振奋民族精神。

3. 启迪和激励体育意识

体育竞赛能启迪和激励人们获得健康、诚实、创新、拼搏、道德、法制和竞争等体育意识。

(1)健康意识。举办运动竞赛的一个主要目的是提高大众对体育意义的认识，激励大众积极参加体育活动，提高全民族的体质和身体健康水平。有相当一部分人过去并不注意锻炼身体，但通过欣赏自己喜爱的体育项目的比赛或表演，从而产生对体育活动的兴趣，积极参加体育锻炼。

(2)诚实意识。运动员要想在比赛中获胜，只有靠自身的高超技术、战术和良好的运动能力，靠“货真价实”的真本领，来不得半点虚假。当一个运动员通过刻苦的训练，获得了冠军时，人们就会承认他，决不会因为人际关系而影响他的冠军地位。这种货真价实的体育意识，对每个人的健康成长是很重要的，尤其对大学生来说，在攀登科学的道路上，更需要这种精神。

(3)创新意识。一个运动员或者运动队要在赛场上战胜对手，除了靠真正的硬工夫外，还要根据自身的特点，不断地改进和创造新技术、新战术。创新意识，可以促进一切事业不断向前发展。

(4)拼搏意识。赛场上运动员表现出高超的技艺，灵活多变的战术和充沛的体力，都是运动员经受了多年的大运动量训练，战胜了身体上和精神上的疲劳，努力拼搏的结果。

(5)道德意识。在赛场上，胜不骄、败不馁，互相尊重，团结协作，文明礼貌，守纪律，光明正大等良好的道德规范，将成为观众学习的榜样，从而影响到整个社会的风气。

(6)法制意识。任何体育项目的比赛，都要求运动员严格遵守竞赛规程和比赛规则，服从裁判员的判决，否则就要受到应有的惩罚。法制意识，有利于社会安定，是各项事业发展的有效保证。经常参加体育竞赛，可以增强人们的规则意识乃至法制意识。

(7)竞争意识。体育竞赛具有强烈的竞争性，双方对垒，毫不含糊，胜负立见分晓，所以有人把体育竞赛看成是“人类文化进步而发展起来的一种特殊的礼仪化的战争”。这种竞争意识对于当今社会中每一个人来说，都是一种必备的素质。

二、如何欣赏体育竞赛

(一)身体美的欣赏

欣赏体育竞赛，首先映入眼帘的是运动员的身体形态。对身体美的欣赏，可使人产生一种特殊的生机勃勃的美感。古希腊的“维纳斯”和“掷铁饼者”雕塑之所以经久不衰，除其造型艺术价值外，正是身体形态美满足了人对美的追求。

身体美的内容是十分丰富的，它不仅包含着人体的强壮美、体态美、体形美这些外在的美，同时还包含一些潜在美的因素，如素质美、风格美等。

强壮美，表现为肌肉发达，身体魁伟、强健，给人以强壮有力、充满生命活力的感受。

体态美，是指人的形体和姿势美，表现在形态结构的匀称、和谐和举手投足的方式等方面的综合效果上，集中体现在人体的姿势上。

体型，是人体结构的类型，主要取决于遗传、环境和营养等因素，可以通过体育锻炼和运动训练而加以改造。由于运动项目的特点不同，对运动员的体型也有不同的要求。

素质美，是通常所说的力量、速度、耐力、柔韧、灵敏等身体素质中表现出来的，它以一种特殊形式存在于身体之中，是通过运动实践、生产实践和生活显现出来的。力量美多体现在高强度的运动竞赛中，如凶猛攻击的拳击比赛，勇猛冲撞的冰球比赛等，都显示了男性阳刚之美。速度美表现了惊人的速度，如自行车赛场上飞驰的团体追逐赛，田径场上的短跑比赛等，都赋予人们激昂、振奋和激烈的感受。耐力美体现在长时间的运动过程中，如在长跑比赛中，脚着地柔和，动作轻快，重心平稳，往往给观众留下轻快、潇洒和飘逸的风姿。柔韧美和灵敏美，则使观众有一种柔软、舒展、机敏之感。

风度美，是指有高尚气质并具有美的价值的举止。一些运动员不仅运动技术高超，而且仪表端正、风度翩翩，往往给人以高尚、典雅的感受。

另外，运动员的皮肤色泽、发型和服装都是构成身体美的因素，白里透红或黑里透红的皮肤，美丽时髦的运动发型，漂亮、适体、新潮的运动服装，都会使身体美锦上添花。

(二)运动美的欣赏

在体育竞赛中，对运动美的欣赏，是整个观赏过程的核心。运动美一般包括动作美、技术美、战术美等因素。

1. 动作美的欣赏

在运动过程中，人的形体造型所展现的美，称为动作美。在体育竞赛中，运动员的动作都是在运动中进行的，所以我们在观赏时，应把动作美放在首要地位。但是，任何运动都是动与静的对立统一，这就要求我们在欣赏中，对运动员具体的动作要做动与静的考察。在体育竞赛中，任何动作的动、静状态是互相交替、互相转化的，由此而构成生动、鲜明、起伏和引人入胜的场面。

2.技术美的欣赏

运动员优美的高、难、险、新的运动技术，使人获得赏心悦目的美的感受和精神上的享受。

对技术美的欣赏往往是和动作美的欣赏联系在一起的，不仅要欣赏运动技术的高、难、险、新，还应该结合技术动作的平衡性、协调性和节奏感等方面来欣赏。平衡能给观众以稳定、安全、庄严之感，协调而有节奏则能给观众以融洽、合理、圆满、明快之感。

3.战术美的欣赏

在体育竞赛的激烈对抗中，战术被称之为发挥技术的先导，驾驭比赛的灵魂，是夺取胜利的法宝，也是反映运动员知识、技术和心理、智力因素的综合指标，特别是在一些集体项目的比赛中，表现得尤为突出。我们在欣赏体育竞赛的过程中，要注意运动员如何根据各自的情况，正确地调配力量，扬已之长、克敌制胜。技术美的欣赏，可以使我们加深对整个比赛整体感和立体感的认识。

(三)风格美的欣赏

风格美，一般指思想风格和技术风格。

思想风格美，是指运动员在运动竞赛中所体现的思想品质、道德修养、行为作风等综合社会意识美。人们在欣赏体育竞赛中，看到运动员的良好的思想风格，也是美的享受。

技术风格美，包括运动员(队)在技术、战术上所表现出的特长与特点之美，亦即技术、战术风格和格调上的个性之美。

体育竞赛是一种复杂的社会活动。运动员(队)在体育竞赛中所表现的各种思想、道德、行为都不是虚构的，而是一种真实的社会行为表现。各个运动员(队)根据各自的特点并创造出与众不同的风格，构成自已独特的技术风格之美。

三、不同运动项目的欣赏

(一)足球比赛的欣赏

足球项目是世界上开展最广泛、影响最大的运动，堪称世界第一的运动。它以其独特的魅力和无法抗拒的诱惑力，成为世界体坛的宠儿，风靡全球。国际足联已成为世界上规模最大的单项体育组织。如今，许多人觉得观看一场精彩的足球比赛是一种莫大的享受与乐趣，足球比赛也往往成为街头巷尾、茶余饭后的有趣话题。

1. 看阵型

在当今的足球比赛中，最常用的阵型为进攻阵型和防守阵型。进攻阵型有“四三三”、“四四二”、“三五二”等。例如“四三三”阵型即四名后卫、三名前卫、三名前锋，其他阵型只是各位置上人数不同而已。防守阵型有“五三二”、“五四一”等。当然这些阵型在比赛中不是一成不变的,它会根据比赛中的具体情况而千变万化,灵活运用。

2. 看风格和作风

每支球队都有自己的技术风格。一般来说南美球队注重个人技术,擅长短传配合,而欧洲球队讲究力量、速度,表现出长传冲吊、大力射门的特点。但近年来随着足球运动的发展,欧美两大流派已无明显区别,都朝着技术、战术、力量、速度、意志品质等全面的方向发展。运动员的勇敢顽强、敢于拼搏、积极奔跑以及胜不骄、败不馁的敬业精神,也使得比赛变得精彩、激烈、扣人心弦。

3. 看战术特点

一场精彩的足球比赛之所以吸引人,就在于它绝无一种定式,场上攻防转换千变万化,为了战胜对方双方不遗余力,充分展示进攻与防守的魅力,使得观众的心随着比赛的进程七上八下,不到终场哨响,胜负就是个谜。

(二)篮球比赛的欣赏

篮球是巨人的对抗运动。它选择的开局是争球,也就是说从裁判的第一声哨响,激烈的对抗就宣布开始。由于篮球运动的赛场较小,而运动员的身材又高大,在较小的空间里进行比赛,大大增强了对抗的激烈性。

高水平的篮球比赛有着无穷的魅力,明星们精彩绝伦的表演让人如痴如醉,它带给人们的享受也是多方面的。

首先是对场上运动员的欣赏。从20世纪70年代起,世界篮球运动向超高度、超速度、超强度的方向发展。各国家队都有巨人,以争得空中优势。这些巨人训练有素,技术熟练。例如美国篮坛贾巴尔的“天钩绝技”和“魔术师”约翰逊那令人眼花缭乱的传球,“飞人”乔丹的飞身扣篮等精彩绝伦的高超技艺等无不令观众为之倾倒、为之疯狂。

其次,欣赏篮球比赛还给人以集体主义、团结互助的教育。篮球的灵魂在于配合,因此一支训练有素的球队,在攻击传球时几乎不看人就将球往习惯的位置上传去。

篮球的战术和技术也是丰富多彩的,有的队喜欢打联防,有的队则擅长打全场紧逼的战术,各种战术和技巧在激烈的对抗中被运动员淋漓尽致地发挥出来。比如运球过人,有“胯下运球”,有“转身运球”,表现出高度的技巧性、协调性。投篮技术更似杂技一般,除了有出人意料的急停跳投外,还有防不胜防的钩手投、转身投等。

(三)排球比赛的观赏

排球运动的历史较短,但技术水平提高很快,特别是进入20世纪80年代以后,排球竞技面貌发生了很大的变化,比赛的进攻与防守,前排与后排,高打与低打有机地集合在一起,成为一种立体的对抗运动。这种对抗要求运动员的身体素质和技术水平更高。一位好的排球选手,不仅要有篮球运动员的高度、乒乓球运动员的反应、跳高运动员的弹跳、拳击运动员的力量、体操运动员的灵敏、棋类运动员的机智冷静,还要有网球运动员的耐力,几乎综合了各类运动员的优点。正是这样一种对抗,才让观众欣赏到一场场精彩的比赛。

无论是国内或国外的比赛,也无论是男排或是女排的比赛,它给人的第一个感染力就是集体主义精神。同伴打了好球,大家就上前互相击掌祝贺。若一人失常,他人则拍拍其肩膀或做其他手势,安慰他不要灰心。这种在场上互相关心、互相鼓励的活跃气氛是别的项目所没有的。

比赛现场人们还可以看到这样的现象，接发球的一方，二传手由队友“保护起来”，站在前排向队友悄悄做个手语，告知伙伴们准备怎样打，于是不管谁接球都顺势传给二传手，然后由二传手把球再传给二号、三号、四号位或后排队员，向对方猛攻。对二传的“派工”大家都是绝对服从的，而且配合得天衣无缝，所以人们把二传称为排球的灵魂，场上的组织者。

战术是观众欣赏的重点。排球的战术和技术有着极密切的关系。

在欣赏战术中，请注意“变化”，这变化频频给观众带来妙趣横生的乐趣。比如二传手见三、四号位有拦网，他突然双手一托来个“背溜”，球擦过鼻尖向后飞去，避开所有对手的阻拦，使其在二号位上攻击得手。这种“变化”除了二传手屡有杰作之外，攻击手亦可随机应变。比如当他跳起扣球时，见对方四只大手封来，要是扣球定会被封死，在这种情况下突然改扣为吊，轻轻地把球吊在对方空当上，这一轻吊比一记重扣还要奏效。有时主攻手见对方早有准备，重扣不成而轻吊又不可，便当即将错就错，故意把球往外界一打，对方收手不及，落得个打手出界。

(四)游泳比赛的欣赏

欣赏游泳比赛，除了“看谁游得最快”之外，还可细细欣赏四种游泳姿势，也会获得有趣的享受。

自由泳(也称爬泳)的速度最快，人俯卧在水上恰似一只快艇在鼓浪前进，游过之后还留下一条白浪，美不胜收。蛙泳是模仿青蛙的泳姿，把善泳的两栖动物的泳姿吸收过来，以提高人的游泳能力；蝶泳的姿势不单酷似彩蝶扑浪，且腰脚部分的海豚动作，是那样富于弹性，那样协调，每当运动员跃起向前扑去的一刹那，勇猛有力的造型给人一种阳刚美的感受；仰泳的姿势在激烈的比赛中总是给人一种悠闲的感觉。人睡在水上，两臂有节奏地一起一伏地划水，使人感到戏水的自由，无论比赛是如何的白热化，但从手臂“哒、哒”的打水声中还是传递出“闲庭信步”的格调。

另外，游泳比赛中的战术也是观看时不可忽视的一个方面。在50米的碧池中也有韬略计谋的较量。在个人短距离项目中，运动员在比赛一开始便力争上游，以免后来者难居上。但有时却又不一样，尤其是在较长距离的比赛中，有的选手故意和对手保持半臂之差，紧紧“咬”住对方，到最后冲刺时突然发力反客为主获胜。有的运动员却又以我为主，不管对手如何，始终按照自己既定的方针分配力量，这种方法多用于长距离的竞技。

在观看游泳比赛时，把运动员的速度和泳姿以及战术特点结合起来看，不但可以增添情趣，还可以获得思想的启迪。

(五)跳水比赛的欣赏

人称跳水运动是“空中芭蕾”，像金童起舞，凌空揽月；似玉女下凡，飘然戏水。

无论是跳板或跳台跳水，运动员一般都要经历助跑至入水四个程序，这四个程序是我们欣赏跳水比赛的着眼点。

起跳前的阶段，是凝思阶段。此时运动员一定要排除外界干扰，凝思片刻，把要跳的动作在脑海中快速过“电影”，谨记动作要点。在这几分钟内，运动员犹如一尊铁铸的雕像，给人一种对事业认真、自信的感觉。

第二阶段是起跳。对起跳的评分要求是起跳有力,身体各个部分协调平稳。这时运动员犹如拔地而起的火箭,有力地冲向蓝天。

接着是空中阶段,要求运动员在短短的一瞬间,根据动作的组别,迅速地做完翻腾、转体动作。技术上要求动作干净利索,造型优美准确,全部动作完成迅速。停在空中的运动员,借助身体的惯性,不停地翻滚转体,在空中跳芭蕾。就在您想留住眼前这美妙的一瞬间,运动员已经到了入水阶段。在临近入水时,运动员的身体应与水面垂直,入水后反弹的水花越小越好。

跳水比赛实质上是一种比美的运动项目,它是在展示运动员的健美、力量、勇气和姿势造型的综合的美。在看台上观看跳水,运动员从起跳到入水,是那样富于节奏和瞬息多变,充分显示了跳水这个项目的丰富内容和运动员的健美姿势。

跳水比赛的得分,主要是根据级别、动作编号、姿势、高度和起跳方式等动作评定的。观众主要看运动员在空中垂落的短暂时间内,动作是否高难、惊险、奇姿多异;看运动员在空中的直体、屈体、抱膝、翻转、转体等动作是否优美;看运动员的入水是否像针一样垂直地插入水中。

(六)网球比赛的欣赏

网球比赛是古老的球类项目之一,也是当今体坛惟一能够和足球分庭抗礼的大项目。

首先欣赏发球。发球分为上旋球、下旋球、侧旋球、前冲球以及大力发球等,而优秀的选手在发球上都有自己的绝招。如前世界名将桑普拉斯、伊万尼塞维奇的发球,又刁又准又狠,常常让对手难以招架。

其次,看战术的运用。网球战术具有快、狠、准、变”的特点,运动员在场上既能满场飞,又能凌空跳跃击球,斜飞鱼跃救球,或者缩前吊后,斜线大力抽打等。正是这些前后左右、真真假假的变化,使得比赛精彩激烈、扣人心弦。

另外,网球运动被看成是高雅的运动。因此它处处注重美感,从场地的设施到器材的使用,以及比赛环境的布置和运动员服装的设计,都很讲究美,美几乎无处不在。

网球运动员在场上的动作更富美感,爱好网球的艺术家们认为网球运动的许多动作与舞蹈是相通的。如网坛名将博格,双手握拍反手抽打底线球时,就表现出东欧民间舞蹈的韵味。网坛女杰辛吉斯快速网前击球和奔跑接球的身姿,仿佛再现了天鹅湖中的白天鹅兴高采烈地扑向王子的舞姿。

(七)羽毛球比赛的欣赏

欣赏羽毛球比赛,除了要懂得比赛规则外,我们可以从快、准、刁、活这四个方面去细细品味。

“快”,在羽毛球的竞技中起决定胜负的作用。高水平选手都具备判断快、眼快、腿快的特点,能够从对方的击球姿势、击球响声的一刹那,判断出对手是扣球、吊球或者拉高远球的意图,从而迅速做好稳妥回击来球的准备。另外,运动员在场上左右前后、急起急停地奔跑,特别是接吊球时,其速度完全可以和足球门将飞身接球相媲美。

“准”,也是吸引观众的一个方面。羽毛球在空中来回飞行一次的时间在一秒之内,而羽毛球高手能在这瞬间控制住球,使它按照自己的意志飞行和下落。

“刁”，刁钻是高手们球艺的特点，无论是球路的刁钻或是技术手段的刁钻，都是运动员聪明才智的反映。高手们能在电光火石之间稍稍拨动手腕便打出搓、钩、推、扣几种刁钻而落点不同的球，让对手顾此失彼，难以招架。

“活”，为变化多端，这是羽毛球比赛的特点。在比赛时双方的打法都是不断变化的，各人都想扬长避短，克敌制胜。因此在赛前，各人心中都准备了几套作战方案，第一套不奏效就改用第二套、第三套，不断变化翻新，大有孙悟空和牛魔王斗法的劲头。

一场精彩的羽毛球比赛，既有乒乓球比赛那样细腻精巧的技术，又有足球、篮球比赛中以力相搏的角逐；既有高雅的韵味，又有汗流浃背几近残酷的对峙，能给人们最佳的视觉享受。

(八)田径比赛的欣赏

田径比赛包括径赛和田赛。径赛是指在跑道或公路上进行的比赛，包括竞走、短跑、中长跑、跨栏跑、接力跑、障碍跑和超长距离跑。由于以上项目均以走、跑为基本表现形式，它作为人类生存的基本活动能力，又是各项运动的基础。

根据各种距离跑的能量供应特点，短跑(400米和400米以下项目)属极限强度项目；中跑(800米、1500米)属次极限强度项目；长跑(3000米、5000米、10000米)属大强度项目；超长距离跑(20000米以上)属中等强度项目。上述项目比赛均为个人参加或几人合作，决定名次须经过预、复、决赛几轮淘汰。无论是瞬间即逝的短跑，或征途漫漫的长距离跑，运动员在克服极度生理疲劳的同时，还要接受体力、意志和心理的巨大考验。尤其是实力相近的比赛，胜负往往在1/100秒的瞬间决定，竞争激烈程度为其他运动项目所不及。因此，观众通常在屏息以待中，可以体验运动员向生理极限挑战的非凡勇气，并由此认识它在全民发展身体素质、提高人体机能水平方面的重要意义。

田径运动中的田赛是指在田径跑道以外进行的比赛，包括跳高、跳远、三级跳远、撑杆跳高、铅球、铁饼、标枪、链球等项目。上述项目是以跳、投为基本表现形式，它作为人类生存的基本活动能力，也是各项运动的基础。无论跳跃还是投掷项目，为了达到最大高度和远度，都必须通过助跑、滑步或旋转，使身体和器械预先获得初速度。它与技术、力量的完美结合则是决定成绩的关键。跳跃中的高度比赛，必须用单脚起跳，运动员在每个高度连续三次试跳失败，即被取消资格，并以最后跳过的最高高度决定名次。远度比赛每人可试跳、试投三次，前八名可增加三次，以其中最好成绩决定名次。如参加比赛人数过多，可在正式比赛前举行及格赛。田赛项目的比赛，虽不及径赛项目那样紧张激烈，但无论运动员腾空而起，或使器械飞越长空，都把健、力、美呈现给观众。

(九)体操比赛的欣赏

竞技体操包括男子自由体操、鞍马、吊环、跳马、双杠、单杠六个单项，女子有跳马、高低杠、平衡木、自由体操四个单项。在重大国际比赛中，竞技体操又分团体、个人全能和个人单项三大类。团体比赛分规定和自选动作，个人全能、个人单项主要进行自选动作比赛，均按动作难度、编排和完成情况综合评分，以后又发展了加分，得分多者名次列前。由于技术和动作难度不断发展，评分规则也随着经常变化。在欣赏竞技体操比赛时，我们应着重欣赏运动员利用各种平衡、跳跃、空翻、摆动、屈伸、转体、回环、腾越、支撑、倒立等基本动作，按规定和自选编排原则进行组合，并在不同器械上完成动作的技巧，以充分体现力量、柔韧与技巧的完美结合，以及人体在空间的优美姿态和造型所展现的艺术魅力。

在竞技体操比赛的过程中，主要看运动员的动作是否有勇敢性、独创性和熟练性。首先，看运动员的动作难度和幅度，是否舒展大方、协调、连贯，落地是否稳定；其次，看运动员在做空翻、跳远、平衡和静止等动作时，体态和造型是否优美，动作是否独特新颖。

(十)艺术体操比赛的欣赏

艺术体操是徒手或手持器械，在音乐的伴奏下，进行有韵律的身体活动的一项体操运动，它是当代女子特有的带表演性质的竞技运动项目。观赏艺术体操比赛，首先看运动员的动作是否协调、柔软、有鲜明的节奏、难度大、编排巧；其次看运动员的动作是否有想像力、表现力和完成各种器械动作的准确性，以及动作与音乐的协调配合。

(十一)花样滑冰的欣赏

在欣赏花样滑冰时，主要欣赏运动员的动作是否有健、力、美、新、难、快等特点。第一，看运动员在冰面上是否在快速滑行中完成舞步、跳跃、飞转、托举、捻转、抛跳、步伐等各种优美的人体造型的舞蹈动作；第二，看运动员的整套动作是否连贯、有难度及滑行路线是否合理；第三，看整套动作的编排和音乐的内涵是否一致，与音乐的配合是否和谐。

(十二)自行车比赛的欣赏

自行车比赛可以在赛场和公路上进行。常见的场地赛项目有个人和团体追逐赛(男子 4 公里、女子 3 公里)。公路自行车赛有男子 100 公里、女子 50 公里团体计时赛。标准赛车场有露天和室内两种，跑道呈椭圆形斜坡，周长为 333.33 米，也有 250 米或 500 米的。追逐赛先进行单个或单队预赛，以成绩排出比赛顺序，再一对一进行淘汰。双方从两个直道各自的起点出发(正好差半圈)，被追上者即遭淘汰，若各自均通过自已的终点，则成绩差者淘汰，直至进入冠亚军决赛。争先赛要进行及格赛，先根据每位选手单独骑行至最后 200 米的冲刺速度排出前 12 名，然后按成绩首尾配对，比赛采取三战二胜，以先通过终点者为胜(不计时间)，直至冠亚军决赛。淘汰赛多名选手同时出发，每两周冲刺一次，处在最后者即被淘汰，依次类推直至决出冠军。计分赛分大组出发，运动员在抵达预先规定距离即冲刺一次，然后按前四名记分，最后终点冲刺得分加倍。由于比赛特点所致，两人或多人争先似游龙戏水，群雄追逐如狂飙卷地，因此竞赛场面颇为壮观，十分有趣。

三、奥林匹克运动会

(一)古代奥林匹克运动会

古代奥林匹克运动会(简称古代奥运会)是希腊人民的伟大创举，也是人类文明与进步的巨大文化源泉，对社会的发展、人类进步和世界和平起促进作用。尽管古代奥运会的起源可追溯到公元前 11 世纪，但直到公元前 776 年才有正式记载。公元前 776 年，在人民渴望和平、自由的生活要求下，古希腊伊利斯国王、斯巴达国王和比萨国王签订了“神圣休战”的协定，并决定在奥林匹亚“宙斯神”庙前举办祭祀活动和举行第一届古代奥运会,以后每4年举行1次。

到公元394年为止,古代奥运会共举行过293届。每届奥运会均在能容纳5万观众的奥林匹克运动场上举行。在古代奥运会初期的比赛项目也反映了战争与古奥运会发展的关系,如摔跤、混斗、拳击、四马战车赛、马车赛、角力、赛马、武装赛跑等综合运动会,这些比赛项目多与军事技能有关。

在举行古代奥运会期间,不仅进行运动员之间的比赛,而且还为学者、诗人、音乐家和艺术家举办文艺会演。所以古代奥运会有力地促进了体育、艺术的交流与发展,因而被人们认为是人的力量与精神和谐统一的源泉。

古代奥运会是在民族时期产生的竞技运动传统的基础之上,经战争驱动和宗教、教育等作用逐步形成和发展起来的。然而,公元前146年,罗马帝国入侵并吞了希腊,使人民完全失去自由,同时在4世纪末,基督教在希腊上升为国教,于是公元394年,罗马教皇狄奥多西一世以异教之罪名禁止古代奥运会。公元436年,其后继者狄奥多西二世又下令烧毁奥林匹亚的大部分建筑与设施。加上公元551—552年的两次强烈地震,把这一片废墟深深地埋入地下。这样,具有一千多年的古代西方体育文明,就被凶残的人祸和无情的天灾彻底地埋葬了。

古代奥运会虽然衰亡了,但它给人类社会留下了宝贵的文化精神财富,在世界文化和体育史上有着极其深远的影响。它创造了一种综合性运动竞赛形式,形成了一种体育与文化并重的独特体系,并对奥林匹克运动和现代竞技体育的发展起到一种启蒙、借鉴的作用,形成了奥林匹克精神,即和平和友谊的精神,公平竞争的精神,追求人体美的精神,奋发向上的精神。

(二)现代奥林匹克运动会

沉睡了一千多年之后,于18世纪初,英、法、德等国的一些学者、专家相继去奥林匹亚访问、考察和发掘,终于使古代奥运会重见天日。被誉为"现代奥林匹克之父"的法国社会学家、历史学家和教育学家顾拜旦(1863—1937)向世界各国提出恢复奥运会的倡议。经过他多方的奔波,1894年6月16日在法国巴黎召开了有72个国家和地区79名代表参加的恢复奥运会的代表大会。会上决定成立国际奥林匹克委员会(简称"国际奥委会"),选举了希腊诗人维克拉斯为第一任主席,顾拜旦为秘书长,还决定1896年4月在希腊雅典举行第一届现代奥林匹克运动会(简称"现代奥运会")。

现代奥运会是声望最高、最庄严、最隆重的国际体育盛会,也是比赛规模最大、水平最高和影响最深的综合性运动会。

现代奥运会分为夏季奥运会和冬季奥运会。

1. 夏季奥运会

自1896年举行的第一届夏季奥运会到2004年为止,按4年1届计算,应该已经举行了28届奥运会了,但实际上只举行了25届。两次世界大战,使第6届、12届和13届奥运会停止举行(见表5-1)。

目前举行的夏季奥运会有26个运动项目的比赛:田径、游泳(含跳水、花样游泳、水球)、体操(含艺术体操)、足球、篮球、排球、曲棍球、举重、自行车、摔跤、柔道、射击、射箭、击剑、皮划艇、赛艇、帆船、马术、拳击、手球、现代五项、乒乓球、网球、垒球、棒球和羽毛球。竞赛时间包括开幕式在内不得超过16天。

表5-1 历届夏季奥运会概况

届次	年度	举办地点	运动员数	运动项目数	参赛国家及地区数
28	2004	雅典(希腊)	11099	28	201
27	2000	悉尼(澳大利亚)	11000	28	199
26	1996	亚特兰大(美国)	10749	26	197
25	1992	巴塞罗那(西班牙)	10632	25	172
24	1988	汉城(韩国)	8465	23	160
23	1984	洛杉矶(美国)	76162	11	40
22	1980	莫斯科(前苏联)	5872	21	81
21	1976	蒙特利尔(加拿大)	6189	21	88
20	1972	慕尼黑(前联邦德国)	71472	11	21
19	1968	墨西哥城(墨西哥)	5531	18	112
18	1964	东京(日本)	5140	19	94
17	1960	罗马(意大利)	5348	17	84
16	1956	墨尔本(澳大利亚)	3184	17	67
15	1952	赫尔辛基(芬兰)	4952	17	69
14	1948	伦敦(英国)	4099	18	59
13	1944	因第二次世界大战停办			
12	1940	因第二次世界大战停办			
11	1936	柏林(德国)	4006	20	49
10	1932	洛杉矶(美国)	1048	15	37
9	1928	阿姆斯特丹(荷兰)	3014	15	46
8	1924	巴黎(法国)	3092	18	44
7	1920	安特卫普(比利时)	2607	22	29
6	1916	因第一次世界大战停办			
5	1912	斯德哥尔摩(瑞典)	2547	14	28
4	1908	伦敦(英国)	203	42	12
3	1904	圣路易(美国)	687	14	12
2	1900	巴黎(法国)	1330	17	22
1	1896	雅典(希腊)	311	9	13

2. 冬季奥运会

冬季奥运会，是由国际奥委会主办的世界性冬季运动项目运动会，是奥林匹克运动会的组成部分之一。它始于1908年的第4届奥运会，当时的比赛项目只有花样滑冰和冰球。后因一些国家和地区奥委会的反对，使冬季奥运会中断了20年。经顾拜旦主席的多方工作和努力，终于在1925年召开的国际奥委会会议上，重新讨论恢复冬季奥运会的问题。会上正式决定举办冬季奥运会，规定在夏季奥运会的同一年举行，每4年1届。但届数按实际举行的次数计算，并决定把1924年在法国夏蒙尼举行的第8届奥林匹亚国际体育周的冰上运动会作为第一届冬季奥运会，到2006年为止，已经实际举行了20届（见表5-2）。

冬季奥运会主要比赛项目有现代冬季两项（滑雪和射击）、滑雪（高山滑雪、越野滑雪、跳台滑雪、自由式滑雪）、冰球、滑冰（速度滑冰、花样滑冰、短道滑冰）、雪橇（有舵雪橇、无舵雪橇）、雪板和冰壶等。赛期包括开幕式在内不超过16天。

表5-2 历届冬季奥运会概况

届次	年度	举办地点	运动员数	运动项目数	参赛国家及地区数
20	2006	都灵（意大利）	1633	15	80
19	2002	盐湖城（美国）	2399	15	77
18	1998	长野（日本）	2500	14	72
17	1994	利勒哈默尔（挪威）	1988	12	67
16	1992	阿尔贝维尔（法国）	2200	12	64
15	1988	卡尔加里（意大利）	1700	10	57
14	1984	萨拉热窝（南斯拉夫）	1590	10	49
13	1980	普莱西德湖（美国）	1283	8	37
12	1976	因斯尔鲁克（奥地利）	1368	8	37
11	1972	扎幌（日本）	1012	7	35
10	1968	格勒诺布尔（法国）	1158	7	37
9	1964	因斯尔鲁克（奥地利）	1111	7	36
8	1960	斯阔古（美国）	665	5	31
7	1956	科蒂纳丹佩佐（意大利）	924	5	33
6	1952	奥斯陆（挪威）	732	5	30
5	1948	圣莫里茨（瑞士）	713	5	28
4	1936	加米施—帕腾基兴（德国）	756	5	28
3	1932	莱西德湖（美国）	307	5	17
2	1928	莫里茨（瑞士）	491	5	25
1	1924	蒙尼（法国）	293	5	16

注：国际奥委会决定，从第17届冬奥会开始，冬奥会比夏季奥运会提前两年举行。

（三）中国与奥林匹克运动会

1984年7月28日，在洛杉矶纪念体育场上，当由225名运动员组成的中国体育代表团在五星红旗的引导下步入运动场时，便宣告了一个拥有11亿人口的中华人民共和国庄严地步入国际奥林匹克大家庭行列。

其实，中国和国际奥委会的关系是很久远的。52年前，旧中国也曾派出体育代表团参加了第10届奥运会。十分凑巧的是那也是第一次，地点也是美国洛杉矶，不过当时参加比赛的只有刘长春一人。如果再追溯到更久远的话，1894年，即国际奥林匹克委员会刚刚成立的那一年，国际奥委会就曾通过法国驻华使馆给当时的中国政府——清政府发来了一封邀请信，邀请中国派运动员参加将在1896年希腊雅典举行的第1届现代奥林匹克夏季运动会的田径比赛。可是，当时清政府的文武官员，没有一个人能弄清"体育"、"奥运"、"田径"究竟为何物。结果，邀请信如石沉大海，杳无回音。重新恢复的第1届现代奥林匹克运动会的史册中，记下了东方大国第一个"零的纪录"。

1911年，孙中山领导的辛亥革命推翻了满清王朝。西方的体育运动逐渐传入中国并在部分城市中得到开展。1922年，王正廷被遴选为国际奥委会中国委员。1924年，中华体育协进会成立，同时派出3名运动员赴巴黎参加第8届奥运会的网球表演赛。4年以后，又派出宋如海参观了阿姆斯特丹奥运会。此后，中国派选手参加了第10、11、14届奥运会。国际奥委会也于1939年和1947年先后选定孔祥熙、董守义为国际奥委会委员。

1949年，中华人民共和国成立。同年10月，原中华全国体育协进会改组为中华全国体育总会(中国奥委会)，全面领导中国的奥林匹克运动。1952年赫尔辛基奥运会时，由于国际奥委会在中国席位问题上存在分歧，使得中国运动员在15届奥运会开幕前才接到邀请，派出了以足球、篮球、游泳选手组成的代表团赶赴赛会，可惜比赛已接近尾声，只有吴传玉一人获得参加一项仰泳比赛的机会。中华全国体育总会在国际奥委会的合法席位，在1954年第50次雅典全会上得到了确认。

在第23届奥运会上，射击运动员许海峰夺得了本届比赛的第一枚金牌，成为中国运动员自1932年第二次参加奥运比赛以来的第一个金牌得主。中国运动员在第23届奥运会期间，共获得15枚金牌、8枚银牌、9枚铜牌，金牌总数列第4位，一时轰动世界。此后，中国运动员在第24、25、26、27、28届奥运会上分别获得5枚金牌、16枚金牌、16枚金牌、28枚金牌和32枚金牌的成绩，为国际奥林匹克运动做出了贡献，为国家和人民争得了荣誉。北京成功地申办2008年奥运会，标志着奥运圣火将在中华大地上熊熊燃烧，将会对我国政治、经济、文化、竞技体育、大众体育和体育等相关产业起到重要的促进作用，带来巨大的经济效益和社会效益。

第三节 国内外重大体育赛事

一、亚洲运动会

亚洲运动会是亚洲地区规模最大的综合性运动会。每4年举办1届，与奥林匹克运动会相间举行。最初由亚洲运动会联合会主办，1982年后由亚洲奥林匹克理事会主办。自1951年第1届始，迄今共举办了14届(见表5-3)。国际奥林匹克委员会承认亚洲运动会为正式的亚洲地区运动会。

第二次世界大战结束后，亚洲许多国家先后摆脱了殖民统治，获得了独立和解放，建立了新的社会制度。随着战争创伤的平复，人民生活日趋安定，体育运动也逐渐活跃起来，因战争中断了12年的奥林匹克运动会又恢复举行。在这一历史背景下，亚洲体育界人士产生了组建一个统一的亚洲体育领导机构，以推动亚洲体育运动发展的积极愿望。

1949年2月13日，来自亚洲各国体育组织的代表在新德里签署了亚洲运动会联合会宪章，亚洲运动会联合会正式成立。亚洲运动会联合会的任务是：按期主办亚洲运动会和亚洲冬季运动会，弘扬奥林匹克精神，鼓励和引导亚洲体育运动的发展。

亚洲运动会的比赛项目不像奥林匹克运动会那样有严格的规定，除田径、游泳、足球、篮球等广泛开展的项目每届都必须列入外，主办国可根据自身的条件和运动技术水平适当增减。如第3届亚洲运动会在日本举行，日本增加了自己的强项乒乓球、排球、网球等；第4届在印度尼西亚举办时，印尼增加了该国擅长的羽毛球；第10届南朝鲜(韩国)列入了跆拳道；第11届我国则取消了跆拳道，增加了武术等项目。当然，比赛项目的增减与变换都必须得到亚奥理事会的同意和批准，东道国无权随意安排。亚洲运动会迄今已举行了13届，比赛项目也经历了从少到多的发展过程——从第1届的6项逐渐增至第13届的36项。前13届运动会举办过的项目分别有射箭、田径、羽毛球、棒球、篮球、台球、保龄球、拳击、皮划艇、自行车、马术、击剑、足球、高尔夫球、体操(含艺术体操)、手球、曲棍球、柔道、卡巴迪、空手道、现代五项、赛艇、橄榄球、藤球、射击、软式网球、垒球、壁球、游泳(含花样游泳、跳水和水球)、乒乓球、跆拳道、网球、排球(含沙滩排球)、举重、摔跤、武术、帆船共37项。

迄今为止，共有8个国家主办过亚洲运动会，其中泰国4次，日本、韩国(南朝鲜)和印度各2次，中国、菲律宾、印度尼西亚、伊朗各1次。1990年，北京成功地举办了第11届亚洲运动会。来自亚洲37个国家和地区的4655名运动员参加了27个大项(308个小项)的角逐，中国获得183枚金牌，几乎相当于第二名韩国(54枚)和第三名日本(38枚)金牌数总和的两倍。该届比赛也创造了优异的成绩——破4项世界纪录、平1项世界纪录、破42项亚洲纪录、破98项亚洲运动会纪录。

表5-3 历届亚洲运动会概况

届次	举办时间	举办地点	参赛国家或地区	运动员人数	比赛项目数
1	1951	新德里(印度)	11	489	6
2	1954	马尼拉(菲律宾)	18	970	8
3	1958	东京(日本)	20	1422	13
4	1962	雅加达(印度尼西亚)	17	1545	13
5	1966	曼谷(泰国)	18	1945	14
6	1970	曼谷(泰国)	18	1752	13
7	1974	德黑兰(伊朗)	25	2363	16
8	1978	曼谷(泰国)	25	2879	19
9	1982	新德里(印度)	33	4595	21
10	1986	汉城(南朝鲜)	27	3345	25
11	1990	北京(中国)	37	4655	27
12	1994	广岛(日本)	42	6828	34
13	1998	曼谷(泰国)	41	6832	36
14	2002	釜山(韩国)	44		38

二、世界大学生运动会

世界大学生运动会素有“小奥运会”之称，由国际大学生体育联合会主办，只限在校大学生和毕业不超过两年的大学生(年龄限制为17~28岁)参加的世界大型综合性运动会，始办于1959年(见表5-4)。其前身为国际大学生运动会。

20世纪20年代初，当时的国际大学生组织就已开始计划举办世界大学生运动会。1923年5月，在巴黎召开了世界大学生体育代表大会，会议决定次年举行第1届国际大学生运动会。1924年，首届国际大学生运动会在华沙举行，设田径、游泳和击剑3个比赛项目。此后，运动会不定期举办，至1939年共举办了8届。后因第二次世界大战运动会被迫中断，1947年恢复举行。但从1951年起因国际形势的变化，分裂成东西方两个运动会，西方的名为“国际学生体育运动会”，东方的叫“青年学生运动会”或“青年友好运动会”。两个阵营各自组织和举办自己的大学生运动会。

表5-4 世界大学生运动会概况

届次	举办时间	举办地点	参赛国家和地区	运动员人数
1	1959	都灵(意大利)	45	985
2	1961	索非亚(保加利亚)	32	1270
3	1963	阿雷格里港(巴西)	27	713
4	1965	布达佩斯(匈牙利)	32	1729
5	1967	东京(日本)	30	937
6	1970	都灵(意大利)	40	2080
7	1973	莫斯科(前苏联)	64	2765
8	1975	罗马(意大利)	40	712
9	1977	索非亚(保加利亚)	85	3232
10	1979	墨西哥城(墨西哥)	85	3500
11	1981	布加勒斯特(罗马尼亚)	87	2915
12	1983	埃德蒙顿(加拿大)	69	2402
13	1985	神户(日本)	106	3949
14	1987	萨格勒布(南斯拉夫)	121	3904
15	1989	杜伊斯堡(联邦德国)	90	3000
16	1991	谢菲尔德(英国)	101	3346
17	1993	布法罗(美国)	130	6000
18	1995	福冈(日本)	163	5740
19	1997	卡塔尼亚(意大利)	160	6000
20	1999	帕尔马(西班牙)	114	5776
21	2001	北京(中国)	169	3939
22	2003	大邱(韩国)	177	46

1957 年，为了庆祝法国全国学联成立 50 周年，在巴黎举行了国际性的大学生运动会和国际文化联欢节。经与会 30 个国家的代表一致同意，决定以后定期举办世界性的大学生体育比赛，定名为“世界大学生运动会”，原则上每两年举行一届。1959 年，第 1 届世界大学生运动会在意大利都灵举行，来自 45 个国家的 985 名运动员参加了比赛。至 2003 年，世界大学生运动会已举办过 22 届。

世界大学生运动会正式规定的比赛项目一般有田径、游泳、跳水、水球、体操、击剑、网球、篮球和排球等 9 项，但东道国有权再增加 1 项。例如 1977 年的东道国保加利亚增加了摔跤，1979 年墨西哥增加了足球，1985 年日本增加了柔道。

1960 年，仿奥运会赛制，又在法国夏蒙尼举办了世界大学生冬季运动会。起初，夏季运动会和冬季运动会分别在单数和双数年举行，从 1981 年起改为在同一年举行。至 1999 年，世界大学生冬季运动会已举办过 19 届，比赛项目有速度滑冰、短道速滑、花样滑冰、高山滑雪、越野滑雪、跳台滑雪、冬季两项、冰球、北欧两项、滑板滑雪。

1959 年第 1 届世界大学生运动会，中国参加了部分田径项目的比赛。从 1961 年第 2 届起至第 8 届，中国均未派团参加。1975 年，中国被接纳为国际大学生体育联合会正式会员。从 1977 年第 9 届起，中国派团参加了迄今为止的历届世界大学生运动会。由于世界大学生运动会是规模仅次于奥运会的世界大型综合性运动会，自 1959 年举办第一届比赛后，世界各国都非常重视，纷纷派出最优秀的运动员参加角逐。

三、全国运动会

中华人民共和国运动会（简称“全国运动会”）是中国规模最大、运动水平最高的综合性大型运动会。自 1959 年举行的第 1 届全运会到 2005 年为止，已经举办了 10 届。自 1975 年第 4 届全国运动会开始，每 4 年举办 1 届。截止 2005 年，我国已成功举办了 10 届全运会（见表 5–5）。隆重、热烈、精彩的全国运动会，不仅引起我国人民的关注，而且在国际上也产生了巨大影响。

表 5–5　我国历届全国运动会概况

届数	举行时间	举行地点	运动员数	破、超、创、平记录					
				中国			世界		
				人数	次数	项目	人数	次数	项目
1	1959	北京	10658	664	884	106	7	4	4
2	1965	北京	5922	330	469	130	24	10	9
3	1975	北京	12497	83	197	62	6	8	5
4	1979	北京	15189	204	376	102	10	11	11
5	1983	上海	8943	64	142	60	6	9	6
6	1987	广州	7500	85	168	82	15	22	20
7	1993	北京	7481	130	273	117	26	51	28
8	1997	上海	15000	88	142	66	179	659	41
9	2001	广州	2 万余人	32	52	37	24	35	7
10	2005	南京							

四、全国大学生运动会

全国大学生运动会(简称“大运会”)由国家教委、国家体委、共青团中央、全国学联和大学生体协联合主办。大学生运动会的宗旨是:“团结,奋进,文明,育人。”到 2004 年,共举办了 7 届(见表 5-6)。

表 5-6 历届全国大学生运动会概况

届数	举办时间	举办地点	参赛单位	参赛运动员
1	1982	北京	29	2432
2	1986	大连	29	2282
3	1988	南京	30	3000
4	1992	武汉	30	2400
5	1996	西安	30	2000
6	2000	成都	33	2418
7	2004	上海	33	3430

第 1 届大运会于 1982 年在北京举行,有 29 个省、市、自治区的 2400 余名运动员参赛。比赛项目有田径、体操、艺术体操、乒乓球等。

第 2 届大运会是 1986 年在大连市举行的,有近 2300 名运动员参赛,分甲、乙、丙、丁组比赛。除普通高校组增加篮球项目外,4 个组都有田径比赛。

1988 年在南京举行了第 3 届大运会,分甲、乙两组。共有 30 个省、市、自治区的 3000 余名运动员参加了为期 10 天的高水平比赛。仅在田径比赛中就有 274 人 27 队 664 次打破 90 项全国大运会记录。

1992 年 9 月在武汉市举行了第 4 届大运会,有 30 个代表团的 2400 多名运动员参加了篮球、排球、羽毛球、艺术体操和田径的比赛,同时还举行了体育科学论文报告会,表彰了体育工作先进学校、班级和优秀老体育教师。有 106 所高校获得国家教委授予的“体育课程评估优秀学校”称号,使大运会成了对全国高校体育工作进行综合性检阅的盛会。

第 5 届大运会 1996 年 8 月 28 日至 9 月 4 日在西安举行,有 30 个代表团的两千余名运动员参加了健美操、艺术体操、武术、田径、篮球和排球等 6 个大项目的比赛。由于不少国手和奥运会选手也取得了大运会的参赛资格,参加了田径和球类比赛,使本届大运会的比赛成绩超过了历届的水平,共有 64 人 9 队 92 次打破了 31 项全国大运会甲组记录。大运会期间还举行了科研报告会和表彰活动,国家教委对全国 122 所贯彻《学校体育工作条例》的优秀高等学校和 211 名高校优秀青年教师进行了表彰,为推动高校体育工作的深化改革和全面提高,发挥了积极的作用。

第 6 届大运会于 2000 年 9 月 4 日至 9 月 11 日在成都举行。来自包括香港、澳门在内的 33 个代表团的 2481 名大学生运动员团结协作、奋勇拼搏,赛出了风格,赛出了水平,取得了运动成绩和体育道德双丰收。共有 31 人次打破了 19 项大运会记录,2 人次打破了 1 项全国记录,广东、辽宁、上海、四川和天津分别列为团体总分的前五位,上海、四川、北京等 10 个代表团还荣获科学论文报告团体总分前 10 名。

第7届全国大学生运动会2004年8月在上海举行，本届大运会是历届全国大学生运动会中参赛人数最多，规模最大的一届。运动会共设田径、游泳、篮球、排球、足球、乒乓球、健美操、武术和定向越野9个比赛项目和桥牌表演项目。

思考题：

1. 如何欣赏体育竞赛？简述你对某项体育竞赛欣赏的感受。
2. 什么是奥林匹克主义？奥林匹克运动的宗旨、精神是什么？
3. 对“更快、更高、更强”的奥林匹克格言应如何理解？

下编 体育实践篇

第六章 身体基本运动能力

学习目标：了解基本运动能力的范畴；了解走、跑、跳跃和投掷的基本技术；掌握几种跳跃和投掷的练习方法。

基本运动能力是人类维持正常生活的基本活动能力，也是人类赖以健康生存的基本条件或基本生活能力。人们通常把田径运动的内容概括为走、跑、跳、投四种运动形式，以此来发展人体的基本运动能力。所谓田径运动就是走、跑、跳、投所组成的能发展人体综合身体素质的一项体育运动。它具有生活技能、运动技能、健身技能、竞技技能，是其他任何运动项目无法比拟的一项运动。所有体育运动都是某种形式的身体活动，都具有一定的健身价值，但以健身为目的田径运动中的走、跑、跳、投基本运动能力在诸多健身手段、健身方法中，不管你乐意不乐意接纳它，也不管你愿意不愿意采用它，它总是有形或无形地伴随着你，它自身具有很多优势和特点，是其他体育运动无法比拟的。

第一节 走

走是人体最基本的运动方式。正是由于走在日常生活中司空见惯，人们几乎忽视了走的健身意义。一个充满健康活力的人可以“健步如飞”，而一个体弱多病的人却是“步履蹒跚”。可见，通过走姿、走速，可以判断一个人的健康状况。

通过多种多样的“走”的锻炼可以达到强身健体的目的。健身走是最为常见的“走”的练习方法，坚持健身走锻炼有助于消除身心疲劳，也可以发展腿部力量和耐力。竞技项目“竞走”，则是运用“走”来发展人体走的运动能力。

竞走是奥林匹克运动会竞赛项目，设女子 5 公里、10 公里竞走，男子 20 公里和 50 公里竞走。

一、走的技术要求

走是与地面保持不间断接触的向前迈进的过程。走的一个周期包括两次单腿支撑和两次双腿支撑，不能出现身体腾空现象。

竞走与健身走的动作周期一样，但健身走时前支撑腿的膝关节有些弯曲，而竞走时前支撑腿与后支撑腿的膝关节是伸直的，竞走比健身走的步频快、步长大、速度快。

二、走的基本技术和练习方法

(一)健身走

1. 基本技术

健身走是一种轻松的运动，正确的身体姿势是自然正直，收腹挺胸，两肩放松，手臂自然下垂协同下肢自然摆动，两腿交替自然前摆，足跟着地滚动至前脚掌，呼吸平和、自然。

2. 健身走的练习方法

(1)长时间持续走

用于提高走的能力和发展耐力素质，提高心肺功能。

(2)场地、郊外散步走

调节神经系统功能，娱乐身心。

(3)倒步走

倒步走即反向行进。倒着走步，要求躯干伸直，双手扶后腰部，对增强腰背肌肉力量、增强人体灵活性和协调性有积极作用。

(4)功能性走

针对人群的不同体质和特殊体形等情况，规定走的强度、数量和时间。

(二)竞走

1. 基本技术

(1)上体姿势和摆臂技术

身体保持正直或稍前倾，头部要正，与躯干成一条直线，下颚微微后收，两眼平视前方，躯干自然伸直，挺腰收腹，两肩自然下沉。两臂在体侧自然协调摆动，两手半握拳，摆臂时以肩为轴，大臂带动小臂，屈肘约90°角前后摆动。前摆时手向前方，手最高点不超过下颚。后摆时，肘向后方，略向外展或直接向后方摆。摆动应轻松有力，有利于平衡步频、步幅，有利于摆腿和后蹬力量的增加。

(2)腿部技术

竞走的腿部动作分支撑时期和摆动时期，支撑时期包括前支撑和后蹬。摆动时期包括后摆和前摆。后蹬是支撑腿快速有力地伸展，使髋、膝、踝关节充分伸直。摆腿自然，大腿稍前抬带动放松的小腿自然地向前摆动和伸腿，脚跟前着地，膝关节伸直。同时，脚着地点离身体重心投影点较近。两腿交替自如，动作柔和，迈腿自然放松，两腿动作连贯，蹬和摆动应协调一致，如图6-1所示。

图6-1

(3)髋部技术

竞走时，髂腰肌长时间小剂量快速收缩，带动摆动腿向前迈腿，随之髋绕纵轴与摆动腿同步向前转。在垂直部位时，摆动腿膝关节低于支撑腿膝关节，髋轴自然向摆动腿一侧倾斜，垂直支撑腿的同侧肩放松稍下沉，而摆动腿的同侧臂积极有力后摆，肩高于支撑腿的同侧肩，形成肩轴向支撑腿倾斜，同髋轴构成相交的“两条线”，如图 6–2 所示。

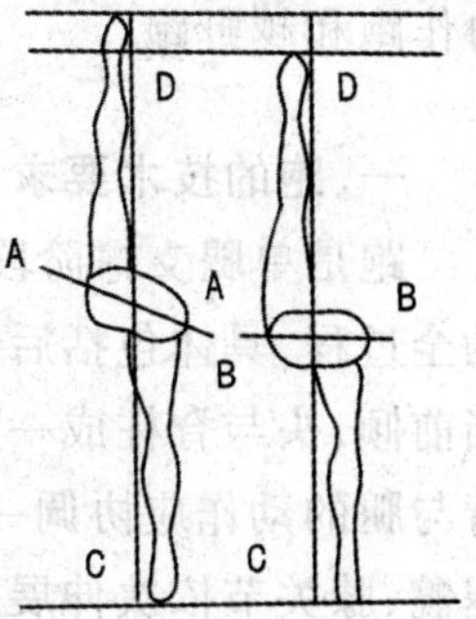

图 6–2

2. 竞走的练习方法

(1)体前屈双手扶膝关节直腿走

初学者对直腿肌肉的感觉应有明确的概念，每一步落地时，手应下按膝关节，增加落地伸直膝关节的感觉。

(2)脚跟着地技术

开始时做原地脚跟着地的踏步练习，然后做用脚跟走的小步练习，脚跟着地与足尖上翘同步进行。

(3)骨盆多轴转动技术

①原地沿纵轴转髋技术；

②原地交换屈膝放松骨盆技术；

③原地或行进间交叉步技术；

④跑动中侧身前后交叉步技术。

(4)摆臂技术

①原地徒手摆臂练习

摆臂时整个臂部应放松，肩部自然下沉。开始时要慢，后逐渐加快速度，加大幅度。

②结合竞走的摆臂练习

注意力主要集中于摆臂动作，使腿部、躯干以及骨盆的扭转等都服从于摆臂，摆臂的幅度由小到大，由慢到快，其他部分的动作应随摆臂的变化进行。

(5)完整的竞走技术

①较大步幅的中速竞走。

注意力集中在竞走时的骨盆转动技术上，走的距离在 1 千米以上。

②小步幅竞走。

有意识地减小步幅，注意加快步频，形成放松的快步走，距离在 1 千米以上。

③绕“8”字竞走(两个圆圈直径均为 10 米)

让学生在弧线上走，注意身体、两臂和两腿的变化。

④快速竞走

采用迎面接力等形式，距离在 1 千米以上。

第二节　跑

跑是人类所具有的一种基本活动能力，是体能锻炼中最简便的方法。经常参加跑步锻炼有强身健体、改善心肺及调节神经的功能。跑是锻炼身体、增强体质的一种有效手段。跑步是健康的象征，是人类自强不息精神的体现。跑可分为速度跑、耐力跑、障碍跑、协作跑和越野跑。

一、跑的技术要求

跑是单腿支撑阶段和腾空阶段相互交替的周期性运动。在一个跑的周期中含着动作的全过程，具体包括后摆折叠、前摆、落地和蹬地四个动作阶段。跑的躯干姿势是：上体适当前倾，头与脊柱成一直线，视线应集中于前方，摆臂以肩为轴，放松自然地前后摆动，摆臂与腿的动作应协调一致。跑的下肢技术是：在身体重心投影点移过支撑点的瞬间，支撑腿髋、膝关节依次伸展，在蹬离地面的瞬间，踝关节做迅速有力的蹬伸，完成后蹬动作。支撑腿蹬离后，顺贯性做后摆折叠，当折叠前摆至前上最高点时，摆动腿积极下压，随着大腿的下落，摆动腿小腿前伸，脚落地之前有足背屈的动作，落地瞬间用前脚掌做"扒地"，形成支撑动作。

二、跑的基本技术和练习方法

(一)速度跑(短跑)

速度跑能发展快速奔跑的能力，是一种人体运动器官在大量缺氧情况下完成的极限强度的周期性运动。其特点是时间短、速度快、强度大，它对人体神经系统和运动系统有较高的要求。正式比赛项目有100米、200米、400米跑等。

1. 基本技术

速度跑的全程技术可分为起跑、起跑后的加速跑、途中跑和终点跑4个紧密相连的部分。

(1)起跑

起跑的任务是对发令信号做出迅速的反应，使身体迅速摆脱静止状态并获得一个较大的向前冲力，为起跑后的加速跑创造有利条件。一般采用蹲踞式起跑姿势，如图6-3所示。

图 6-3

(2)起跑后的加速跑

起跑后的加速跑是从后腿蹬离起跑器到途中跑之间的跑段，这段距离一般为25~30米。起跑后，两臂快速用力摆动，两腿交替用力蹬伸。其任务是在较短的距离内，尽快达到较高的速度，迅速转入途中跑。起跑后加速跑的技术要求是步长逐渐加大，上体逐渐抬起，两腿落地点逐渐成直线，如图6-4所示。

图 6-4

(3)途中跑

途中跑是速度跑全程中距离最长,速度最快的一段。其任务是继续发挥并保持高速度跑,如图 6-5 所示。

图 6-5

(4)终点跑

终点跑要保持上体前倾角度,加快两臂摆动的速度和力量。其任务是尽力保持途中跑的高速度,并跑过终点。

2.速度跑的练习方法

(1)跑的专门性练习

①高抬腿跑(图 6-6)

上体正直或稍前倾、身体重心提高,大腿高抬与躯干约成 90°角,然后积极下压,膝关节放松;小腿自然伸开用前脚掌着地,支撑腿髋、膝、踝三关节充分伸展,骨盆前送;两臂前后摆动配合两腿动作。其作用是改进跑时摆动腿大腿高抬和下压技术,发展抬腿肌肉群的力量和跑的频率。

图 6-6

②小步跑(图 6-7)

身体稍前倾,大腿抬起与水平线约成 35°角或 45°角,膝关节放松,然后大腿下压;小腿顺下压的惯性前伸,并很快以前脚掌积极着地,脚趾完成最后“扒地”动作;两臂前后摆动配合两腿动作。小步跑要求步幅小,频率快而放松。其作用是体会、改进和完善跑时摆动腿积极下落着地的技术,发展步频。

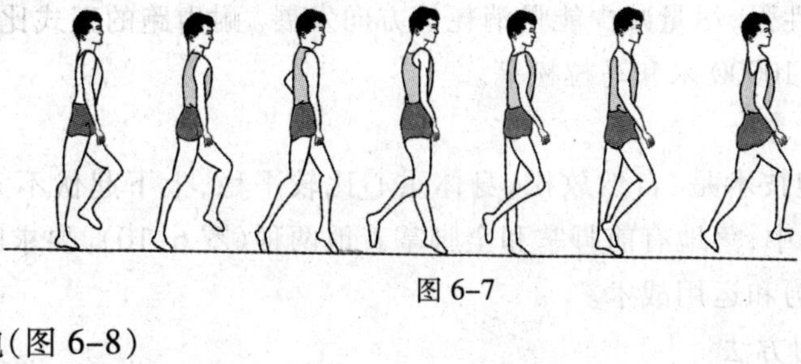

图 6-7

③后蹬跑(图 6-8)

上体稍前倾,支撑腿后蹬充分;摆动腿屈膝关节领先向前摆出,然后大腿积极下压;用前脚掌着地;两臂前后摆动配合两腿动作。其作用是体会、改进和完善跑的蹬摆技术和幅度，发展肌肉群的力量。

图 6-8

④车轮跑(图 6-9)

上体正直，大小腿折叠前抬，脚跟接近臀部，大腿前抬与躯干约成 90°角；然后大腿下压，膝关节放松，小腿顺序摆后积极着地；两臂前后摆动配合两腿动作。其作用是体会、改进和完善摆动腿落地和支撑技术。

图 6-9

(2)取半蹲姿势，听口令做前后、左右、滑步和上跳练习

(3)原地 15~20 秒快速摆臂练习

(4)扶助木 15 秒快速高抬腿练习

(5)原地 15 秒高抬腿练习

(6)30~60 米加速跑练习

(7)30~60 米行进间跑练习

(8)60 米追逐跑：听到信号，后者追逐前者，拍其肩背，不可推打

(9)200 米变速跑：加速 20 米，保持速度 30 米，放松跑 20 米，循环进行

(10)30°~60°下坡跑或上坡负重跑

(二)耐力跑(中长跑)

耐力跑包括中距离和长距离跑，通过提高人体有氧、无氧以及肌肉耐力达到发展人体持久跑的能力。现代中长跑的发展，除了重视耐力外，对速度的要求越来越高，技术正朝着步频加快，节奏性强，尽量减少能量消耗的方向发展。耐力跑的正式比赛项目有 800 米、1500 米、5000 米、10000 米和马拉松等。

1. 基本技术

耐力跑的途中跑技术是：自然放松，身体重心比较平稳，上下起伏不大；后蹬充分，臂和腿的摆动幅度适中；落地有前脚掌和全脚掌着地两种(图 6-10)。要求呼吸长而有节奏，并能合理分配体力和运用战术。

2. 耐力跑的练习方法

(1)重复跑

包括 200~600 米重复跑和阶梯式重复跑。

图 6-10

(2)定时跑

在规定时间内跑完一定距离的练习,如 12 分钟跑等。

(3)变速跑

变速跑的组合形式较多,常见的组合是 200 米快跑+100 米慢跑+300 米快跑+100 米慢跑。

(4)越野跑

在校内或校外自然环境中持续长时间的跑步练习。

(三)障碍跑(跨栏跑)

跨栏跑的技术比较复杂,是锻炼价值较高的短距离竞赛项目,由于是在快速的奔跑中连续跨过数个有一定高度的栏架,需要有较强的肌肉力量,特别是下肢力量,同时还需要有一定的柔韧性和协调性。跨栏跑比赛项目有 110 米栏(男子)、100 米栏(女子)和 400 米栏等。

1. 基本技术

(1)起跑至第一栏技术

起跑和起跑后的加速跑技术与短距离跑基本相同,起跑后随着步长的不断加大,身体逐渐抬起,前几步的身体重心要比短跑起跑后加速跑段的重心略高,躯干抬起的角度也相应地大一些。但是,仍然要保持适当的前倾角度,以便自然而不停顿地攻上第一栏。

(2)过栏技术(跨栏步)

过栏技术包括:起跨攻栏、腾空下栏及下栏着地这几个环节(图 6-11)。

图 6-11

①起跨攻栏:起跨攻栏的开始动作与短跑途中跑的技术大致相同。在选择好起跨距离,起跨腿踏上起跨点后,重心位移到支撑点正上方,摆动腿从体后屈膝折叠摆动到起

跨腿旁。此时大小腿折叠达到最大程度，支撑腿微屈膝缓冲，然后积极快速地蹬伸起跨腿，保持高支撑。摆动腿继续快速前摆，当大腿接近摆平时，小腿仍呈后收折叠状态。在起跨结束将离地的瞬间，起跨腿的髋、膝、踝三关节充分伸展，使头、躯干和起跨腿基本上在一条向前倾斜的直线上。

②腾空上栏和下栏着地

这一环节从起跨开始，包括人体腾空到摆动腿着地。起跨腿充分蹬伸，同时摆动腿折叠高摆超过水平面，身体腾空后，折叠的小腿迅速打开向前上甩出，腿位移到栏板上方时，摆动腿在膝关节处仍然保持一定角度。在打开小腿的同时，躯干迅速前扑，胸部靠近摆动腿。摆动腿异侧肩尽量前探，手臂尽量前伸，使其肩横轴扭转，其同侧臂弯曲后摆。头与躯干在一条中心线上，脚一过栏板，摆动腿立即迅速地向后下方摆动，躯干仍保持前倾姿势。着地要平稳，用前脚掌支撑身体重量。下栏着地腿基本伸直，不进行主动缓冲以便迅速进行栏间跑。当起跨腿摆过栏板上方时，大小腿从腋下向内向前摆动。当摆动腿着地后，起跨腿大腿正对跑进方向，小腿下垂，迅速跑出栏间第一步。

③栏间跑技术

栏间跑三步的速度呈上升趋势。第一步的水平速度因过栏有所降低，因而步长短于后两步，第二步的动作结构与支撑、腾空的时间关系大致与短跑途中跑相同，是三步中最大的一步，第三步是跑上起跨点的一步，要求放脚快，着地点靠近重心投影点，便于更快地跨下一栏。因此，这一步比第二步小一些，由于栏间三步已固定，栏间跑能改变的因素一是三步步长之间的变化，二是频率的变化，它对提高成绩起决定性作用，加快动作频率和节奏是提高成绩的重要方面。

(4)全程跑技术

全程跑的首要任务是把合理的过栏技术与快速的栏间跑结合起来，注意动作的直线性、连续性、节奏性和协调性。跨最后一栏时，下栏动作要更加积极，以便迅速转入终点跑。终点跑应加强蹬摆动作，加大身体前倾，动作连贯、毫不停顿地跑过终点。

2. 跨栏跑的练习方法

(1)摆动腿攻栏技术练习，如图 6–12 所示。

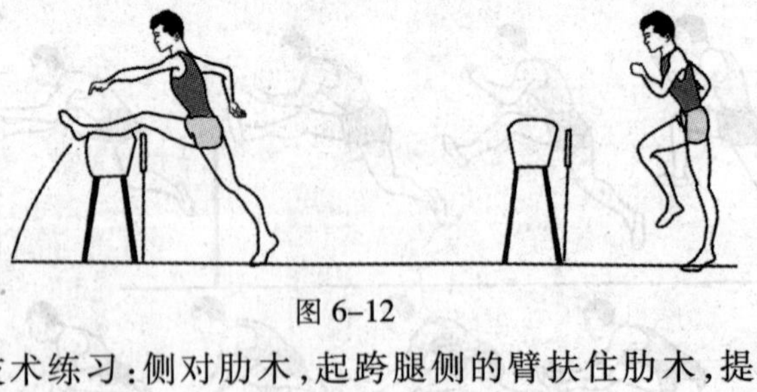

图 6–12

(2)摆动腿过栏技术练习：侧对肋木，起跨腿侧的臂扶住肋木，提重心，起跨腿前脚掌支撑，摆动腿大腿上抬，小腿后折，当摆至水平面时，小腿向前甩出，以髋部为轴做鞭打下压动作，以前脚掌迎击地面。

(3)起跨腿过栏技术练习

①肋木上的起跨腿练习，如图 6–13 所示。

②起跨腿原地提拉练习。

将栏架纵向放置，前高后低，练习时将起跨腿放置于栏上，从后向前做提拉动作。

图 6-13

③栏侧起跨腿练习，如图 6-14 所示。

放置 3~5 个栏，走或慢跑至栏侧，做“攻”、“提拉”动作。

图 6-14

(3)“跨栏步”技术练习

①徒手模仿练习：上步做攻摆——提拉练习。

②栏侧走或慢跑做摆动腿攻摆和起跨腿提拉过栏练习。

③上步过栏练习：摆动腿在前，在起跨腿上步的同时，摆动腿攻栏，起跨腿提拉过栏。

(4)栏间跑技术练习

①栏间三步跑的节奏练习

②3~5 个栏的过栏练习：栏间可适当缩短，栏间跑三步。延长栏间距至标准距离，进行练习。

(5)全程跑技术练习

(四)协作跑(接力跑)

协作跑的形式很多，田径运动中的接力跑就是其中的一种，是由短跑和传、接棒组成的集体竞赛项目。接力跑成绩的好坏，不仅决定于每个队员的短跑技术，而且在很大程度上取决于队员之间的密切配合和传接捧技术。正式比赛项目有：4×100 米接力、4×400 米接力等。

1. 基本技术

(1)起跑

第一棒队员采用蹲踞式起跑，多以右手持棒，接力棒不得触及起跑线前的地面，持棒起跑技术和短跑的起跑技术基本相同。持棒方法有三种，如图 6-15 所示。

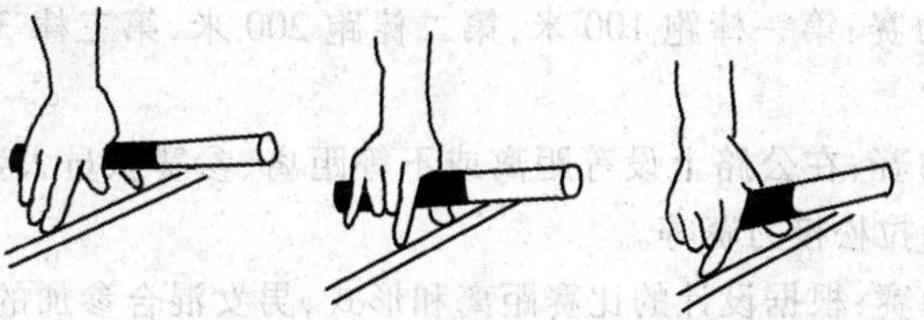

图 6-15

(2)传、接棒方法

传接棒的方法很多,常用的方法有上挑式和下压式两种,如图 6-16 所示。

图 6-16

(3)传、接棒位置和起跑标志线的确定

①传、接棒位置:接棒队员在预跑区内后端,待传棒队员跑到标志线时,便迅速起跑,当跑到最合适的位置(1.50 米左右)时,将棒迅速无误地传到接棒队员的手中。传、接棒过程,通常是传棒队员跑到离接棒队员约 1.5 米~2 米处,立即发出"接"的信号,接棒队员迅速向后伸手臂接棒,如图 6-17 所示。

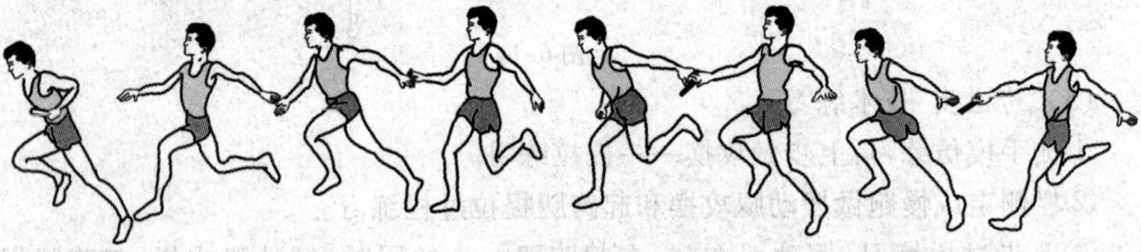

图 6-17

②标志线的确定:标志线离接棒队员起跑处的距离是据传棒队员和接棒队员跑的速度和传递接力棒的技术而定的。一般是传棒队员最后 30 米平均速度×接棒队员跑 27 米所需时间-(27 米~1.50 米),所得标志距离还要通过多次实践加以调整。

(4)接力队员的选拔和安排

接力跑是由四人配合,各跑一段距离完成全程跑的竞赛项目。因此,在选择各棒队员时,要根据各个队员的特点,即各队员的起跑技术、弯道跑技术、冲刺跑技术等,充分发挥每一个队员的特长,把最有特长的队员安排在最合适的棒次。第一棒队员应选最优秀的起跑能手;第二棒队员要接棒、传棒,应当是速度快,专项耐力好的队员跑这一棒;第三棒应选优秀的弯道跑队员;第四棒队员应是全队中最快的选手,也是终点冲刺能力强、坚忍不拔、有拼劲的一名队员。

2. 接力跑的练习方法

(1)原地做上挑式和下压式传、接棒练习

(2)两人一组在行进中按口令做传、接棒练习

(3)2~4 人在慢跑和中等速度跑中做传、接棒练习

3. 协作跑形式介绍

(1)异程接力赛:第一棒跑 100 米,第二棒跑 200 米,第三棒 300 米,第四棒跑 400 米。

(2)公路接力赛:在公路上设等距离或不等距离、参赛队员人数根据实际情况而定的接力比赛,如马拉松接力赛等。

(3)混合接力赛:根据设计的比赛距离和形式,男女混合参加的接力比赛,一般要求男女比例相同。

(4)主题接力赛:如"圣火传递"、"纪念性长跑接力赛"等。

(5)游戏性接力赛:如迎面接力跑、整装接力跑、越障碍接力跑、搬运接力跑等。

第三节 跳 跃

跳跃是随着人类的产生而逐渐发展起来的一项基本生存能力,是人体克服地心吸引力而尽量使身体腾空的非周期性运动。经常进行跳跃运动的人,可提高腿、足、腰的肌肉力量和身体协调性,对促进下肢血液循环,增强骨骼营养,改善身体灵活性、协调性和神经系统的支配能力有着重要作用。连续跳跃,对发展呼吸、循环等内脏器官的功能有积极作用。

田径运动的跳跃项目有跳高、跳远、三级跳远、撑杆跳高等。

一、跳跃的技术要求

每一个跳跃项目都是一个完整的运动过程,根据动作的形式一般分为助跑、起跳、腾空和落地四个部分。

(一)助跑

助跑是为了获得高的水平速度,保证有效地完成起跳,创造最佳的起跳效果。助跑是为准确的起跳做准备。助跑要求做到快速、准确、平稳、直线、放松和有节奏。

(二)起跳

起跳技术是跳跃技术中的重要环节,是人体在有效助跑的情况下,通过准确、快速、有力的起跳,获得尽可能大的腾起初速度和适宜的腾起角,使身体向上或向前上方腾起。

(三)腾空和落地

腾空动作的动力主要来源于起跳,空中动作的主要任务是利用身体补偿动作,维持身体平稳,最大限度地利用身体腾起轨迹,争取高度或远度,并为合理的落地动作创造条件。

(四)落地

对远度项目来说,主要是争取更远的距离。对于高度项目,正确落地动作能起到积极的缓冲作用,减轻身体负担和防止伤害事故。

二、跳跃的基本技术和练习方法

(一)跳高

跳高是田径运动中克服地心引力越过垂直障碍的跳跃项目,完整的跳高技术由助跑、起跳、过杆和落地四部分组成。跳高的姿势经历了跨越式、剪式、滚式、俯卧式和背越式的演变过程。背越式是目前较先进的跳高技术,在比赛中绝大多数运动员采用背越式技术。

1. 背越式跳高的基本技术

(1)助跑(图 6-18 ①~⑤)

背越式跳高助跑采用弧线助跑，是用离横杆较远的脚起跳，其特点是通过弧线助跑降低身体重心，从而达到加快踏上起跳点的动作速度，给快速有力的踏蹬动作提供有利条件。助跑数一般为 8~12 步，前几步跑直线，后 4 步跑弧线。

(2)起跳(图 6-18 ⑥~⑱)

起跳点距横杆的垂直面为 60~100 厘米。在助跑最后一步前，摆动腿支撑压紧，并积极送髋，起跳腿向前迈出，用脚跟外侧先接触地面向前滚动并转为全脚着地，同时身体由倾斜转为垂直，摆动腿以髋带动大腿迅速前摆，起跳腿在脚着地后，伸肌进行退让工作，同时摆动腿继续上摆，把同侧髋带出，带动髋盆扭转，同时蹬伸起跳腿。两臂配合腿的动作向上提肩摆臂，及时做引肩动作，为身体腾起后转为水平姿势做好准备。

(3)过杆落地(图 6-18 ⑲—㉘)

由于骨盆在起跳时已经转动，因此当人体腾空后，身体继续转动成背对横杆姿势。起跳腿蹬离地后自然下垂，肩继续向横杆伸展，头和肩先过杆，骨盆向前翻转，使髋部充分伸展，两腿稍向后，在杆上成背卧而又有反弓形的姿势。髋部伸展动作要延续到臀部越过横杆，而后过杆的两臂做向前的动作。同时借助向后弓的"反弹"作用，把未过杆的两腿上举，使其越过横杆。身体过杆后，以背部落于垫上。

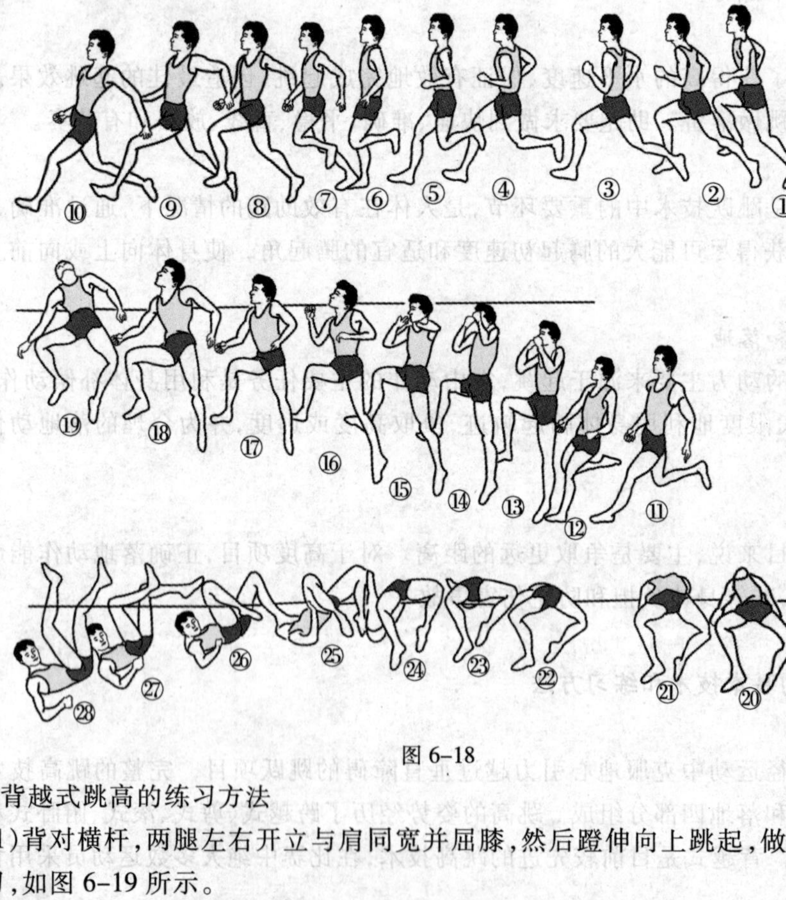

图 6-18

2.背越式跳高的练习方法

(1)背对横杆，两腿左右开立与肩同宽并屈膝，然后蹬伸向上跳起，做背越过杆的动作练习，如图 6-19 所示。

(2)迈步摆腿练习：起跳腿向前迈步放脚时，身体稍向起跳腿一侧倾斜，随着屈腿向前摆动，上体由倾斜转为垂直。同时提肩、拔腰、摆臂，并蹬伸起跳腿。

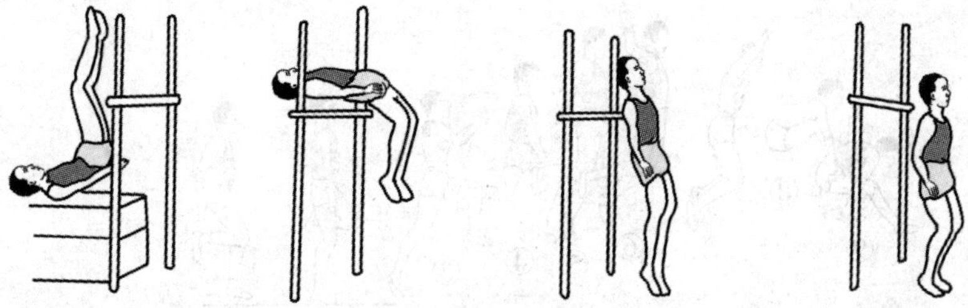

图 6-19

(3)沿直径为 15~20 米的圆圈走或跑,每隔一步做一次摆腿和摆臂练习。

(4)自然跑 2~4 步起跳后做背越式过杆动作。

(5)丈量全程步点,做全程完整的技术练习。

(二)跳远

跳远是通过快速、有节奏的助跑和积极有力的起跳使身体腾跃一定水平距离的运动项目,是人类实践活动中最基本的技能之一。田径运动中的跳远有急行跳远和三级跳远,急行跳远技术随空中动作的演变而发展。目前,绝大数运动员采用挺身式或走步式跳远技术。

1. 挺身式跳远的基本技术

(1)助跑

助跑有从静止状态开始和从行进状态开始的两种起动方式,有积极加速和逐渐加速两种加速方式。积极加速这种方式从助跑一开始就用力跑,步频始终很高,它能使运动员迅速获得较快的速度。逐渐加速方式,开始步频较低,在逐渐加大步长的同时提高步频。跳远助跑技术与短跑途中跑技术基本相同。助跑距离一般为 30~45 米,跑 16~24 步。

(2)起跳(图 6-20①~③)

起跳技术是跳远技术中的重要环节。从起跳脚着板到起跳脚离板的瞬间为起跳阶段。从动作时相上,一般把跳远起跳划分为着板、缓冲和蹬伸三个阶段。总地来讲,着板要积极快速和柔和;缓冲动作幅度要适宜,缓冲时积极前移身体;蹬伸要快而有力,创造尽可能大的腾起初速度和适宜的腾起角。

(3)腾空(图 6-20④~⑤)

跳远腾空动作的动力主要来源于起跳,空中动作的主要任务是利用身体补偿动作,维持身体平衡,最大限度地利用身体腾起轨迹,争取远度。挺身式跳远起跳成腾空步后,摆动腿大腿积极下压,小腿向下、向后摆动,与留在体后的起跳腿靠拢,在腾空最高点时,身体充分伸展,形成"挺胸展髋"、两臂上举的挺身姿势,随后完成落地动作。

(4)落地(图 6-20⑥~⑨)

落地的任务是争取更好的跳远成绩,缓冲身体压力并安全着地,有前倒法、侧倒法和臀坐法(滑坐式)三种落地技术,不论采用哪一种落地技术,都应尽量使身体重心迅速移过落地点,小腿应尽量前伸,以尽量形成抛物线的轨迹。

2. 挺身式跳远的练习方法

(1)原地模仿起跳练习。

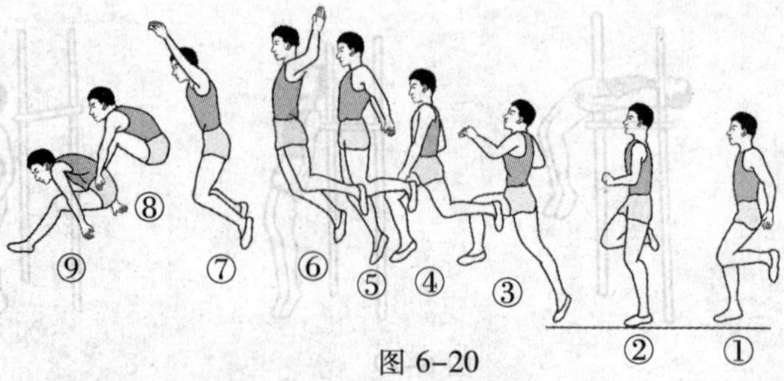

图 6-20

(2)行进间(三步)完成起跳技术的模仿练习。

(3)跑道上连续四步助跑的起跳练习。

(4)助跑道上 4~6 步助跑的起跳练习(可用俯角起跳板)。

(5)4~6 步助跑起跳腾空步练习。

(6)原地站在高台上,做屈膝前摆,然后下放摆动腿的练习。

(7)原地模仿跳远起跳、腾空和落地动作。

(8)利用俯角板,4~6 步助跑起跳,挺身展体姿势的练习。

(9)中、全程挺身式跳远的完整技术练习。

三、跳跃练习方法介绍

发展跳跃能力的练习是跳跃基本技术的基础,可以有效地发展腿部力量,特别是爆发力,提高下肢的柔韧性和动作幅度。

(一)水平方向跳跃练习

1. 立定跳远
2. 原地直腿向前、向后跳
3. 连续跳越栏架
4. 高姿双足跳
5. 单足与跨步交换跳
6. 立定三级或多级跳
7. 高姿 3~5 级蛙跳
8. 跳台阶

(二)垂直方向跳跃练习

1. 屈腿纵跳(原地抱膝跳)
2. 纵跳摸高
3. 弓箭步换腿跳
4. 原地跳起转体 180°、360°
5. 原地双足持续小跳
6. 跳深
7. 连续纵跳
8. 跳绳

第四节 投 掷

投掷运动是随着人类为适应生存和战争的需要而产生的。表现出的是人的力量本质和灵敏协调能力。投掷运动可以发展人的力量、爆发力、协调性等身体本质，并能培养坚毅顽强、吃苦耐劳的精神。在现实生活中有着很强的锻炼价值。

田径运动的投掷项目有：推铅球、掷标枪、掷铁饼和掷链球等。

一、投掷的技术要求

投掷属于非周期性运动项目，完整技术由握持器材、助跑（旋转、滑步）、最后用力和器械出手后的平衡四个部分组成。投掷的力量是通过手的动作作用到器械上去的，因此，握持器械的方法是投掷技术的组成部分。握持器械必须做到稳定，便于助跑和做投掷动作。助跑是完整技术的组成部分，助跑的任务是使投掷者和器械获得一定的速度，做好投掷前的有利姿势，为最后发挥最大的力量和速度创造有利条件。助跑的形式一般有直线和旋转两种方式。最后用力是投掷技术的主要部分，最后用力的任务是在稳固有力支撑的基础上，把全身的力量通过投掷臂和手的动作，以最快的速度集中作用到器械上，以适宜的角度把器械投掷得更远。器械出手时，由于人体的重心较高，向前冲力较大，所以器械出手后，由于惯性的原因，易使身体失去平衡，这时应迅速降低重心，改变重心移动的方向，以维持身体的平衡。

二、投掷的基本技术和练习方法

投掷运动是上肢围绕肩关节进行的各种投、抛、掷等形式的运动，锻炼方法众多，在这里只介绍推铅球。推铅球的技术有原地推铅球、侧向滑步推铅球、背向滑步推铅球和旋转式推铅球四种。目前，比赛中运动员多采用背向滑步和旋转式推铅球技术。

（一）背向滑步推铅球的基本技术（以右手持球为例）

完整的背向滑步推铅球技术包括握球和持球、预备姿式、滑步、最后用力以及维持平衡五个部分。

1. 握球和持球

推球臂五指自然分开，把球放在食指、中指和无名指的指根上，大拇指和小指自然地扶在球的两侧，手腕背屈，掌心不触球。握好球后，将球放在肩上锁骨窝处，贴着颈部和下颌，掌心向前，肘部外展略低于肩或与肩同高，臂自然放松。

2. 预备姿势

背向滑步推铅球的预备姿势有高姿势和低姿势两种。

（1）高姿势：持球背对投掷方向，站在圈内靠近后沿处，两脚前后站立，相距20~30厘米左右，右脚尖靠近投掷圈内沿，右腿伸直，左腿膝关节稍屈，左脚前脚掌着地，体重落在两腿上，上体正直放松，左臂自然上举，如图6-21①所示。

（2）低姿势：持球背对投掷方向，站在圈内靠近后沿处，两脚前后站立，相距30~40厘米，两腿弯曲，右腿弯曲程度根据力量而定，上体自然前倾，体重大部分落在右腿上，

图 6-21②所示。

①　　②

图 6-21

3. 滑步

(1)身体重心降落

①高姿势:身体重心降落前两腿伸直,两足跟抬起,尽量提高身体重心的高度。然后左腿屈膝抬离地面,右腿屈膝作积极主动的退让性收缩,随着身体重心降落,上体逐渐前倾,左臂自然下垂,维持身体平衡,如图 6-22 ①所示。

②低姿势:左腿抬离地面,右腿作积极主动的退让性收缩。

(2)滑步

当身体将成团身姿势时,臀部积极向投掷方向移动,并带动左腿快速向抵趾板方向摆出。右脚积极蹬伸,当右腿的蹬地和左腿的摆动结束后,迅速向圆心处拉收右腿,同时左腿向抵趾板处做蹬踏式落地动作,如图 6-22 ②~⑬所示。

①②③④⑤⑥⑦⑧⑨⑩⑪⑫⑬⑭⑮⑯⑰⑱⑲⑳㉑

图6-22

4. 最后用力和维持平衡

最后用力是推铅球技术的主要环节。当滑步结束左脚落地时,右腿积极蹬伸,推动右髋向投掷方向转动,上体在转动中逐渐抬起,左臂从胸前向上方摆动,使身体侧对投掷方向。由于右腿不停蹬伸,加速右髋继续向投掷方向转动,上体逐渐转至正对投掷方向,重心移至左腿。这时左臂向体侧摆动,展胸、转头,接着两腿快速蹬伸,抬头挺胸,右肩积极向前上方送出，从下而上用力推球。铅球快出手时，快速有力地屈腕，用手指拨球，加快出手速度，推球角度一般为38°~42°。铅球离手后，两腿弯曲或交换，降低身体重心，缓冲向前的冲力，维持身体平衡，如图6-22 ⑭~㉑所示。

(二)背向滑步推铅球的练习方法

1. 原地推铅球技术练习

(1)徒手或用实心球、铅球等其他器械做原地推铅球的各种模仿练习

(2)正面推较轻的铅球

(3)侧向原地推铅球

(4)原地背向推铅球

2. 滑步推铅球技术练习

(1)圈外徒手滑步练习

(2)持较轻铅球滑步练习

(3)完整技术练习

三、投掷练习方法介绍

投掷可分为掷远、掷准、改变方向投掷和规定速度投掷四种形式，可用木棒、沙袋、实心球、垒球、铅球等投掷器材进行练习。

练习内容	动　作　形　式
投掷垒球	掷远或掷准，原地投掷或加助跑投掷
投掷短木棒	掷远或掷准，原地投掷或加助跑投掷
掷实心球	掷远或掷准，原地投掷或加助跑投掷
抛实心球	前抛或后抛，原地抛掷或上步抛掷

思考题：

1. 请说说走的健身价值。
2. 短跑分为哪几个部分？怎样提高短跑的速度？
3. 简述跳高的基本技术动作。
4. 投掷(以铅球为例)的基本练习方法有哪些？

第七章　形体运动与健美

学习目标：了解健美操、形体、健美、体育舞蹈以及瑜伽项目的锻炼价值，掌握一定的技能，有效塑造形体，建立正确的审美观，陶冶美好情操。

第一节　健美操

一、健美操运动的起源

健美操是一项有氧健身运动，它是美国人 Kenneth Cooper 博士于 20 世纪 60 年代，为美国航天员设计的体能训练内容，以提高心肺功能为主要目的。他设计了一些动作并逐渐加上音乐伴奏，形成了具有独特体系的运动。在此期间涌现出了一批健美操的代表人物，好莱坞影星简·方达就是其中的一位。她根据自己的体会和实践编写了《简·方达健美操》一书和录像带，并译成 20 多种文字向世界 30 多个国家传播，使健美操很快风靡世界。20 世纪 80 年代初健美操传入我国，一开始就受到了青年学生和广大群众的喜爱，并在高等院校和社会上普及开来。目前，我国对健美操的定义为："健美操是融体操、舞蹈、音乐于一体，以身体练习为基本手段，以有氧运动为基础，遵循身体协调全面发展的原则，达到健身、健美和健心为目的新兴运动项目。"在我国已形成了一套科学的健身、训练和竞赛体系。

二、健美操运动的分类

依据健美操发展趋势、目的与任务的不同，主要可分为健身性健美操和竞技性健美操两大类(见表 7–1)。

表 7–1　健美操运动的分类

健身性健美操		竞技性健美操
徒手健美操	轻器械健美操	
一般健美操	踏板操	男子单人
拳击健美操	哑铃操	女子单人
搏击操	杠铃操	混合双人
瑜伽健身术	橡皮筋操	三人
拉丁健美操	健身球操	混合六人
街舞		

三、健美操运动的特点

（一）高度的艺术性

健美操是一项追求健与美的运动项目，力求体现健、力、美的特征。健美操动作协调、优美、有弹性，它不仅可以改善人们不良的身体状态，还可以培养人们的良好姿态和健美体型，练习者不仅锻炼了身体，增强了体质，而且还从中得到了美的享受，提高了艺术修养。

（二）强烈的节奏感

健美操在旋律优美、节奏鲜明的音乐伴奏下练习，动作热烈奔放，极有弹性和韵律感。强烈的节奏感和欢快的气氛，使健美操更具魅力。

（三）广泛的群众性

健美操练习形式多样，运动量可大可小，容易控制，对场地器材的要求不高，适宜于不同年龄、性别、身体素质及运动水平的人，各种人群均能从健美操练习中找到适合自己运动的最佳方式，都能感受到健美操运动带来的乐趣。

四、健美操运动的功能

（一）增强体质，增进健康

健美操是一项有氧运动。经常参加健美操锻炼，能提高人体心肺功能，减少心肺呼吸系统疾病。健美操锻炼髋部活动较多，还能刺激肠胃蠕动，增强消化机能，有助于营养物质的吸收和利用，提高机体对疾病的抵抗力。能发展身体的柔韧性和灵敏性，是全面发展身体素质的运动项目之一。

（二）塑造形体，端庄体态

健美操锻炼能使人体肌肉、骨骼、关节匀称和谐发展，有利于改善不良的身体姿态，培养端庄体态。健美操锻炼可以增大骨骼和肌肉的围度，弥补先天体型缺陷，也可消除身体多余脂肪，降低体重，保持健美体型。

（三）娱乐身心，陶冶情操

因为健美操动作优美、协调，音乐热情、活泼而有节奏。所以通过健美操练习，能享受运动带来的欢乐和兴奋，有效缓解和消除工作和生活带来的心理压力和紧张情绪。健美操集体练习还能增进友谊，结交朋友，提高社交能力，使人变得豁达开朗，对生活充满自信，对未来充满向往。

五、健美操运动的基本知识和基本动作

（一）动作方法术语

立：两腿站立的姿势。有并腿立、分腿立、提踵立、点地立、单腿立等。

蹲：两腿屈膝立的姿势。半蹲：屈腿小于90°。全蹲：屈腿大于90°。

弓步：一腿屈膝，另一腿伸直，身体重心在两腿之间的站立姿势。一般常用的有前弓步和侧弓步。

点地：一腿伸直或屈膝站立，另一腿脚尖或脚跟触地的姿势，身体重心在主力腿。有向前、侧、后点地。

踢腿:一腿站立,另一腿做加速有力的摆动动作。有向前、侧、后踢腿。

吸腿:一腿站立,另一腿屈膝向上抬起的动作。有向前、侧吸腿。

平衡:一腿站立,另一腿抬起并保持一定时间的动作。

举:臂或腿抬起并固定在某一方位上的姿势。有前举、侧举、斜下举等。

屈:使关节角度缩小的动作。

伸:使关节角度扩大的动作。

摆动:臂或腿在某一平面内,自然地由某一部位匀速运动到另一部位的动作,手臂摆动以肩关节为轴;腿的摆动以髋关节为轴。

振:臂或上体做大幅度的加速摆动作。

绕:身体某一部位摆至180°以上、360°以内的动作。

绕环:身体某一部位摆至360°或360°以上的动作。

跪:屈膝并以膝着地的姿势。有跪立、单腿跪立、跪坐、跪撑等。

坐:以臀部着地的姿势。有屈腿坐、并腿坐、分腿坐、半劈腿坐、盘腿坐等。

卧:身体躺在地上的姿势。有仰卧、侧卧、俯卧等。

撑:手着地并承担身体重量的姿势。有俯撑、俯卧撑、蹲撑、仰撑等。

(二)移动术语

移动:身体向着相应的参考点方向运动的方式。

向前:向着前面的参考点方向运动的方式。注意"前"的差别,你可以面向前向前移动,也可以面向后向前移动。

向后:向着后面的参考点方向运动的方式。

向侧:向着侧面的参考点方向运动的方式。

原地:无移动,或在4拍内回到原来的地方。

转体:身体绕垂直轴转动转体360°。可以是4×90°或2×180°的转体。

绕圆:围绕一个相应点做转体的运动方式。

(三)有氧操概念术语

有氧练习:以人体有氧系统供能的、运用大肌肉群的、持续的和有节奏的练习。

冲击力:人体运动时对地面产生一定的作用力,而地面同时也给予人体相应的反作用力,即"冲击力"。这种冲击力随着每一个动作自下而上通过人体向上传递并逐渐消失,或不支撑体重。冲击力分为三种:无冲击力动作、低冲击力动作和高冲击力动作。

无冲击力动作:两只脚都触及地面的动作或不支撑体重的动作。如双腿半蹲、弓步以及垫上练习等。

低冲击力动作:总有一只脚接触地面的动作。如踏步、侧交叉步等。

高冲击力动作:两只脚都离开地面,即有腾空的动作。

(四)基本步伐

1. 基本步伐的分类

根据动作完成形式的不同,我们将基本步伐分为五类:

(1)交替类:两脚始终做依次交替落地的动作。

(2)迈步类:一条腿先迈出一步,重心移到这条腿上,另一条腿用脚跟、脚尖点地或吸腿、屈腿、踢腿等，然后向另一个方向迈步的动作。

(3)点地类：一条腿屈膝站立，另一条腿伸出，用脚尖或脚跟点地后还原到并腿位置的动作。

(4)抬腿类：一条腿站立，另一条腿抬起的动作。

(5)双腿类：双腿站立、身体重心在两腿之间的动作。

以下所介绍的动作均为最常用的基本动作，你可以在此基础上，根据健美操的基本知识和发展规律创新具有自己风格的独特动作，以达到健身、健心、健美的目的。

2. 基本步伐动作结构

(1)两脚交替类

a. 踏步(原始动作，图 7–1)

动作说明：两腿原地依次抬起，依次落地。

技术要点：在下落时，踝、膝、髋关节依次有弹性地缓冲。

动作组织：①踏步分腿并腿。②两脚依次向两侧迈步，成分腿半蹲，再依次还原成并腿。

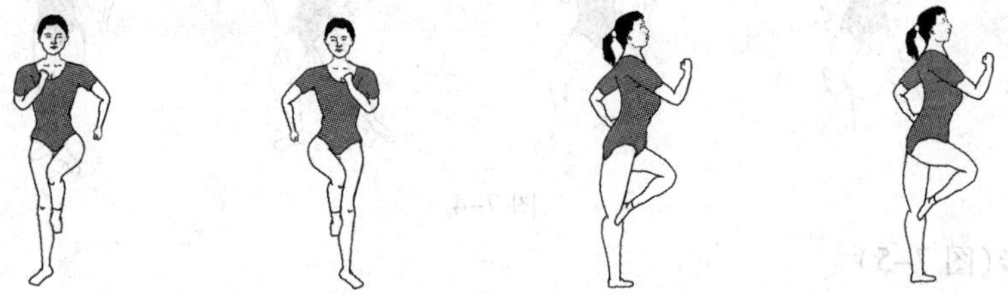

图 7–1

b. 走步(图 7–2)

动作说明：迈步向前走四步或向后退四步，然后反之。向前走时，脚跟先落地，过渡到全脚掌；向后走时则相反。

技术要点：在落地时，膝、踝关节有弹性地缓冲。

动作组织：①三步点地：向前走三步，第四拍点地。

②二步半蹲：向前(后)走二步，第三步并步，第四拍半蹲。

图 7–2

c. 一字步(图 7–3)

动作说明：一脚向前一步，另一脚并于前脚，然后再依次还原。

技术要点：向前迈步时，先脚跟着地，过渡到全脚掌；前后均要有并腿过程；每一拍动作膝关节始终有弹性地缓冲。

动作组织：走十字图形，第一拍左脚始终面向身体左侧走步。

图 7-3

d. V字步(图 7-4)

动作说明:一脚向前侧方迈一步,另一脚随之向另一方迈一步,成两脚开立,屈膝,然后再依次退回原位。

技术要点:两腿膝、踝关节始终保持弹动状态,分开后成分腿半蹲,重心在两脚之间。

动作组织:向前完成一个 V 字步,再向后完成一个 V 字步,形成 X 形。

图 7-4

e. 漫步(图 7-5)

动作说明:一脚向前迈出,屈膝,重心随之前移,另一脚稍抬起,然后原地落下;或者向后撤一步,重心后移,另一脚稍抬起,然后原地落下。

技术要点:两脚始终保持交替落地,身体重心随动作前后移动,但始终在两脚之间。

动作组织:漫步变向,转体 360°。

图 7-5

f. 跑步(图 7-6)

动作说明:两腿经过腾空,依次落地缓冲,两臂屈肘摆动。

技术要点:落地屈膝缓冲,脚跟尽量落地。

动作组织:①高抬腿跑:膝盖尽量抬高。

②后踢腿跑:小腿尽量后屈,脚跟到臀部。

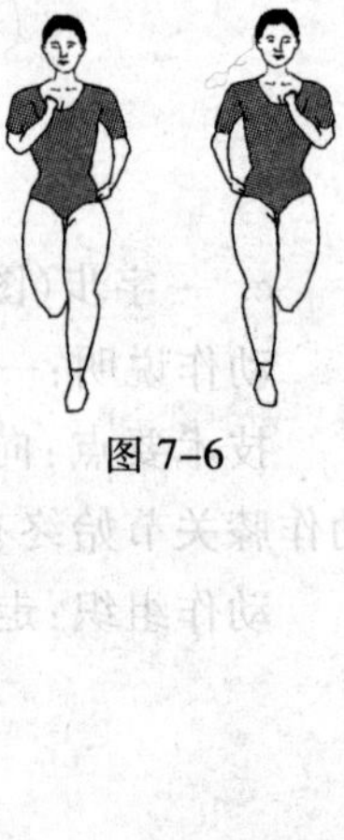

图 7-6

(2)迈步类

a. 并步(侧并步为原始动作,图 7-7)

动作说明:一脚迈出,另一脚随之并拢屈膝点地;再向反方向迈步。

技术要点:两膝始终保持弹动,动作幅度和力度可随风格而定。

动作组织:①两次并步:向一侧做两个并步,再向反方向迈步。

②侧交叉步(见侧交叉步动作)。

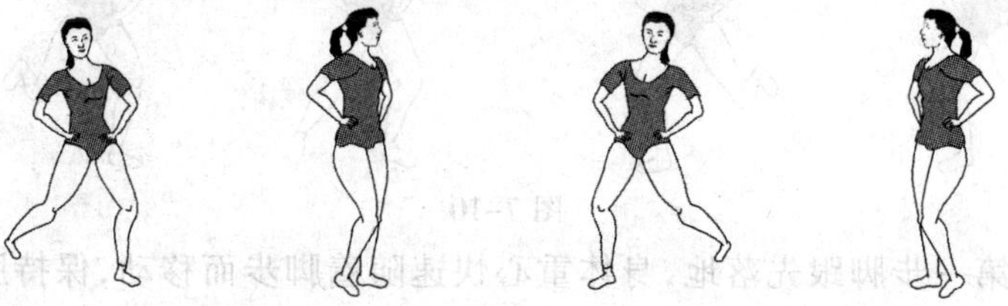

图 7-7

b. 迈步点地(图 7-8)

动作说明:一脚向侧迈一步,两腿经屈膝移重心,另一条腿再向前、侧或后用脚尖或脚跟点地。

技术要点:两膝同时有弹性地屈伸,重心移动轨迹呈弧形;上体不要扭转。

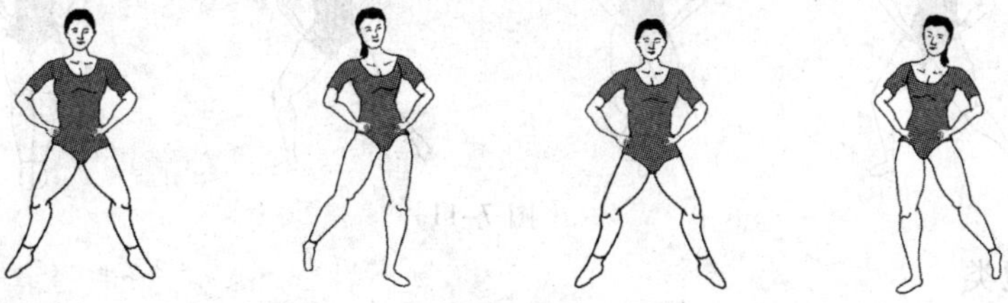

图 7-8

c. 迈步吸腿(图 7-9)

动作说明:一脚迈出一步,另一条腿屈膝抬起,然后向反方向迈步。

技术要点:经过屈膝半蹲,抬膝时支撑腿稍屈膝。

动作组织:①交换吸腿:一侧腿先吸一次,然后换另一侧。

②重复吸腿:一脚迈出一步,重复抬起两次到四次,然后换另一侧。

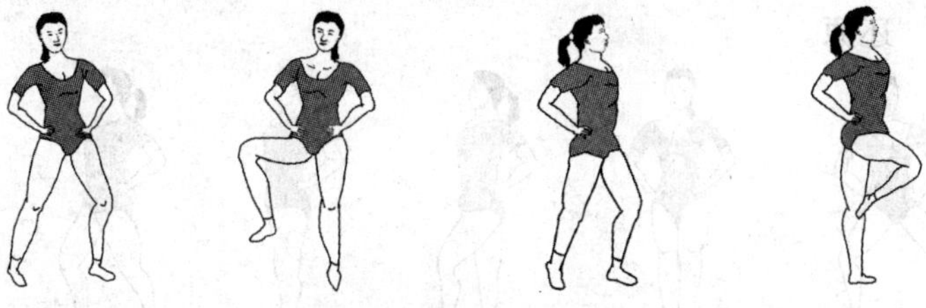

图 7-9

d. 迈步后屈腿(图 7-10)

动作说明:一脚迈出一步,另一条腿后屈,然后向反方向迈步。

技术要点:经过屈膝半蹲,支撑腿稍屈膝,后屈腿的脚跟靠近臀部。

动作组织:①走动后屈腿:走动四步,左右各做二次。

②转体后屈腿:一脚迈出,另一条腿后屈并转体 180°。然后两腿交换做。

e. 侧交叉步(图 7-11)

动作说明:一脚向侧迈一步,另一脚在其后交叉,随之再向侧迈一步,另一脚并拢,屈膝点地。

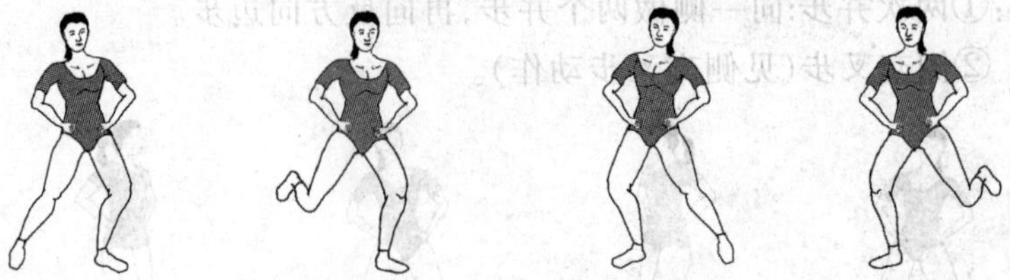

图 7-10

技术要点：第一步脚跟先落地，身体重心快速随着脚步而移动，保持膝、踝关节的弹动。

动作组织：①交叉步屈腿：交叉步四拍接屈腿四拍。

②交叉步点地：交叉步四拍接吸腿四拍。

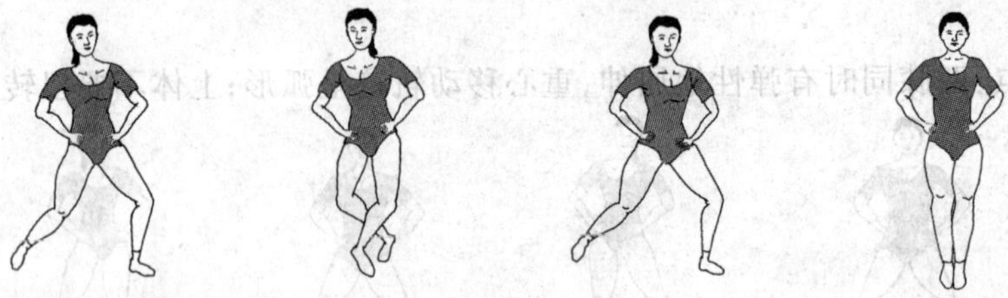

图 7-11

(3)点地类

a. 脚尖点地(图 7-12)

动作说明：一条腿稍屈膝站立，另一条腿伸出，脚尖点地，然后还原到并腿姿势。

技术要点：支撑腿始终保持屈膝站立，并且随动作有弹性地屈伸。

动作组织：①侧点地左右移重心：一条腿稍屈膝站立，另一条腿向侧伸出，先脚尖着地，随即脚跟迅速向下弹压，同时重心侧移，然后还原。

②点地吸腿：一条腿稍屈膝站立，另一条腿向侧伸出点地、吸腿、再点地、还原。

图 7-12

b. 脚跟点地(图 7-13)

动作说明：一条腿稍屈膝站立，另一条腿伸出，脚跟点地，然后还原到并腿姿势。只可做向前和向侧的脚跟点地。

技术要点：支撑腿始终保持屈膝站立，并且随动作有弹性地屈伸。

动作组织：与脚尖点地相同，只是落地时脚跟先触地。

(4)抬腿类

a. 吸腿(图 7-14)

动作说明：一条腿屈膝抬起，落下还原。

技术要点：支撑腿保持屈膝弹动，大腿上抬超过水平；上体保持正直。

动作组织：①上步吸腿：上一步吸腿，然后还原。两腿交换做。

②原地重复吸腿；一侧原地重复吸腿 2~4 次，然后交换。

b. 摆腿（图 7–15）

动作说明：一条腿支撑，另一条腿直膝摆动。

技术要点：摆腿要有控制，保持身体正直。

动作组织：一侧原地重复摆腿 2~4 次，然后交换。

图 7–13

图 7–14

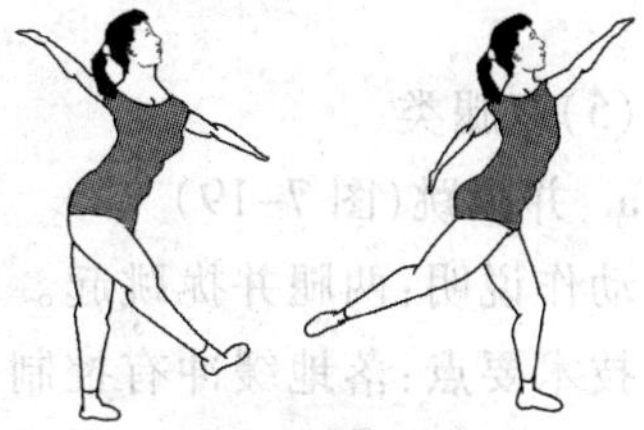

图 7–15

c. 踢腿（图 7–16）

动作说明：一条腿稍屈膝站立，另一条腿抬起，然后还原。

技术要点：抬起腿不需很高，但要有控制；保持上体正直。

动作组织：①交换踢腿：一侧腿踢完，换另一侧腿踢。

②点地踢腿：一侧腿屈膝吸腿，脚尖点地后，再直膝踢腿。

图 7–16

d. 弹踢腿（跳）（图 7–17）

动作说明：一腿站立（跳起），另一腿先向后屈，然后向前下方弹踢，还原。通常以高冲击力的形式出现。

技术要点：腿弹出时要有控制，保持上体正直。

动作组织：①原地弹踢腿：原地重复或交换踢弹腿。

②转体 90°弹踢腿：弹踢一次，换腿转体 90°弹踢。

图 7–17

e. 后屈腿（跳）（图 7–18）

动作说明：一条腿站立（跳起），另一条腿向后屈膝，放下腿还原。通常以高冲击力的形式出现。

技术要点：支撑腿保持弹性，两膝并拢，脚跟靠近臀部。

动作组织：①原地后屈腿：原地做后屈腿。

②转圈后屈腿：可以 1~4 拍或 1~8 拍做后屈腿转圈。

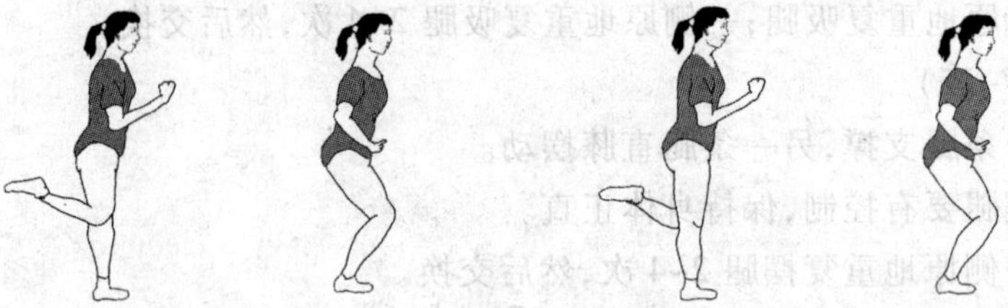

图 7–18

(5)双腿类

a. 并腿跳(图 7–19)

动作说明：两腿并拢跳起。

技术要点：落地缓冲有控制。

动作组织：①原地并腿跳：可以原地并腿跳起。

②助跑并腿跳：走步或跑步后做并腿跳。

b. 分腿跳(图 7–20)

动作说明：分腿站立屈膝半蹲，向上跳起，分腿落地屈膝缓冲。

技术要点：屈膝半蹲时，大、小腿夹角不要小于 90°，空中注意身体的控制。

动作组织：同并腿跳。

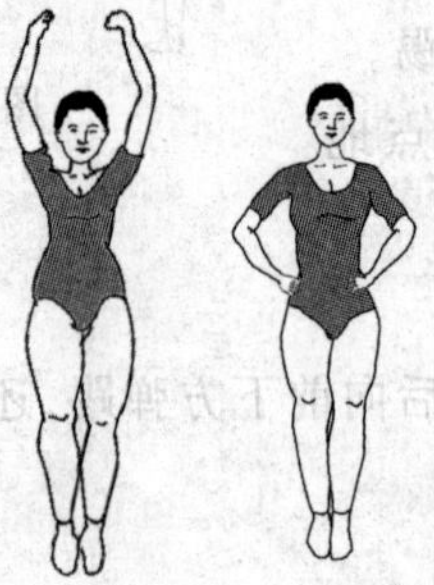

图 7–19

图 7–20

c. 开合跳(图 7–21)

动作说明：由并腿跳起，分腿落地；然后再由分腿跳起，并腿落地。

技术要点：分腿屈膝蹲时，两脚自然外开，膝关节沿脚尖方向弯屈，夹角不小于 90°，脚跟落地。

动作组织：同开合跳。

图 7–21

d. 半蹲(图 7-22)

动作说明:两腿有控制地屈和伸。可分为并腿半蹲和分腿半蹲。

技术要点:分腿半蹲时,两腿左右分开稍大于肩(或与肩同宽),脚尖稍外开,屈膝时关节角度不得小于 90°,膝关节对准脚尖方向,臀部向后 45°方向下蹲,上体保持直立。

动作组织:①向侧移动一步分腿半蹲,还原成并步直立。

②然后向另一侧移动一步分腿半蹲,还原成并步直立。

图 7-22

e. 弓步(图 7-23)

动作说明:两腿前后分开,两脚平行站立。

技术要点:半蹲时后腿膝关节向下,大腿垂直于地面;重心始终在两脚之间。

动作组织:一条腿向前伸出,先脚尖着地,随即脚跟迅速向下弹压,同时重心前移,然后还原。

f. 提踵(图 7-24)

动作说明:两脚脚跟抬起,落下时稍屈膝。

技术要点:两腿夹紧,重心上提时,收紧腹部;落下时屈膝缓冲。

图 7-23

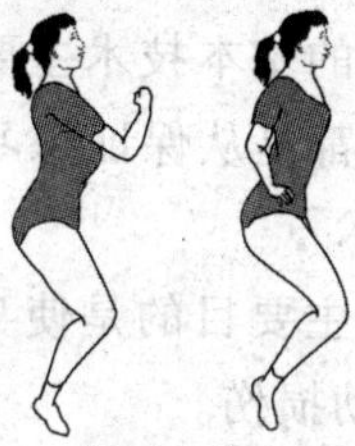

图 7-24

(五)常用上肢动作

在完成基本动作时采用不同的手臂动作,就会使动作变得丰富多彩,或改变动作的强度和难度。如:手臂在肩以上的动作强度就大于手臂在肩以下的动作强度;手臂动作变化多的一组动作就难于手臂动作变化少的动作组合。另外,健美操的手臂动作除了自然摆动和一些舞蹈动作外,主要是模仿上肢力量练习的一些动作。这样做的目的是既美观,又使练习更加有效。

1. 几种常用的手型(见图 7-25)

图 7-25

①掌型：五指伸直并拢。

②拳型：握拳，拇指在外。

③五指张开型：五指用力伸直张开。

2. 上肢动作

举：臂伸直向某方向抬起。

屈臂：前臂与上臂角度不断减小。

伸臂：前臂与上臂角度不断增大。

屈臂摆动：屈肘在体侧自然地摆动。可依次和同时进行。

上提：直臂或屈臂由下至上提抬起。如：屈臂前提、直臂侧提

下拉：臂由上举或侧上举拉至身体两侧。

胸前推：立掌，臂由肩部向前推。

冲拳：屈臂握拳，由腰间猛力向前冲拳。

肩上推（一般描述）：立掌，屈臂由肩部向上推。

摆动：以肩关节为轴，手臂在180°以内的运动称之为摆动。

绕和绕环：以肩关节为轴，手臂在180°至360°之间的运动为绕；大于360°以上的圆周运动为绕环。

交叉：两臂重叠成X形。

在进行上述上肢动作练习时，应注意肌肉的用力阶段，使动作富有弹性，避免上肢动作过分僵硬。

3. 健美操基本技术

健身健美操的基本技术主要有落地技术、弹动技术、半蹲技术和身体控制技术。所有这些技术要求都是从保证练习安全性的角度出发的。

(1)落地技术

落地缓冲的主要目的是使身体尽可能保持稳定，同时减少地面对关节、肌肉的冲击力，以免造成运动损伤。

健身操的落地是由脚跟过渡到全脚掌或由前脚掌过渡到全脚掌，然后迅速屈膝，屈髋缓冲。所有动作在瞬间依次完成，用于缓冲对人体的冲击力。同时躯干与手臂保持良好的姿态，肌肉用力以保持动作的稳定。

练习方法：一侧腿支撑，另一侧腿由脚跟过渡到前脚掌，然后又过渡到全脚掌。两腿交换练习。

(2)弹动技术

健美操的弹动技术主要依靠踝关节、膝关节、髋关节的屈伸缓冲而产生，它的主要作用是减少运动对关节的冲击力，从而减少运动对人体造成的损伤。值得注意的是在屈伸的过程之中，腿部的肌肉要协调用力才能有效地防止损伤，产生流畅的弹动动作。

练习方法为：①双腿并拢伸直，身体正直，立踵、落踵。②双腿原地并拢伸直，身体正直，屈膝半蹲，膝关节不要超出脚尖的位置，同时髋关节稍屈。这两部分的动作连起来，就形成了完整的弹动动作。

(3)半蹲技术

在健美操练习的过程中，每一个动作都需要半蹲的出现，因为无论是落地和缓冲技术，还是弹动的技术，实际上都是和半蹲动作联系在一起的。一些常用的力量练习动作，如分腿半蹲、弓步等，也和半蹲动作有很大的关系。因此，半蹲技术的掌握对健美操练习的完成质量具有重大影响。

半蹲时，身体重心下降，臀部向后下 45°方向用力，膝关节不应超过脚尖，腰、腹、臀部和大腿肌肉收缩，上体保持正直，重心在两腿之间，起落要有控制。分腿半蹲时，脚尖自然外开，应特别注意膝关节弯曲的方向要与脚尖的方向一致，保持自然关节的正确位置，避免脚尖或膝关节内扣或过度外开以及膝关节弯曲小于 90°的“深蹲”。

半蹲练习：一般采取“宽蹲，即两腿开度与肩同宽、屈膝半蹲”练习。

(4)身体姿态控制技术

健美操的身体姿态是根据练习的安全性和现代人体与行为美的标准而建立的。首先在非特殊条件下的运动过程中，身体应该保持自然挺拔，头部稍稍昂起的姿态，即脊椎处于正常生理曲线的位置，并始终保持腰腹和背部肌肉收缩，避免因腰腹部位的摆动和无控制而可能引起的腰部损伤。四肢的位置根据具体的动作要求和练习者的个体情况而定，但无论肢体的位置如何变化都应有所控制，避免过伸，尤其是无控制的“过伸”这是造成运动损伤的重要原因。总的动作感觉应是有控制但不僵硬、松弛而不松懈。

六、健美操运动的音乐

健美操动作在音乐的衬托下，更具生命力与艺术感，音乐节奏的强弱和风格变化，极大地丰富了健美操，使健美操动作有弹性，有活力，有韵律感，使其更具魅力。健美操的音乐有爵士乐、迪斯科、摇滚乐、轻音乐等。

七、健美操的编排方法

1. 制定目标与任务，对健美操有一个总体布局与构思。
2. 音乐的选择要与动作风格相统一，具有新颖、优美和感染力。
3. 整套健美操的编排以安全有效为原则，动作能增进身体健康。
4. 根据学生身体素质编排，动作由简到繁，强度由弱到强，速度由慢到快。
5. 动作变化多样，有方向的变化、冲击力的变化、路线的变化、风格的变化等。

八、健美操科学锻炼方法

1. 根据自身特点循序渐进，持之以恒

健美操可以强身健体，塑造形体，但不是一朝一夕就能达到的。人体结构的变化，运动能力的提高，都是长期锻炼的结果。不能操之过急，而应循序渐进，持之以恒。

2. 掌握正确的锻炼方法和手段

根据自己实际情况制定科学可行的锻炼方法：

初学者应以掌握基本动作和基本技术为主，可练习一些节拍慢、动作简单、时间短、重复次数多、低冲击力的动作。

中级水平练习者应练习动作变化多、节奏逐渐加快的健美操，可适当加入路线变化，以低冲击力和高冲击力动作为主。

高级水平练习者应练习动作丰富、变化多、速度较快、对身体协调性和力量要求较高的健美操，以高冲击力动作为主。

3. 避免运动损伤

在健美操锻炼时，如身体健康欠佳，有炎症或出现疲劳症状，应立即停止锻炼。要根据自己的身体素质和运动能力选择运动强度和动作难度，避免局部肌肉负荷过重。不能忽视锻炼前热身和锻炼后放松运动，否则会对身体造成伤害。

4. 定期对健美操锻炼结果进行评价

(1)自我感觉

正常的锻炼者，应该是锻炼时精神饱满，心情愉快；锻炼后有肌肉酸痛感和疲劳感，但经过休息能很快恢复，食欲、睡眠良好，否则就是运动量过大，应调整锻炼计划。

(2)客观评价

形态测量：锻炼前要将自己的身高、体重、围度等进行测量，经过一段时间的锻炼后，再进行测量比较，比较的结果能反映锻炼的效果。

机能测量：运动适宜，早晨脉搏变化每分钟应不超过正常值的 3~4 次，血压变化范围在 10 毫米水银柱以内。运动后由即时脉搏到正常脉搏恢复时间缩短。

第二节 形 体

一、形体练习的概念和特点

形体练习是通过徒手肢体练习，塑造匀称体形和优美体态的一项运动，是以有氧练习为基础，以增强体质，矫正姿态，培养自信为主要目的的运动形式。

形体练习具有以下特点：

1. 美学特点

形体练习的动作自然、协调、优美、流畅。它讲究造型美，要求动作美观大方，准确到位；讲究有效地训练身体各个部位，使人体匀称和谐发展，培养优美的体态和风度，塑造良好的自我。它又强调内在美的培养，较为明显地反映了健身、健心、健美的自然性整体效应。所以人体在运动中体现出思想、意志、道德、情操、情感、作风、气质等内在美，构成了形体练习的美学特点。

2. 音乐特点

音乐是按一定规律运动着的声音，它能唤起人们长期积累起来的生活艺术的经验，使人在头脑中恢复某些事物之间的联系或形成某些事物联系关系的重新组合，使人们产生艺术联想。形体练习的音乐是轻快、优美或浑厚、沉稳、热情、奔放的，而绝不应该是哀怨、消沉、伤感的颓废之音。音乐曲调健康活泼能振奋精神，消除身心紧张和疲劳，获得心理和生理上的平衡。

3. 创新特点

由于人体结构复杂，动作多变，人的情绪丰富，性格各异，因此决定了形体动作的丰富性和可变性。形体从相关的运动项目和艺术门类中吸收了诸多动作，经过加工、提炼、升华，使之成为具有形体风格的动作。形体通过人的基本姿态、步伐、转体、跳跃、波浪等动作的变化和组合，以及身体关节面和轴的变化，编排动作组合。形体的每组操除了有单关节局部运动外，还有多关节的同步或不同步的运动。它不仅可使身体各关节的活动次数发生变化，而且可以变换运动组合形式，形成丰富多彩的动作。总之，人体运动是创编形体取之不尽的源泉。

4. 广泛的群众性

形体练习形式多样，运动量可大可小，容易控制，对场地器材要求不高，适宜于不同年龄、身体素质及运动水平的人，各种人群均能从形体练习中找到适合自己运动的最佳方式，都能感受到形体运动带来的乐趣。

二、形体练习的内容和功能

主要学习形体所含的基本动作组合和正确的练习方法。包括：

1. 身体姿态组合；
2. 舞姿组合；
3. 把杆组合；
4. 身体素质练习。

形体练习具有如下功能：

1. 通过芭蕾基本功练习及身体姿态组合练习，培养良好的身体形态以及动作节奏感、协调性、优美感和表现力。在音乐伴奏下通过肢体动作展现自我，培养优雅的举止。

2. 坚持锻炼能有效地促使健美的形体、高雅的气质和仪表的形成，改善和矫正体形，养成良好的身体姿态，提高对美的欣赏能力。

3. 掌握简便的锻炼方法，培养独立锻炼的能力，养成自我锻炼的习惯。参加锻炼能使身体各器官、系统的功能及各项身体素质和身体活动能力得到均衡发展，使体质不断增强，尤其对形成正确的身体姿态有良好的效果。

4. 进一步树立终身体育的思想，培养团队合作精神，加强精神文明教育，提高体育文化素养。

三、形体练习基本动作及练习方法

芭蕾基本动作练习是形体练习的基础，其内容包括各种走、跑、舞步、摆动、波浪、跳跃、转体、平衡及近似技巧类动作等。形体练习可发展柔韧、协调、灵巧、力量等身体素质，培养正确的身体形态及动作节奏感、协调性、优美感和表现力。

（一）基本姿态

1. 站立的基本姿态

正确的站立姿势是形成正确优美动作和身体姿态的基础，形体练习必须从基本站立开始。站立的基本要求是：头正直、两肩下沉、背部挺直、收腹立腰、臀部和两腿肌肉收紧，目视前方。

2. 脚的基本位置

常用的基本站立位置有：

(1)小八字步：脚跟靠拢，两脚尖向斜前方 45°方向外开(图 7–26)。

(2)大八字步(开立)：两脚向侧开，相距约同肩宽，脚尖各向斜前方(图 7–27)。

(3)丁字步：一脚跟在另一脚弓处成“丁”字形(图 7–28)。

(4)点立：一脚站立，另一脚向前(侧、后)伸出脚尖点地，前、后点地时脚面绷直向外，侧点地时脚面向上(图 7–29)。

图 7–26

图 7–27

图 7–28

图 7–29

3. 芭蕾手臂与脚的基本位置

(1)芭蕾舞手臂的七个基本位置(图 7–30)

芭蕾舞手臂的基本要求：肩关节放松，肘、腕关节自然微屈，手臂呈弧形。手指并拢，自然伸长，大拇指尖与中指尖向里合呈相对。一位：两臂体前自然下垂，指尖相对，掌心向上；二位：两臂保持弧形前举(稍低于肩部)，掌心向内；三位；两臂保持弧形上举(稍偏前)，掌心向下；四位：右臂前举，左臂上举；五位：右臂侧举，左臂保持上举(掌心向斜下方)；六位：左臂由上至前举，右臂保持侧举。七位：左臂打开至侧举，呈两臂侧举(掌心向斜下方)。

图 7–30

(2)芭蕾舞脚的基本位置(图 7–31)

芭蕾舞脚的基本位置主要练习腿部的感觉及髋关节的外开能力。一位:两脚跟并拢,脚尖向外侧打开呈一字形;二位:两脚同肩宽,脚尖向外打开呈一字形;三位:在“丁”字步的基础上,两脚尖向外打开呈一字形;四位:右脚在前,脚尖向外开;左脚在后,脚尖向外开;两脚相对前后相距一脚之宽,重心在两脚之间;五位:右脚在前,左脚在后,两脚前后重叠,脚尖向外打开。

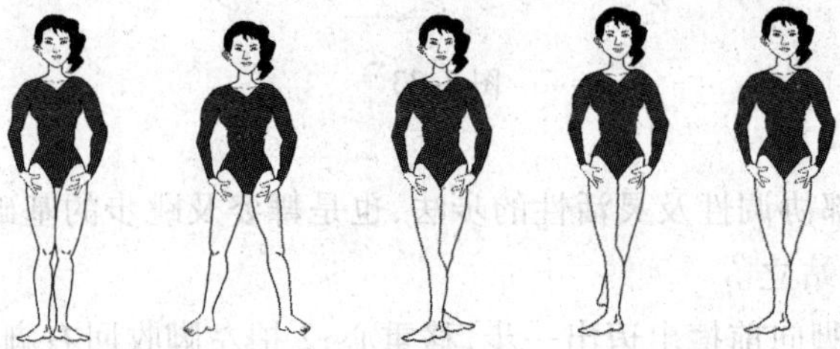

图 7–31

(3)基本姿态的练习方法

①站立姿势与基本站立位置：扶把练习脚的基本部位和各种站立姿势；或者手臂叉腰,结合手臂基本位置的变化,练习脚位和站立姿势。

②芭蕾脚位:双手或单手扶把,进行各脚位练习和各种站立姿势练习,以帮助控制身体重心及体会正确姿势;离把练习:配合简单手臂动作,并做各脚位的提踵立练习;两脚外开不能用强力达到,可根据情况有 120°左右练习。

③手臂基本位置:可分别进行各种手臂位置练习,基本掌握后可连贯进行练习;也可结合脚的位置变化,练习手臂位置变化。

(二)基本步伐

1. 柔软步(图 7–32)

预备姿势:小八字站立。

动作做法:右腿膝关节和腿面绷直向前伸出,脚面向外,由脚尖过渡到全脚掌落地,身体重心随之前移,接着再换左腿向前伸出落地,两腿依次交替进行,两臂自然摆动。

图 7–32

2. 足尖步(图 7–33)

预备姿势:两脚并立提踵,两臂叉腰。

动作做法:右腿膝关节和脚面绷直向前伸出(脚尖稍向外),由脚尖过渡到前脚掌落地地,重心前移,两腿交替进行。

图 7–33

3. 变换步(图 7–34)

该步伐是表现腿部协调性及灵活性的步法,也是舞姿及跳步的基础动作。

预备姿势:小八字站立。

动作做法:1 拍右脚向前擦出迈出一步,移重心;2 拍左脚收回右脚后面呈"丁"字步站立。3 拍同 1 动作;4 拍右脚继续向前迈一步;移重心,呈左脚后点地站立。然后,5~8 拍换左脚交替练习。

图 7–34

(三)基本跳跃(图 7–35)

卡洛波步是常用于动作之间的连接或跳步前的过渡步伐,可向前、侧做。

预备姿势:小八字站立,双手叉腰。

动作做法:1 拍右脚向前一步,重心随之前移,右脚稍屈膝成半蹲,接着右脚蹬地跳起,同时左脚在腾空时与右脚并拢,呈三位,左脚落地;2 拍右脚继续重复以上动作。

图 7–35

(四)组合动作范例

1. 姿态组合(图 7–36)

预备姿势:两脚五位脚站立,两臂自然下垂一位,共八个 8 拍,第一组四个 8 拍身体向右侧第二方向站立,第二组四个 8 拍向左侧第八方向做。

动作做法:

①1~4 拍左腿擦出前点地,右腿同时向下半蹲,两臂由一位至二位;

5~6 拍两腿四位半蹲,两臂保持二位不变;

7~8 拍两腿向前移重心站立,呈左脚尖后点地。右臂上举三位,左臂打开侧举(图 7-36-1)。

图 7-36-1

②2~2 拍两腿中心后移,两臂打开呈侧举;

3~4 拍左腿保持前点地,右腿半蹲;左臂上举至三位,右臂同时向下方呈一位;

5~5 拍同①5~6 拍;

7~8 拍同①7~8 拍(两腿动作相同),但右臂呈前平举,左臂呈侧平举(图 7-36-2)。

图 7-36-2

③3~2 拍右腿后点地收回左腿后面,右臂保持前平举,左臂保持侧平举;

3~4 拍右腿由后向侧擦出,左腿支撑中心,右臂打开至平举,左臂保持侧平举;

5~8 拍右腿由前交叉至左侧,两臂上举三位,身体向左转体 180°(图 7-36-3)。

图 7-36-3

④4~4 拍左腿向左侧迈步移重心,呈右腿尖侧点地,两臂同时由三位打开至七位;

5~8 拍右腿向左腿前面收回五位脚站立,两臂同时向下收回一位(图 7-36-4)。

①~④可进行反方向的练习(动作同上;左、右腿及左、右手臂可交替练习)(图 7-36-5 至图 7-36-8)。

图 7-36-4

图 7-36-5

图 7-36-6

图 7-36-7

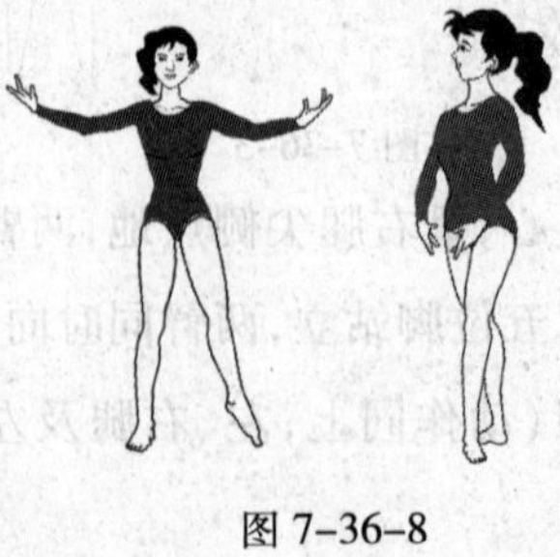

图 7-36-8

2. 波浪组合(图 7–37)

预备姿势:左腿在前,右腿在左腿后面脚尖点地,两臂成一位手。

动作做法:

第一组动作组合:

①1~2 拍右腿向前迈一步，右臂由一位提波浪至侧平举;3~4 拍左腿向前迈一步,左臂由一位提波浪至侧平举;5~6 拍右腿向前迈步的同时，两臂向侧推波浪;7~8 拍动作同上 5~6 拍,换左腿向前迈步;两臂向侧推波浪。

②2~2 拍两腿并拢半蹲，同时右臂由右侧向左侧垂直绕环;3~4 拍两腿再半蹲一次，右臂由一位向斜上举提波浪;5~8 拍动作同上,换左侧手臂做。

③3~8 拍动作同上①,方向后退做;换左腿先做。

④4~8 拍动作同上②,换左臂先做(图 7–37–1)。

图 7–37–1

第二组动作组合:

①1 拍右腿上步,同时向下跪左膝着地;含胸低头;

2 拍两臂由一位至三位，两腿膝关节跪地；

3 拍臀部坐在两腿脚跟处，同时两臂由三位打开推波浪；

4 拍右臂向斜上方举，左臂向斜后方举；

5 拍含胸低头，两臂由后经过一位至三位；

6 拍时两臂三位，两腿膝关节跪地；

7~8 拍重复 3~4 拍动作，唯换左臂在前推波浪。

②2~2 拍同上 5~2 拍动作；

3~4 拍右腿向右侧伸出，脚面向上；两臂同时打开推波浪向侧，右臂斜下侧举；左臂斜上侧举；

5~6 拍同上 6~2 拍动作；

7~8 拍同上 3~4 拍动作；唯换左腿做，左臂斜下举，右臂斜上举。

③重复第①组动作。

④重复第②组动作（图 7–37–2）。

图 7–37–2

第三组动作组合：

①1~2 拍左腿跪起，右腿支撑地面，两臂交替水平绕环（右臂由上绕，左臂由下绕）；

3~4 拍反方向两腿站起并拢，两臂交替绕环（左臂由上绕，右臂由下绕），呈两臂侧平举；

5~6 拍右腿后退一步，右臂从侧平举划向一位手，左臂保持侧平举；

7~8 拍换左腿后退，左臂由侧平举划向一位手。

②2~2 拍右腿向斜前方 45 度方向上步，同时右臂提波浪至斜上举，左脚后点地；

3~4 拍左腿由后弯屈收回至右腿旁，同时右臂推波浪向前平举；

5~6 拍重复 1~2 拍动作，唯换左腿、左臂做；

7~8 拍重复 3~4 拍动作。

③3~2 拍右腿向前上步立踵，两臂由后经过一位、二位至三位手；

3~4 拍右腿再上步，左脚后点地，两臂由三位向后绕环至斜上举，手掌心向上；

5~8 拍左腿并拢右腿，做全身向前波浪。

④4~2 拍右腿向右侧上步半蹲，左脚伸出前点地，两臂由后至二位手；

3~4 拍左脚向左侧立踵两步走，左臂三位手，右臂侧平举；

5~8 拍左腿在前向左转体 360°，两臂上下推波浪(图 7-37-3)。

图 7-37-3

第四组动作组合：

①1~2 拍同上三组 3~2 拍动作，唯换左侧做；

3~4 拍同上 3~4 拍动作；

5~8 拍同上 5~8 拍动作。

②2~2 拍左腿稍屈，经两腿半蹲，向右侧移重心的同时做膝、髋、腰、胸、颈各关节的一次向右侧上方挺伸；呈右腿站立，左脚侧点地，上体稍左侧屈，同时两臂随着重心移动经下摆至右上举；

3~4 拍两腿保持不动，两臂做推波浪；

5~6 拍同 2~2 拍动作，唯换向左侧做；

7~8 拍同 3~4 拍动作，向左侧两臂推波浪。动作组合结束(图 7-37-4)。

图 7-37-4

第三节 健美运动

一、健美运动的概念

健美运动是一项以发展肌肉，增强体格，塑造形体，陶冶情操为目的的一项体育运动项目。它的表现形式是通过各种静态的造型动作来表现运动员身体各部位肌肉的线条及发达程度，通过造型来展现运动员健美的形体，追求内在美与外在美相统一，把体育和美育很好地融合为一体。

健美运动通过徒手和各种器械，运用专门的动作和方法进行练习。徒手动作有健美操、形体操及自抗动作，也可以采用杠铃、哑铃、壶铃等举重器械，单杠、双杠体操器械，各种特制的弹簧拉力器、臂力棒、组合练习器等进行练习。

二、健美运动的特点

（一）健与美的结合

健美运动将美育和体育融合为一体，通过健美练习既可以增强体质，塑造形体，也可以陶冶情操，美化身心，提高自身修养。健美运动在练习方法、教学、训练及比赛内容和评分标准上都体现了健与美。

（二）健美运动能有效地发达肌肉

通过健美训练可以均衡发达身体各部位的肌肉，在训练中采用科学的方法和手段，不断给肌肉以不同强度的刺激，使肌肉接近或达到运动极限，促进新陈代谢；安排合理营养和休息，使身体各部位肌肉得到极大的发展。

（三）健美运动设备简单，练习方法灵活，易于发展

健美运动可以用徒手或依靠自抗力进行练习，也可以利用各种简单的轻重器械进行练习。练习时应采用科学的锻炼方法和手段，根据不同的性别、年龄、身体素质和锻炼目的，调节重量、次数、运动负荷，以达到预期的锻炼目的。因为它不受锻炼方法、时间、场地、器械、性别的限制，因而易于发展。

三、健美运动的功能

（一）健美运动能发达肌肉，增强肌力

健美运动能发达肌肉，强壮骨骼。健美的主要评分标准就是看肌肉的发达程度。所以健美训练主要是采用各种哑铃、杠铃等器械的负重练习，对全身肌肉进行锻炼，使肌肉得到强烈的刺激，从而使肌纤维增粗，肌肉的生理横断面增大，使肌肉变得结实而发达，同时使肌肉细胞物质含量增加，脂肪减少，降低了肌肉的粘滞性，使肌肉力量增加；另外，它能促进骨骼的新陈代谢，使骨密质增厚，骨面肌肉附着处突起明显，骨小梁的排列由于张力和压力的变化更加整齐规律，因而使骨骼更加粗壮和坚固。

（二）健美运动能增进健康，增强体质

长期进行健美锻炼，能对心血管系统、呼吸系统和消化系统等各内脏器官的功能产生良好的作用。

在进行健美锻炼时，由于肌肉收缩的紧张活动，使心肌的血液供应和新陈代谢加强，提高了心脏收缩力和血管的舒张力，使心搏有力，血液输出量增加，心跳次数相对减少，心脏休息时间相应增多。这意味着心脏功能的储备能力提高，人体的承受负荷增加，人体活动能力提高。健美锻炼还能使血液中的红细胞、白细胞和血红蛋白增加，从而提高身体的营养水平、代谢能力和免疫能力，当进行健美训练时，人体细胞的新陈代谢增强，氧的需求量增加，提高了肺活量和肺通气量，增强了呼吸系统的机能。胃肠是人体消

化食物的主要器官，在肌肉活动时，使肠胃蠕动加强，肠胃的血液循环加快，消化液分泌增多，使食物的消化和营养物质的吸收更加彻底。

(三)健美运动能调节心理活动

人的心理活动的本质是大脑对外界客观事物的反映。现代生活的紧张节奏和工作的压力，会使人产生疲劳和压抑感。健美运动能调节人的心理活动，松弛紧张情绪，转移和消除人们的疲劳感，因为健美运动是在热烈欢快的音乐、节奏鲜明的动作中进行的，健美运动带来的形体美、姿态美会使人变得活泼开朗，朝气蓬勃，积极向上。

(四)健美运动能培养顽强的意志品质

健美运动是一种多次反复的机械运动，运动负荷常常使肌肉的承受力达到极限，产生酸痛和疲劳，而且训练中还会遇到很多困难，这就要求运动员有克服困难的勇气和顽强的毅力，刻苦训练，持之以恒，所以健美运动能培养人的顽强意志。

(五)健美运动能塑造形体

人的体形主要是指全身各部位的比例是否匀称、协调、平衡、和谐，以及主要肌肉群是否具有优美的线条。体态主要是指整个身体及各主要部分的姿态是否端正优美。经常参加健美锻炼，能促进骨骼的生长和肌肉的发达。由于肌肉经常被牵拉运动，使骨骼肌肉附着处突起明显，骨小梁排列更加整齐，骨骼变得粗壮、坚固，肌肉丰满，体态健美。

人的体形体态出现某些缺陷时，可以有针对性地选择某些适当的动作进行锻炼，达到矫正畸形的目的。例如，含胸驼背的人，可采用卧推、双杠臂屈伸等一些扩胸动作进行练习。如窄肩的人，可选择一些锻炼斜方肌、三角肌和背阔肌的动作进行练习。同样，对于“豆芽”型和“肥胖”型的人来说，采用科学的训练方法，可使“豆芽”型的人肌肉发达充实起来，使其体形匀称、协调；可使“肥胖”的人达到消脂减肥的目的，改善体形体态。因此，健美运动可以改善人的体形体态，再塑健美的体形。

四、健美锻炼的练习动作

(一)颈部肌肉练习动作

颈部肌肉主要有颈阔肌、胸锁乳突肌等。

1. 负重颈屈伸(如图 7–38)

(1)作用：主要锻炼胸锁乳突肌、斜方肌。

(2)动作要求：头戴挂有重物的头套，体前屈。两脚开立与肩同宽，屈膝半蹲，两手扶膝，利用颈部力量使头部上台，然后缓慢回到前屈位置。

(3)呼吸方法：头上抬后仰时吸气，低头前屈时呼气。

2. 侧向颈屈伸(如图 7–39)

(1)作用：主要锻炼胸锁乳突肌。

(2)动作要求：在综合练习台架上完成练习，将架上头套戴在头上，然后头颈用力侧倾，至不能再侧屈，再缓缓还原，反复做。做完一组后换另一方向再做，以锻炼另一侧颈部肌肉。

(3)呼吸方法：头侧倾用力时吸气，回正位时呼气。

图 7-38

图 7-39

(二)胸部肌肉练习动作

胸部肌肉主要有:胸大肌、胸小肌、前锯肌等。

1. 卧推(平板)(如图 7-40)

(1)作用:主要锻炼胸大肌、胸小肌、前锯肌、三角肌前束、肱三头肌等。

(2)动作要求:仰卧在平板卧推架上,两手握住横杠,将杠铃推举至胸前上方,两臂伸直,然后屈臂慢慢地将横杠放在胸部(女子触胸即可),稍停后再用力将杠铃向垂直方向推起,直至两臂伸直。

(3)呼吸方法:放铃至胸和上推时吸气,两臂伸直时呼气。

图 7-40

2. 仰卧飞鸟(如图 7-41)

(1)作用:主要锻炼胸大肌、前锯肌、三角肌前部。

(2)动作要求:两手握哑铃并置铃于胸前(掌心相对),然后仰卧在凳上,两臂伸直与身体垂直,两膝分开,脚蹬地面,随即两臂缓缓向侧下分开(肘微屈),直至肘部低于体侧,这时胸部高挺,腰部离凳,仅肩背部和臀部着凳,然后胸大肌用力收缩,将微屈而分开的两臂内收,至胸上伸直,稍停后还原。

(3)呼吸方法: 内受上举时吸气,外展下放时吸气。

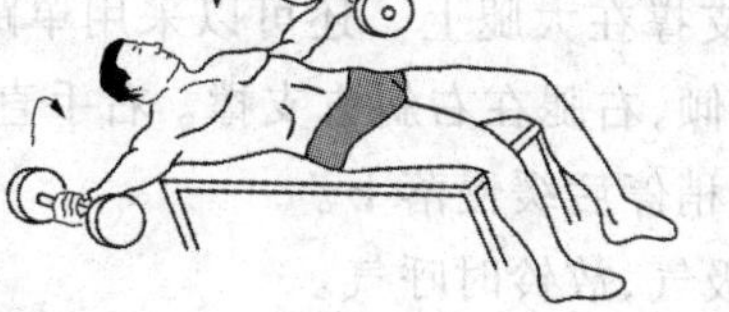

图 7-41

3. 俯卧撑(如图 7-42)

(1)作用:主要锻炼胸大肌、三角肌、肱三头肌、前锯肌、前臂肌群。

(2)动作要求:两臂伸直,两手撑地,手指向前,两手撑距与肩同宽,双腿并拢伸直,脚趾支地,身体伸直,臀部、腰部既不能弓起,也不能下塌。然后两臂同时弯屈,身体下至接近地面与地面平行,随后胸肌绷紧,两臂用力撑起身体至充分伸直,稍停,重复练习。

(3)呼吸方法：撑起身体时吸气，下降屈臂时呼气。

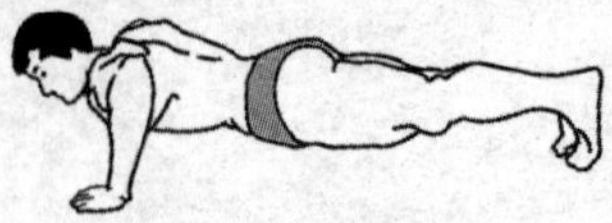
图 7-42

(三)背部肌肉练习动作

背部肌肉主要有斜方肌、背阔肌、菱形肌、肩带后肌群。

1. 哑铃扩胸(如图 7-43)

(1)作用：主要锻炼斜方肌、冈上肌、冈下肌、大圆肌、小圆肌、三角肌等。

(2)动作要求：两脚左右开立，两手持铃于体前成前平举(拳眼向上)，然后两手臂同时向两侧做侧平举扩胸，稍停后再沿原路线还原成前平举。练习时，肘关节可略微弯曲，扩胸时要向外、向后用力并且胸向前挺。

(3)呼吸方法：持铃向外扩胸时吸气，还原时呼气。

2. 宽握颈后引体向上(如图 7-44)

(1)作用：发展背阔肌、肩带后肌群和肱三头肌。

(2)动作要求：两臂较宽正握单杠，由悬垂开始，两臂用力屈肘使上体引向单杠，同时低头前伸，肩部触及单杠，然后缓慢落下，两臂伸直成悬垂。

(3)呼吸方法：上拉时吸气，下落时呼气。

图 7-43

图 7-44

3. 弓身单臂拉铃(图 7-45)

(1)作用：发展背阔肌和肩带后肌群。

(2)动作要求：(以右手持铃为例)：两脚前后开立，左脚在前，右脚在后，膝关节弯曲，上体前倾，左臂肘关节支撑在大腿上。还可以采用单跪式，即左腿屈膝跪在长凳上，左臂在左腿前支撑，上体前倾，右腿在右斜方支撑。右手直臂拿起哑铃(或壶铃)，然后屈肘用力将哑铃提拉至体侧，稍停后缓慢落下。

(3)呼吸方法：提拉时吸气，放铃时呼气。

图 7-45

4. 体前屈(图 7-46)

(1)作用:发展背长肌和背短肌。

(2)动作要求:将杠铃横置于肩上,两脚开立,膝关节稍屈,两手握杠,抬头挺胸塌腰,上体缓慢下降至与地面平行,然后保持身体姿势上体抬起成直立,腰背肌始终要收紧。

(3)呼吸方法:身体直立时吸气,上体下降和抬起时憋气,身体直立后再呼气。

5. 提铃耸肩(图 7-47)

(1)作用:发展斜方肌、肩胛提肌和菱形肌。

(2)动作要求:将杠铃提起,身体直立,两臂垂直,然后直臂用力耸肩至最高点,同时挺胸,两肩后张,稍停后缓慢落下。

(3)呼吸方法:耸肩时吸气,还原时呼气。

(四)臂部肌肉练习

臂部肌肉主要有三角肌、肱二头肌、肱肌、肱三头肌、前臂肌群和手肌。

1. 宽握推举杠铃(图 7-48)

(1)主要作用:发展三角肌前部和中部、肱三头肌、胸大肌和前锯肌。

(2)动作要求:提铃至胸,两脚开立与肩同宽,抬头挺胸,两臂用力向上推举杠铃,两臂伸直稍停后将杠铃放回胸部,同时稍屈膝缓冲。若坐在凳上颈后推举杠铃,对发展三角肌效果更佳;坐在凳子上轮换推举哑铃,对三角肌和肱三头肌的影响也较大。

(3)呼吸方法:上举前吸气,用力时憋气,两臂伸直后呼气,杠铃下落时吸气。

图 7-46

图 7-47

图 7-48

2. 胸前弯举(图 7-49)

(1)主要作用:发展肱二头肌和肱肌。

(2)动作要求:杠铃胸前弯举,两脚自然开立,两手反握杠铃直臂下垂,然后屈臂将杠铃弯举至胸前,缓慢放下,上体不要前后摆动。

(3)呼吸方法:向上弯举用力时吸气,杠铃下落时呼气。

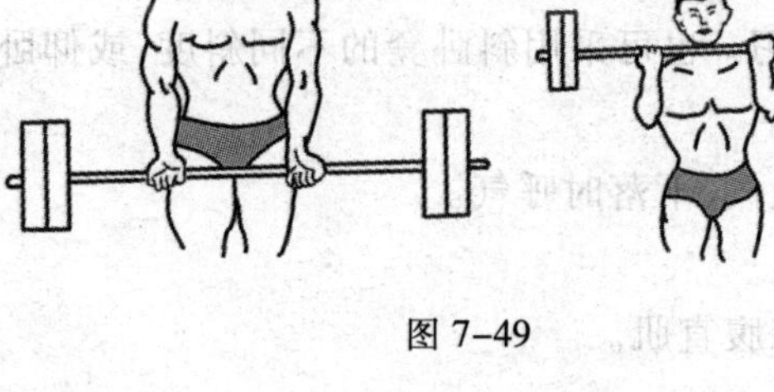

图 7-49

(五)腿部肌肉练习

1. 腿后弯举(图 7-50)

(1)主要作用:主要锻炼肱二头肌、半腱肌、半膜肌等。

(2)动作要求:俯卧在腿弯举架上,屈小腿将弯举支架杆向上拉起至极限,稍停后还原。

(3)呼吸方法:向上屈腿时吸气,还原时呼气。

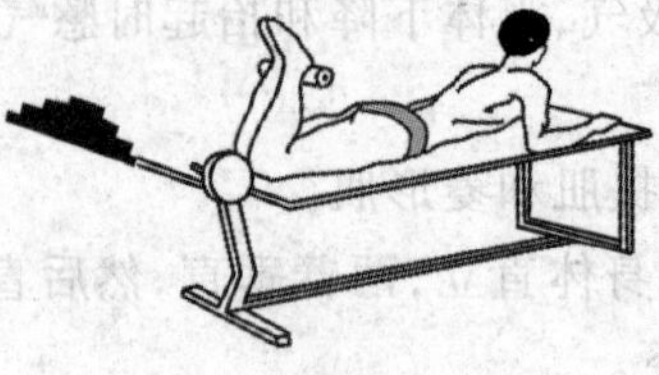

图 7-50

2. 负重深蹲(图 7-51)

(1)主要作用:主要锻炼臀大肌、股四头肌、缝匠肌、阔筋膜张肌及腰背肌等。

(2)动作要求:将杠铃置于颈后肩上,两手正握扶持杠铃,两脚平行开立略宽于肩,然后抬头挺胸,收腹紧腰,慢慢屈膝下蹲至大小腿成 90°角。稍停,再起立呈直立姿势。

(3)呼吸方法:下蹲时吸气,起立时稍屏气再呼气。

3. 负重提踵(图 7-52)

(1)主要作用:主要锻炼小腿三头肌。

(2)动作要求:两手正握杠铃置于颈后肩上,两脚前掌踩在 5~7 厘米厚的木板上,脚跟微着地,然后尽力提起脚跟至最高位置,略顿,慢降至着地。

(3)呼吸方法:向上提踵时吸气,下落时呼气。

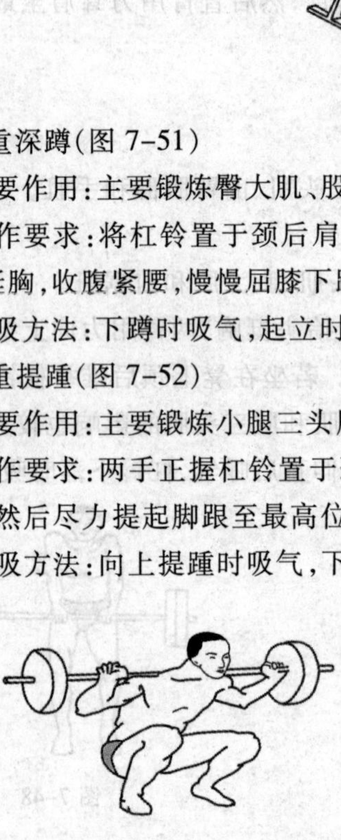

图 7-51

图 7-52

(六)腰腹部肌肉练习

腰腹部主要肌肉有:腹直肌、腹内外斜肌、腹横肌和腰方肌。

1. 仰卧起坐

(1)主要作用:主要锻炼腹直肌和骶脊肌。

(2)动作要求:仰卧在体操垫或长凳上,两脚伸直固定,两手抱头,然后上体前屈坐起至胸触及大腿,可负重练习。也可采用斜卧凳的不同斜度,或仰卧左右转体起坐,有利于锻炼腹外斜肌。

(3)呼吸方法:上起时吸气,下落时呼气。

2. 两头起(图 7-53)

(1)主要作用:主要锻炼腹直肌。

(2)动作要求:仰卧在垫子上,两臂向上、向前伸举,上体和两腿(伸直)同时向上举起,腹部肌肉收缩,然后还原。

(3)呼吸方法:举腿与上抬上体时吸气,落下还原时呼气。

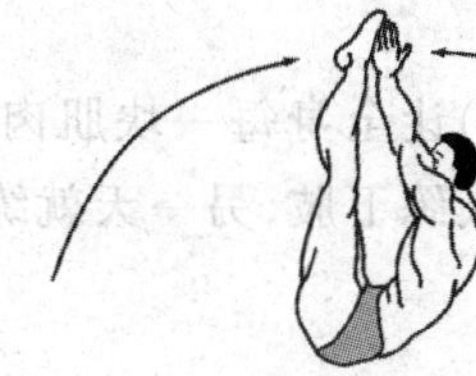

图 7-53

4. 负重转体(图 7-54)

(1)主要作用:主要锻炼腹内、外斜直肌,两脚不得移动,动作应缓慢而平稳。

(2)动作要求:身体直立,两腿开立与肩宽,肩负杠铃,两手紧握两端的铃片,随即上体向左侧转体至不能再转为止,稍停,再还原并向右侧转体至极限。

(3)呼吸方法:用力时吸气,还原时呼气。

图 7-54

五、健美锻炼的方法

(一)定量间歇法

在一次锻炼中用的重量、组数、每组次数等都是固定的,组间的间歇时间为 1~3 分钟。此法适宜于初学者。

(二)集中练习法

把锻炼某部位肌肉的若干相同的动作集中在一起进行练习,可使被练习部位的肌肉能得到充分锻炼。

(三)先衰竭法

要想发展哪块肌肉,先选择只发展这块肌肉的局部肌肉来训练,直到疲劳,使其衰竭,然后在几秒钟内,做一个以发展这块肌肉为主的综合肌肉群练习,用 70%的重量做到极限,这样交替训练若干组,能有效地增大肌肉围径。此法适宜有一定基础者采用。

(四)塔式练习法

某动作练习若干组时,练习重量逐组增加,完成次数逐组减少,直到最大重量完成最少次数。然后,再逐组减重,逐组增加次数。

(五)循环训练法

把若干锻炼不同身体部位的动作及训练器械按一定的次序编排好,练习者按事先编排的内容、程序，逐渐依次轮换练习至全部做完，为一个循环。这种方法能有效地增大练习密度和运动负荷，能达到去脂减肥，增加肌肉线条，提高机体运动能力的目的。对初学者较为适宜。

(六)分离训练法

在一段时间内(一般为一个星期)让全身每一块肌肉不重复地都得到锻炼，从而使身体得到最大限度的恢复。例如，一天练下肢，另一天就练上肢；一天做胸部、肩部练习，另一天则做背部、腿部练习等。

(七)动静结合法

当肌肉缓慢收缩到最大限度或一定角度时，保持紧张状态数秒钟，然后慢慢还原到动作开始位置。

(八)极限训练法

为了使肌肉达到最大的刺激强度，练到人体的生理极限，即再也做不动为止。这种方法能有效地增大肌肉体积与力量，适用于高水平练习者。

(九)综合训练法

每个训练方法可以独立使用，也可以把两个或多个以上的方法结合起来运用，使全身肌肉的体积、力量得到全面发展，收到良好的锻炼效果。如金字塔训练法与集中训练法综合运用；极限训练法与衰竭法及密集训练法综合运用等。在每一训练阶段后，采用不断转换训练内容，改变练习的重量、速率、动作组合，使肌肉不断接受新的刺激。

视窗

男子健美标准

男子健美标准的体围比例是：胸围和臀围为10:9，颈围是胸围的38%，前臂围是胸围的30%，上臂围(伸直)应比前臂围大20%，腰围为胸围的75%，大腿围为臀围的60%，小腿围为臀围的40%。

标准体重有两个计算公式：

1. 标准体重(kg)=身高(cm)−105

2. 标准体重=身高−100−(身高−150)/4

女子健美标准

现介绍一种女子七围标准比值表(见表7-2)。

表7-2　女子七围标准比值

部位	身高	肩围	胸围	腰围	臀围	上臂围(伸直)	大腿围	小腿围
比值	2.65	1.59	1.42	1	1.46	0.44	1.85	0.55

女子体重(kg)=身高(cm)−(110~105)

例：身高160厘米，求标准胸围、体重。

设标准胸围为x厘米

160:2.65(身高比值)=x:1.42(胸围比值)

x=160/2.65×1.42=85.7(cm)

体重=160−(110~105)=50~55kg

所以，身高160厘米的人胸围应为85.7厘米，体重在50~55公斤之间才符合标准。

第四节 体育舞蹈

一、体育舞蹈简介

体育舞蹈是现代国际社会流行的一种国际性的竞技舞蹈,它是融音乐、舞蹈、服装于一体的极具艺术内涵和观赏价值的体育竞赛项目和健身运动。

二、体育舞蹈的分类

体育舞蹈分为两大类,即现代舞(摩登舞)和拉丁舞。现代舞舞姿优美,轻柔飘逸,舞步流畅,气质高雅,动作规范,起伏性强,有华尔兹、探戈、狐步、快步和维也纳华尔兹五个舞种。拉丁舞动作激情奔放,技巧性强,音乐热烈欢快,节奏感强,包括五个舞种,有伦巴、恰恰恰、桑巴、斗牛和牛仔。

三、体育舞蹈基本知识

(一)舞程线(图 7-55)

舞程线又称方向线,是想像中沿着舞场边缘逆时针方向的一条线。舞程线中长边称 A 线,短边称 B 线。

(二)角度方位标志(图 7-56)

以舞场的正前方即男舞伴所站的方向为中心点,分前、后、左、右及四角八个方向,每 45°为一个方位,分别称为 1~8 号位。

交际舞中旋转起着非同小可的作用。旋转的方向可分为左转和右转。旋转的角度一般采用 45°、90°、135°、180°、360°,可根据舞者运行情况灵活掌握。这主要是看男伴带的方向和技术。

(三)比赛场地

体育舞蹈的比赛是在室内场地进行的,长度为 23 米,宽度为 15 米。选手按长方形场地斜线 90°站立,沿逆时针方向前进,跳完 23 米长度线为 A 线,再转入 15 米的 B 线,再依次转入 A 线和 B 线为一周,在比赛规定的乐曲中跳完比赛舞蹈。拉丁舞没有 A、B 线规定。

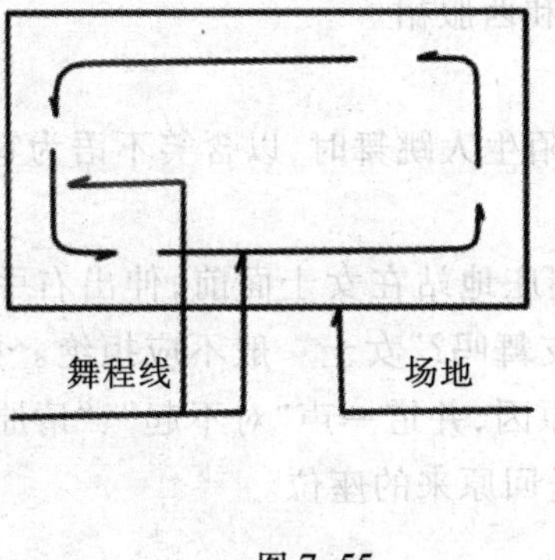

图 7-55

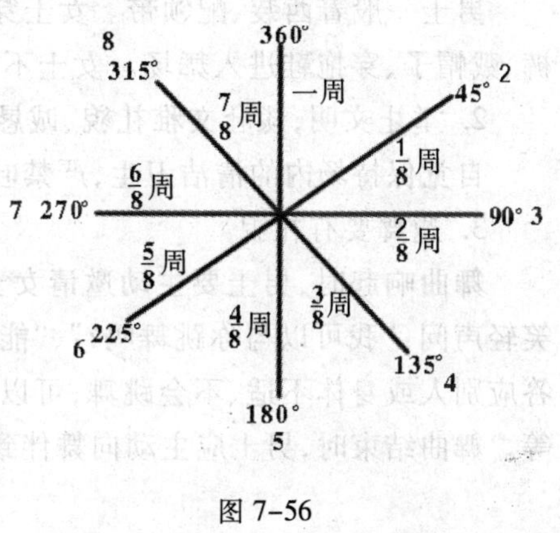

图 7-56

（四）比赛要求

体育舞蹈比赛时必须是规范动作，选手从站立拥姿、行进、舞姿到舞步以及节奏韵律、力点平衡，都要按标准进行比赛，裁判按这些规范进行评分。选手无论技艺如何，首要的是动作规范，音乐节奏准确。例如华尔兹舞第三拍动作与下一个连续动作的第一拍是否连接无断开感；探戈舞的头部闪视、快与慢动作之间的连贯性；伦巴舞必须是在舞蹈的第二拍才能出脚；恰恰恰舞在第三拍才能起步等。如果这些基本的要领与节奏错了，即使选手花步再多，裁判也不会给分。

（五）音乐的选用

音乐是舞蹈的灵魂。节拍、速度和旋律构成了音乐的三要素。与舞蹈相关的首先是节拍和速度，其次是旋律。

体育舞蹈的音乐经过规范化之后，要求每种舞蹈都具有相对固定的音乐节拍和速度。慢的华尔兹音拍为3/4，音乐速度为每分钟30~40小节；快的华尔兹音乐节拍为3/4，音乐速度为每分钟50~60小节；探戈舞的音拍为2/4，现用4/4，音乐速度为每分钟28~34小节；伦巴舞的音拍为4/4，音乐速度为每分钟28~31小节，恰恰恰舞的音拍为4/4，音乐速度为每分钟32~34小节。

（六）带舞与跟舞

在体育舞蹈中，男伴起着主导、决定性作用。国际标准舞，右胯轻触给对方信息。男伴后退时，应用右手整个手掌在女伴的背部轻轻地压一下，以提示女伴向前走。男伴前进时，应稍减轻右手掌的压力，以示女伴应后退。男伴要让女伴向右转，应用右手掌压女伴后背；让女伴左转，应用右手指轻压女伴后背。国际上一般都是男伴用左脚起步（女伴右脚）。男伴要带舞，他应能够确定舞曲的节拍及起舞的节拍。起舞前把身体稍向前倾，表示要起步了，或先把左脚向后撤一步，以表示对女伴的礼貌和谦让。音乐快，舞步就小一些；音乐慢，舞步相应大一些。男伴始终要考虑到自己的舞伴，随时调整舞步的大小，以免女伴跟起来感到吃力。女伴切忌代替男伴，把自己的舞步或花样以及迈步的方向强加于男伴身上。只有在男伴看不到后面而要出现碰撞情况时，女伴用右手轻按一下男伴右肩以暗示他不能再后退。

（七）舞会的礼节

1. 衣着必须整洁，大方，仪态端庄

男士一般着西装、配领带。女士穿鲜艳的连衣裙或漂亮的衣裤。男士切忌穿背心短裤、戴帽子、穿拖鞋进入舞场。女士不宜穿旗袍、筒裙和西服裙。

2. 举止文明，谈吐文雅礼貌、诚恳

自觉保持场内的清洁卫生，严禁吐痰和吸烟。同陌生人跳舞时，以含笑不语为宜。

3. 邀舞要有礼貌

舞曲响起时，男士要主动邀请女士，大方有礼、端庄地站在女士面前，伸出右手，含笑轻声问："我可以与你跳舞吗？"、"能允许我请你跳支舞吗？"女士一般不应拒绝。如已答应别人或身体不适、不会跳舞，可以含笑婉言说明原因，并道一声"对不起"、"请原谅"等。舞曲结束时，男士应主动向舞伴致谢，并把女士送回原来的座位。

四、体育舞蹈的几个舞种及跳法

(一)华尔兹

1. 华尔兹的风格特点

华尔兹起源于德国民间舞蹈,主要风格可以用圆、柔、连、挺、降、升来概括。

圆、柔、连的含意是在舞蹈进行中,必须充分表现出圆润、柔和、连绵不断的流动韵律,不得出现任何形式的棱角性感觉。

挺既是外形的表现,又是内涵的需要。外形的挺拔感是由人体的整个脊椎包括头颈在内,一起向上挺立而形成的;内涵的气质则是由较高的文化层次自然形成的礼貌和自尊所必然表现出的高雅风度,所以有人称华尔兹为"真正的绅士舞蹈"。

升则是指在每一小节里,都有一个周期性的波浪起伏的过程。降,是指由于大步迈出所造成的重心低下;第一个升则是对重心低下状态的缓解性上升;第二个升是指继续保持上升直到波状起伏的巅峰。

2. 华尔兹基本舞步的练习

华尔兹的舞曲为 3/4 拍,每分钟 30~40 小节。它的舞步基本上是一拍跳一步,每一小节三步。但在各种舞步中也有不同的变化。

华尔兹的基本舞步是由前进(后退)、横移、并脚三步构成的,也就是我们平时常说的方步及变形方步(右转步、左转步)。在跳基本步时,我们首先遇到的第一个问题是降、升、升的问题,或者说是脚跟、脚掌、脚尖运动程序及其方法的问题。第一步,前进者首先放松膝盖,重心下降并主动前移,摆荡腿由脚尖、脚掌、脚跟顺序向前伸出,主力脚随后发力,摆荡脚跟、脚掌擦地向前推进,落地顺序是由脚跟到脚掌,身体重心随之到位;后退者同样先放松膝盖,重心下降的同时摆荡腿向后伸出,脚尖不得离开地面,在前进者主力腿发力的同时,主力腿也发力向后推,落地顺序是脚尖到脚掌,身体重心同时到位。第二步的横移,是运步的特殊形式,它既不是先落脚跟,也不是先落脚尖,而是近似于脚的前内掌落地,并伴随着反向的倾斜(即左横移时右倾斜,右横移时左倾斜)。并脚动作在第二拍的后半拍时就随着身体的上挺和倾斜开始向并脚发展,此时重心完全会处在横移脚的半脚掌上(前进者或后退者一样)。第三拍的并脚是在没有重心移动的状态下到位,而且直到第三拍的前半拍,重心都还在横移脚步的前掌上上升,直至极限状态,并拢的脚掌才开始同时支撑重心,但这种双脚重心仅只一刹那的时间。从第三拍的后半拍开始,脚跟开始下降,而下降的重心则由后来并拢的那只脚的脚掌支撑。

第二个要解决的问题是侧身与倾斜。倾斜仍是通过侧身动作的延伸,也可以说是通过肩部引导来实现的。这一系列的上身动作,都产生于腰部的力量,而不是某一个局部的单独运动(图 7-57)。

(1)右转步。第一步与方步的第一步相同。第二步开始前重心脚开始向右辗动,横移脚从刷式位向横移,并随着肩部引导而倾斜。第三拍双方收脚并拢,保持倾斜上升,注意后半拍的重心交替和下降的转化(图 7-58)。

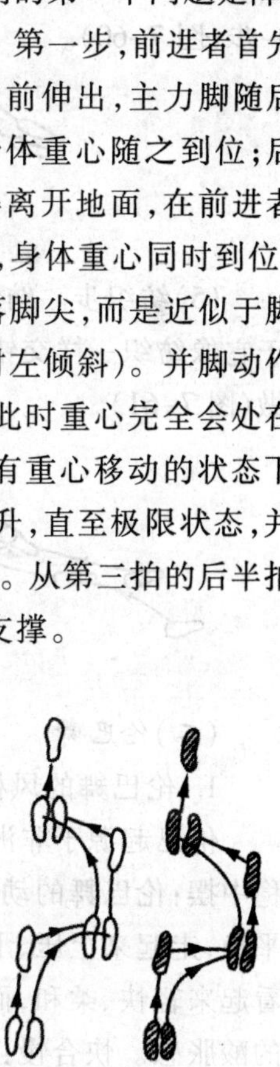

图 7-57

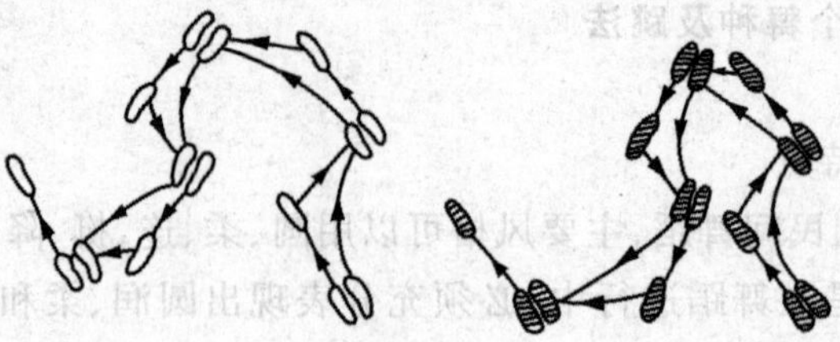

图 7-58

(2)左转步。这是和右转步相反的一个步子。开始时男伴站在面对中央斜线起步。

(3)扫步接并合步。是一小节三拍中跳四步的一种步法。做扫步时可面对壁斜线,在左转后面接做(图 7-59)。

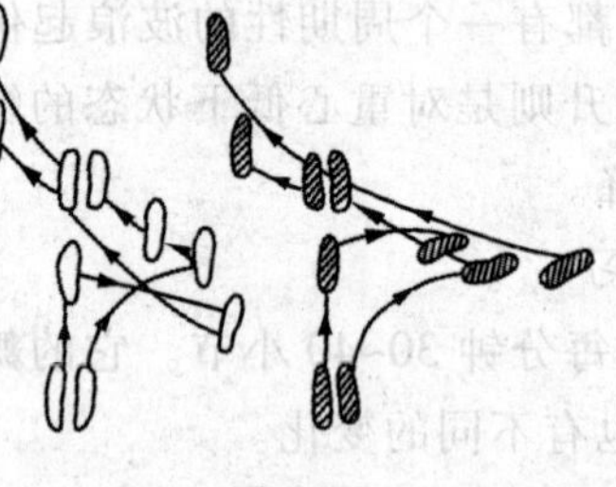

图 7-59

(4)开式推转。此动作的前三步是右转的前半部,准备动作即为右转前半部的最后一步(图 7-60)。

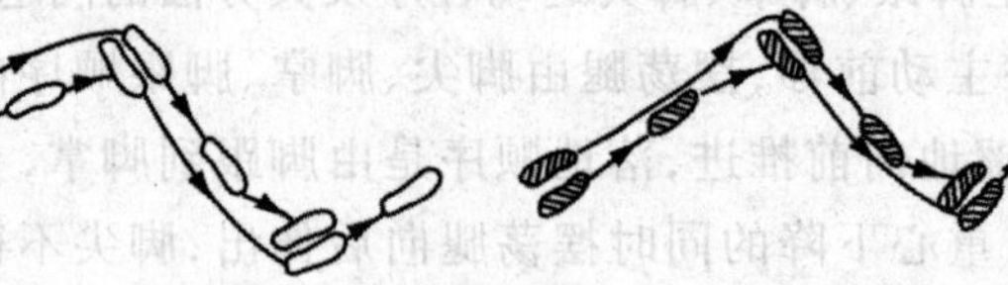

图 7-60

(5)纺织步。纺织步是一组由身体的不同角度转动的舞步相互交叉进行的步子,由于它像纺织一样交错,因而得名。它可接在推转成 P、P 以后或其他右脚系列舞步的后面做(图 7-61)。

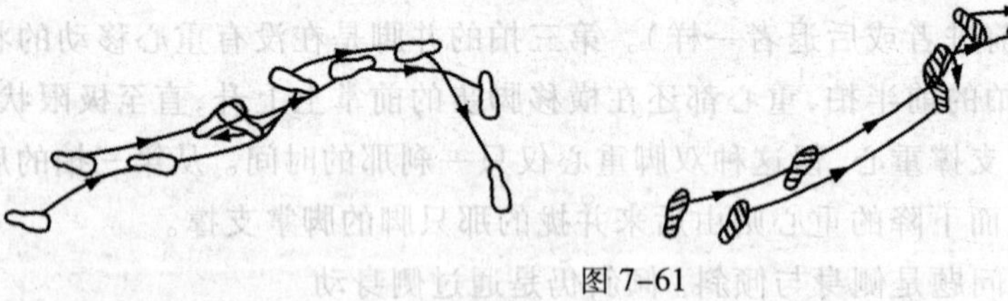

图 7-61

(二)伦巴舞

1. 伦巴舞的风格特点

伦巴起源于非洲,伦巴舞的风格和动律特点,可以归纳为稳中摆,柔中韧,快合慢。稳中摆:伦巴舞的动律产生于劳动,劳动的黑人头顶大筐搬运香蕉等水果时,要求上身平稳,走起来上压、下顶,形成臀部的摇摆。柔中韧:出步后,膝部使劲顶直,臀部的摆动看起来轻快、柔和,而实则内部用力,有一股内在韧劲,因此跳伦巴舞时间长了会有臀部的酸胀感。快合慢:伦巴舞用四拍、走三步,节奏为快、快、慢,快步一拍一步,慢步两拍一步。臀部是走三步摆三下。

2. 伦巴舞基本舞步的练习

节拍为4/4,第四拍为重拍,每分钟28~31节。每小节有三步,前两步是一拍一步,第三步是两拍一步。

(1)基本步。这是伦巴舞最基本的舞步,以后的很多步子都是在此基础上发展起来的。初学者务必熟练地掌握它,并能与音乐合拍,在原地的基本动作掌握后,还可做原地向右转和向左转的练习。旋转度数每步不要超过90°。

(2)扇形步。是男女舞伴向右、左打开形成扇面形舞姿。要做完基本步的前半部以后接做。

(3)曲棍步。此步法由于女伴右转的步子像线形似的曲棍球棒,故名曲棍步。这个动作从扇形步以后衔接(两小节完成)。

(4)右陀螺。右陀螺转是男女舞伴由开式舞姿合成闭式舞姿后一起在原地绕转的一种舞步。

(5)闭式扭胯转。闭式扭胯转是从闭式舞姿上开始做的胯部(臀部)扭转的动作。这个动作通常是在右分展步以后做,是女性典型的动作。要求做到圆润而自然,不可生硬地扭动。这个动作的前三步是右分展步,从第四步开始为闭式扭胯转(开式扭胯的步子与闭式扭胯基本上一样,只是在开式舞姿时开始)。

(6)阿莱曼娜。阿莱曼娜可从闭式姿态、开式姿态开始,也可从扇形姿态开始。在上一动作结束时男伴要抬起左臂提示女伴向右转,第六步在闭式相握姿态结束。

(7)行进走步。在伦巴舞中,行进走步,动作看来简单,而要做好却并非容易。这个动作用阿莱曼娜来衔接,当阿莱曼娜女伴臂下转完与男伴相对时,再继续右转,右脚向后腿,男伴左脚后退即可接做行进走步。

(8)开式扭胯转。这个舞步是在开式舞姿上开始的。它与闭式扭胯转同样是女伴要用双脚掌向左、右拧动,带动胯部的扭转,男伴左手与女伴右手的握持在旋转时要使其力度配合得当,方能使女伴的旋转顺畅自然,女性要从男伴手的带领中寻找旋转的动力,才能做出强有力的胯部扭转。

(三)探戈舞

探戈舞是西班牙文化与黑人文化的结合体。它具有潇洒奔放、动静交织的特点。相传阿根廷的男士与女伴跳舞时皆腰佩短剑,以防情敌。故跳探戈时面部表情严肃,不露笑容,头部左顾右盼,快速转动,这更强调了它的特点。

1. 探戈舞的风格特点

探戈舞的主要风格特点可以归纳概括为16个字:蟹行猫步、棱角转换、停顿凝聚、出留果断。下面分别解释。

2. 探戈舞基本舞步的练习

(1)蟹行猫步:要像螃蟹一样地斜行横进,像正在捕食的猫一样平稳、沉着而机敏。

(2)棱角转换:动作的连接与转换,必须刚健有力,顿挫分明,富有戏剧效果。这不仅要表现在动作的外部形态上,更要体现在通过双眼的视点所显示出来的内在气质上。所以,典型的探戈舞者的表情,一反所有摩登舞的惯例,是严肃的,具有战斗性和戏剧性的效果。

(3)停顿凝聚:探戈进行中,经常出现短暂的停顿造型。这种造型,必须具有凝聚感,给人一种“蓄力待发”的印象。需要注意的是，理想的凝聚，应当融入流动之中，使“蓄力待发”成为刚柔相济的贯穿性感觉。

(4)出留果断：掌握这一风格的关键，在于重心的处理技巧。无论是造型中的控制或保留重心，还是运动中的快速推进重心，都要干净、利落、果断、毫不拖泥带水。

探戈舞曲为 2/4 或 4/4 拍子，每分钟约 28~34 小节，基本节奏为 S.S.Q.Q.S.Q.Q.S。由于它的舞曲节奏是带有停顿、附点，并强调切分音，所以舞步一定要做到动静有致，干脆利落。探戈的走步是非常重要的基本步法。行走时膝部松弛，重心下沉；行走的路线呈弧线，男伴左脚出发时由脚拇趾内缘着地，反复行进。一般用“蟹行猫步”来形容探戈舞的走步，节奏为 S.S.;S.S.(图 7–62)。

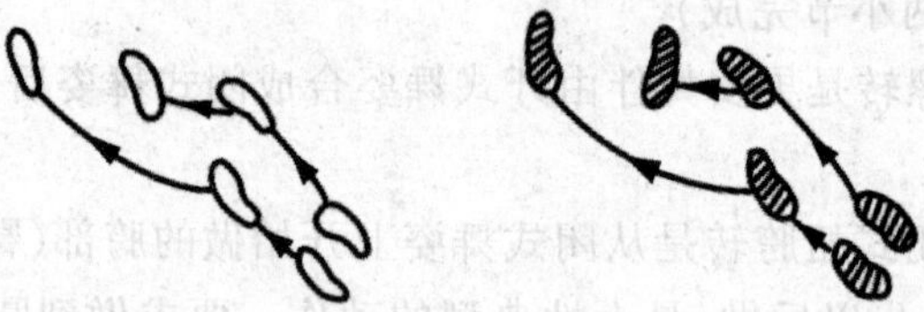

图 7–62

(四)恰恰恰舞

恰恰恰舞的动律和伦巴基本相同，由于伴奏舞曲及舞步速度轻快，因而具有活泼、热烈而俏皮的风格特点。它的步法音乐每小节四拍走五步：慢、慢、快快、慢。慢步一拍一步，快步一拍两步，臀部摆动和伦巴很相似。跳每个舞步都应在脚前掌施加压力，膝部稍屈，当重心落到某只脚上时，脚跟放低，膝伸直，臀部随之向侧后方摆动，另一条腿放松屈膝。

(1)节拍为 4/4，每小节四拍，重音在每一小节的第一拍上。从音乐小节的第一拍开始起舞。

(2)速度为每分钟 32~34 小节。每小节四拍跳五步，前两步是一拍一步，第三、四拍是半拍一步，第五步是一拍一步。

(3)恰恰恰舞的基本舞步。闭式基本步是在闭式相握姿态开始的，既可做成无转动度的，也可以做成有转动度的。它由五步组成，节奏为 S.S.Q.Q.S(也可叫做 2、3、&、1)五步组成(图 7–63)。

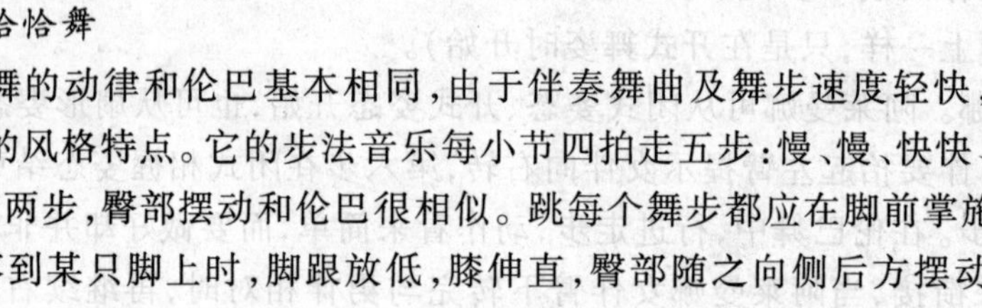

图 7–63

第五节 瑜 伽

一、瑜伽简介

1. 瑜伽的起源

瑜伽起源于印度，是印度古老文化和智慧的结晶。它的起源最早可以追溯到印度河文明时期，五千多年来，它一直是印度文化的一个重要组成部分。历经时代变迁，瑜伽一直充满活力，是东方最古老的强身术之一。

瑜伽（YOGA）一词来自印度梵文的音译，有结合、联系之意，这也是瑜伽的宗旨和目的，它的含义是心灵、肉体和精神达到完美和谐的状态。也就是说，瑜伽象征某种进程，通过这种进程，人们能够学到最契合的生活方式。

瑜伽最初的修炼者是在乡间小舍、喜马拉雅山洞穴和茂密森林的中心地带，由瑜伽师传授给那些愿意接受的人们。瑜伽广义上讲属于印度六大哲学派系中的一大派系，狭义上讲是一种健康自然的生活方式。

今天的瑜伽已经不只属于哲学的范畴，也不再是少数隐居者拥有的秘密，它还包含了更加广泛的含义。今日的瑜伽已然超越了苦修的境界，成为了一种独特的健身手段，其功效也为世人公认。

瑜伽作为一种动静结合的健身方法，通过站、坐、跪、卧、倒立等常用的瑜伽体位法的练习，充分弯曲、伸展、扭转身体各个部位，除了能够锻炼人体的中心柱——脊柱之外，对肌肉和内脏器官也起到很好的按摩及牵引作用，从而达到雕塑体形之目的；通过特有的瑜伽完全式呼吸法，按摩内脏，从而达到调节内分泌、提高淋巴系统的排毒功能之目的；通过冥想，训练思维，达到修身养性、吐息杂念，并能唤醒内在的沉睡能量，使身心得到最大的愉悦，从而真真实实地给练习者带来不同以往的新体验。

2. 瑜伽的功效

经过数千年历史长河的洗礼，经过无数人的亲身验证，现代瑜伽已被世界公认为是一种具有预防疾病和治疗效果的体育活动，属于最自然和有效的物理治疗方法之一。经常练习瑜伽可以维持人体良好的生物状态，增强体质，预防疾病。从单纯的物质层面上讲，练习瑜伽可以达到如下效果：

(1)获得能量，提高身体柔韧度和平衡能力，改善心肺功能。

(2)有效地减脂、塑体。

(3)有效缓解压力和紧张感，舒缓身心。

(4)能有效地提高身体能量和精神能量，使人精力充沛，轻松自始。

(5)有效排解人体的毒素，加强血液循环，改善肌肤光泽。

(6)有预防疾病和改善疾病的医疗作用，增强免疫力。

(7)能有效地提高思维能力，增强记忆力，集中注意力。

以上这些功效是开始练习瑜伽后就可以获得的。换言之，能保持长久的练习，瑜伽可以给予人类的更多。

二、瑜伽练习的注意事项

对于瑜伽初学者和爱好者而言，动作的正确与否，可经由老师的指导或身体的反应来确认，但练习观念是否正确却无人指导，在不正确的练习观念下勉强自己，想要不受伤或坚持练习恐怕很难。在开始瑜伽学习时，要以正确的方式和观念进行才会有效，才能真正获益。

1. 认清目标，持之以恒

只有持之以恒地练习，才能收到预期的功效。现代人生活紧张，学习、工作压力增大，杂务缠身，常因意外牵绊而中止或中断练习。其实，瑜伽练习贯穿在我们的日常生活之中，学习之余，起床、睡觉前都可以进行简单而有效的练习。

2. 练习中不要勉强，切勿急躁

瑜伽姿势(体位)只是瑜伽修炼的敲门砖，虽然很重要，但不是目标，所以做任何姿势的练习都应顺其自然。

3. 增强信心，不要灰心

在瑜伽练习中，切勿与人比较，只要自己感觉好，今天比昨天有进步就成。刚开始练习时，肌肉僵硬，身体柔软度与平衡能力欠佳，是很正常的，不要灰心，给自己多一点时间，经过努力，坚持下去一定会有意想不到的惊喜回报。

4. 练习环境

瑜伽练习一定要在安静、通风良好的地方进行。室内空气要新鲜，可以自由地吸入氧气；室外练习的环境要令人愉悦。

5. 练习的服装

在练习中不易穿太紧的服装，只要合身舒适即可；在室内练习，最好赤脚。

6. 练习前须空腹

在开始练习以前，最好排空膀胱和大肠。为了确保这一点，应在进食后至少2~3小时后方可练习。练习半小时后可以多喝水，适量进食，注意营养均衡。

7. 练习中注意用鼻腔呼吸

因为鼻粘膜和鼻毛会帮助我们过滤空气中的尘土及细菌，有效保护吸入体内的空气质量，所以，练习中注意用鼻腔呼吸。

8. 见习生课堂安排

女性生理期要视个人的具体情况决定练习与否。一般而言，瑜伽练习并无太多限制，只要自己身体状况好，练习中避免做倒立类和强度较大的练习动作即可。

9. 病患者须知

有心脏病、高血压、糖尿病以及患颈椎、脊柱、关节病的人须经医生同意后，方可练习；大病初愈或手术后不要立即做练习。

10. 在练习中如有肌肉颤抖或抽筋的现象，应停止练习，经按摩放松恢复后，方可继续练习。

三、瑜伽呼吸法

呼吸是人体最重要的机能，但是人们对呼吸的了解却很少。我们从来也没有主动关心过自己的呼吸，在日常生活中，由于人的因素，呼吸一般是任意的和不规律的，大多数人呼吸方式浅短、缺乏规律。这样的结果，使身体不能吸收足够的氧气以及宇宙的能量，从而使人的神经系统、内分泌系统逐渐受到损害，身体开始丧失活力，产生疲劳与沮丧感。

人的身体状况在很大程度上依赖于呼吸的规律性，甚至呼吸方式可以高度地反映出一个人的情绪情感。例如人在沮丧、悲痛或抑郁时，呼吸就会变得慢而无规律，而在狂怒、焦虑和紧张不安时，呼吸则变得快速、表浅和混乱。连续不规律的呼吸，最终使体质变得虚弱。

瑜伽呼吸通常有三种方式：胸式呼吸、腹式呼吸和完全式呼吸，同时还要掌握运动中的呼吸方法。正确的呼吸是人身心健康的基础，也是瑜伽修炼的灵魂，它能使人宁静安详，松弛紧张的身心，提高工作、学习效率。正如瑜伽所言，改变你的呼吸，就改变了你的身体；改变你的呼吸，就改变了你的心灵。调整呼吸，是我们生存的基本因素，也是健康的必要基础。

1. 胸式呼吸

仰卧或取坐姿，吸气，把空气直接吸入胸部区域，胸部区域扩张，腹部向内朝脊柱方向收，肋骨向外、向上扩张；呼气，肋骨向下并向内收。

2. 腹式呼吸

仰卧，手轻轻放在腹部，吸气时，把空气吸向腹部，吸气越深，腹部升起就越高，随着腹部扩张，横膈膜下降；呼气，腹部向内朝脊柱方向收，尽力收缩腹部，把所有废气全部呼出来，横膈膜自然升起。

3.完全呼吸

完全呼吸作用于腹部和内脏，又称其为“内脏体操”。它的练习方法同其他呼吸法的区别在先呼后吸，先让肺变空，其精髓在于横膈膜的运动。练习要领是先呼气，呼气时节奏均匀地慢慢向小腹施力，腹部受压逐渐向内收紧，直到有肚皮几乎贴到背部的感觉，这样才能最大限度地对内脏进行按摩；吸气时，上体放松，横膈膜松弛下降。完全呼吸就是把以上两种呼吸方式结合起来完成，这是一种自然的呼吸方式，并有许多益处，由于增加了氧气供应，血液得到了净化，肺部组织健壮，增强了抗病能力，心灵也变得更清澈。

4.运动中呼吸

在瑜伽练习中，必须学会和掌握动作与呼吸的协调配合。例如：手臂上举时吸气，放下时呼气；身体向后弯曲时吸气，向前弯屈时呼气。所有的动作都结合吸气运动和呼气运动，在呼气过程中，不应有急促的感觉。

四、瑜伽冥想

冥想对很多人来说感觉神秘莫测，甚至怕“走火入魔”。其实，冥想比人们想象的要简单得多，冥想的意思就是意念和境界的结合。只要你能放松自己，保持内心的平和，静观一切，心无杂念，就已经进入了冥想的状态。

瑜伽冥想对现代人非常有益。初学者在进行静坐冥想练习时，如感觉难以入静，可以把意念集中在呼吸上，静静地体会自己的呼吸节奏，这样较为容易地进入到心无杂念的冥想状态。在体位练习过程中也可以进行冥想，就是在每个动作完成后的静止过程中，闭上眼睛，配合缓慢深长的呼吸，用心体会动作刺激身体的所在部位。

冥想时，思想内容并不重要，重要的是注意力的所在和保持知觉的状态。配合缓慢、细长而有规律的呼吸，也可以播放一些瑜伽冥想音乐，使自己在这些音乐中进入祥和、喜悦的境界，从而达到身体与精神两方面的健康。

在瑜伽语音冥想练习时，练习者可以大声地吟诵，可以低声地诵念，也可以在心里默念；可以坐着念，可以站着念，眼睛可睁可闭，也可以一边念诵一边倾听自己的声音。不过，不管你练习的方式如何变化，都必须坚持一条原则，那就是全部注意力要集中在瑜伽语音上。

五、瑜伽休息术

瑜伽休息术是让瑜伽练习者得到极好的休息放松的技法。其练习方法非常简单，有训练法、意境法和休息法三种。练习者可以根据具体情况来选择放松的方法，前两种方法较为简单，适合没有太多时间做放松练习的人，而休息法是循序渐进的全面放松方法，进行时间较长，效果也会更好。

1. 训练法：是指有意识地控制自身心理、生理活动，降低唤醒水平，改善机体紊乱功能的训练，使精神得到放松。方法主要是通过调整姿态（调身）、呼吸（调息）、意念（调心）而达到松、静、自然的放松状态。

2. 意境法：是指通过想象达到放松的目的，如静卧后，通过自我意念想象，心里出现一幅图画，湖面平静，清澈安宁；金光灿烂的太阳跳出地平线，海面上浪花激荡；清澈的蓝天，团团白云漂浮。在这些诗情画意中，自然会感到心旷神怡，心情格外轻松、舒适和愉快，内心平静极了。

3. 休息法：休息法是以上两种放松法的综合，通常是由瑜伽师或老师诵读引导词，练习者则根据引导词做放松练习，一般采用慧兰老师的瑜伽休息术（智慧花盛开）。

六、瑜伽体位练习

1. 简易坐（适合初学者）

练习方法：双腿弯曲，将右脚放在左腿下方，双手自然放在双膝上，头部和脊柱保持在一条直线上，可交换盘坐（图 7–64）。

功效：放松全身肌肉，提高身体的协调性和控制能力，缓解压力，强化脊柱和内脏功能。

2. 至善坐

练习方法：弯曲左小腿，左脚跟紧贴会阴处，再弯曲右小腿，左腿放在右脚踝上，脚趾放在右大腿与右小腿之间，挺直背部（图 7–65）。

功效：补养和增强脊柱下半段和腹腔器官功能，消除脚踝、膝关节的僵硬，具有镇定安神的功效。

3. 金刚坐（又称日本式坐姿）

练习方法：双腿弯曲，臀部坐在脚跟上，双手自然放在大腿上（图 7-66）。

（提示：本坐姿不宜练习过久，长时间可能会伤及小腿神经。）

功效：对于坐骨神经痛、腰痛患者是一个很好的练习内容，可减轻症状；饭后练习，还可促进消化。

4. 英雄坐

练习方法：两小腿向外打开，上身挺直，两手结印放置于大腿上（图 7-67）。

功效：能改善腿部的僵硬、强直，使大腿结实、柔软，减轻骨质增生以及风湿性关节炎的症状。

图 7-64

图 7-65

图 7-66

图 7-67

5. 坐姿扭转式

练习方法：取坐姿，双腿伸直于体前，双手放在身体两旁的地上，上体直立（图 7-68-1）。屈左膝，同时轻抬左脚跨过右腿，脚掌平放在右膝外侧（图 7-68-2）。呼气，转体，右臂绕过左膝外侧，右手放在右膝上，左手置于体侧，眼视左后方（图 7-68-3）。吸气，左臂上抬，稍高于肩，眼视左手指（图 7-68-4）。呼气，左手平行向前滑动，置于体前，手心向下，自然呼吸（图 7-68-5）。换腿做另一侧练习。

图 7-68-1

图 7-68-2

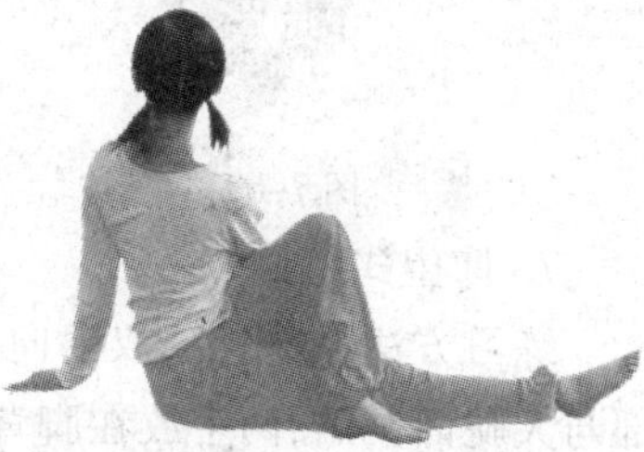
图 7-68-3

图 7-68-4

图 7-68-5

6. 脊柱扭转式

练习方法：弯曲右腿，脚跟放在会阴处，屈左腿，左腿置于右膝的外侧，左脚掌着地，右手放在左脚背上；吸气，体前抬起左臂，手肩齐平，手心向下（图 7–69–1）。呼气，颈部、双肩、脊柱随左臂转体，眼看左手，自然呼吸，保持片刻（图 7–69–2）。吸气还原（图 7–69–3）。吸气，左臂上举，眼看上方，自然呼吸，保持片刻（图 7–69–4）。呼气，左臂屈肘慢慢垂下（图 7–69–5）。调整呼吸，换脚，重复另一侧练习（图 7–69–6）。

功效：使腰部纤细，美化腰部线条；按摩内脏，促进肠的自然蠕动，放松各节脊柱。对脊神经和整个神经系统都有很好的刺激效果，能预防背痛和腰部风湿痛。

图 7–69–1

图 7–69–2

图 7–69–3

图 7–69–4

图 7–69–5

图 7–69–6

7. 仰望式

练习方法：取坐姿，双腿向前伸出，两手放在体侧，调整呼吸；呼气，上体向前弯曲，腹部与大腿面紧贴，两手放在脚背上，自然呼吸，同时，右手放在左手臂上；呼气，双腿保持不动，上体右转，身体左侧覆盖在腿上，颈部右转，眼睛从右肘下向上看，自然呼吸，保持数秒，吸气还原，左手放在右手背上向左转体，做另一侧练习（图 7–70）。

功效：使精力充沛，强化提高腿部的柔韧性，消除腰腹多余脂肪，保持活力。

图 7–70

8.圣哲玛里琪第一式

练习方法:取坐姿,双腿伸直于体前,双手放在身体两旁的地上,上体直立(图 7–71–1)。吸气,屈右腿,右脚脚掌平贴于地面,脚跟靠近会阴处,右小腿与地面垂直,两手抱住右小腿,自然呼吸(图 7–71–2)。呼气,上体前弯,右手绕过右腿,右臂勾夹着右腿,同时右臂腋下紧贴着右小腿胫骨,弯起左肘,用左手抓住右腕,也可十指相扣;颈部右转,眼视右下方,自然呼吸,保持片刻(图 7–71–3)。呼气,上体前倾,尽量将额头放在左膝上,保持片刻(图 7–71–4)。吸气抬头,下颌前伸,自然呼吸,保持片刻(图 7–71–5)。吸气还原,换另一侧练习。

功效:对患肠胃疾病的人群有益,能增强横膈膜区域的血液循环,伸展背部、肩膀、双臂和双腿的肌肉。

图 7–71–1

图 7–71–2

图 7–71–3

图 7–71–4

图 7–71–5

9.旁扭式

练习方法:按基本坐姿坐好,两腿尽力分开,吸气,两手侧平举(图 7–72–1)。以腰为支点,呼气,身体向右转,保持自然呼吸(图 7–72–2)。呼气,上体前倾,左手手指触及右脚脚趾,右手背于体后,置于腰部(图 7–72–3)。吸气,左手大拇指、食指扳住右脚大脚趾,抬头,下颌前伸,右手臂平举于体侧,保持自然呼吸(图 7–72–4)。吸气还原,做另一侧练习。

功效:减少腰侧及腹部多余脂肪,按摩腹部器官,促进肠胃运动,改善消化不良,促进全身血液循环。

图 7–72–1

图 7–72–2

图 7-72-3

图 7-72-4

10. 屈膝扭腰式

练习方法：取坐姿，双腿向前伸直，双手置于臀部后约 30 厘米的地面上，腰背挺直，吸气，弯曲左腿，脚掌平放在右膝上（图 7-73-1）。呼气，髋部引导左（右）腿，轻轻转向左（右）侧，膝关节触地，眼视下方，自然呼吸，保持数秒（图 7-73-2、图 7-73-3）。吸气还原。

功效：按摩、刺激腹部，强化内脏功能，按摩骨盆、髋部，对腰部、背痛、风湿痛有疗效，可消除腹部、腰部多余脂肪，使腰部苗条纤细。

图 7-73-1

图 7-73-2

图 7-73-3

11. 脊柱伸展式

练习方法：取坐姿，双腿向前伸直，两手放在膝盖上，自然呼吸（图 7-74-1）。呼气，上体前曲，头触膝部，自然呼吸，保持数秒（图 7-74-2）。慢慢吸气，同时将双臂由两侧上举，伸展背部（图 7-74-3）。呼气，上体前曲，依次将腹、胸、下颌覆盖于双腿上，双手握住脚底，自然呼吸，保持数秒（图 7-74-4）。吸气，依次恢复到坐姿。

功效：按摩心脏，刺激脑垂体，改善血液循环，消除疲劳，收紧腹部，对胃、肝、肾、胰腺有益，能改善消化不良、食欲不振，对肥胖症、便秘、痔疮、糖尿病有疗效。

图 7-74-1

图 7-74-2

图 7-74-3

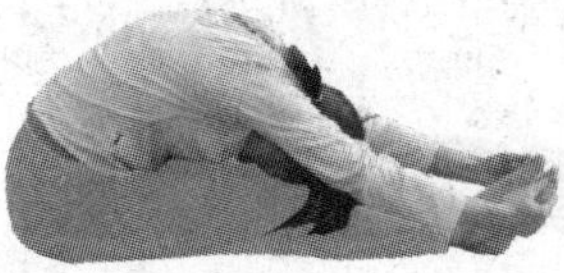

图 7-74-4

12. 头碰膝式(单腿伸展式)

练习方法:取坐姿,双腿向前伸出,两手放在体侧,调整呼吸(图 7-75-1)。右腿弯曲,脚掌置于左大腿内侧,脚跟抵住会阴处,吸气,两臂慢慢上举至头顶,伸展背部,保持片刻(图 7-75-2)。呼气,上体前屈,胸部尽可能靠近膝关节(但不勉强),自然呼吸(图 7-75-3)。吸气,下颌前伸,保持数秒(图 7-75-4)。吸气还原,换脚做另一侧练习。

功效:能有效消除疲劳,使精力充沛,保持活力,对便秘、痔疮、消化不良、前列腺炎有疗效,灵活关节,伸展背部,能消除腰围多余脂肪。

图 7-75-1

图 7-75-2

图 7-75-3

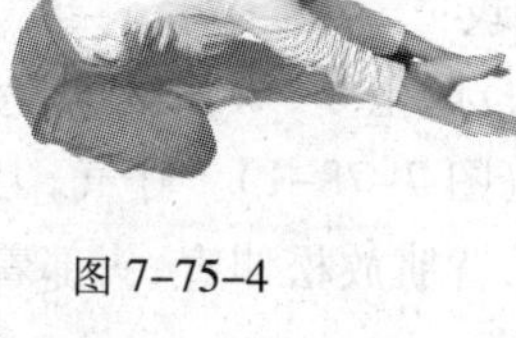

图 7-75-4

13. 摇篮式

练习方法:取坐姿,双腿伸直于体前,双手放在身体两旁的地上,上体直立(图 7–76–1)。呼吸,上体前屈,双手抱住右脚(图 7–76–2)。吸气,右腿伸直离开地面,上体直立(图 7–76–3)。呼气,屈右膝,右脚脚趾或脚内侧紧贴前额,自然呼吸,保持片刻(图 7–76–4)。呼气还原,用同样的方法做另一侧练习。

功效:能增加肺活量,消除疲劳,对便秘、糖尿病有疗效,使身体恢复活力,对腿部静脉曲张、神经痛、风湿等症有疗效。

图 7–76–1

图 7–76–2

图 7–76–3

图 7–76–4

14. 坐姿拉弓式

练习方法:取坐姿,双脚伸向前方,伸直背部,自然呼吸(图 7–77–1)。呼气,上体向前屈,双手手指握住双脚脚趾,保持自然呼吸(图 7–77–2)。吸气,右手拉起右脚,右手臂将右脚继续往耳朵方向拉,下颌内收,自然呼吸(图 7–77–3)。之后,呼气,慢慢把脚放下,还原,用同样的方法做另一侧练习。

功效:能促进脑部荷尔蒙分泌,舒缓压力,提高自信,对腰痛、头晕、耳鸣、坐骨神经痛有疗效,可矫正身体姿势,健美腿部和臀部。

图 7–77–1

图 7–77–2

图 7–77–3

15. 束角式

练习方法:取坐姿,双膝尽量着地,脚掌心相贴。脚跟尽量拉向会阴处,吸气,上体挺直,保持片刻(图 7–78–1)。呼气,上体以腰为中心慢慢前屈,双肘压在小腿胫骨上(图 7–78–2)。呼气,背肌放松伸直,头部着地,自然呼吸,保持片刻(图 7–78–3)。吸气还原。

功效：能去除骨盆内脏淤血，对女性经期紊乱、前列腺炎、泌尿系统等疾病有疗效，可消除腹部、腰围脂肪，美化腰部及腿部线条。

图 7-78-1

图 7-78-2

图 7-78-3

16.鸽子式

练习方法：侧坐，左腿弯曲，脚跟靠近会阴处，右脚向后伸出，脚背贴地，吸气，左手上举，眼看手指，右手放在右腿膝关节弯曲处(图 7-79-1)。吸气，弯曲右小腿置于右手肘内，双手环抱，手指相扣，保持自然呼吸(图 7-79-2)。

功效：健脾胃，使胰腺功能活性化，对糖尿病有疗效，能矫正腰椎异常，促进荷尔蒙分泌，强化腿肌，预防变形，防止臀部下垂，塑造身材线条美。

图 7-79-1

图 7-79-2

17. 骆驼式

练习方法：取跪立姿势，上体挺直，伸直背肌，双手自然下垂(图 7-80-1)。双腿分开与肩同宽，双手放在腰部，自然呼吸(图 7-80-2)。吸气，头部后仰，呼气，弯腰，胸部向上挺起，保持自然呼吸(图 7-80-3)。左手向头部后方伸展，眼视手指尖，意识集中在喉部、腰部和胸部(图 7-80-4)。呼气，双手由腰部慢慢滑至脚跟，身体随着后仰，腰部用力将臀部往前推，挺胸，头部放松后垂下，下颌向上，意识集中在腰部，自然呼吸(图 7-80-5)。

功效：强壮背肌、腰肌及膝关节，治疗肩痛、腰痛等疾病，强化肝脏，提高肾脏的解毒与利尿功能，丰满胸部，收紧臀部，防止乳房下垂，美化全身线条。

图 7-80-1

图 7-80-2

图 7-80-3

图 7-80-4

图 7-80-5

18. 牛面坐

练习方法:取坐姿,双膝弯曲,膝关节重叠,脚尖向后,脚背着地,手掌放在脚掌上,调整呼吸;吸气,右手肘弯曲,手掌贴在背后,左手由下方绕到背后,与右手相握,十指紧扣;上方的手肘尽量置于颈后,背部挺直,挺胸,眼视前方,自然呼吸;呼气,手指松开,双手放下,换另一侧练习(图 7-81)。

功效:能促进手、臂、肩部血液循环,对五十肩、腱鞘炎、坐骨神经痛、风湿等有疗效;矫正背部,健美胸部,改善体态;舒缓颈部僵硬,治疗失眠与落枕等疾病。

图 7-81

19. 细臂式

练习方法:取金刚坐姿,调整呼吸;吸气,左手从头后抓住右肘;呼气,右臂下压保持片刻。用同样的方法做另一侧练习(图 7-82)。

功效:能纤细手臂线条,收紧臂部肌肉,柔软灵活肩关节,预防肩周炎。

图 7-82

20. 大拜式

练习方法:取金刚坐姿,双手合掌于胸前,成金则坐祈祷式(图 7-83-1)。吸气,双手上举到头顶,双臂贴住耳际,上体尽量向上伸展,自然呼吸(图 7-83-2)。吸气,上体慢慢后弯,头部后仰,腰部、胸部向上挺,自然呼吸,保持片刻(图 7-83-3)。吸气还原,呼气,上体慢慢向前弯,胸部紧贴大腿,额头触地,臀部不离开脚跟,双手尽量前伸,自然呼吸,保持片刻(图 7-83-4)。吸气还原,自然呼吸(图 7-83-5)。吸气,抬起臀部向右移动后坐下,吸气,上体向左倾斜,自然呼吸,保持片刻(图 7-83-6)。吸气还原,抬起臀部向左移动后坐下,呼气,上体向右倾斜,自然呼吸,保持片刻(图 7-83-7)。吸气还原,成金刚坐姿。

功效:能促进胸腰部的柔韧性,提高肝、胃和心脏的机能,使人身心安定祥和,精神集中,并能消除腹部、大腿多余脂肪,美化手臂线条。

图 7-83-1

图 7-83-2

图 7-83-3

图 7-83-4

图 7-83-5

图 7-83-6

图 7-83-7

21. 回顾式

练习方法：取金刚坐姿，右脚向后伸出，左脚脚跟置于会阴处（图 7-84-1）。呼气，上体右转，左手置于左膝上，右手放在右膝关节弯屈处，眼视右脚跟，自然呼吸，保持数秒（图 7-84-2）。吸气，还原（图 7-84-3）。呼气，右手放在左膝上，左手放在右膝关节弯屈处，上体向左扭转，自然呼吸，保持数秒（图 7-84-4）。

功效：能改善胃功能，对胃弱、消化不良、食欲不振有疗效；能矫正脊柱，消除腰围多余脂肪，改变酸性体质。

图 7-84-1

图 7-84-2

图 7-84-3

图 7-84-4

22. 云雀式

练习方法：左脚跟贴于会阴下，右脚向后伸出，吸气，双手张开伸展成水平线，保持自然呼吸(图 7–85–1)。两臂由前向上伸展，挺起胸部，上体慢慢向后弯，头部后仰，自然呼吸，意识集中在后腰部(图 7–85–2)。

功效：能改善酸性体质与手足冰冷现象，增强子宫及卵巢机能，预防妇科疾病。

图 7–85–1

图 7–85–2

23. 猫式

练习方法：双膝跪地，双手撑地，双手分开与肩同宽，呼气，垂下头拱起后背，含胸，收缩腹肌，自然呼吸，保持片刻(图 7–86–1)。吸气，抬起下颌，腰部下沉，收缩背部肌肉，自然呼吸，保持数秒(图 7–86–2)。呼气，腹部慢慢贴向大腿，手肘弯屈，指尖相对，胸部贴于地面，臀部向上，下颌着地置于手前，自然呼吸，保持数秒(图 7–86–3)。吸气还原。

功效：能放松颈部、肩膀；收缩腹肌，改善血液循环，增进消化；纠正不良体态，完善女性的曲线美。

图 7–86–1

图 7–86–2

图 7–86–3

24. 美胸式

练习方法：取金刚坐姿，吸气，两手经体侧上举双手抱肘，眼视前方，自然呼吸(图 7–87–1)。吸气，双臂用力向外展，头稍稍后仰，自然呼吸，保持数秒(图 7–87–2)。呼气，双臂经体侧垂下，放松。

功效：能纤细手臂线条，收紧臂部肌肉，柔软灵活肩关节，预防肩周炎。

图 7–87–1

图 7–87–2

25. 顶峰式

练习方法：取金刚坐姿（图 7-88-1）。双手向前伸出，手掌压地，自然呼吸（图 7-88-2）。臀部慢慢离开小腿，吸气，手臂、腹部同时施力撑起身体，肩膀向下，脚跟提起（图 7-88-3）。呼气，手臂、肩部、背部向下压，膝关节伸直，脚跟完全踩落地面，放松颈部，头部自然下垂，身体成倒 V 字型，保持片刻，自然呼吸（图 7-88-4）。

功效：能促进全身血液循环，特别是脑部的血液循环；伸展强化背部肌肉，防止背部肌肉松弛下垂；刺激按摩肩部、髋关节、脚踝、跟腱等部位，强健其活力与弹性。

图 7-88-1

图 7-88-2

图 7-88-3

图 7-88-4

26. 眼睛蛇式

练习方法：取金刚坐姿，调整呼吸，身体前俯，前额触地，手臂前伸触地（图 7-89-1）。呼气，屈臂抬头，塌腰，胸部贴近地面（图 7-89-2）。呼气，俯卧，双脚并拢，脚背着地，收下颌，弯曲手肘，双手平放胸侧，自然呼吸（图 7-89-3）。吸气，下颌慢慢抬高，头部后仰，上体同时离开地面，脊柱一节一节向后弯曲，收紧臀部，大腿放松（图 7-89-4）。呼气，颈部还原，两手撑地，头部带动上体向左右转动（图 7-89-5、图 7-89-6）。自然呼吸。

功效：能强化肾脏机能，矫正放松背部与脊柱，有效舒缓颈部与背部的僵硬与紧张，消除肩痛与背部以及轻微的坐骨神经痛，强化胸部肌肉，缓解生理痛。

图 7-89-1

图 7-89-2

图 7-89-3

图 7-89-4

图 7-89-5

图 7-89-6

27. 鹫变化式

练习方法:取金刚坐姿,右手臂前屈(图 7–90–1)。自然呼吸,右肘压左肘,双手腕相绕,手指相扣(图 7–90–2)。吸气,头部缓缓后仰;呼气,手臂尽量向后伸送,肘关节上抬,保持片刻(图 7–90–3)。

功效:纤细手臂,灵活手腕和肩关节,矫正驼背。

图 7–90–1 图 7–90–2 图 7–90–3

28. 兔子式

练习方法:取金刚坐姿,保持自然呼吸(图 7–91–1)。呼气,上体慢慢向前弯,直至额头触地,保持自然呼吸(图 7–91–2)。双手握住脚后跟,吸气,百会穴着地,臀部抬起,背部前推,直至双臂伸直,自然呼吸,保持片刻(图 7–91–3)。吸气还原,以婴儿姿势放松。

功效:能激活脑细胞,清醒头脑,镇静神经;有益脑垂体与甲状腺,促进新陈代谢,延缓衰老;能使脊柱灵活,更柔韧。

图 7–91–1 图 7–91–2 图 7–91–3

29. 前金刚

练习方法:取金刚坐姿,自然呼吸(图 7–92–1)。双手置于背后交握,眼视前方,自然呼吸,保持片刻(图 7–92–2)。呼气,上体慢慢向前弯,直至额头触地,保持自然呼吸(图 7–92–3)。

功效:能促进血液循环,消除头晕头痛,缓解抑郁焦虑症,尤其对低血压者有效;矫正肩胛骨,美化肩部,并有效消除肩、颈、背等部位的疼痛。

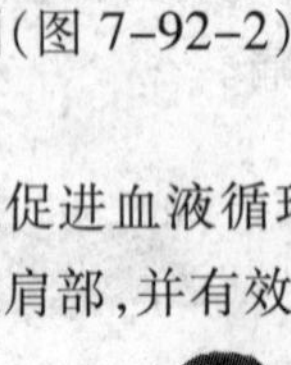
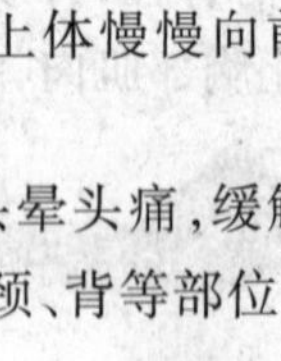
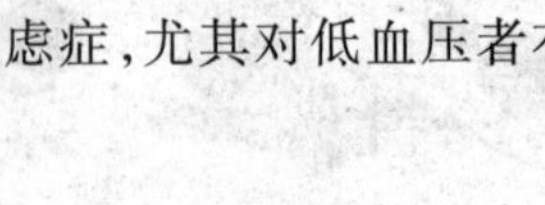

图 7–92–1 图 7–92–2 图 7–92–3

30. 三角式

练习方法：以站立姿势准备，两脚分开稍宽于肩，吸气，手臂向两侧平伸，与地面平行(图 7–93–1)。呼气，身体重心左移，慢慢向左侧弯腰，将左手置于左脚前侧或放在脚背上，保持双臂在同一条直线上；眼视右手指尖，保持 10 秒左右(图 7–93–2)。

功效：能消除压力与紧张，稳定情绪，增强身体抵抗力。

图 7–93–1

图 7–93–2

31. 鱼钩式

练习方法：取站姿，双脚打开 60~70 厘米宽，双手侧平举，手心朝下(图 7–94–1)。吸气，左手高举头顶，大臂紧贴耳侧，右手放下置于体侧，自然呼吸(图 7–94–2)。呼气，上体慢慢弯向右侧，右手放松沿着大腿慢慢下滑至极限，眼视左手手指尖，自然呼吸(图 7–94–3)。

功效：能治疗神经衰弱，改善失眠与头痛症状，令肤色健康；矫正背部歪斜，预防驼背，促进身体平衡，消除腰部、手臂多余脂肪，增强腰肌力量。

图 7–94–1

图 7–94–2

图 7–94–3

32. 一百八十度三角式

练习方法：取合掌站姿，两脚分开稍宽于肩(图 7–95–1)。吸气，双手合掌，上举于头顶(图 7–95–2)。双脚同时向左转(图 7–95–3)。呼气，上体慢慢向左脚前方弯下，手掌置于脚趾前的地面上，自然呼吸(图 7–95–4)。吸气，抬起下颌，同时扭转背部，左手向上伸展，双肩与双臂连成一线，眼视左手指尖，自然呼吸(图 7–95–5)。呼气，左手放下还原，吸气，扭转背部，抬下颌，右手往上伸展，自然呼吸(图 7–95–6)。

功效：能补养脊柱神经，强化背肌，消除背痛；扩展胸部，加深呼吸，按摩脏腑，减少腰围脂肪；舒展髋部、腿部肌肉，并使之柔软有弹性，延缓该部位的肌肉老化。

图 7-95-1

图 7-95-2

图 7-95-3

图 7-95-4

图 7-95-5

图 7-95-6

33.半月式

练习方法：站立，双脚并拢，脊柱挺直，双臂自然垂于体侧；吸气，手臂经身体两侧向上抬起伸直，手指交叉握紧，食指伸直贴紧，向上方伸展。双臂夹紧耳际，自然呼吸(图 7-96-1)。呼气，两腿伸直，上体慢慢向左弯屈，髋关节向右推移，形成一个半月式，自然呼吸，保持片刻(图 7-96-2)。吸气还原，呼气，向右弯屈上体(图 7-96-3)。吸气还原。

功效：让身体快速获得能量，充满生命力；强化腹部肌肉，增强脊柱伸展能力；治疗肝脾肿大，有益肾脏功能。

图 7-96-1

图 7-96-2

图 7-96-3

34. 后仰式

练习方法：取山式站姿，双手合掌于胸前，调整呼吸；吸气，手臂向后伸直，呼气，腰部最大限度地后弯，头后仰，颈部放松；将大腿、腹部、髋关节向前伸展，自然呼吸，保持片刻；吸气，手臂保持向上伸展，慢慢回到直立(图 7–97)。

35. 前俯式

练习方法：呼气，上体从髋部弯曲，膝关节伸直，腹部触及大腿，放松尾骨，双手置于双脚或双手抱住脚跟，前额尽力与小腿相触，自然呼吸，保持片刻(图 7–98)。

功效：能使精力充沛，促进身体血液循环，调节身心，使注意力更加集中，增强胸椎、脊椎的弹性，减除腰、腹部多余脂肪，增大肺活量。

图 9–97

图 9–98

36. 双角式

练习方法：取站姿，调整呼吸，两脚分开稍宽于肩，双手十字交叉于体后，挺胸，目视前方，自然呼吸(图 7–99–1)。呼气，上体前屈，与大腿成直角，自然呼吸(图 7–99–2)。呼气，向下弯腰，头尽量放低，面部靠近腿部，双手保持原形尽量上抬，自然呼吸，保持片刻(图 7–99–3)。吸气还原，两臂放松自然垂于体侧。

功效：能镇定神经系统，缓解压力，使人放松，心情畅快；增强消化功能，伸展上背部和肩部肌肉。

图 7–99–1

图 7–99–2

图 7–99–3

37. 风吹树式(1)

练习方法:取站姿,双脚并拢,吸气,两手由侧上举,十指交叉,掌心向下,手臂轻轻夹住耳际,自然呼吸(图 7–100–1)。呼气,上体弯向右侧,将髋部向左侧推移,保持片刻,自然呼吸(图 7–100–2)。吸气还原,呼气,再弯向左侧,将髋部向右侧推移,保持片刻,自然呼吸(图 7–100–3)。吸气还原。

功效:能舒展颈部、肩部、臂部、躯干和腿部肌肉,促进肠道蠕动,消除便秘;消除髋部脂肪,改善体态,增强均衡和灵活性。

图 7–100–1

图 7–100–2

图 7–100–3

38. 风吹树式(2)

练习方法:站姿准备,双脚并拢,吸气,双手经体侧上举,十指交叉,掌心向上,自然呼吸(图 7–101–1)。呼气,上体弯向右侧,髋部向左侧推移,同时,上体微微左传,眼视上方,自然呼吸,保持数秒(图 7–101–2)。吸气还原,呼气,上体弯向左侧,将髋部向右推移,同时,上体微微右转,眼视上方,自然呼吸,保持数秒(图 7–102–3)。吸气还原。

功效:能消除腰部多余脂肪,活化脊柱,改善体态。

图 7–101–1

图 7–101–2

图 7–101–3

39. 金子塔式

练习方法:双脚打开稍宽于肩,挺胸,双手在背后合掌,自然呼吸(图 7–102–1)。呼气,腹部放松,上体慢慢前倾,腹部贴近大腿,自然呼吸(图 7–102–2)。吸气还原。

功效:能促进脑部血液循环,治疗神经衰弱,缓解头痛,改善消化系统和胃肠道功能;伸展肩部、背部和骨盆,强化腿部肌肉。

图 7-102-1

图 7-102-2

40. 鞠躬式

练习方法:取山式站姿,两手臂屈肘平举,手扶肘部,自然呼吸(图 7-103-1)。呼气,以腰部为支点,向前 90 度弯曲,上体前曲,自然呼吸,保持片刻(图 7-103-2)。吸气,慢慢抬起上体,呼气,两手臂经两旁放于体侧。

功效:能按摩腹部内脏器官,预防和缓解便秘,缓解腰、背部的疼痛。

图 7-103-1

图 7-103-2

41. 舞王式

练习方法:取站姿,调整呼吸,吸气,屈右膝,右手拉住右脚踝,左臂向上伸直,呼气,上体前倾,右手拉起右脚向上伸展;左臂平举,手心向下,保持平衡,自然呼吸;吸气还原,换腿练习(图 7-104)。

功效:可提高臀位线,收紧腰、腹、臀部肌肉,强化腿部力量和平衡能力。

42. 树式

练习方法:取站姿,调整呼吸,屈右(左)膝,右手拉住右(左)脚踝,脚掌贴近大腿内侧,双手胸前合掌,自然呼吸;吸气,手臂上举,伸展手臂,自然呼吸,保持数秒;呼气,双手降至胸前,松腿还原,换腿练习(图 7-105)。

功效:可美化胸部曲线,对肺部有益;强化腿部力量,增强专注能力,改善体态,增强稳定力与平衡能力。

图 7-104

图 7-105

43. 鸟王式

练习方法:取站姿,双臂放松垂于体侧,吸气,右臂屈肘(图 7-106-1)。同时,左臂弯曲,右肘置于左肘上(图 7-106-2)。右手绕过左手,手心相贴,双臂夹紧胸部,同时,右脚绕过左小腿(图 7-106-3)。右脚背贴住左小腿肚(图 7-106-4)。呼气,弯曲左腿,上体慢慢向前弯,背部向前延伸,眼视手指,保持片刻,自然呼吸(图 7-106-5)。吸气还原,用同样的方法做另一侧练习。

功效:能增强身体的协调性和平衡性;可刺激、按摩胸腺,达到丰满胸部的效果;加强肩部、腿部肌肉的弹性与力量,并预防小腿痉挛等腿部疾病。

图 7-106-1 图 7-106-2 图 7-106-3 图 7-106-4 图 7-106-5

44. 战士式

练习方法:站姿准备,双脚并拢,双臂置于体侧,目视前方,自然呼吸,双手胸前合掌上举;深呼吸,双腿左右分开,呼气,身体向右转体 90 度,弯曲右膝,小腿垂直于地面(图 7-107-1)。呼气,双手由上向下分开,右手在前,左手在后,成平举,手心向下,自然呼吸,保持数秒(图 7-107-2)。左手经体侧向前与右手相合,大拇指相扣;呼气,上体微微向前倾斜,一边伸直右腿,一边将左脚举离地面,身体保持平衡,头部保持在两臂之间,使颈、背、腰、腿成一条直线,双手向前伸展,与地面平行,自然呼吸,保持数秒(图 7-107-3)。还原,调整呼吸,转向另一侧重复练习。

功效:能加强肺部功能,有益于神经系统;增强自信心,消除肠胃不适的症状,有助于消化;锻炼平衡能力和协调能力。

图 7-107-1 图 7-107-2 图 7-107-3

45.婴儿放松式

练习方法:前额触地,手臂置于小腿两侧,掌心向上(图 7-108)

(提示:大腿与臀部不可离开小腿;手臂贴住身体;练习时间不宜太长,否则会妨碍腿部血液循环。)

功效:可松弛背部及消除脊柱压力,缓和背部下方的紧张不适,使其得到温和自然的收缩,此式适合于前弯体位练习后采用。

46. 仰卧放松式(无空式)

练习方法:仰卧,手臂打开,两手置于身体两侧,手心朝上。两腿分开大约 30~50 度,脊柱放松伸展(图 7-109)。

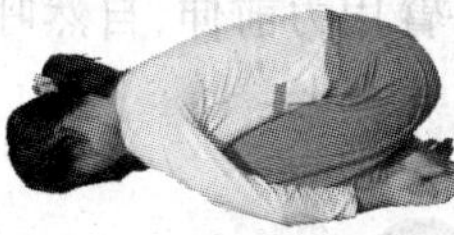

图 7-108

图 7-109

47. 鳄鱼式

练习方法:俯卧,两腿适度打开,脚跟相对,脚尖触地,手臂放松置于身旁,掌心向上(图 7-110)。

(提示:如果不习惯脚趾朝外,则以自然伸展为原则。)

功效:能伸展肩部、臀部、腿部肌肉,增强脚部关节灵活性,以及加深腹部呼吸,对身体松弛有极佳效果。此式适合身体向后弯曲体位法练习后的放松姿势。

图 7-110

48. 榻式

练习方法:双膝并拢,两脚分开,臀部坐在两脚之间,将头部和脊柱轻轻放在练习垫上,全身放松(图 7-111)。

功效:这是一个完全伸展非常有效的放松动作,它能伸展大腿、膝盖、脚踝和脊柱的所有肌肉。

图 7-111

49. 动物放松式(1)

练习方法:俯卧,胸腹部置于前屈腿上,双手掌心重叠,额头放在拳眼上,也可两手重叠向前伸展(图 7-112)。

功效:放松全身。

图 7-112

50. 动物放松式(2)

练习方法:坐姿准备,调整呼吸,左腿前弯曲,脚跟靠近会阴处,右腿自然后弯曲,双臂置于腰两侧,手心向上,自然呼吸(图 7–113–1)。吸气,双臂前伸,两手心重叠向上,自然呼吸(图 7–113–2)。吸气,双臂上举,夹紧耳际,手心向后,目视前方,自然呼吸,保持数秒(图 7–113–3)。呼气,上体前压弯曲,胸部紧贴大腿,前额着地,手臂用力前伸,自然呼吸,保持数秒(图 7–113–4)。吸气还原,换方向做另一侧练习。

图 7–113–1

图 7–113–2

图 7–113–3

图 7–113–4

思考题:

1. 简述健美操的运动功能、基本动作和注意事项。
2. 健美运动的功能表现在哪些方面?如何进行健美锻炼?
3. 体育舞蹈有哪几个舞种?它和一般舞蹈有什么区别?
4. 瑜伽的特点及锻炼价值是什么?

第八章 球类运动

学习目标：理解球类运动的锻炼价值，从而积极参加各项球类运动；掌握球类运动的基本技术，并能欣赏球类比赛。

第一节 篮 球

篮球是一项综合性体育运动项目，具有对抗性、集体性、多变性与综合性的特点。经常参加篮球运动有助于培养综合素质，增进身心健康水平，促进人的生理机能，特别是内脏器官与感受器官的功能，对中枢神经系统的支配能力有着积极的作用。

篮球运动是由美国马萨诸塞州斯普林菲尔德基督教青年会训练学校的体育教师詹姆士·奈·史密斯 1891 年发明的。起初是将两只篮子分别钉在健身房距地面约 10 英尺高的墙壁上，以足球作为器材进行攻守对抗的游戏比赛。因为这种活动的游戏性和趣味性较强，所以在此基础上内容不断得到充实，制定了一定的规则，不断改革比赛方式，从而逐步形成了现代篮球运动。

1999 年 12 月国际篮球联合会决定，在 2000 年奥运会后实行新规则，即比赛分为 4 节，每节比赛时间 10 分钟，每队每节达到 4 次犯规，对以后发生的所有犯规均要处以 2 次罚球；两节比赛后中场休息 15 分钟；首节与第 2 节、第 3 节与第 4 节之间休息 2 分钟；首节、第 2 节、第 3 节每队可暂停一次，第 4 节可暂停 2 次；球队每次进攻时间为 24 秒；球进入前场的时限为 8 秒；奥运会和世界锦标赛可实行三裁判制度等。

一、篮球基本技术与练习方法

(一)移动

移动技术是通过快速而多变的脚步移动，达到进攻时摆脱防守、防守时盯住对手，从而争取主动的一种手段。

1. 准备姿势(基本站立姿势)

动作要点：两脚前后或左右开立，距离约与肩同宽，两腿微屈，身体重心落在两脚之间，略收腹含胸，两手放于体侧前方。防守时站立姿势稍有不同，两脚平立略比肩宽，屈膝降低重心，含胸，两臂张开。

2. 起动

动作要点：从基本姿势开始，上体迅速前倾或侧转，向跑动方向移动重心，同时以后脚或异侧脚的前脚掌短促有力地蹬地。起动后的前两三步，要求步频快、步幅小，尽量在最短的时间内发挥出速度。

3. 跑

(1)变速跑

动作要点:加速时,用前脚掌向后用力蹬地,上体迅速前倾,同时用力提臂;减速时,步幅适当增大,用前脚掌抵住地面,从而降低奔跑速度。

(2)变向跑

动作要点:变向跑是运动员在跑动中突然改变方向以摆脱防守的一种方法。

从右向左变向时,用右脚前脚掌内侧用力蹬地,同时脚尖稍内扣,腰部随之左转,上体向左前倾,移动重心,右脚向左脚方向跨出,然后加速前进。从左向右变向跑类似于以上所述。

(3)侧身跑

动作要点:侧身跑是为了观察场上情况,并准备随时接球而采用的一种跑动方式。在跑动时,头部和上体转向来球方向,同时侧身,脚尖转向跑动方向。

4. 滑步

(1)侧滑步

动作要点:两脚左右开立,屈膝半蹲,上体略前倾,两臂张开。向左侧滑步时,左脚向右跨出一步,落地的同时,右脚前脚掌内侧迅速用力蹬地滑动,跟随左脚移动,两脚保持一定距离,身体重心保持在两腿之间。向右侧滑步时动作相反。

(2)前滑步

动作要点:两脚前后开立,在前脚向前、跨一步着地的同时,后脚脚内侧蹬地,随前脚向前滑动,保持前后开立姿势,屈膝降低身体重心。

(3)后滑步

后滑步与前滑步技术相同,动作相反。

5. 转身

(1)前转身

动作要点:两腿微屈,上体前倾,移动脚向中枢脚前方跨步并做转体时,中枢脚前脚掌用力蹬转,移动脚蹬地并迅速跨步,同时转腰转肩,使上下肢体协调一致。

(2)后转身

动作要点:移动脚向中枢脚后方移动并做转体时,中枢脚蹬地转动,移动脚蹬地并迅速向身体后侧撤步。同时,腰肩积极转动,并保持身体的平衡。

6. 急停

(1)跨步急停(两步急停)

动作要点:急停时先向前跨出一大步,用脚跟先着地并迅速过渡到全脚掌,同时重心下降,身体稍后坐;第二步着地时,身体稍侧转,两膝微屈并内收,两脚尖朝前,上体前倾。

(2)跳步急停(一步急停)

动作要点:在跑动中用单脚或双脚起跳,上体稍后仰,两脚平行或前后落地,两膝弯曲,上体稍后仰。

(二)传、接球

传、接球是进攻队员之间有目的地转移球和进行战术配合的关键和基础。

1. 传接球技术

(1)双手胸前传、接球

动作要点:双手持球于胸前,手指自然分开,握在球的两侧偏后部位。传球时手臂伸向传球方向,两手腕下压、外翻,快速地抖腕拨指将球传出,如图 8-1 所示。接球时,两臂前伸迎球,手指自然分开,两手成半球形,在手触球的瞬间,两臂向后缓冲,持球于胸前。

图 8-1

(2)双手反弹传、接球

动作要点:将球向斜前方传出,两臂向前下方用力,腕、指快速抖动传球。球的落地点在离接球人 1/3 处,球反弹后在接球人腰部左右。接球时,两手迎向反弹方向,屈膝,身体前倾,接球后持球于腹前。

(3)单手肩上传、接球

动作要点:以右手传球为例,传球前,左脚向前跨半步,向右转体将球引至右肩侧上方。传球时,上体向左转动并带动肩肘,前臂快速前摆,扣腕,手指用力将球传出,如图 8-2 所示。接球时,手臂伸向来球方向,手掌掌心正对来球,当手触球后,顺势后引,双手持球于腰腹前。

(4)体侧传、接球

动作要点:传球时双手持球于胸前,出球时,右手引球至身体右侧,手腕前屈,手心向前,食指、中指用力拨球将球传出。接球时,手臂伸向来球方向,手指自然分开,当手触球后,顺势后引,双手持球于腰腹前。

图 8-2

2. 传、接球练习方法

(1)两人相距 5 米相对站立,做原地双手胸前传接球、反弹传接球和单手肩上传接球的练习。

(2)两人相对站立,在移动中做传接球练习,接球后做前后转身练习。

(3)两人一组做行进间传接球练习。

(三)投篮

投篮是篮球比赛取胜的直接手段,多与突破、传接球等技术相配合。

1. 投篮技术

(1)原地双手胸前投篮

动作要点:两脚左右或前后开立,手指自然分开,双手持球于胸前,肘关节自然下垂,上体稍前倾,两腿微屈。投篮时,两腿蹬地,两臂向前方伸展,手腕同时外翻,最后用拇指、食指、中指将球投出,如图 8–3 所示。

图 8–3

(2)原地单手肩上投篮

动作要点:持球手五指自然分开,用指根以上部位托球下部放置于肩上,向后屈腕、屈肘;投篮时从下向上发力,两腿蹬地的同时向前抬肘伸臂,手腕前屈,最后通过食指、中指指端将球投出。球出手后,手腕前屈,手指向下,如图 8–4 所示。

图 8–4

(3)行进间单手肩上高手投篮

动作要点:右手投篮时,右脚向前跨出一大步,同时接球,双手持球;接着左脚跨出一小步,脚跟着地后迅速过渡到全脚掌,随着球的上举用左手护球过肩。当身体腾空至最高点时,右手手指向后,掌心向上,托球的下部向球篮的方向伸臂,用食指、中指以柔和力量拨球,最后将球从指端投出,如图 8–5 所示。

图 8–5

(4)行进间单手低手投篮

动作要点：跑动步法与行进间单手肩上高手投篮基本相同。当身体腾空至最高点时，右手手指向前，掌心向上，托球的下部向上伸展。当接近球篮时，用食指、中指、无名指以柔和力量向上拨球，最后将球从指端投出，如图 8-6 所示。

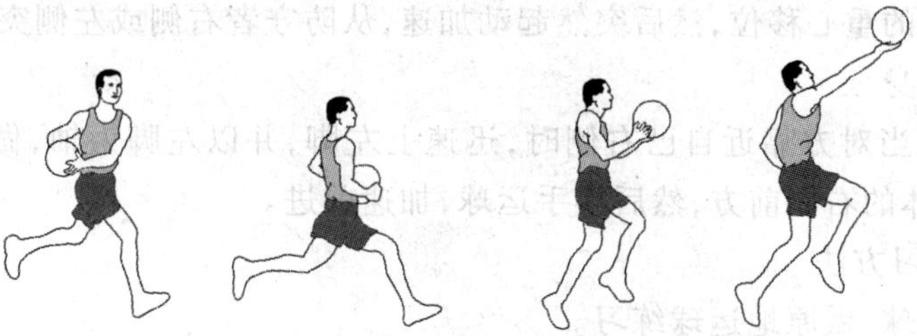

图 8-6

(5)原地跳起单手肩上投篮

动作要点：两手持球于胸前，两脚左右或前后开立，两膝微屈，身体重心在两脚之间。起跳时，迅速蹬地向上跳起，同时双手举球至肩上，右手托球，左手扶球的左侧方。当身体接近最高点时，左手离球，右臂向前上方伸展，手腕用力前屈，通过食指、中指力量将球投出。球出手后，指、腕自然前屈，如图 8-7 所示。

图 8-7

2. 投篮练习方法

(1)分组列纵队，进行原地双手、单手投篮练习。

(2)传接球后，进行跳投练习。

(3)传接球行进间低手、高手上篮练习。

(四)运球

运球是篮球比赛中一项重要的进攻技术，它是个人进攻的手段，也是组织进攻的桥梁。

1. 运球技术

(1)原地运球

动作要点：运球时，两脚左右或前后开立，两膝弯曲，身体稍前倾。运球手五指自然分开，用手指按拍球的后上部，球的落地点在身体的侧前方，球的反弹高度在腰腹之间。

(2)体前变向运球

动作要点：变向时，用右手拍球的侧后上方，使球弹至左侧前方，同时右腿立即向左前方蹬步，右肩前探，左手接着运球前进。

(3)背后运球

动作要点：背后变向时，用右手将球拉到身体后拍球的外侧，同时右脚向前跨出，将球从身后拍至左脚的侧前方，并立即换左手运球突破防守。

(4)运球急停急起

动作要点：慢慢运球接近防守者，停住，两膝弯曲低运球，同时用上体或头部做虚晃动作，使防守者的重心移位，然后突然起动加速，从防守者右侧或左侧突破。

(5)运球转身

动作要点：当对方靠近自己右侧时，迅速上左脚，并以左脚为轴，做后转的同时，右手将球拉至身体的右侧前方，然后换手运球，加速前进。

2. 运球练习方法

(1)每人一球，做原地运球练习。

(2)每人一球，做直线往返运球练习。

(3)两人一组攻防，运球至防守者前，做体前变向或身后运球练习。

(4)两人一组攻防，运球至防守者前，做急停急起运球练习。

(五)防守技术

防守技术是防守者运用抢、打、盖帽等技术动作对进攻者进行积极阻挠和干扰，以达到破坏对方进攻的目的。

1. 防守技术

(1)防无球队员

动作要点：首先要抢占能人球兼顾的位置。站在对手与球篮之间偏向有球一侧的位置上，随球的转移而不断移动防守位置。防离球近的对手，采用面向人、侧向球的站法；防离球远的对手，采用面向球、侧向人的站法。尽量做到以球为主，人球兼顾。

(2)防有球队员

动作要点：当对手接球后，防守方一般两脚前后开立，屈膝降低身体重心，两臂伸出挥摆。及时抢占持球者与篮之间的位置，若持球者离篮近，防守者离对手也近，对手离篮远则远。对有技术特长(善投、善突)的对手，要善于判断其动作意图，做到人球兼顾，伺机进行抢、打、断球。

2. 防守练习方法

(1)两人一组，徒手进行一防一练习。

(2)两人一组，一人运球进攻，另一人防守。

(3)半场三对三人盯人防守练习。

(六)持球突破

持球突破是持球队员用脚步动作和运球技术突破对手的一种攻击技术。

1. 持球突破技术

(1)交叉步突破

动作要点：两脚左右开立，两膝微屈，持球于胸前。突破时，右脚前脚掌内侧蹬地，向左前方跨出一大步，同时上体左转探肩，球移到左手，快速超越对手，如图 8-8 所示。

图 8-8

(2)同侧步突破

动作要点:突破时,右脚前脚掌内侧蹬地,右脚迅速向右前方跨出一步,同时上体右转探肩,右手推球放球于右腿侧前方,左脚迅速蹬地上步,快速超越对手。

(3)后转身突破

动作要点:突破时,以左脚为轴转身,右脚向右侧后方跨步,上体右转,左手向左脚前方放球,左脚内侧迅速蹬地向前跨步,运球突破防守。

2. 持球突破练习方法

(1)两人一球,原地做交叉步、同侧步和后转身突破练习。

(2)两人一组行进间做交叉步和同侧步突破练习。

(3)结合接球急停,做突破练习。

二、篮球基础战术

篮球运动的战术是全队为了争取比赛的主动权,有计划、有组织的合理统一的组织形式。篮球战术分为进攻和防守两个方面。

(一)进攻战术

1. 传切配合

传切是两三名队员利用传球和切入组成的简单配合。

配合要点:(1)合理选择进攻位置,队形要拉开,按战术路线跑动;(2)持球队员运用投篮和突破等的假动作,吸引对手,以便及时把球传给切入的同伴;(3)切入的队员要先靠近对手,然后突然快速侧身跑,摆脱对手向篮下切入,随时注意接球、进攻,如图 8-9 所示。

2. 掩护配合

掩护配合是进攻队员选择正确的位置,运用合理的技术,以身体挡住同伴的防守队员的移动路线,给同伴创造摆脱防守、获得进攻机会的一种配合方法。

配合要点:(1)掩护队员要站在同伴的防守队员的移动路线上;(2)掩护配合行动要

突然、快速，运用假动作造成防守队员错觉，完成掩护配合；(3)同伴之间必须掌握好配合动作的时间；(4)当防守队员交换防守时，掩护队员运用掩护后的第二个动作，突然转身切入篮下或寻找其他的进攻机会；(5)在进行掩护的过程中，掩护队员和同伴都要做一些进攻动作，吸引住对手，以达到隐蔽掩护配合意图的目的，如图 8–10 所示。

3. 突分配合

突分配合是持球队员运用突破打乱防守布署或吸引防守，并及时将球传给同伴，使同伴获得进攻机会的配合方法，如图 8–11 所示。

如图所示：④从防守者的左侧突破，并吸引△5上来和△4“关门”防守。此时⑤及时跑到有利的进攻位置上去接④传来的球投篮或做其他进攻配合。

配合要点：(1)突破队员的动作要突然、快速。在突破过程中，既要有传球的准备，又要有投篮的准备；(2)突破队员在突破过程中，要始终注意观察场上攻、守队员的位置变化，及时分球或投篮；场上其他进攻队员要掌握时机跑到有利的进攻位置上去接球。

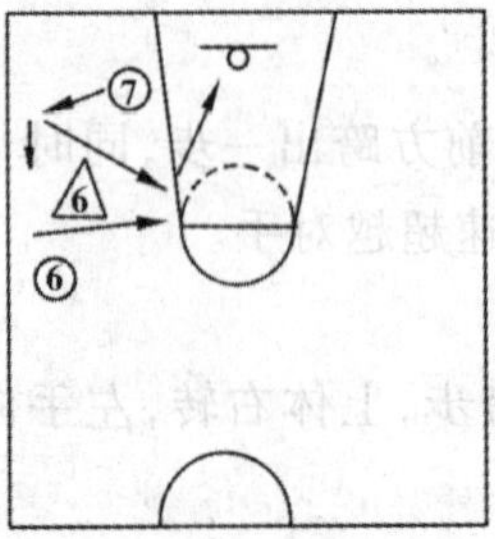

图 8–9

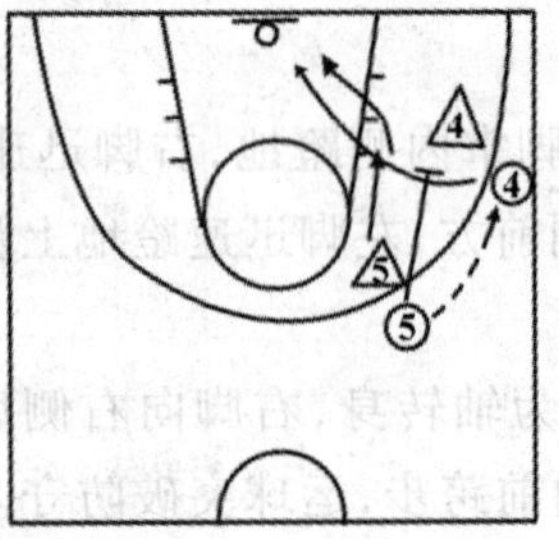

图 8–10

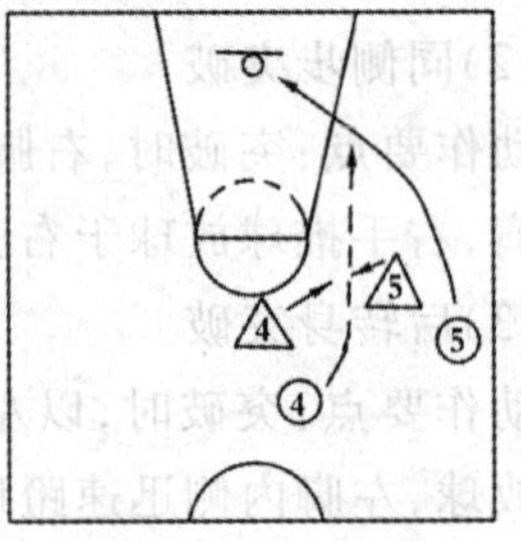

图 8–11

4. 策应配合

策应配合是指进攻队员背对或侧对球篮接球，并以他为枢纽，与同伴相互配合而形成的里应外合的进攻方法。

配合要点：(1)正确选择策应点，迅速摆脱防守，抢占策应的位置；(2)策应队员接球后两脚开立，两腿弯曲，上体稍前倾，两肘微屈，两手持球于腹前，用臂和身体保护好球，要随时注意观察场上情况，以便及时将球传给有利进攻机会的同伴或自己伺机进攻；(3)策应队员在策应过程中，运用跨步、转身来调整策应方向和位置，以便协助同伴摆脱防守或为自己创造进攻机会；(4)同队队员传球给策应队员后要及时摆脱、接应或切向篮下进攻。

(二)防守战术

常用的防守战术配合有挤过、穿过、交换防守、关门和夹击等配合。

1. 挤过配合

挤过配合是当掩护队员在进行掩护的一刹那，被掩护的防守队员主动上前，靠近自己的防守对象，并随其移动，从两名进攻队员之间侧身挤过去，继续防守自己对手的配合方法，如图 8–12 所示。

配合要点：(1)防守掩护的队员应及时提醒同伴注意对方掩护，自己随移动应稍向后撤，以便补防；(2)被掩护的防守队员要及时、主动地上步贴近自己的对手。

2. 穿过配合

当进攻队员进行掩护时，防守掩护的队员主动后撤一步，让同伴（即被掩护的防守队员）及时从自己和掩护队员之间穿过去，以便继续防守住自己的对手，称为穿过配合，如图 8–13 所示。

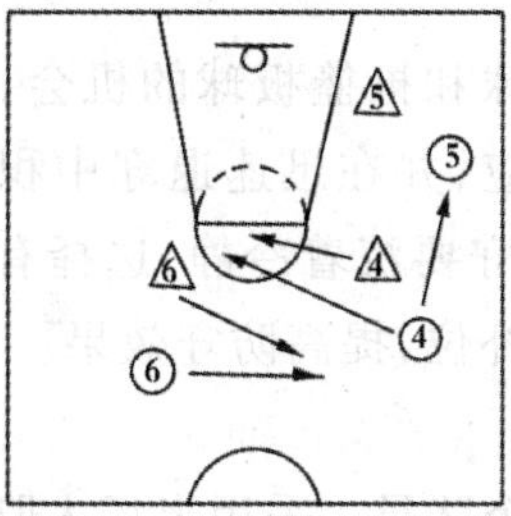

图 8–12

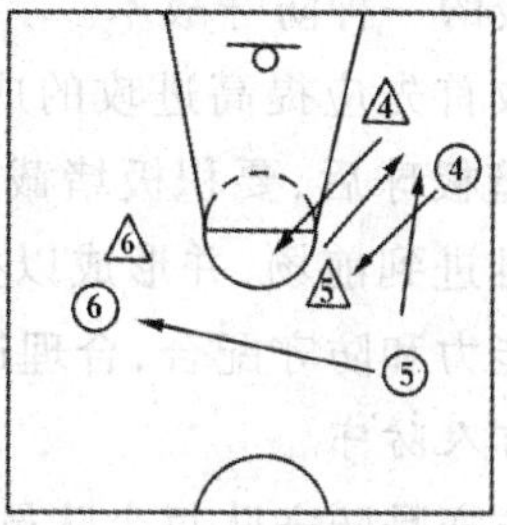

图 8–13

配合要点：(1)当对方掩护时，防守掩护的队员要主动、及时后撤一步；(2)被掩护的队员要快速穿过堵住的进攻路线。

3. 交换防守配合

交换防守是当对方进行掩护或策应时，两名防守队员及时交换自己防守对手的一种配合方法。

配合要点：(1)交换防守前，防守掩护的队员要及时地把换人的信号告诉同伴并积极堵截切入队员的路线；(2)被掩护的防守队员接到换人的信号后，积极堵截掩护队员向内线切入的移动路线。

4. "关门"配合

"关门"是当进攻队员持球突破时，防守突破的队员向侧后滑步。同时，临近突破一侧的防守队员迅速向进攻队员的突破路线滑动，与防守突破的队员靠拢，像两扇门一样地关起来，堵住持球突破队员的一种配合。

配合要点：(1)防守突破队员要积极防守，堵住进攻队员的突破路线，临近突破一侧的防守队员及时、快速向同伴靠拢进行"关门"，不给突破队员留空隙；(2)"关门"后，突破队员一停球，协助"关门"的队员迅速回防自己的对手。

5. 夹击配合

夹击配合是两个防守队员利用有利的区域和时机，封堵持球队员的传球路线，造成持球队员传球失误或违例的一种协同防守的配合方法。

配合要点：(1)正确选择夹击的区域和时机；(2)夹击配合时，行动要果断、突然，两名夹击队员应充分运用身体、两臂严密固守持球队员，两人的双脚位置约成 90°，不让对手向场内跨步；(3)夹击时，防止身体接触或抢球造成的不必要的犯规动作；(4)防守的两名队员在夹击配合过程中，其他防守队员要紧密配合，放弃远离球的进攻队员，严防近球的进攻队员接球。

（三）快攻与防守快攻

1. 快攻

快攻是获得球权由守转攻时，在对方立足未稳，还没有形成防守阵形之前，以最快的速度，在人数上造成以多打少的一种战术组织形式。

发动快攻的时机：抢到防守篮板球、防守中抢断球、掷界外球、跳球。

2. 防守快攻

防守快攻是在进攻转入防守的瞬间，快速而有组织地制约对方快攻速度，破坏对方快攻配合路线的一种防守战术。

防守快攻首先应提高进攻的成功率，不给对手断球和抢篮板球的机会，减少失误。在对手抢到篮板球后，要积极堵截第一传的发动与接应，并在迅速退守中积极抢断球。在对手已经推进到前场，并形成以少防多的局面时，防守要沉着冷静，选择有利位置，提高个人防守能力和防守配合，合理运用防守技术，及时补位，提高防守效果。

（四）人盯人防守

人盯人防守是防守队每个队员固定看守对方的一个队员。采用半场人盯人防守时，要迅速退回后场看守自己的对手，并尽可能加强篮下的防守，紧迫篮下的持球队员，尽量不让对手在篮下附近接球和投篮。要积极抢球和运用"关门"、"穿过"和交换等配合，破坏对方的进攻配合。采用全场人盯人防守时，每个防守队员应迅速找到自己的对手，并积极进行防守，运用抢断球技术阻止对方的进攻，同时注意与同伴的协调配合，合理运用换位等防守配合。

（五）区域联防

区域联防是指在防守时，队员各守一定区域并与同伴协同防守的一种集体防守战术。一般有"二一二"联防、"二三"联防、"三二"联防、"一三一"联防等。"二一二"联防多用于外围投篮不准而内线攻击力较强的队；"二三"联防多用于防守篮下和两底角攻进力较强的队；"三二"联防常用于对付外围中、远距离投篮准而篮下进攻能力较弱的队。

采用区域联防时，要求合理分配队员的防守区域，在明确每个队员防守区域的同时，要加强协同防守的意识。失去球权后，要求全队快速退回后场并迅速站好防守阵形。防守时，要随球的转移而快速移动。防守持球对手时，要按人盯人的方法防守，其他队员协同防守，做到人球兼顾。区域防守应根据对方的特点和本队的条件，确定采用哪种站位队形进行防守。

第二节 排 球

排球运动始于1895年，是由美国马萨诸塞州霍利约克市基督教青年会体育干事威廉·基·莫根先生发明的。1900年首先传入加拿大，1905年传入我国。排球运动在亚洲的发展过程中先后经历了16人制、12人制、9人制的比赛形式及相应的规则，直到20世纪50年代才正式开展6人制排球运动。

我国正式开展6人制排球运动是在新中国成立后，由于国家重视，排球运动很快被作为重点体育项目在全国推广，在1951年5月北京举行的第一届全国篮、排球比赛后，正式选拔组建国家男、女排球队。随着我国排球运动的不断发展，在20世纪80年代国家女排获得"五连冠"，以快速多变的打法称雄世界排坛。到90年代前后，我国男、女排的运动成绩急转直下，跌入低谷，1988年汉城奥运会女排失去了冠军宝座。1989年和1994年在亚洲锦标赛和亚运会上男、女排分别负于日本和韩国队。2003年11月15日举行的第 9 届世界杯女排比赛，中国女排以 11 战全胜的战绩夺得冠军，实现了几代排球人的夙愿。

经常参加排球运动能提高中枢神经系统和内脏器官的功能，促进身体健康发展，提高力量、速度及灵敏素质，是一项集趣味性、观赏性和竞技性为一体的健身项目。

排球比赛场地长 18 米，宽 9 米，四周至少有 3 米宽的无障碍区。男子排球网高 2.43 米，女子排球网高 2.24 米。

一、排球基本技术与练习方法

(一)移动

从起动到制动的过程称为移动。移动是为了迅速取位，及时接近球，以利于做出各种相应的击球动作。根据来球弧度的高低、落点的远近，移动有并步、滑步、交叉步和跑步等步法。

1. 移动步法

(1)并步与滑步：后腿用力蹬地的同时，前脚向来球方向跨出一大步。后腿迅速跟上做好击球准备。连续的并步称为滑步。

(2)跨步：后腿用力蹬地，前脚向来球方向跨出一大步，屈膝，上体前倾，身体重心移至前腿上，做好击球准备动作。

(3)交叉步：以向右交叉步为例，上体稍向右转，左脚从右脚前向右交叉迈出一步，然后右脚向右跨出一大步。同时身体转向来球方向，做好击球准备动作。

(4)跑步：首先判断好来球方向，两臂用力摆动，逐渐加大步幅、步频，在接近来球时，降低身体重心并减速制动，做好击球准备动作。

2. 练习方法

(1)成体操队形，学生根据老师口令或手势做各种步法移动。

(2)原地高抬腿或小步跑，听口令做各种步法移动。

(3)两人一组相对站立，做练习(2)。

(二)传球

传球是排球运动的基本技术之一，它是组织各种进攻战术的基础，可分为正面传球、背传、侧传等。

1. 传球技术

(1)正面上手传球

它是传球中最基本的方法，又是掌握和运用其他传球技术的基础，如图 8-14 所示。

图 8-14

①准备姿势:用稍蹲准备姿势,身体站稳,上体适当挺起看球,双手自然抬起置于脸前。

②击球点:当来球接近额前时,开始蹬地、伸膝、伸臂,两手微张从脸前向前上方迎球。击球点在额前上方约一球距离处。

③手型:当手指触球时,两手自然张开成半球形,手腕稍后仰,两拇指相对成"一"字形,与球的后下部接触,两肋自然抬起。

④用力:在触球的瞬间,用手指和手腕控制球。同时蹬地、伸膝、伸臂,利用手指和手腕的弹力将球传出。

(2)背传

二传队员背对传球目标的传球叫背传,主要用于组织进攻,图 8-15 所示。

图 8-15

动作要领:传球前背对传球目标,上体保持正直或稍后仰,判断来球方向后,迅速移动到球下,微仰头挺胸,在下肢蹬地的同时,上体向后上方伸展,击球时手腕适当后仰,掌心向后上方击球的底部,利用抬臂、送肘的动作和手指、手腕主动向后上方传出。

(3)侧传

二传队员侧对传球目标,并将球向体侧方向传出叫侧传,图 8-16 所示。

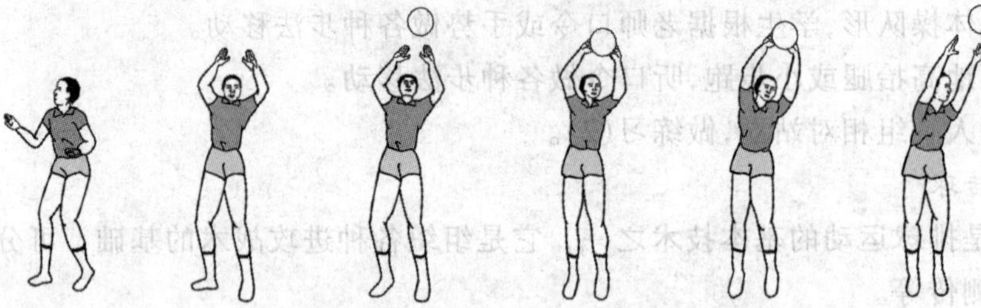

图 8-16

动作要领:传球前的准备姿势、手型与正面传球相同,迎球时通过下肢蹬地使身体重心向上伸展,但上体和手臂应向侧上方用力,触球下方,传球方向异侧手臂的动作幅度和用力的距离要大于同侧手臂。

由于侧传具有隐蔽性的特点,可以传各种快球,以增强进攻的力量。

2. 传球练习方法

(1)徒手模仿正面传球动作。

(2)三人一组,三角传球,开始可以一抛一传一接,轮流做;接下来可顺时针或逆时针方向传球。

(3)两人一球,一抛一传。

(4)行进间两人对传球,要求运用不同步法。

(5)四人一组,沿边线四角传球,要求边传球边转体。

(三)垫球

垫球是排球基本技术之一,主要用于接发球、接扣球和接拦网球,是组织进攻的基础。按动作方法可分为正面双手垫球、跨步垫球、体侧垫球、挡球等。

1. 垫球技术

(1)正面双手垫球

①准备姿势:根据球的落点,迅速移动成半蹲姿势站立。

②手型:当球接近腹前时,两手掌根紧靠,两手手指重叠后合掌互握,两拇指平行,手腕下压,两臂外翻形成一个平面。

③击球:当球距腹前一臂距离时,两臂夹紧前伸,插到球下,向前上方蹬地抬臂,垫击球的后下部。身体重心随击球的动作前移。

④用力:主要靠手臂上抬力量增加球的反弹力,同时配合蹬地、跟腰动作,使重心向前上方移动。两个手臂要适当放松,便于灵活控制垫球的方向和力量。

⑤垫球部位:保持腹前击球,触球以前臂腕关节以上 10 厘米左右桡骨内侧平面为宜。

⑥手臂角度:根据来球的角度和要垫出的方向,运用入射角与反射角相等的原理,通过调整手臂与地面的角度或转动左右手臂平面来控制垫球方向,如图 8-17 所示。

图 8-17

(2)体侧垫球

动作要领:球向体侧飞来,队员来不及对正来球时,可用双臂体侧垫击。如球向左侧飞来,右脚前脚掌内侧蹬地,左脚向左跨出一步,重心移至左脚上,左臂弯曲夹紧向左侧伸出,右肩微向下倾斜,用向后转腰收腹的动作,配合两臂自左后方向前截住球飞行的路线,用两前臂垫击来球的后下部,切忌随球向左侧摆臂击球,这样会造成球飞向侧方,如图 8-18 所示。

图 8-18

(3)挡球

当来球较高,不便于用手臂垫击时,采用的双手或单手在胸部以上部位挡击来球的动作，称为挡球。挡球可分为双手挡球和单手挡球两种。

①双手挡球：挡球时，手臂屈肘上举，肘部向前，手腕后仰，用双手手掌外侧和掌根所组成的平面挡击球的后下部，击球时用力要适度。双手挡球手型有两种，一种是抱拳式，两肘弯曲，一手半握拳，另一手外包；另一种是并掌式，两肘弯曲，两手虎口交叉，两臂外侧朝前合并成勺形。

②单手挡球：挡球时，手臂屈肘上举，手腕后仰，用掌根或掌心平面击球的后下部，击球瞬间手腕保持紧张。

2. 垫球练习方法

(1)徒手练习。

(2)两人一球，一抛一垫。

(3)一人一球，连续的垫球练习。

(四)扣球

扣球技术是排球的基本技术之一，是最积极、最有效的进攻得分手段，是夺取比赛胜利的主要因素。常用的扣球技术有正面扣球、近体快球等。

1. 扣球技术

(1)正面扣球

①准备姿势：采用稍蹲姿势，两臂自然下垂，观察来球，做好向各个方向助跑起跳的准备。

②助跑：助跑的步数视球的远近和个人习惯采用一步、二步、三步等不同的步法。扣球助跑可采用并步法起跳、跨跳法起跳等，如图 8–19 所示。

图 8–19

③空中击球：起跳后挺胸展腹，上体稍向右转，右臂向后上方摆起，身体成反弓形。挥臂时以迅速转体和收腹动作发力，依次带动肩、肘、腕各关节成鞭甩动作向前上方挥击。击球时五指微呈勺形，并保持紧张，以全手掌包满球，掌心为击球中心，击球的后中部，同时主动用力屈腕指向前推压，使扣出的球加速上旋。击球点在起跳的最高点和伸直手臂最高点的前上方。

④落地：前脚掌先着地，再过渡到全脚掌着地，顺势屈膝、收腹。

(2)近体快球

动作要领：近体快球是在二传队员前或体侧约 50 厘米处扣的快球。扣球队员要在二传托球的同时，助跑到网前，助跑角度一般与网成 45°角左右。当二传队员传球时，扣球队员应在二传队员前近网处迅速起跳。紧接着快速挥臂，将刚刚传出网口的球扣过网去。击球时，利用含胸、收腹动作带动前臂和手腕迅速甩挥，以全手掌击球的后上部。

2. 扣球练习方法

(1)一人一球，对墙自抛自扣，进行手法及判断击球点的练习。

(2)扣固定吊球练习。

(3)一人连续抛球，队员轮流地助跑、起跳、扣球。

(4)降低网高，做原地自抛自扣练习。

(5)每人一球，列队在2号、4号位后，抛或传给网前二传，助跑扣球。

(五)发球

1. 发球技术(以右手为例)

(1)侧面下手发球

这种发球可借助转体力量带动手臂挥动击球，较为省力，但攻击性不强，一般适合初学者。

动作要领：左肩对网，两脚左右开立，与肩同宽。两膝微屈，上体稍前倾，重心落在两脚之间，左手持球于腹前。左手将球平稳抛至胸前约一臂距离，离手约30厘米高。在抛球的同时，右臂摆至右侧下方，接着利用右脚蹬地向左转体的力量，带动右臂向前上方摆动，在腹前用全掌击球的后下方。击球后，立即进行比赛，如图8-20所示。

图8-20

(2)正面上手发球

这种发球面向场内，便于观察对方，发球的准确性大，易控制落点。有一定的攻击力，威胁性较大。

动作要领：两脚自然开立，左脚在前，左手托球于身前。用抬臂和手掌的平托上送，将球平稳地垂直抛于右肩的前上方，高度适中。在左手抛球的同时，右臂抬起，屈肘后引，肘与肩平，上体稍向右侧转动。挥击时利用蹬地使上体向左转动，同时收腹带动手臂挥动。在右侧肩上方伸直手臂的最高点，用全手掌击球的中下部，击球时手指自然张平与球吻合，手腕迅速主动地做推压动作，使击出的球呈上旋飞行。击球后随着重心前移，迅速进场比赛，如图8-21所示。

(3)正面下手发球

动作要领：发球前，面对球网，两脚前后开立，左脚在前，右脚在后，两膝微屈，上体前倾，左手持球置于腹前，右臂自然下垂，两眼注视球。发球时左手将球在体前右侧抛起，离手20~30厘米。在抛球的同时要做好右臂的后摆动作。击球时，右脚踏地，身体重心前移，右臂伸直，以肩为轴，向前摆动到腹前，用虎口、掌根或手掌击球的后下部。随之重心前移，迅速入场，如图8-22所示。

图 8-21

图 8-22

2. 发球练习方法

(1)对墙发球或二人一组近距离互相发球，体会抛、挥臂击球的手法。

(2)5~6 米发球过网，体会抛球动作和上下肢协调用力技术。

(3)发直线、斜线、前场、后场球，做发到指定区域的练习。

(4)用各种不同力量、速度、弧度做发球练习。

(5)多球练习，要求发不同区域和不同弧度的球。

(六)拦网

1. 拦网技术

(1)单人拦网

①准备姿势：队员面对球网，两脚平行站立，距离 30 厘米，约与肩同宽，两膝稍屈，两臂在胸前自然屈肘。

②移动：运用并步、交叉点步、跑步移动。

③起跳：起跳时重心降低，两膝弯曲，用力蹬地，使身体垂直起跳，起跳技术要与跑步技术相结合。

④空中击球：拦网时，两臂尽力过网伸向对方上空，两手自然张开，屈指、屈腕呈勺形。当手触球时，两手要突然紧张，手腕用力下压盖住球的前上方。

⑤落地：如已将球拦回，可面对对方，屈膝缓冲，双脚落地。如未拦到球，则在下落时就要随球转头，转身面对后场，做下一个动作的准备。

(2)集体拦网

集体拦网有双人和三人拦网两种。集体拦网技术动作除要求具备个人拦网技术外，还应着重注意互相配合。

2. 拦网练习方法

(1)两人一组，隔网相对站立，同时向左或右移动，起跳拦网练习。

(2)两人一组，隔网站立，一人向网的上沿抛球，一人跳起拦网。

(3)教师站在高台扣或抛球,队员隔网进行拦网练习。

(4)做向侧跨一步起跳的拦网练习。

(5)两人一组隔网站立,向侧跨步的同时做连续起跳拦网练习。

二、排球基本战术

排球战术可分为个人战术和集体战术两大类。个人战术是个人根据临场情况有目的地运用各种技术的过程。集体战术则根据对方来球的特点和先防后攻的规律分为接发球进攻、接扣球进攻、接拦网进攻、接传垫球进攻四个战术系统,每个战术系统又分为防守战术阵形和进攻战术阵形,各个战术阵形中又有各种战术打法。

(一)进攻战术

1. 进攻阵形

排球进攻阵形是以二传队员的位置和攻争的场上位置来区分的,一般有“中一二”、“边一二”和“插上”等战术形式。

(1)“中一二”进攻阵形

前排中间的3号位队员做二传,将球传给4或2号队员进攻的组织形式。

(2)“边一二”进攻阵形

前排2号位队员做二传,将球传给3或4号队员进攻的组织形式。

(3)“插上”进攻阵形

后排一个队员在对方发球后,由后排插上到前排做二传,将球传给前排4、3、2号队员进攻的组织形式。

2. 进攻打法

进攻打法是指进攻队员之间的配合,有强攻、快攻和两次球进攻,每种打法中又有多种不同的战术变化。

(1)强攻

强攻是在没有同伴掩护、对方有准备的情形下强行采取的进攻,一般指传点球进攻。

(2)快攻

快攻指,二传队员传出各种平快球,用这些平快球作掩护所组成的各种战术配合。实践中常用的有近体快、短平快、背快和平拉开等战术配合。

(3)两次球进攻

当一传来球较高,在网前又有适合扣球的位置时,前排队员则直接跳起扣球。如遇对方拦网,就在空中改做二传,将球传给其他前排位置的进攻队员,这种打法叫两次球或转移进攻。

(二)防守战术

根据对方进攻的特点,防守可分为单人拦网、双人拦网和无人拦网的防守战术。

1. 单人拦网

在对方扣球威力不大,线路变化不多的情况下,多采用单人拦网的防守战术。

2. 双人拦网

当对方进攻力量大,线路变化较多时,常采用双拦网战术。根据后排跟进的情况,分为“心跟进”和“边跟进”两种。

(1)“心跟进”(6号跟进)防守战术:如对方善于轻扣和吊球,或在本方拦网较强,能封住6号位的情况下,多采用“心跟进”防守战术。

(2)“边跟进”(1、5号位跟进)防守战术:在对方进攻能力较强,而且轻扣、吊球或直线进攻较少的情况下,多采用“边跟进”防守战术。

3. 无人拦网

比赛中,由于对方战术多变,常导致本方拦网受挫,以致无人拦网。在这种情况下,只能根据临场变化,灵活取位力,争将球防起,组织反击。

第三节　足　球

现代足球运动自1863年至今,已有100多年的历史,是深受世界各国人们喜爱的运动项目。经常从事足球运动,能有效地提高人体的力量、速度、灵敏和耐力等素质,增强中枢神经系统、心血管系统、呼吸系统的功能,还能培养勇敢顽强、机智果断等优良品质。

足球比赛是以脚为主,除手和臂以外的身体其他部位支配球(守门员和掷界外球除外)的运动项目。正式的足球比赛有四名裁判员互相配合,共同组织、控制比赛的进程,其中一人为裁判员,两人为助理裁判员,一人为第四官员。一场正式足球比赛每队上场十一人,其中一人担任守门员,可有若干名替补队员,比赛中被替换下场的运动员不得重新上场。

全场比赛时间为90分钟,分上下两个半场进行,每半场45分钟,中间休息15分钟。比赛时间内进球多的一队为胜队。如果比赛结果为平局,而且赛程规定必须决出胜负,则要进行30分钟的决胜期,决胜期分上下两个半场进行,各15分钟,中间不休息,比赛中双方仍以进球多少决定胜负(也有谁先进球谁就获胜的赛制),如果决胜期比赛仍成平局,则以踢点球的方法决定胜负。

女子足球比赛规则同男子一样,但决胜期为上下半场各10分钟,共计20分钟。

一、足球基本技术与练习方法

(一)运球

1. 运球技术

(1)脚背正面运球

动作要点:运球时脚跟提起,脚尖向下,膝关节弯曲,躯干自然放松并略前倾,两臂自然摆动,步幅稍小,用脚背正面推拨球后自然落步。

(2)脚背外侧运球

动作要点:运球时身体自然放松,上体略前倾,两臂自然摆动,步幅稍小;运球时脚跟提起,脚尖内转,膝关节弯屈并内转,在迈步伸脚着地前,用脚背外侧向前推拨球。

(3)脚内侧运球

动作要点:支撑脚在球的侧前着地,膝关节微屈,上体稍前倾侧向球,运球腿膝关节外转，用脚内侧推运球前进。

2. 运球练习方法

(1)各种运球技术动作的模仿练习。

(2)一人一球，在走动中练习运球。

(3)一人一球，在慢跑或快速跑中练习运球。

(二)传球

1. 传球技术

(1)脚内侧传球

动作要点：踢定位球时，直线助跑，支撑脚踏在球的侧方15厘米左右处，膝关节微屈，两臂自然张开，在支撑脚着地的同时踢球腿以髋关节为轴由后向前摆动，在前摆过程中屈膝外转，踢球腿的内侧正对出球方向，小腿加速前摆，脚尖稍翘起，脚掌与地面平行，用脚内侧部位击球的后中部。向左(右)侧踢球时，支持脚踏在球的后方，用右(左)脚脚弓对准出球方向，提起大腿，并带动小腿由右(左)向左(右)横摆，同时身体重心向出球的相反方向移动，用推送动作将球踢出。踢空中球时，大腿在踢球前先屈膝抬起并外转，小腿拖在后面，脚弓对准出球方向，以髋关节为轴，利用小腿摆动平敲球的后部，如图8–23所示。

图 8–23

(2)脚背正面传球

动作要点：踢定位球时，直线助跑，最后一步稍大并积极着地，支撑脚踩在球的侧方约12~15厘米处，脚尖正对出球方向，膝关节微屈，两臂自然张开。踢球腿在支撑脚前跨和助跑的最后一步蹬离地面时，顺势向后摆起，膝弯曲，在支撑的同时以髋关节为轴，大腿带动小腿由后向前摆，当膝盖摆至接近球正上方的一刹那，小腿做爆发式的前摆，脚背绷直，脚趾扣紧，以脚背的正面踢球的后中部，踢球腿随球继续前摆，如图8–24所示。

图 8–24

(3)脚背内侧传球

动作要点：踢定位球时，斜线助跑，助跑方向与出球方向成45°角。支撑脚以脚掌外沿积极着地，踏在球的侧方向 20~25 厘米处，屈膝，脚尖指向出球方向，身体稍向支撑脚一侧倾斜。在支撑脚着地的同时，踢球腿以髋关节为轴，大腿带动小腿由后向前摆，在身体转向出球方向，膝盖摆到接近球内侧正上方的一刹那，小腿做爆发式的前摆，脚尖稍外转，脚面绷直，脚趾扣紧，脚尖指向斜下方，以脚背内侧部位击球的后中部（踢高球时，击球的中下部），踢球脚继续前摆，如图 8-25 所示。

图 8-25

(4)外脚背传球

与正脚背传球的动作基本相同，只是用脚背的外侧触球。在踢球的一刹那，脚背要绷直，脚尖内转，用脚背外侧触球，赐球的后中部。

2. 传球练习方法

(1)各种传球技术动作的模仿练习。

(2)一人一球对墙练习。

(3)中近距离传球练习。

(4)行进间传球练习。

(三)停球

1. 停球技术

(1)脚内侧停球

①停地滚球

动作要点：支撑脚正对来球，膝关节微屈，停球腿屈膝外转并前迎，脚尖稍翘起，在脚与球接触前的一刹那开始后撤，在后撤过程中用脚内侧接触球，缓冲来球力量，把球控制在衔接下一动作所需要的位置上，如图 8-26 所示。

图 8-26

②停反弹球

动作要点：支撑脚踏在球的落点的侧前方，膝关节弯曲，上体稍向前倾并向停球方向微转，同时停球腿提起，踝关节放松，用脚内侧对准来球的反弹路线，当球落地反弹刚离地面时，用脚内侧推球的中上部，如图 8-27 所示。

图 8-27

③停空中球

动作要点：一种方法是根据来球的高度，将停球脚抬起前迎，脚内侧对准来球路线，在脚与球接触前的一刹那开始后撤。在后撤过程中用脚内侧触球，缓冲来球力量，把球控制在所需要的位置上。另一种方法是将脚提至稍高于选择的停球点，在脚与球接触的一刹那开始下切，在下切过程中用脚内侧切于球的侧上部，将球停在地上。接空中球时，先提大腿，脚弓正对来球。触球时，小腿放松下撤，如图 8-28 所示。

图 8-28

(2)脚底停球

①停地滚球

动作要点：支撑脚站在球的侧后方，膝关节微屈。停球脚提起，膝关节自然弯曲，脚尖翘起并高过脚跟(脚跟离地面稍低于球高)，踝关节放松，用前脚掌触球的中上部，如图 8-29 所示。

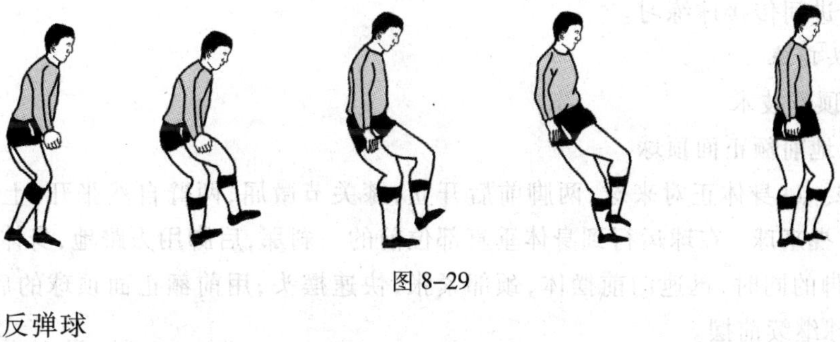

图 8-29

②停反弹球

动作要点：支撑脚踏在球落点的侧后方，在球落地的瞬间，用脚掌触球的后上部。

(3)脚背正面停球

动作要点：身体正对来球，接球腿屈膝提起，以脚背对准来球。在球与脚接触的一刹那，小腿和脚腕放松下撤，缓冲来球力量，使球落在身前。另一种接法是接球腿稍抬起，在球接近地面时，用正脚背触球，随球下撤落地。

(4)胸部停球

①挺胸停球

动作要点：一般用于停高于胸部的下落球。身体正对来球，两臂前后开列，重心落在两脚之间，两膝微屈，两臂自然张开，上体稍后仰，收下颏。在球与胸部接触前的一刹那，脚跟提起，向上挺胸，使球弹起，然后落于体前。

②收胸停球

动作要点：一般用来停胸部高度的水平球。身体正对来球，两脚前后开立，两臂自然张开，挺胸迎球，在球与胸部接触的一刹那迅速收胸、收腹，以缓冲来球力量，把球停在身前，如图 8-30 所示。

图 8-30

(5)大腿停球

动作要点：停球时，大腿抬起迎球。在与球接触的一刹那随球下撤，使球落在身前。也可用大腿上抬垫球，使球平稳弹下。如做转体接球，以支撑腿为轴向左(右)转体，把球接到身体左侧或右侧。

2. 停球练习方法

(1)徒手模仿各种停球技术动作。

(2)两人一球，互抛互停。

(3)一人一球对墙练习。

(4)中远距离传接球练习。

(5)行进间传接球练习。

(四)头顶球

1. 头顶球技术

(1)原地前额正面顶球

动作要点：身体正对来球，两脚前后开立，膝关节微屈，两臂自然张开，上体稍向后仰，眼睛注视来球。在球运行到身体垂直部位前的一刹那，后脚用力蹬地，身体重心由后脚移向前脚的同时，迅速向前摆体，颈部紧张，快速摆头，用前额正面顶球的后中部，接着上体随球继续前摆。

(2)原地前额侧面顶球

动作要点：两脚前后开立，出球方向的同侧脚在前，两膝微屈，上体和头部稍向出球的相反方向侧屈，身体重心放在后脚上，两臂自然张开，两眼注视来球。在球运行到出球方向同侧肩上方的一刹那，双脚用力蹬地，上体迅速向出球方向扭摆，同时颈部紧张地摆头，以前额侧面顶球的后中部。

2. 头顶球练习方法

(1)徒手做头顶球模仿练习。

(2)自抛自顶,体会顶球部位。

(3)二人一组,相距5~7米,做头顶球练习。

(五)抢截球

1. 抢截球技术

(1)正面抢截球

动作要点:面向对手,两脚前后开立,两膝微屈,在对手运球脚触球后即将着地或刚着地时,支撑脚立即用力后蹬,抢球脚以脚内侧对着球跨出,膝关节弯曲,上体前倾,身体重心移至抢球脚上,另一脚立即前跨。如双方脚同时触球,则要顺势向上提拉,使球从对方脚背滚过,同时身体重心要迅速跟上,把球控制好。如离球稍远,可用脚尖捅抢。

(2)侧面抢截球

动作要点:当与对方平行跑动争球时,身体重心要降低,两臂紧贴身体,当对方近侧脚着地时,可用肩和上臂做合理冲撞动作,使对方失去平衡,从而截获其球。侧面冲撞抢截用于抢截者和运球者平行跑动时抢截球。

(3)侧后抢截球

动作要点:侧后抢截球主要指用异侧脚或同侧脚以铲球方法抢截球。防守人追到距运球人侧后1米左右时,可用脚掌或脚背外侧铲球。当运球人将球拨动时,先蹬腿,抢球腿跨出,以脚掌或脚掌外侧在地面滑行而将球踢出,小腿、大腿、臀部、上体依次着地。侧后铲球适用于对手运球刚越过防守者的时候。

2. 抢截球的练习方法

(1)二人并肩走步中练习冲撞,慢跑和快跑中进行冲撞练习,体会合理冲撞的方式。

(2)一人在慢跑中运球,另一人练习侧面并肩冲撞抢球。

(3)一对一抢截,正面抢截后相互交换,以抢到球为准。

(4)一对一抢截,正面、侧面抢截,以触到球为准,相互交换练习。

(5)原地练习铲球,一人站在固定球的后面佯做停球,一人从侧后方跑上来练习铲球和倒地动作。

(6)助跑练习铲球,一人带球前进,一人在带球人身后,待球推出时铲球。

(六)掷界外球

1. 掷界外球技术

(1)原地掷界外球

动作要点:手指自然张开,持球的后半部,两脚前后或左右站立,膝微屈,将球举在头后,上体后仰,掷球时两脚蹬地,收腹屈体,两臂快速前摆将球掷出。

(2)助跑掷界外球

动作要点:助跑时将球持于胸前,在最后一步迈到的同时将球举至头后,蹬地、收腹、向前快速摆臂,并用扣腕力量将球掷出。

2. 掷界外球的练习方法

(1)徒手模仿练习。

(2)两人一球，抛掷练习。

(3)助跑掷球练习。

二、足球的基本战术

在足球比赛的攻守过程中，采取的个人行动和集体配合，称为基本战术。

足球战术可分为进攻战术和防守战术两大类。在进攻战术和防守战术中都包含着个人和集体的战术。

(一)比赛阵形

比赛阵形是指比赛场上队员的基本位置排列，是本队攻守力量搭配和分工的形式。选择阵形要以本队队员的特长、体能、技术水平与对手的特点为依据。

根据队员的职责和排列的层次分为后卫线、前卫线和前锋线。阵形的人数排列原则是从后卫数向前锋的，守门员不计算在内。

目前，世界上普遍采用的阵形有“4—3—3”、“4—4—2”、“4—1—2—3”、“3—5—2”等。在以上阵形中，除“4—4—2”阵形以防守为主、反击为辅外，其他阵形均以进攻为主，尤以“3—5—2”阵形更为突出。

(二)进攻基础战术

1. 个人进攻战术

个人进攻战术包括摆脱、跑位、运球过人等，这是在对方紧逼防守的情况下采取的有效措施，包括摆脱自己的对手、跑到有利的位置、接应控制球的同伴、巧妙的传球配合等，最终以达到进攻为目的。

2. 局部进攻战术

局部进攻战术是指两人以上的战术配合行动。此战术可以丰富和完善全队的进攻战术，是实施全队战术的基础。常用的有斜传直插二过一、直传斜插二过一、踢墙式二过一和三过二等进攻配合。

两人的局部配合是集体配合的基础。常用的两人配合有：

(1)斜传直插二过一：⑦横传给⑨，⑨斜线传球，⑦直线插入接球；⑥斜线传球给⑩，然后直线插上接⑩的斜传球。如图 8-31 所示。

(2)直传斜插二过一：⑦横传给⑨，⑦立即斜线插上接⑨的直传；⑩运球过人后传给⑧，⑩立即斜线插上接⑧的直传球。如图 8-32 所示。

(3)反切二过一：⑦回撤接⑨的传球，如防守跟上紧逼时，⑦回传给⑨并转身切入，接⑨传至对手身后空挡的球。如图 8-33 所示。

(4)斜线运球，交叉换位。

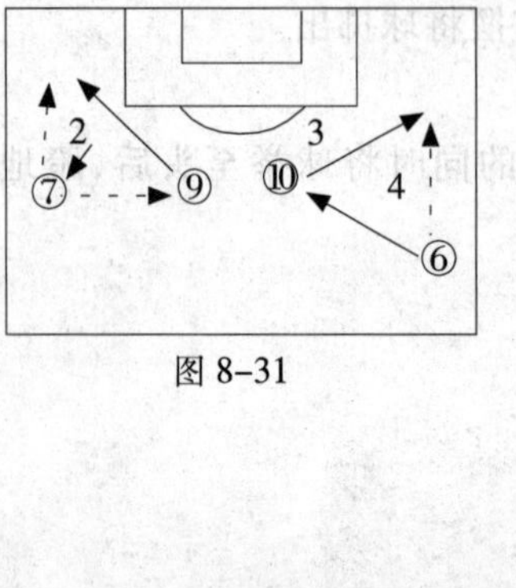

图 8-31

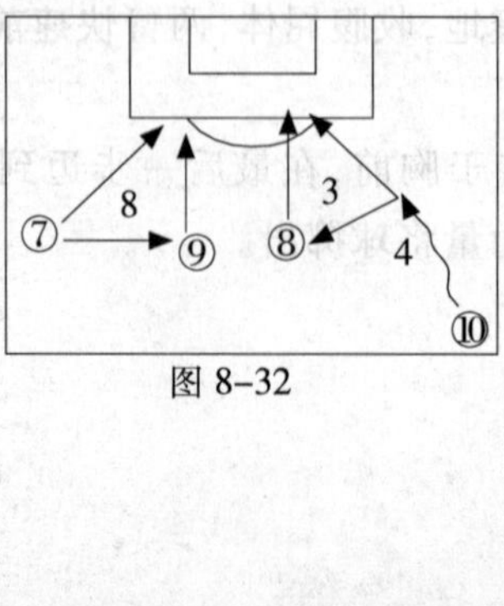

图 8-32

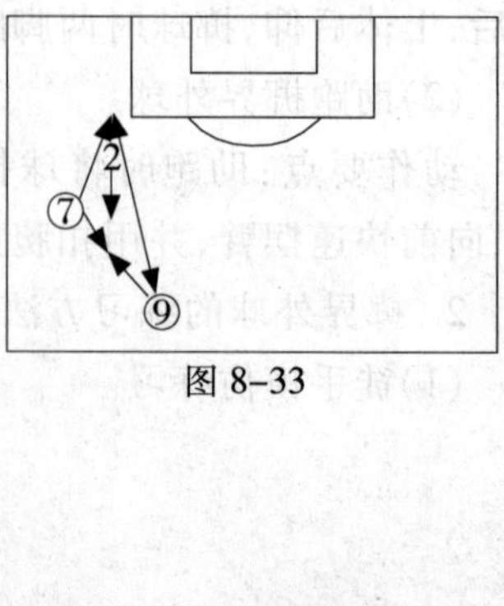

图 8-33

3. 集体进攻战术

(1)边路进攻

它主要通过边锋,或交叉到边上的中锋、或直接插上的前卫、边后卫,通过带球突破或传球配合突破对方防线,达到传中(外围传中、下底传中、切底迂回传中)的目的,最后由中锋在另一侧包抄射门。

(2)中路进攻

中路进攻能直接威胁球门,但中间防守队员密集,不易突破。因此,多通过中锋与内切的边锋或插上的前卫间的配合,或个人运球过人等方法突破对方防线。

(3)转移进攻

当一侧进攻受阻、另一侧进攻有利时,应及时转移进攻方向。此方法多采用有效而准确的中长距离传球来实现,以拉开对方的一边防守,达到声东击西的进攻目的。

(4)快速反击

在防御中积极拼抢,一旦得球,乘对方立足未稳,快速传球,以多打少,达到射门得分,进而取胜的目的。

(三)防守技术

1. 选位与盯人

选位与盯人也是防守战术中重要的个人技术。选位时防守队员一般应处于球门中心与对手之间的直线上,如图 8–34 所示。盯人时应采用"有球紧,无球松"和"远松近紧"的方法,即对有球的、接近球和球门的对手采用紧逼的战术,对无球的、远离球和球门的对手采用松动盯人的战术。

图 8–34

2. 保护与补位

保护是补位的前提,没有保护就不可能有效地补位,队员之间适当的斜线站位是保护的选位要求,也是后卫防守站位的基本原则。补位是防守队员之间的协同配合、相互帮助的一种方法。

(四)定位球战术

定位球进攻战术分角球、球门球、任意球、点球、中圈开球、掷界外球等战术配合。

1. 角球进攻战术

角球进攻战术有两种:一种是直接将球踢至门前,由头球能力强的同伴争抢头球射门;另一种是短传配合,多在己方头球能力较差或碰到较大的逆风时运用。

2. 球门球

发球门球的原则是及时、快速、准确,以有效地发起进攻。发球门球时守门员与后卫可做一次配合，以改变球路，组织进攻；也可踢远球给进攻的一线队员。

3. 任意球

任意球分直接任意球和间接任意球两种：罚直接任意球可采用穿墙和弧线球直接踢入，或者采用过顶吊入的传切配合；罚间接任意球时，传球次数要少，运用假动作声东击西，传球要及时，应免越位。

4. 点球

要求主罚队员沉着、机智，有高度的信心、熟练的假动作技术和过硬的脚法。

(五)防守战术

1. 个人防守战术

它是局部和集体防守的基础，包括堵(迎面堵、贴身堵)、抢(迎面抢、侧面抢、侧后铲)、断等技术在防守中的运用。选位与盯人也是重要的个人防守战术。

2. 集体防守战术

有全攻全守的全场防守、半场防守、紧逼防守、区域防守，也有盯人结合的区域防守、密集防守等多种防守战术。不论采用哪种战术，都要考虑到本队的特长，更要针对对方的进攻技术。采用有效的防守战术，能阻止对方的进攻。

3. 造越位战术

造越位战术是防守队员相互配合，主动制造对手越位，以破坏对方的进攻节奏和攻势，由守转攻的一种手段。

第四节　乒乓球

乒乓球运动于19世纪后期起源于英国，是从网球运动发展衍变而来的。1926年在英国伦敦举行了第一届世界锦标赛，同时成立了国际乒乓球联合会。从1988年第24届汉城奥运会开始，乒乓球运动被国际奥委会列为正式比赛项目。

1904年，乒乓球运动传入我国，因击球时发出“乒乓”的声音而得名。新中国成立后，乒乓球运动发展很快。1952年我国加入国际乒乓球联合会，1959年在第25届世界乒乓球锦标赛中，我国运动员容国团首次获得男子单打世界冠军。1961年第26届世界乒乓球锦标赛在北京举行，我国获得男子团体，男、女单打，共3项冠军。从此，我国乒乓球技术达到世界先进水平，雄踞世界乒坛多年而长盛不衰。

乒乓球运动的特点是球小而轻、速度快、变化多，有较强的趣味性。由于场地、设备和器材比较简单，而且不受性别、年龄和身体条件的限制，所以乒乓球运动具有广泛的适应性和群众性，深受广大群众的欢迎，在高校也被列为体育教学的主要内容之一。

一、乒乓球的基本技术

(一)握拍方法

乒乓球握拍方法分直拍握法和横拍握法两种，不同的握法各有其优缺点，从而产生了各种不同的打法。初学者可以根据各自的习惯和爱好，选择适合自己的握拍方法。

1. 直拍握法

直拍握法,以食指第二指节和拇指中段扣在拍前、拍后,三指自然弯曲贴于拍的 1/3 上端。这种握法又称为中钳式,如图 8-35 所示。

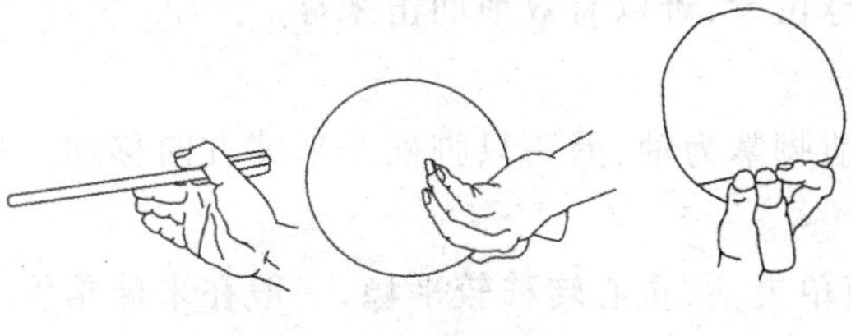

图 8-35

直拍握法的特点是正反手都用球拍的同一拍面击球,出手快,正手攻球快速有力,攻斜线或直线球时,拍面变化不大,对手难于判断。

2. 横拍握法

虎口贴于手拍肩,拇指在拍后,食指在拍前。其余三指自然握住拍柄,正手攻球时食指向上稍移;反手攻球时拇指向上稍移,如图 8-36 所示。

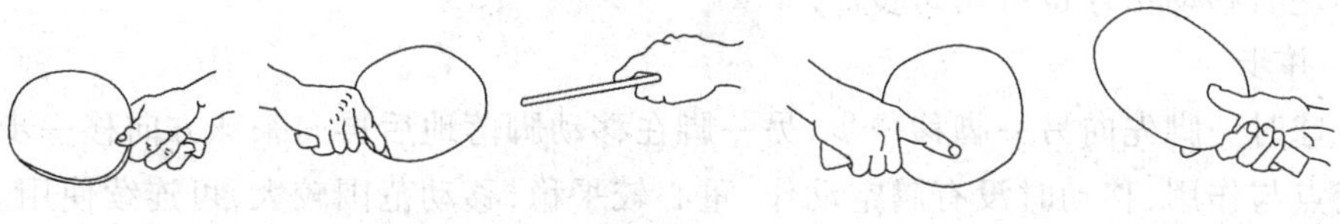

图 8-36

横拍握法的特点是正反手攻球力量大,攻削球时握法变化小,反手攻球容易发力也便于拉弧圈;但正反手交替击球时,需变换击球拍面,攻斜线或直线球时动作明显,易被对方识破。

(二)基本姿势与站位

1. 基本姿势

基本姿势是指击球者在击球前使自己处于一种相对稳定的准备状态。

(1)进攻型打法的基本姿势(以右手执拍为例):两脚开立与肩同宽或稍宽,左脚在前,右脚稍后,脚后跟微提,前脚掌内侧用力着地,两膝微屈,上体稍前倾,略含胸收腹,重心在两脚之间;两肩放松,执拍手自然弯曲置于身体右侧,两眼注视来球。

(2)削球型打法与进攻型打法的准备姿势基本相似,不同之处是:两脚间距稍宽,重心略低,右脚在左脚前,上体前倾稍小,执拍手位于胸腹前。

2. 基本站位

基本站位是指击球者为了回击不同落点和态势的来球,在击球前相对于球台所处的一个相对稳定的位置。根据不同类型的技术打法及身体条件,主要有下列几种基本站位:

(1)进攻型打法的基本站位。左推右攻打法者一般在近台(离台 30~50 厘米),中线偏左;两面攻打法者一般在近台,中线附近;弧圈球打法为主者在中近台(离台 50~70 厘米),中线偏左。

(2)削球型打法的基本站位。削攻结合打法者在中台,中线附近;以削为主打法者在中远台附近(离台 100~150 厘米)。

(三)基本步法

乒乓球运动的发展使人们越来越重视步法的使用与训练,没有快速灵活的步法就难以及时抢占有利的击球位置,难以有效地回击来球。

1. 单步

击球时以一只脚的前脚掌为轴,另一只脚根据来球方向移动一步,身体重心落在移动脚上。

特点与作用:动作简单灵活,重心转移较平稳,一般在来球角度不大的情况下采用。例如,近身的接发球、削追身球、单步侧身攻等多用单步。

2. 跨步

击球时以来球异方向的脚蹬地,另一脚向来球方向跨出一大步,身体重心随即移至该脚,蹬地脚随后跟上一小步。

特点与作用:移动速度快,比单步移动范围大,一般在来球速度快、离身体稍远时使用,适宜借力击球。例如:对方推挡连压反手后突然变正手,可运用跨步正手击球;削球打法的左右移动击球也可用跨步。

3. 并步

击球时一脚先向另一脚移一步,另一脚在移动脚落地后再向来球方向移一步。

特点与作用:移动时没有腾空动作,重心较平稳,移动范围较大,可连续使用。例如,左推右攻、左右削球、推挡侧身攻、小区域内连续走动进攻等多用并步。

4. 跳步

击球时以来球异侧脚用力蹬地,两脚同时离地向来球方向跳动。

特点与作用:移动范围比跨步大,有利于发力,移动后两脚间距离基本不变,适于连续运用,但移动时有短暂的腾空动作,对于保持身体重心的稳定有一定影响。跳步可用于连续发力击球,常与跨步结合起来使用。削球选手在接突击球和削追身球时常常使用跳步。

5. 交叉步

移动方法以来球同方向的脚为支撑脚,另一只脚在体前交叉,向来球方向跨一大步,然后支撑脚迅速跟上,移动一步。

特点与作用:交叉步移动范围最大,主要适合大角度击球。例如:快攻或弧圈打法在推挡或侧身攻后扑右角空档;或从右角变反手击球,在走动中前后或左右远距离削球等。

(四)发球与接发球技术

1.发球

发球是乒乓球的基本技术,在比赛中占有重要的地位。发球多变且质量好,不仅能使对方回接失误,己方直接得分,而且可以为进攻创造良好的机会。

(1)发平击球(以右手握拍为例)

正手发平击球时,站位近台,右腿稍后,执球手与执拍手均在身体右侧前方,抛球后,执拍手向后引拍,拍面稍前倾,球约与网同高时触球中部。

反手发平击球时,站位近台,左脚略后,身体稍向左转。抛球后,球拍开始后撤,待球回落时,小臂带动手腕,向右前方挥击球的中部。

(2)上旋球

球拍用力向前上方移动，摩擦球的中上部。球拍接触点应比网稍高或等高。

(3)下旋球

球拍用力向前下方切削，摩擦球的中下部，球拍接触点应比网高。在发近网下旋球时，下切动作要快，落点距网较近；发远网下旋球时，除用力下切外，还应略加向前的力量。

(4)左、右侧旋球

发左侧旋球时，将拍面稍向左倾斜，向身体左方发力，擦击球的中部。发右侧旋球时，将拍面向右倾斜，向身体右方发力，擦击球的中部。

(5)急球和轻球

急球和轻球主要靠控制速度和落点来使对方失误，因此，发急球时动作要快、角度要大或者追身，使对方顾此失彼。在发急球时，头脑要冷静，随机应变，间隔插发一些近网轻球，迫使对方近台接球，伺机进行抽杀。

2. 接发球

接发球与发球的重要性相同。如果接发球能力较差，不仅会给对方较多的进攻机会，而且在处理关键球时会延误战机，影响全局。

接发球常用推、搓、削、拉、抽等方法来回击。推、搓、削是用旋转和变化的落点去抑制对方的攻势，有一定的防御性质。拉球和抢攻可以直接破坏对方的攻势，打法较积极主动。所以，在接发球时应根据不同的情况做到时搓时拉，忽攻忽守。只有这样，才能充分掌握比赛的主动权。

接发球应根据对方发球时的位置来决定站位。同时，接发球时还要密切注意对方发球的挥拍动作、球拍移动方向以及触球瞬间用力的大小，以正确地判断对方发球的性质和落点，及时用相应的、正确的方法回击。例如，在接上旋球时，快速推挡或加力快抽来球的中上部；接下旋球时，球拍后仰，搓击或拉抽球的中下部。接左、右侧旋球时，则必须将球回击到对方球拍移动的相反方向。

(五)基本击球技术

1. 推挡球

推挡球以反手推挡球为主，推挡时，离台约30~50厘米站位，左脚稍前，右脚在后，小臂与地面略平行，肘部与大臂贴右侧身旁，大小臂夹角约100°左右，小臂靠近腹前，球拍与桌面成90°角。当来球入台接近上升期时，小臂内收，球拍迎向来球方向，向前向下发力，推击来球的中上部，食指同时微微用力使球拍前倾，大臂随小臂前摆。

(1)快推

快推的特点是回球速度快，并且有斜线、直线的变化。对付弧圈球时还能推侧旋、推大角度以破坏和干扰对手的进攻。在对攻和相持阶段又常用来推两大角或突袭对方空当，使对方失误或被动，为进攻创造有利条件。

快推时，左脚稍前或两脚平行，距离略宽于肩，身体离球台约40厘米。击球前，持拍手臂和肘关节内收，前臂略向外翻展，球拍柄呈横状。击球时，在小臂向前推击的同时，手腕外旋，食指压拍，拇指虽放松但要紧贴拍柄，使拍前倾。在上升期时击球的中上部，把球快推过去。

(2)减力挡

减力挡的目的是使球弧线低、落点短、力量轻。在对攻和相持中,当对方离球台远时,可用减力挡吊对方一个近网球,迫使其前后奔跑,然后伺机用正手抢攻。

减力挡时,准备姿势和推挡动作相同,拍要前倾,球在台面刚弹起后,球拍贴近来球并高于来球,这时前臂不仅不向前发力,相反还要随着来球的方向迅速向后撤,以缓冲球的反弹力,使球落于近网。

2. 攻球

攻球是最重要的一项基本击球技术,也是主要的得分手段。攻球可分为正手攻球和反手攻球。

(1)正手攻球

①正手近台快攻

站位靠近球台,出手快、动作小,从速度上夺取优势,为扣杀创造有利的条件。击球之前引拍至身体右侧,当球由台面弹起时,手臂向左前上方迅速回击来球。在球的上升期击球的中上部。

②正手拉球

这是回击下旋球的主要进攻技术,能为再次进攻创造条件。提拉时击球的下降期,用大臂和小臂由右后方向左前上方挥击,击球时小臂迅速向内收,配合手腕内旋动作,用球拍擦击球的中上部。

③侧身正手攻球

先要移动脚步,左脚在前,右脚在后,使身体位于球台左侧。根据来球特点酌情拉或快攻。

④正手弧圈球

首先要判断来球的落点、旋转,捕捉击球的时机。回击加转弧圈球时,先拉开手臂,球刚弹起时尽快挥拍向前下方迎击,拍形要前倾,与台面成约60°的夹角,击球的中上部。回击前冲弧圈球时,球刚刚弹起就要立即回击,拍一触球前臂立即内收,击球时拍与台面约成70°夹角,击球的中上部。

⑤滑板球

滑板球是一种具有战术动作的进攻技术,要求击球角度大,而且球应有一定的左侧旋,动作要隐蔽。如打算攻对方右角而发现对手正往右方起动,且自己的手臂已向前挥动,此时要在击球的瞬间手腕迅速外展将球击往对方左角,使对方人右而球左。滑板球也称为“出手改线”。

⑥正手杀高球

正手扣高球具有动作大、力量大的特点。击球时,靠腿、腰、臂的合力盖压住球的上部或上中部,发力攻打。

(2)反手攻球

直拍反手攻球时,站位适中,两脚分开,右脚稍前,重心落在左脚,身体略向左转。引拍时,上臂先靠近身体,前臂向左拉,手腕弯曲并内收,食指用力控制拍面角度,随着腰部向右转动，前臂外旋，加速发力，在球上升期或高点期触球中上部，向右上方击球。

横拍反手与直拍反手的动作区别是：食指向拍柄，前臂与手腕几乎成直线状，先向后屈，随即前臂向右方外旋发力，手腕顺势向右摩擦用力，重心转至右脚。

直拍反手攻球是中国的独特击球技术。其特点是：动作小、出手快、能抢先上手，能争得主动而为正手大力扣杀创造机会。

直拍反手攻球时右脚稍前，膝盖微弯，前脚掌着地，收腹弯腰。击球前腰向左略转，球拍后引，来球后球拍迅速向前迎击球的中上部。

3. 搓球

搓球是一种近似削球手法的台内技术，是一种可以解除削球逼角威胁的手段。对方的发球性质来不及判断时，用搓球回接比较稳当。

(1)反手搓球

搓球前两脚平行站立，离台 50 厘米左右。当来球接近台面时，大臂开始向胸前右侧贴近，略下垂。拍柄与小臂成直线，球拍后仰与球台成 100°角，置于腹前右方。大小臂之间夹角为 100°~200°。小臂引拍，向前下方发力，做切击动作(半圆弧动作)。球拍触球的一刹那，手腕配合小臂向前下方抖动球拍，擦击球的中下部，将球送出。

(2)正手搓球

站位与反手搓球相同。大臂引向身体右侧，与身体成 45°角。小臂持拍外伸，迎向来球方向。球拍与球台成 100°角，大、小臂夹角为 90°~120°。等来球从台面反弹至最高点时，小臂向前、向内收缩发力，同时手腕由外向内扭动，球拍由右上方向左前下方削击来球。触球时，手腕协助，加快球拍的擦击速度，摩擦球体，将球送出。

4. 削球

削球和攻球一样，按其部位划分类别，也有正、反削球两种。

(1)正手削球

①正手远削球

正手远削球时，左脚与左肩靠近球台，右脚后退一步。身体与球台成 75°角并稍向前倾，两腿稍屈。手臂自然弯曲伸出，球拍略高于来球弹起的高度，拍柄向下。当球飞到身前，手臂即向前、下、左方向挥动，球拍在右腰前 35 厘米的地方触及球的中下部(或下部)。然后，手臂加速发力，小臂与地面接近平行，身体重心逐渐由右脚移至左脚。

②正手近削球

正手近削球时，身体离台 50 厘米，与球台成 45°角，在来球将要回落时擦击球的中下部。手腕用力要比正手远削球大，从而球的旋转较快。

(2)反手削球

①反手远削球

反手远削球时(横拍)，右脚在前，左脚在后，重心落在右脚上。小臂弯曲，把球拍举起与头齐高，拍柄向下，拍面正对对方左角。手臂沿前、右下方摆动。当球拍触球的一刹那，小臂与手腕加速发力挥拍。

②反手近削球

由于大臂受身体阻碍作用，反手近削球比正手削球快些。所以，削球动作主要靠小

臂和手腕来完成。

5. 弧圈球

(1)加转弧圈球

击球前,左脚在前,右脚稍后,身体向右倾斜与球台约成45°角,两膝微屈,球拍贴近臀部,右肩略低于左肩,手臂自然下垂,手指紧握球拍,身体重心在两脚之间。当来球从桌面弹起时,小臂先向前迎球,然后大臂和小臂同时由下向上垂直挥动擦击球的中部,腰部由右后方急剧向上扭转。在触球的一刹那,加速用力,使球呈较高弧线飞出。

(2)前冲弧圈球

屈体与桌面成75°角。球拍拉至身后,约与桌面齐高,手指握拍同前。来球着台后,手臂向前上方迅速挥出。手腕使球拍前倾,与桌面成50°角,腰部向前上方扭转,协助球拍加速摆动,擦击球的上部。

(六)乒乓球基本技术的练习

1.球感的练习方法

(1)对墙任意击球:从定位开始,逐渐后退击球,或前进和后退结合对墙击球。

(2)拍面击球:自抛自打的单面击球;也可持拍,反复转动正、反两面来击球。

(3)对墙击定点球:在上述基础上,把球击在固定区域中,提高控制球的能力。

2. 挡球的练习方法

(1)不定点的挡球练习:掌握短挡球的手法。

(2)正面、左右面的挡球练习:一人固定送球,其他练习者轮流击球。

(3)不同落点挡球练习:一人把球送向各点,练习者用各种板形把球击过去,练习板形的变化。

(4)挡近台短球的练习:在限定的区域内击球。

(5)挡固定区域长短球的练习:同长同短或同长异短练习。

3. 推挡球练习方法

(1)单线推挡(中线、直线、斜线):推挡单线球,掌握动作。

(2)推挡不同点到多点球。

(3)推挡球结合大力推挡。

4. 正手攻球练习方法

(1)由一人发平击球或自抛球,进行正手攻球,掌握正手攻球的手法。

(2)正手攻挡球的定点球练习。

(3)正手斜线对攻球练习:远抽对远抽,近抽对近抽,远抽对近抽,近抽对远抽,远抽近抽交叉进攻的打法等。

(4)推挡侧身正手攻斜线。

(5)左推右攻。

5. 反手攻球的练习

(1)反手攻挡球或推挡球的练习:掌握反手攻挡球的手法。挡球的速度可逐步加快。

(2)反手二点打一点练习:在1/2台面内做反手二点打一点。

(3)推挡结合反手攻球。

(4)反手一点攻多点。

6. 搓球练习方法

(1)对方发下旋球或自己抛球，练习搓击动作。

(2)正、反手搓斜线球或直线球练习。

(3)反手(正手)一点对二点。反手斜线对斜线，反手斜线对正手直线，正手斜线对正手斜线，正手直线对反手直线。

(4)搓转与不转球。

7. 削球练习方法

(1)接正、反手平击球的削球练习。

(2)正手削斜线、直线球练习。

(3)反手削斜线、直线球练习。

(4)正、反手二点削一点练习。

(5)削转与不转球。

8. 发球练习方法

发球要考虑落点、速度、力量、旋转。这四者结合得好，可以加强发球的攻击性，为下一步的进攻创造有利条件。

(1)发远台三落点练习。

(2)发近台三落点练习。

(3)发左侧上、下旋球相结合的练习。

(4)发右侧上、下旋球相结合的练习。

(5)用相似手法发转与不转球的练习。

9. 弧圈球练习方法

(1)连续拉发来的不旋球。

(2)连续拉削球。

(3)发球抢拉抢冲练习。

(4)先拉加转弧圈，再拉前冲弧圈。

(5)中远台对拉练习。

二、乒乓球基本战术

(一)攻对攻战术

以攻为主的战术以力量为基础，结合速度、落点和旋转的变化制胜。打对攻时，运动员要根据不同情况采取不同策略，灵活使用战术以争取主动权，打出风格、打出水平，取得胜利。

1. 两面攻对左推右攻

如对方是左推右攻的打法，因球速较快，一般应采用以猛制快、力争主动的策略。在战术上以狠、变为主，结合快、准。

左推右攻的主要弱点在左边，所以各种战术都应以压住对方左边为重点，同时谨防对方侧身抢攻。

2. 左推右攻对两面攻

如对方攻球技术比较全面，则不宜采用稳扎稳打的办法，而应充分发挥推挡球的特长以克制对方。通常采取以快打慢、以近制远、调动对方、力争主动的策略。战术的运用以快速多变为主，结合狠、准。

3. 其他

两边攻对两边攻，左推右攻对左推右攻等，因为双方打法相同，故应预先分析彼此之长短，根据对手的不同情况决定策略，尽量发挥自己的特长，以己之长攻彼之短，争取主动。

(二)攻对削的战术

1. 拉两角，突击中间

先左、右做试探性进攻，然后拉两角，突击中间。

2. 拉两角，突击左或右方直线

打法与“拉两角，突击中间”相同。

3. 拉中间，突击两角，结合短球

用大角度球把对方逼离台面后，突然放短球，迫使对方来不及上步而接球失误。

4. 拉两角，突击追身

反复拉两角，伺机突击追身。

5. 拉搓结合的战术

当对方削球加转或回短球难于实行进攻时，可用搓球过渡。此种战术，还可以迫使对方在近台还击时，因其步法在调动之中或回球速度较慢，从而用取得突击扣杀的机会。

(三)削对攻的战术

1. 紧逼一角，突然袭击空当

2. 用转与不转的削球变化来扰乱对方，伺机反攻

3. 以轻重不同的力量和落点控制对方攻势，伺机反攻

4. 削球配合拉弧圈球，伺机反攻

(四)削对削的战术

削球双方相遇，主要以双方进攻能力的强弱来决定自己的打法。如攻球技术强，又会使用弧圈球，就可以用发球抢攻结合弧圈球的打法。如削球基础较好，则可采用先守后攻，看准机会突然起板的打法。

除先用发球抢攻战术力争主动外，一般多用搓攻结合、搓中突击或搓拉结合的打法。

搓攻时，可以用变换速度的快慢搓，或搓长短球、搓转与不转球、搓中侧身拉弧圈球等多种打法来取得主动进攻的机会。

拉搓结合打法中，可发变化落点的急球和轻球，扰乱对方步法，伺机抢攻或扣杀。也可拉中转搓，或搓球中突然拉上旋球，扰乱对方步法，伺机猛攻。

第五节 羽毛球

羽毛球是一项在室内外均可进行的小型球类运动。这是由两名或两对选手，在中间隔一网的场地两边，用球拍经网上往返击球，使球落到对方场地上或使对方击球失误而得分的一项球类运动。

羽毛球比赛分男、女团体，男、女单打，男、女双打，男女混合双打，总共 7 项。

羽毛球是一项为广大群众喜爱的体育运动项目，它具有球小、速度快、变化多等特点。运动器材设备比较简单，在室内外都可以进行。运动量可大可小，不同年龄、性别和身体条件的人都可以参加。因此，这项运动易于开展和普及。经常参加羽毛球运动不仅可以发展人的灵敏性和协调性，提高动作的速度和上下肢活动的能力，改善心血管系统的机能，而且有助于培养人的勇敢顽强、机智果断等品质。

一、羽毛球基本技术

（一）握拍方法

1. 正手握拍法

通常的握拍与握手姿势非常相似。虎口对着拍柄内侧的小棱边，拇指和食指贴在拍柄的两个宽面上，中指、无名指和小指并拢握住拍柄，拍面与地面基本垂直，如图 8-37(a)所示。

2. 反手握拍法

在正手握拍的基础上，拇指和食指将拍柄稍向外转，食指稍向中指收拢，拇指第二指节顶贴在拍柄内侧的宽面上，中指、无名指和小指并拢握住拍柄，柄端靠紧小指根部，使手心留有空隙，如图 8-37(b)所示。

(a)

(b)

图 8-37

（二）发球与接发球技术

1. 发球技术

发球有正手发球和反手发球两种。根据球在空中飞行的弧线，可分高远球、平高球、平快球、网前球等。

(1)正手发高远球

高远球站位应靠近中线一侧，离前发球线约 1 米。左脚在前，右脚在后，身体稍侧对网，两脚与肩同宽，身体重心放在右脚上。发球时，右臂后引，由上而下向右前方挥拍，同时左手放球。挥拍过程中，重心由右脚转到左脚。当球拍挥至右侧稍前下方时(击球点)，右前臂加速，握紧球拍，手腕由后伸经前臂稍内旋到屈收，急速向前上方闪动击球。击球后，球拍随势向左上方减速收回至胸前，如图 8–38 所示。

图 8–38

(2)正手发网前球

发网前球的基本技术动作与发高远球相仿，但站位稍前。由于网前发球飞行距离短、弧线低、用力轻，因此前臂挥动的幅度和手腕后伸的程度要比发高球小，球拍触球时，拍面从右向左推送击球，使球刚好越网而过，如图 8–39 所示。

图 8–39

(3)反手发网前球

站位靠近前发球线，左脚或右脚在前均可，身体重心在前脚，上体前倾，后脚跟提起。右手反握在拍柄稍前部位，肘关节提起，手腕稍前屈，球拍低于腰部，斜放在小腹前；左手持球在球拍面前方。发球时，球拍由后向前推送击球，使球的最高弧线略高于网顶，球过网而下落在对方前发球线附近，如图 8–40 所示。

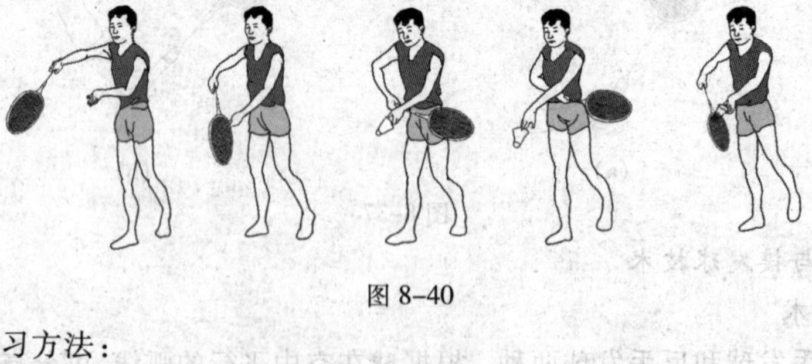

图 8–40

发球的练习方法：

①徒手做模仿发球的动作。

②在场上两人对练发球或在空地上用多球做发球练习。

③先练习发直线球，后练习斜线球；先练发定点球，后练发不定点球。

2. 接发球技术

(1)单打站位

单打站位通常在离前发球线约 1.5 米靠近中线的位置。左脚在前，右脚在后，双膝微屈，身体重心放在前脚上。后脚跟稍抬起，身体半侧向球网，球拍举在身前，两眼注视对方。

(2)双打站位

由于双打发球区较单打发球区短，发高远球易出界或被对方扣杀。所以，双打发球多以发网前球为主，接发球时应站在靠近前发球线的地方。双打接发球的准备姿势与单打基本相同。

接发球的练习方法：

①开始练习接发球时，最好采用固定的一种基本技术去接对方的单一发接。

②练习接球时应在对方球拍触球的瞬间观察球的飞行方向，以提高判断能力。

③在上述基础上，还要进一步控制回球落点，以避免在接球后给对方较多的攻击机会。

(三)基本击球技术

羽毛球的基本打法一般分为：后场高空击球技术，网前上手击球技术、下手击球技术等。

1. 后场高空击球技术

后场高空击球技术根据其技术的性质特点，通常可分为高球、吊球、扣杀球。

(1)高球

高球分为高远球和平高球。高远球是指将球击得高而远，球飞至对方底线上空后垂直落到有效场区内。平高球是从高远球发展来的，它的飞行速度比高远球快，弧线比高远球低，是后场进攻的有效技术之一。

①正手击直线高球和对角高球

在右后场区击球的位置上，左脚在前，右脚在后，稍屈膝。侧身对网，重心在右脚前掌上，左手自然上举，抬头注视来球，右手持拍于身体右侧。击球前，重心下降准备起跳。起跳的同时右臂后引，胸舒展。当球将落至额前上方击球点时，上臂往右上方抬起，前臂自然后摆，手腕尽量后伸，前臂急速内旋往前上方挥动，手腕向前闪动发力击球托，球即朝直线方向飞去。若手腕控制拍面击球托的右侧下部，球则向对角方向飞行。

②头顶击直线高球和对角高球

由于来球是飞往左后场区，击球点应选择头顶部位。

准备姿势和动作要领基本与正手击高球相似，但击球前要求上体稍弓身后仰，以便更好地发力。右上臂右后上抬，球拍由右后绕过头顶，前臂向前上方经内旋带动手腕突然屈收闪动发力，击球托，球即飞往直线方向。头顶击对角高球，握拍稍有不同，即用拇指和食指向内捻动拍柄，使虎口对准拍柄靠外的小棱边，球拍仍由右后绕过头顶，前臂向右前方内旋带动手腕屈收闪动发力，击球托的左部。击球后，由于前臂内旋明显，惯性作用大，手臂自然往前摆动。

③正手头顶击平高球

准备姿势与动作要领基本与正手击高远球相似，主要区别在于击球点较击高远球稍前，拍形角度稍前倾，如图 8-41 所示。

图 8-41

击高球的练习方法：

A.徒手练习击高球的模仿动作，体会动作要领。

B.“一点打一点”，即固定直线或斜线对打。

C.“一点打两点”。

(2)吊球

把对方击来的高球从后场轻击、轻切或拦吊到对方的网前区，叫吊球。吊球按飞行的弧线和击球动作的不同主要分为劈吊、轻吊和拦截(都有正手、头顶和反手)等。

①正手吊直线和对角线球

直线劈吊，击球前动作和击直线高球、扣杀球相似。击球时用力较轻，带有劈切动作，落点一般离网较远。不同点是击球瞬间前臂突然加速，用手腕的闪动向前下方切击球托的右侧下部，使球越网下坠。对角线劈吊，击球前的动作与正手击对角高球相似。不同点是击球瞬间，用加速的力量把球向对角方向切击。

②正手轻吊直线和对角线球

轻吊击球前动作和劈吊动作相似，不同点是落点离网较近。击球时拍面正对来球，在接触的瞬间，轻切来球，使球一过网即下坠，如图 8-42 所示。

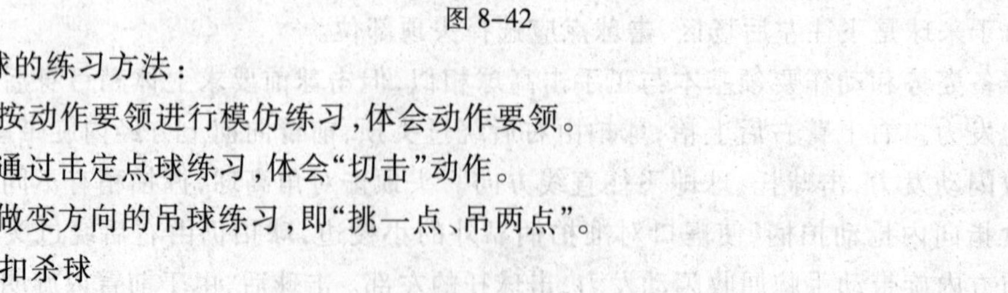

图 8-42

吊球的练习方法：

A. 按动作要领进行模仿练习，体会动作要领。

B. 通过击定点球练习，体会“切击”动作。

C. 做变方向的吊球练习，即“挑一点、吊两点”。

(3)扣杀球

扣杀球是把高球用力向前下方重压、重切，球飞行的弧线较直，落地快，对对方的威胁较大。扣杀球从手法上可分为正手扣杀、头顶扣杀和反手扣杀。从力量上又可分重杀(杀球力量较大)、轻杀(杀球力量较小)和点杀(力量不大，但速度较快，落点近前场)，还有长杀(近底线)和劈杀(切劈)等。

①正手扣杀直线(侧身起跳)和对角线球(侧身起跳)

准备姿势和动作要领与正手击高球技术大体相同。不同点是右脚起跳后,身体后仰呈反弓后收腹用力。前臂带动手腕用力下压,球拍正面击球托,击球点较击高球稍前,无切击,使球沿直线向前下方飞行。击球后立即回动,右脚向前跨步要大。正手扣杀对角线球的准备姿势和动作要领与正手扣杀直线球相同。不同点是起跳后身体向左前方转动用力,协助手臂向对角方向击球。

②头顶扣杀直线和对角线球

准备姿势和动作要领与头顶击高球相同。不同点是挥拍击球时,要集中全力往直线方向或对角方向下压。球拍面和击球方向水平面的夹角小于90°

扣杀球的练习方法:

(1)模仿挥拍练习,体会动作要领。

(2)通过向前下方用力投掷羽毛球(或垒球),体会鞭打动作。

(3)做定位扣杀练习,即“杀一点或两点”的固定练习。

2. 网前上手击球技术

(1)放网

放网是指运用网前放网技术使球回击对方网前区域的击球,通常可分为正、反手两种放网。

①正手放网前球

侧身对右边网前,右脚跨前成弓箭步,重心在右脚上。右手持拍于右侧体前约与肩高,拍面右边稍高且斜对网。左臂自然后伸起平衡作用。击球前前臂稍外旋,手腕外展引拍至右侧前。击球时手腕稍内收,食指和拇指控制拍面和用力大小,轻切球托把球轻送过网。

②反手放网前球

侧身对左边网前,右脚跨前成弓箭步,重心在右脚上。右手反手握拍,持拍于身侧前约同肩高,拍面左边稍高且斜对网,左臂自然后伸。击球前前臂稍内旋,手腕外展引拍。击球时手腕内收,拇指和食指分别贴在拍柄内、外侧的小棱边上,用拇指的推力轻托球,把球送过网。击球后,随重心复原收拍至胸前。

放网的练习方法:

A. 徒手挥拍模仿放网动作。

B. 利用多球进行正、反手两个部位的放网练习。

C. 在本场区的中心位置进行上网放网练习。

(2)网前搓球

搓球是使球带旋转或翻滚而越网至对方前场近网区域内的击球。通常可分为正、反手搓球。

①正手网前搓球

击球前前臂外旋,手腕外展引拍至右侧。击球时在正手放网动作的基础上,加快挥拍速度,切搓球托底或侧部。由于球托受较大的摩擦力且作用力不直接通过球心,会使球产生旋转翻滚,越网而过。

②反手网前搓球

击球前前臂稍往上举，手腕前屈；手背约与网同高，拍面低于网顶。击球时，手腕和手指控制拍面角度，用肘关节和腕关节前伸稍下降及前臂稍外旋的合力，搓切球托的侧底部。另外，也可在反手放网前球动作的基础上，前臂稍伸直，手腕由外展到内收，带动球拍向前切送，击球托的后底部。

网前搓球的练习方法：

A. 徒手挥拍模仿搓球动作。

B. 利用多球进行正、反手两个部位的搓球练习。

C. 一对一站在网前，做送球、搓球或对搓练习。

D. 在本场区中心位置进行不定点的上网搓球练习。

(3)网前挑球

挑球是将对方击来的网前球、吊球、杀球(轻杀)等挑高过网，回击至对方后场底线附近区域的击球。它是网前挑球技术的泛称，通常可分正、反手挑球。

①正手网前挑球

击球前，前臂充分外旋，手腕尽量后伸。击球时，从右下向右前方至左上方挥拍击球。在此基础上，若拍向右前上方挥动，挑出的是直线高球，若球拍向左前方挥动，挑出的则是对角高球。

②反手网前挑球

击球前，右臂往左后拉抬时引拍。击球时，前臂充分内旋，手腕由屈至后伸闪动挥拍击球。若球拍由左下向左前上方挥动，则球向直线方向飞行；若球拍由左下向右前上方挥动，则球向对角线方向飞行。

网前挑球的练习方法：

A. 徒手挥拍模仿挑球动作。

B. 利用多球进行正、反手挑球练习。

C. 固定线路的吊、挑练习。

3. 下手击球技术

下手击球技术通常可分为接杀球、接吊球两种。

(1)接杀球技术

可分为正手、反手接杀球技术。这种技术在不同的位置上利用有关技术配合相应的步法和手法，可打出不同的球，如挡、勾、挑、抽球等。

(2)接吊球技术

可分为正手、反手接吊球技术。这种技术在不同的位置上利用有关技术配合相应的步法和手法，可打出不同的球，如放、挑、勾球等。

接杀球、接吊球的练习方法：

(1)按照动作要领进行正、反手接杀球、接吊球的放网、挡、挑等技术的模仿练习。

(2)利用多球进行练习。

(3)定位“一攻一守”的练习(先左或右半场，后到全场)。

二、羽毛球的基本战术

1. 单打战术

(1)压后场战术

此战术是通过采用高远球或平高球反复压对方后场两角,造成对方被动,然后伺机采用杀球和吊球攻击对方空当。

(2)发球抢攻战术

此战术主要以发网前球和平快球为主,尽可能限制对方的进攻,迫使对方挑球,然后用杀球和吊球进攻对方的空当和弱点。

(3)控制网前战术

它是通过各种手段主动抢先放网或故意让对方先放网,然后上网重复放网,并与搓、推、勾、扑球结合运用,造成对方网前直接失误或被动挑球,此时可抓住有利时机大力扣杀和快速吊球。

(4)打四方球结合突击战术

这种战术是以快速准确的落点控制对方场区的四个角落,迫使对方前后左右奔跑,当对方来不及回中心位置或身体失去平衡时,抓住空当和弱点进行扣杀。

(5)打对角线战术

此战术无论进攻或防守,无论场或后场,都以打对角线球为主。

2. 双打战术

(1)攻人(二打一)战术

对付两名技术水平高低不一的对手时,一般都采用这种战术。对付两名技术水平相似的对手时也可以使用。它集中攻击对方一名队员,常能取得成功。在另一名队员赶来协助时,又会暴露出空当,另一名队员不警惕时又可突袭他(她)。

(2)攻中路战术

守方左右站位时把球打在两人中间,可以造成守方两人抢接这一球或同时让球,限制守方在接杀时以挑大角度的高球来调动攻方,有利于攻方的封网。守方前后站位时把球下压或轻推在边线半场处,这多半在接发网前球和守中反攻抢网时运用。这种球守方前场队员拦截不到,后场队员只能以下手击球放网或挑高球,后场两角便会露出很大空当,因而有机可乘。

(3)攻后场战术

对付后场扣杀能力差的对手用平高球、平推球、接杀挑底线把对方一人紧逼在底线两角移动,在对方还击出半场和网前高球时即可大力扣杀。如在逼底线两角时对方同伴要后退支援,则可攻击网前空当或向后退者打追身球。

(4)后攻前封战术

后场队员积极大力扣杀,在对方接杀放网、挑高球或企图反击抽挡时,前场队员以扑、搓、推、勾控制网前,或拦截吊封前半场,使整个进攻连贯而凶狠、凌厉。

(5)守中反攻战术

防守时,对方攻直线球,己方挑对角平高球;对方攻对角球,己方挑直线平高球,以达到调动对方的目的。然后可采用挡或勾网前逼近对攻的战术。这在对付网前扑、推及左右转体不灵活的对手时，很快可获得由守转攻的主动权。

第六节 网 球

网球运动是深受广大学生普遍喜爱、富有乐趣的一项体育活动。网球运动的锻炼价值很高，既是一种消遣和增进健康的手段，也是一种艺术追求和享受，还是一种扣人心弦的竞赛项目。打网球可以使人的动作迅速、判断准确、反应灵敏并能提高速度、力量、耐力等素质，对调节肌肉用力的紧张度与肌肉感觉、对发展协调性均有积极作用。另外，网球也是一种社交运动项目。

网球是2人或4人在中间隔一网的场地上用球拍往返拍击一个小球的球类运动。

一、网球基本技术与练习方法

网球的基本技术有发球、截击球、高压球等。学习打网球，必须从握拍开始。

(一)握拍方法

1.东方式：用右手掌平对拍弦，顺着拍面向拍柄后滑，握好拍柄即为东方式握拍。刚开始学打网球一般选用东方式握拍，如图8-43所示。

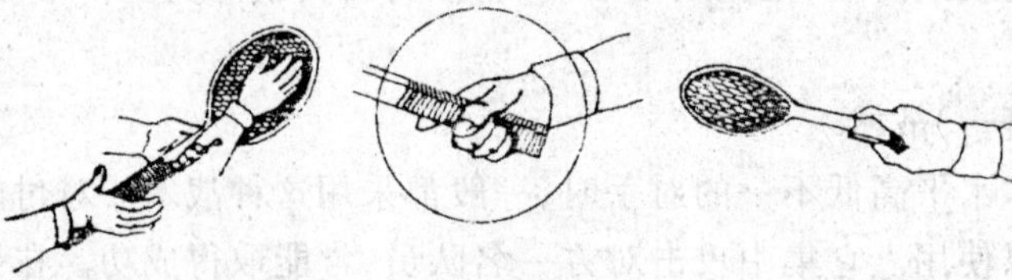

图8-43

2.大陆式：同东方式反手握法很相似，在东方式正手握拍的基础上向左转动手掌，约转拍柄周长的1.6倍，即为大陆式握拍，如图8-44所示。

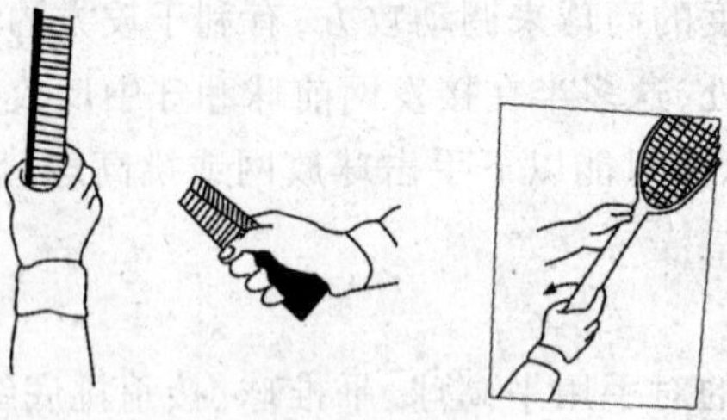

图8-44

3. 西方式：若把球拍放在地板上，然后像提长柄平锅那样握拍，就是标准的西方式握拍法，如图8-45所示。

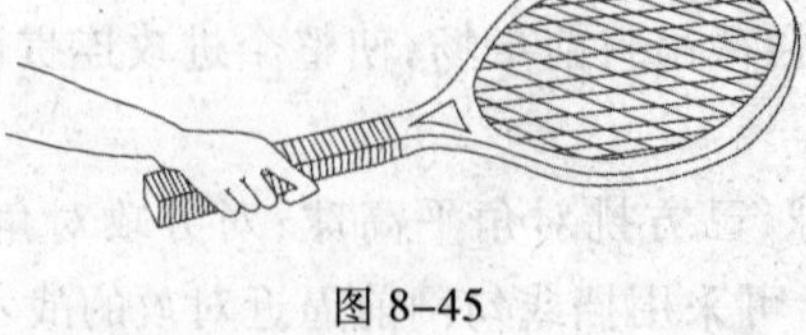

图8-45

(二)正手抽球

动作方法:右手持拍队员从准备姿势开始,移动到来球位置,最后一步要保持左脚在前,身体左侧朝向来球方向。这时将球拍充分向后挥摆,拍头翘起,手臂伸展,眼睛注视来球。向前挥拍的迎球过程中,球拍由低向高挥动,拍与球碰撞的击球点在身体右前方,高度保持在腰与肩之间。拍触球时,拍面垂直或稍前倾,击球中部或中上部,手腕固定握紧球拍,大臂和腰部随身体转动向前上方协调配合用力,身体重心从右脚逐渐移到左脚。击球后球拍随势挥至身体的左侧前上方,如图 8-46 所示。

图 8-46

(三)单手反手抽球

动作方法:当来球飞向反手方向时,移动到位的最后一步,要保持右脚在前,身体右侧朝向来球方向,球拍向左后挥摆。在迎球过程中,挥拍手臂与向右转体动作相配合,使球拍由低向高挥动,拍与球碰撞的击球点在身体左前方,高度在腰间。拍触球时手腕固定握紧球拍,拍面垂直或稍后仰,击球中部附近部位。击球后球拍随势挥至身体的右侧前上方,身体重心从左脚逐渐移到右脚。

(四)双手反手抽球

动作方法:当判断准来球是飞向反手方向时,在移动到位的最后一步应保持右脚在前,身体右侧朝向来球方向,双手握球拍向左后挥摆。在迎球过程中,挥臂与转体动作配合,使球拍由低向高挥动,拍与球碰撞的击球点保持在髋前。拍触球时双手握紧球拍,两肩和两髋随着转动,拍面垂直或稍后仰,击球的中部位置。击球后双手随势挥至右侧头部高度,身体重心从左脚移到右脚。

(五)发球

根据球拍触及球的不同部位,发球可分为大力发球、侧上旋发球和削击发球等。

正确发球动作的程序是:站在规定位置→抛球→拍触球→越网落在对方对角的发球区。

动作方法:两脚自然开立,侧向球网,前脚与端线约成 45°,身体重心置于右脚。抛球时球拍靠近膝关节向后下方挥动,左臂和左肩上举将球抛起,向上挥拍击球时,充分伸展手臂,拍头朝前,在右肩上空击中自上下落的球。发球动作结束时,球拍向左下挥过身体,后脚摆过端线,如图 8-47 所示。

1. 大力发球

大力发球(平击发球)的特点是出球力量大、速度快、落点深、威力强。

动作方法:发球时应使球拍从后开始挥击,在背后下垂拍头。一般有两种方式:(1)直接转体后下垂拍头;(2)从下绕环后下垂拍头。其目的是为了增大摆幅,以获得足够的加速距离。发球时球拍触球的最佳击球位置应保持在身体垂直稍前的部位。大力发球时，先将球向右侧上方抛起，然后球拍下垂从背后开始挥拍迎球，挥拍过程中力争球拍瞬时速度最快的片刻，在头上合适高度时使拍触球，击球后继续使拍向目标挥动，头部保持随球移动，身体重心随之向前进入球场。

图 8–47

2. 侧上旋发球

这是结合手腕爆发力发出的一种带侧上旋性质的球。球向上旋转力强，在空中飞行弧线高，准确性也较高。如右手发左侧上旋球，该球落到对方发球区后，弹起较高，并向接球员的左侧拐弯。造成对方接发球困难，这种发球适于对付反拍差的对手，也易于发球后上网截击。

3. 削击发球

这种发球的击球点不很高，击球时球拍多从上向下削切，发出的球向后旋转较强，球的飞行弧线较大，容易控制落点，球落地后向对方场地一侧的角上跳动，可起到拉开对方，造成对方接发球困难的作用。比赛中常在第二次发球时使用。

练习方法：

(1)持拍的发球动作模仿练习。

(2)抛球练习：抛球后，使球落在右脚前方约30厘米处。抛球的最高点约在身体和握拍手臂充分伸展时球拍的顶部。

(3)对墙发球练习。

(4)多球练习，选择不同的击球部位发出不同的球。

(六)接发球

1. 接发球站位：一般位于端线附近，力求在接发球时向前移动击球。

准备姿势：保持两脚平行站位，比肩略宽，右手持拍者一般右脚稍前，两膝微屈，上体稍前倾，脚跟提起，将球拍置于体前。

2. 在接发球的全过程中眼睛始终要注视来球，一直到完成回击动作。要观察对手的抛球，这样有利于判断发球的方向和旋转。

3. 对方第一次发球时多采用大力发球，站位应偏后一些，如果是第二次发球，可略向前移，以利于采取攻击性的回击。

接大力发球时不要做大幅度的后摆动作，主要是控制好拍面角度并紧握球拍以免拍面被震而转动。

4. 回击来球后要观察对方行动，对自己的回球路线和落点要有所考虑。选择好接发球落点，对控制对手发球后抢攻有重要意义。

(七)截击球

截击球是网前技术中的一种攻击性击球方法，它回球速度快、力量重、威胁大。目前国内外优秀网球运动员都普遍采用发球上网或接发球上网战术，因而截击球技术是不可缺少的重要技术。

正手截击球的动作要点：截击球时站在网前2.5~3米位置，准备姿势与一般击球基本相同，但球拍要举得高一些，约与眼部同高。截击球时后摆动作要小，击球点保持在身体前方，拍触球瞬间手腕固定，用力紧握球拍，略加向前推击的动作。截击球较近的球，左脚跨出一小步，截击较远的球要跨出一大步。

反手截击球的动作要点：准备姿势同正手截击球，但反手截击球的击球点要靠前一些，因此要及早跨出右脚，重心也要置于右脚。击球时手腕固定，用力紧握球拍，拍面稍后倾，触球中上部。击球后右臂伸展，向前下压送。

练习方法：

(1)一人抛球，一人做截击球练习。

(2)一人挑高球，一人做截击球练习。

(3)对墙正反手截击球。

(八)高压球

高压球是网前常用的击球动作，高压球分为原地高压球、跳起高压球和后退高压球。打高压球时要及时侧身，眼睛看准球，并早举球拍，找准击球点。高压球一般以平击高压为主，也可以用切削高压打出好的角度和落点。当对方挑高球挑得很高、很深时，可打落地高压球。高压球的动作与发球动作相似，只是没有向后拉拍的挥拍动作，而是直接把球拍引向头后。在向来球方向跑动时，抬头仰视球，上体右转，同时使球拍垂向背后，完成击高压球的准备动作。当球下落到合适高度时，左脚蹬地起跳，在头部上方，跳起向前下挥击，完成高压动作。

练习方法：

(1)自己抛高球，做高压球练习。

(2)对墙做高压球练习。

(3)一人在对面挑高球，做高压球练习。

二、网球的基本战术

(一)单打战术

1. 发球上网战术

发球要考虑落点、力量和旋转等因素的变化，这样才能有良好的效果。如果发出的球有角度而使球反弹出边线，就能迫使对手离开基本位置，则发球效果好。若对手站位离中线较远，可发球至接发球人的中线附近，以牵制对方。第一次发球应尽量采用大力发球，以加强攻击性，给对手造成压力。第二次发球应有稳健性，以保持较高的命中率。发深而落点变化多的球，球发出后迅速向网前移动，封住对方回球角度。

2. 接发球上网战术

在第一回合较量中，对手发角度大而弹出边线的球时，若球速慢，可用进攻方法回击，亦可回击大角度球，以牵制对手发球后抢攻。接大角度球时，不要向后跑，而应向前迎球，用拉球回击。接发球时应选择合适位置，其标志是使正手和反手各有1/2的机会接球。切忌在中场等球，应将中场视为接球时不站人的区域。如击出有一定力量和角度的回球，应迅速向网前移动，进行截击。

3. 底线球战术

底线球战术是指打出的球落点要靠近球场端线附近。在单打比赛中，把球打到对方底线附近，可以防止对方上网，还能使自己有更充裕的时间为下次击球做好准备。另外，底线球战术能使对手回击的角度减小，从而阻击对方上网，造成对方回球失误或为自己赢得主动。

4. 网前截击

当队员处于较有利的网前位置时，可充分发挥网前快速截击的威力，截击时采用变线打法，向空当回击，就会取得良好效果。所谓变线打法就是对手打斜线球时，用直线球回击；或者对手打直线球时，用斜线球回击。

(二)双打战术

1. 基本站位

双打时除发球和接发球队员在端线附近外，一般都站在网前位置。发球的队员站在规定发球区的网前，接发球的队员则站在规定发球区的另一侧的网前。有时发球的同伴也可以站在端线附近，位于发球队员的另一侧。后场队员的基本站位，发球队员站在规定的发球位置，接球队员站在端线附近，准备接发球。有时接发球同伴不直接站在网前，而是站在发球线附近，当对手打球后再向左前或右前截球。

2. 发球

双打发球落点要深，这样就能控制对手冲到网前进行截击。发球队员第一个发球应采用大力发球，发球后随球上网，同伴站在发球线与球网之间，准备封住单打与双打之间的夹道和球场中区。

3. 接发球

对方发球时，接发球队员一般站在发球线附近，接发球队员回球的情况将直接影响其同伴的动作。如果接球队员能有效地接过发球，并且能够上网，这时两个人都应同时上网；如果接发球回击的球力量较弱，这时接球队员的同伴就应立即退到端线附近，不要停在原地。对发过来的球不能做有力的回击，就要想到在端线附近进行防御。如果两人同在后场站位时，应保持使球落在中间地带，以减小对手回球的角度。

思考题：

1. 试述篮球运动的特点及其锻炼价值。

2. 简述排球传球技术动作的要点。

3. 足球运动的特点及其锻炼价值是什么？

4. 乒乓球、羽毛球、网球非常适合在日常生活中锻炼身体，请谈谈你喜欢它们的理由。

第九章　游泳运动

学习目标：了解游泳运动的锻炼价值；通过该项目学习，能够具有水中活动的基本技能，掌握1~2种游泳技术动作。

游泳是充分利用自然条件日光、空气、水来进行身体锻炼的运动项目，是广大青少年喜爱的运动项目之一，也适合男女老幼锻炼身体。游泳运动能增强心血管系统、呼吸系统、神经系统和消化系统的功能，促进人体正常生长发育，促进人体新陈代谢，提高全身的协调性、肌肉力量和耐久力，增强肌体的耐寒能力。因此，游泳已成为一项人民大众所喜爱的终身体育锻炼项目，对于丰富人们的精神文化生活有着积极的作用。同时，游泳在生产、科研和国防建设上也有很高的实用价值。

第一节　熟悉水性

初学者首先要体验水的特性，克服怕水心理，掌握水感，如浮力感、阻力感和压力感等；其次，应培养对游泳的兴趣，并掌握一些水中活动的基本技能，如水中移动、呼吸、浮体和滑行等，逐步适应水的环境，为进一步学习和掌握各泳式技术动作打好基础。

一、水中行走练习

1.手扶池边向前、向后迈步行走，或面向池壁，手扶池边向右迈步行走。

2.扶池壁或5~6人手拉手向前、后、左、右行走。

3.与同伴手拉手成圆圈，做游戏性的走、跑或互相推水、戏水。

二、呼吸练习

1. 手扶池槽或手握同伴的手，深呼吸后闭气。然后慢慢下蹲把头部全部浸入水中，停留片刻，在水中用鼻、嘴慢慢吐气，直到吐完。然后起立，在水面上吸气后再重复做几次。水中的呼吸应按照快吸、稍闭、慢呼、猛吐的节律进行。

2. 同上练习。要求吸气后头浸入水中，稍闭气后在水中用嘴和鼻同时呼气，之后抬头，在嘴将出水面到嘴一露出水面时，用力把气呼完。随即用嘴迅速吸气，吸气后头部又浸入水中。如此反复练习，做到有节奏地吸、闭、呼气，如图9–1所示。

三、浮体的自我学练提示

1. 抱膝浮体站立练习

原地站立深吸气后，下蹲，低头抱膝，双膝尽量靠近胸部，前脚掌蹬离池底，成抱膝团身低头姿势，自然漂浮于水中。站立时，两臂前伸，向下压水并抬头，如图 9–1 所示；同时两腿伸直，以脚触池底站立，两臂自然放于体侧。

图 9–1

2.展体浮体练习

在抱膝浮体的基础上，等背部浮出水面后，伸直臂和腿，成俯卧姿势漂浮水中，如图 9–2 所示。站立时，收腹、收腿，两臂下压抬头，两腿伸直，两脚触池底站立。

图 9–2

四、滑行练习

蹬池壁滑行练习、蹬池底滑行练习，如图 9–3 所示。

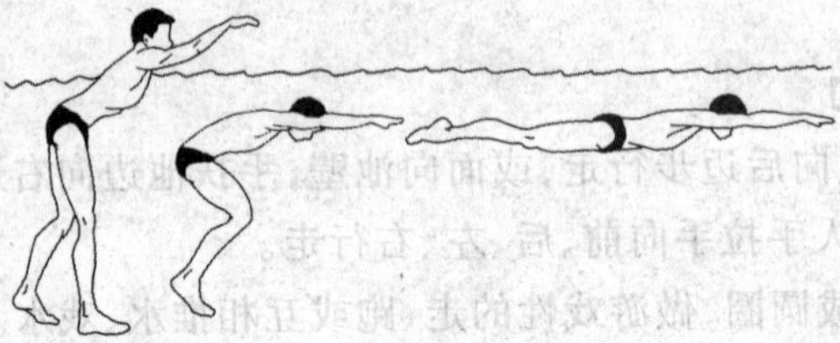

图 9–3

第二节 蛙 泳

蛙泳是模仿青蛙游泳动作的一种姿势。蛙泳比其他竞技游泳姿势速度慢，但动作平稳，容易掌握，呼吸便利，适于长距离游泳，又便于观察和掌握方向，实用价值较大，是救护、潜泳和泅渡江河湖泊的常用姿势。

一、蛙泳技术动作

(一)身体姿势

蛙泳时，身体姿势是随着臂、腿及呼吸动作的周期性变化而不断变化的。当蹬腿结束后，两臂并拢前伸，两腿向后蹬直并拢时，身体处于较好的流线型滑行状态，身体较平，头略抬起，水浸于前额处，胸部一部分、腹部和大小腿处在水平姿势。这时身体纵轴与水平面约成 5°~10°角，如图 9-4 所示。

图 9-4

（二）腿部动作

蛙泳时的腿部动作是推动身体前进的主要动力。腿部动作由收腿、翻脚、蹬夹腿和滑行四个阶段组成。

1. 收腿

开始收腿时，两腿随着吸气的动作自然向下。同时两膝开始弯曲并自然分开，小腿向前回收。脚跟向臀部靠拢，边收边分。收腿时力量要小，两脚和小腿回收时，要收在大腿的投影截面内。收腿结束时大腿与躯干约成 130°~140°角，两膝内侧与髋关节同宽，为翻脚和蹬夹腿做准备。

2. 翻脚

收脚将结束时，脚仍向臀部靠近。这时大腿内旋，膝关节稍向里扣。同时两膝向外侧翻开，勾足尖，使脚和小腿内侧对好蹬水方向，使腿在蹬夹时有一个良好的对水面。

3. 蹬夹腿

翻脚后，立即以腰腹和大腿同时发力向后蹬水。先伸髋，再伸膝，以大腿、小腿内侧和脚掌向后做急速而有力的蹬夹动作。在蹬夹腿的过程中，当两腿并拢时略向下压。该动作是推动身体前进的重要动力来源。

4. 滑行

蹬腿结束后，腿处于较低的位置，脚距离水面约为 30~40 厘米。腿迅速并拢伸直，身体适度紧张，呈流线型，作短暂滑行，并使腿保持较高的位置，以减小阻力。

（三）臂部动作

现代蛙泳强调充分发挥臂划水的动作。臂部动作分为抓水、划水、收手和向前伸臂四个阶段。

1. 抓水

从两臂前伸并拢，掌心向下时滑行开始，前臂、上臂立即内旋，掌心转向外，如图 9-5 所示。

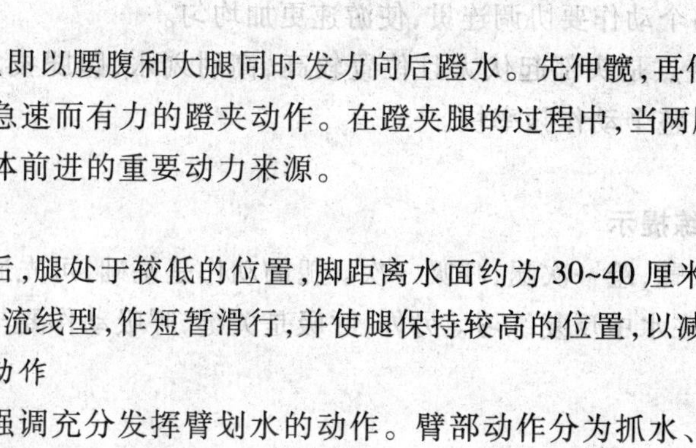

图 9-5

2. 划水

当两手做好抓水动作，两臂分至大约 40°~45°夹角时，手腕开始逐渐弯曲。这时两臂、两手逐渐积极地做向侧下后方的屈臂划水动作。划水时肘的最大屈角为 90°左右，划水应用力，使上体上升到较高位置，如图 9–6 所示。

3. 收手

收手是划水阶段的继续。收手过程也能产生较大的前进作用和升力。收手过程手臂向里、向上收到头前下方。这时，前臂与肘几乎同时做动作。收手时不应降低划水速度，而是以更快速度积极完成。收手结束时，肘关节低于手，大小臂成锐角，如图 9–7 所示。

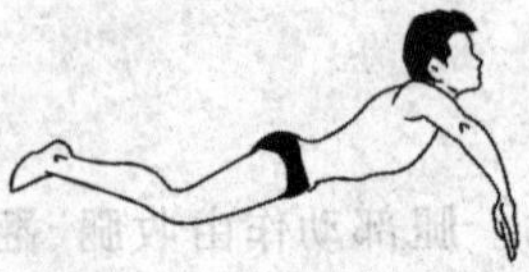

图 9–6

图 9–7

4. 伸臂

伸臂动作是通过伸直肘关节、肩关节来完成的，掌心由朝上逐渐转向下方，手指朝前。同时迅速低头，将头夹于两臂之间。动作完成时，两臂伸直并拢，充分伸肩，掌心向下，成良好的流线型向前滑行。

(四)蛙泳的完整配合技术

现代多采用一个动作周期呼吸一次的配合。在抓水过程中，随着头、肩的上升，口露出水面将气吐尽，两腿保持稍紧张的伸直姿势；当划水结束时，头、肩向前上方升至最高位置时快速吸气，同时两膝开始弯曲；当收手并开始前伸臂时迅速低头闭气，迅速收腿；滑行时向水中呼气。整个动作要协调连贯，使游速更加均匀。

现代蛙泳的技术特点是头部起伏大且位置较高，高肘划水，蹬腿技术也随之变窄、变快，划水幅度小而快，整个动作频率快。

三、蛙泳的自我学练提示

蛙泳通常是划一次臂，蹬一次腿，呼吸一次。腿的动作是基础，可先通过陆上模仿练习体会动作要领，然后在水中反复练习。另外，呼吸是关键，呼吸动作要与划臂动作密切配合。

(一)腿的练习

1. 收腿

边收边分慢收腿。大腿带动小腿屈膝前收。收腿结束时，两膝接近髋下，约与肩同宽。

2. 翻脚

向外翻脚对好水。脚跟靠近臀部，脚尖向外，用脚和小腿内侧向后对好水。

3. 蹬夹腿

用力向后蹬夹腿。大腿用力向后做弧形蹬夹腿。蹬夹动作不要分开。如图 9–8 所示。

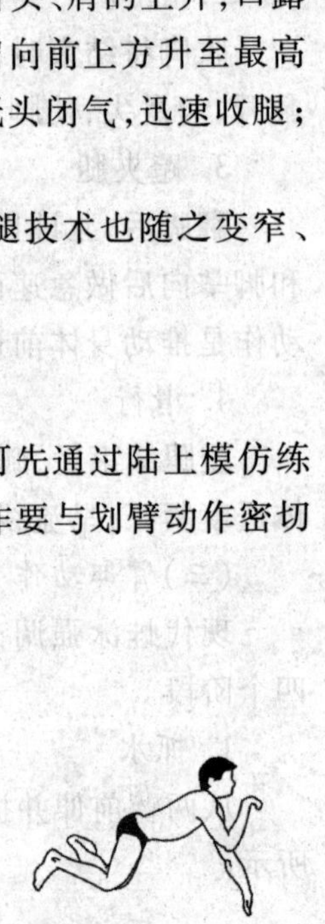

图 9–8

4. 仰坐练习

模仿腿的动作，按收腿、翻脚、蹬夹腿的要领练习。练习时上体要保持不动。

5. 水中练习

收腿要慢，蹬腿要快而有力，两腿并拢后向前滑行(也可扶池壁、游泳板进行练习)。

6. 滑行蹬腿

低头伸臂平卧水，细心体会蹬腿要领。

(二)臂和呼吸的练习

1. 划臂练习

两臂伸直，向斜后方边划边屈臂。当臂划至肩的侧下方时，收手夹肘伸向前。

2. 臂和呼吸配合

(1)抬头划臂张口吸：先抬头，两臂同时向斜后方划水时吸气。抬头不要太高太猛。

(2)用力划臂吸足气：提肘屈臂向后加速划水时，迅速吸气。

(3)收手夹肘闭住气：臂划至肩的侧下方时收手夹肘将手收至颚下，脸逐渐浸入水中闭气。

(4)两臂前伸慢呼气：臂前伸时，两手自然并拢，掌心转向下方，并呼气。

3. 臂腿配合练习

为了掌握臂腿动作要领，可先做闭气划臂蹬腿的配合练习，熟练后逐渐过渡到划臂蹬腿数次、呼吸一次，然后到完整配合。

(三)连贯动作

1. 开始划臂腿不动(准备吸气)

两手分开向斜后方划水，两腿自然伸直，准备收拢。开始抬头。

2. 用力划臂腿前收(吸气)

臂划近肩下时，两腿自然分开，屈膝前收，抬头吸气。

3. 收手夹肘收好腿(闭气)

臂划至肩的侧下方时，收手夹肘将手收至颚下，同时完成收腿动作。头逐渐浸入水中闭气。

4. 伸臂翻脚再蹬腿(呼气)

两臂前伸，同时向外翻脚，立即用力向后做弧形夹水。

5. 身体向前滑一会儿(呼气)

蹬腿结束后，臂腿收拢，脸浸入水中，向前滑行，然后重复下一个连贯动作。

第三节 爬 泳

爬泳是身体俯卧水中，依靠两臂轮换划水，因其动作很像爬行，所以称为爬泳。爬泳俗称“自由泳”，是因为在自由泳项目比赛中多采用它，故被称为自由泳。自由泳是速度最快的一种游泳姿势，它在防洪抢险、横渡急流、抢救溺水者时能发挥积极作用。

一、爬泳技术动作

(一)身体姿势

游爬泳时身体要保持几乎水平的俯卧姿势，躯干肌适度紧张，成较好的流线型，身体纵轴与水平面约成3°~5°角。头部应自然地颈后屈，两眼注视前下方，头的1/3露出水面，如图9-9所示。游进中身体可以围绕身体纵轴有节奏地转动，这种转动一般在35°~45°角范围内。

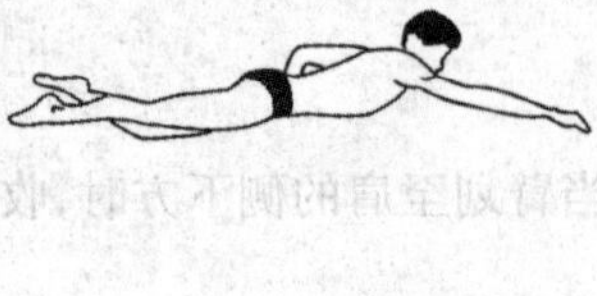

图 9-9

(二)腿部动作

爬泳腿部的动作，主要起维持身体平衡的作用，使下肢抬高，保持身体有较好的流线型；同时，爬泳的腿部动作能够协调、配合两臂的划水动作，并提供一定的推动力。

做打水动作时，脚掌伸直并略内转，踝关节自然放松，以髋为支点，动作从髋关节开始，大腿发力稍内旋，带动小腿，力量通过大腿、膝、小腿，最后到足部形成上下鞭打状的打水动作，两腿分开的距离约为30~40cm，向上打水时膝关节弯曲约140°~160°角，向下打水结束时，脚离水面约30~35cm，如图9-10所示。

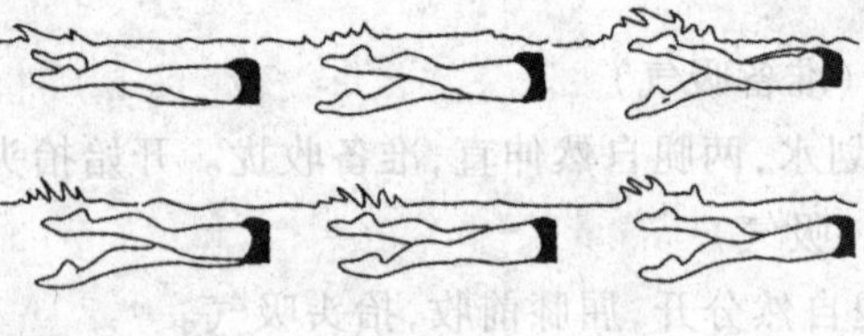

图 9-10

(三)臂部动作

臂部划水是爬泳推动身体前进的主要动力。臂部的动作是由入水、抱水、划水、出水、空中移臂五个阶段组成的。

1. 入水

臂部入水时，肘关节略屈并高于手，手指并拢伸直，向斜下方切插入水，或掌心暂向外侧切入水中，使手掌与水面的角度为30°~40°。动作要自然放松，臂部入水时手臂应在身体中线与延长线中间。臂部的入水顺序为手→前臂→上臂。

2. 抱水

臂入水后，手腕自然伸直，掌心转向下，积极插向前下方至有利于抱水的部位。此时前臂和上臂应积极外旋，上臂划至与水平面成30°角时，手和前臂已经接近垂直对水，肘关节屈至150°左右，手和前臂以较大的截面积对准划水面，整个手臂像抱着一个大圆球似的为划水做准备。

3. 划水

划水是指手臂在前与水平面成40°角时起，向后划至与水平面成150°~200°角为止的动作过程,是产生推进力的主要阶段。这个阶段又分为两个部分,从整个臂部划至肩下方与水面垂直之前称为拉水,过垂直面后称为推水。

拉水时,前臂的速度快于上臂,继续屈肘。当臂划至肩下方时,手在体下靠近身体中线处,屈肘约为 90°~120°角。整个推力过程应保持高肘姿势,使手和前臂能更好地向后划水。

推水时,肘关节向上,向体侧靠近。手在拉水结束后即从肩下中线处向后侧划动至大腿旁。推水时,手掌应始终与水平面保持垂直。

4. 出水

出水时,手臂放松,微屈肘,肘部向上方提起带动前臂出水面,掌心转向上方。手臂出水动作必须迅速、柔和、放松而不停顿。

5. 空中移臂

移臂开始时,手掌几乎完全向后提肘向上,手腕放松,手落后于肘关节。当手前摆过肩时,应与肘成一直线。这时手和前臂逐渐向前伸出,掌心也从后上方转向前下方,接着做准备入水的动作。

(四)两臂配合技术

划水时,依照两臂所处的位置不同,可分为三种交叉形式,即前交叉、中交叉、后交叉。

1. 前交叉配合

当一臂入水时,另一臂处于肩前方,与水平面成 30°角左右。

2. 中交叉配合

当一臂入水时,另一臂处于肩下垂直部位,与水面约成 90°角。

3. 后交叉配合

当一臂入水后,另一臂划水至腹部下方,与水平面约成 150°角。初学者应采用第一种交叉形式,它有利于掌握自由泳动作和呼吸动作。

(五)臂、腿与呼吸配合的完整技术

自由泳采用转头吸气的方法。这里以向右吸气为例,右手入水后,嘴与鼻慢慢呼气。右臂划水至肩下时,头向右侧转,呼气量增大。右臂推水快结束时,用力呼气,直至嘴出水面。右臂出水时吸气,移臂至与肩平齐时吸气结束。随着臂继续向前移动,转头还原闭气。自由泳的呼吸与臂、腿的配合是呼吸 1 次、臂划 2 次、腿打 6 次,即 1:2:6,但也有 1:2:4 或 1:2:2 的配合。

二、爬泳的自我学练提示

(一)腿的练习

1. 扶池槽打水

大腿带动小腿交替向后下方打水,向上提时放松,向下打水要用力。可结合呼吸练习,如图 9-11 所示。

2. 滑行打水

向上提腿时膝关节稍屈, 向下打水时脚面绷直, 脚尖稍向内转。打水幅度约 30~

40cm，如图 9-12 所示。

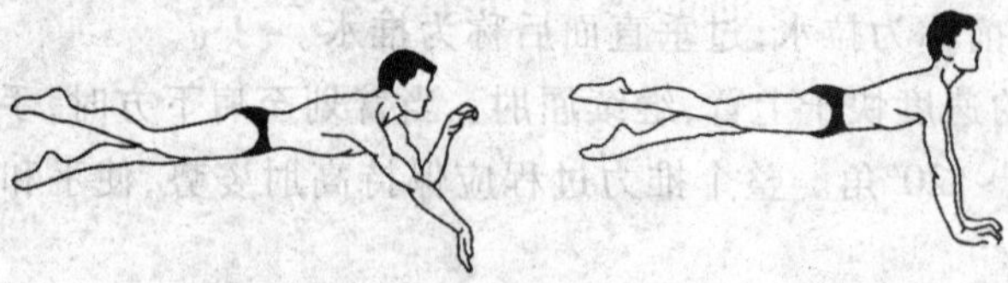

图 9-11

图 9-12

（二）臂和呼吸的配合

1. 划臂呼气

以右臂为例，右臂在肩前插入水后，逐渐屈臂向后划水，同时呼气。划臂不要超过身体中线。

2. 推水吸气

左臂向后推水时转头吸气，提肘出水的同时完成吸气动作。抬头不要太高太猛。

3. 移臂闭气

左臂从体侧向前移臂时，头逐渐转入水中闭气。

（三）单臂划水

两腿连续打水，一臂前伸一臂划水。两臂交替进行，逐渐过渡到连贯动作。

（四）连贯动作

1. 右臂下滑要伸肩，左臂推至大腿边（呼气）。伸肩：右臂下滑时，尽量向前下方拉开肩带肌肉，掌心向下。

2. 右臂肩前抱好水，左臂提肘出水面（呼气）。抱水：右臂向外提肘屈臂，使手掌和小臂向后抱好水。

3. 右臂肩下屈臂划，左臂前伸插入水（呼气）。划水：右臂划至肩下时，大小臂屈成120°角左右，加速向前划水。

4. 右臂推至大腿边，左臂下滑要伸肩（转头吸气）。推水：右上臂靠近体侧，小臂用力向后推水。吸气要深、要快。

5. 右臂提肘出水面，左臂肩前抱好水（完成吸气）。出水：右臂利用推水速度的惯性，在腿侧提肘出水向前移臂，肌肉放松。

6. 右臂为伸插入水，在臂肩下屈臂划（闭气）。入水：右臂手自然合拢，肘高于手，在肩前部插入水。

第四节　仰　泳

仰泳是身体在水中成仰卧姿势的游泳，其动作结构和爬泳基本相似，包括反蛙泳和爬式仰泳。

一、仰泳技术动作

(一)身体姿势

身体平直仰卧水中,自然伸展,头肩略高于臀,腰和腿保持水平,身体纵轴与水平面构成一个较小的锐角,图 9-13 所示。后脑浸入水中,颈部肌肉放松,脸部露出水面,眼看后上方。

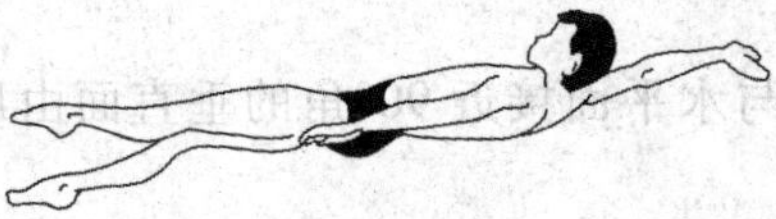

图 9-13

仰泳时头像控制前进方向的舵。另外,头部位置不宜过高或过于后仰。过高会造成背肌和胸肌不必要的紧张;过于后仰会使头和肩淹没在水中,容易呛水,从而造成呼吸困难。

(二)腿部动作

仰泳时腿部动作的作用主要是维持身体平衡,控制身体姿势,产生一定的推进力。整个动作以髋关节为轴,由大腿发力,通过腿膝关节带动小腿和脚来完成,表现为有节奏的重复上踢水和下压水过程。

上踢水是从腿下压动作结束,大腿用力向上和股四头肌用力收缩开始的。此时,由于水的阻力和股四头肌的牵制,大腿与小腿构成约 130°~140°角,小腿与水平面约 40°~45°角,如图 9-14 所示。大腿向上,直至超过髋关节水平线。与此同时,由大腿带动小腿向上踢水,直至腿完全伸直为止。向上踢水时,不要使膝和脚踢出水面,否则会影响踢水效果。

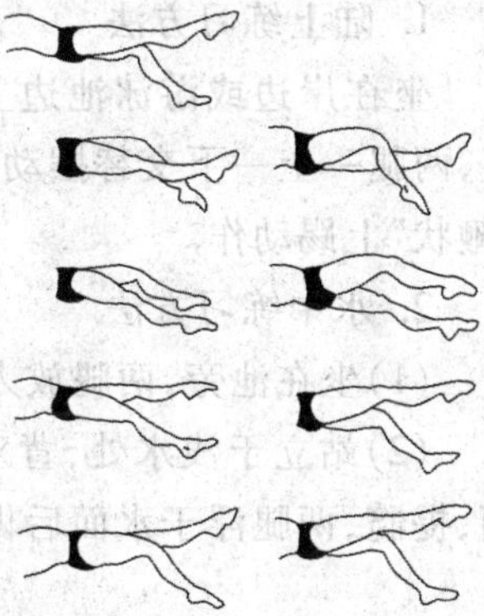

图 9-14

下压水是从腿伸直至与水面平行时开始的。当臀部肌肉收缩时直腿下压,下压到占整个移动路线的 2/3 时,大腿停止下压并准备上踢。后 1/3 由小腿和脚利用继续下压的惯性屈膝来完成。

(三)臂部动作

仰泳时,一般都采用两臂交替在体侧屈臂划水的技术动作。在一个动作中,臂部动作分为入水、抱水、划水、出水和空中移臂五个阶段。

1. 入水

入水时手臂自然伸直,手掌展平,入水点在肩的延长线上。手臂入水的顺序一般是上臂先入水,然后前臂和手几乎同时入水。

2. 抱水

手臂入水后,躯干向入水的一侧转动,借助前移的速度,直臂向深水处积极抓水,并做转腕和肩臂内旋的动作,同时开始屈臂,使手臂和前臂处在最有利的划水位置。

3. 划水

划水动作包括拉水和推水。开始拉水时，前臂内旋，肘关节向下弯曲，并逐渐下沉至腰部附近，以手臂和前臂对准水划。当手臂划过肩关节垂直面时，开始推水。推水应充分利用拉水速度和划水面，使整个臂同时用力向后下方做推压动作。

4. 出水

手臂划水后，手掌自然转向下方，并靠近大腿，利用手臂内旋下压的反作用力和肩部三角肌的收缩力量，使手臂自然地提出水面。

5. 空中移臂

臂出水后，应迅速沿着与水平面接近90°角的垂直面由后向前移动，移臂时手臂应自然伸直，速度要快。

(四)呼吸与臂、腿的动作配合

仰泳时身体成仰卧姿势，脸一直露出水面，因此，只要张口有节奏地呼吸即可。另外，呼吸可与臂的动作配合，一臂空中前移时吸气，而另一臂空中前移时则呼气。仰泳时腿、臂和呼吸的配合一般采用"6:2:1"，即在一个循环动作内腿打水6次、臂划水2次、呼吸1次。

二、仰泳的自我学练提示

(一)腿的练习

1. 陆上练习方法

坐在岸边或游泳池边上，身体稍后仰，双手撑于身后，两腿举起，脚离地面，脚面绷直，两腿一上一下交替摆动打腿。腿下压时要直，腿向上踢时，大腿应带动小腿和脚面做"鞭状"上踢动作。

2. 水中练习方法

(1)坐在池旁，两腿放入水中，然后上体后仰平卧，两手置于体侧，两腿交替打水。

(2)站立于浅水处，背对池壁，两手绕肩反握池壁，两臂稍伸直之后，身体后仰卧水面，提髋，两腿浮于水面后做打腿练习，如图9-15所示。

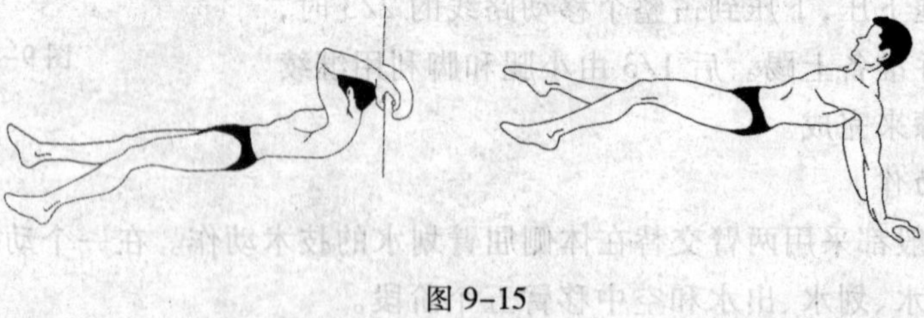

图 9-15

(3)站立于浅水中面对池壁，两手扶池壁，上体下蹲，两腿弯曲，膝盖上举，两脚平行放于池壁，然后双手用力推离池壁，同时两脚用力蹬池壁而身体仰卧水中，借惯性力两腿上下交替打水，两手放于体侧，手心朝下压水，直到两腿打不动而下沉为止，这时可低头收腹，屈双腿，两脚向下伸直踩池底站立水中。

(二)臂的练习

1. 陆上练习方法

身体仰卧在长条板凳上，两臂交替在体侧做仰泳的移臂和划水的模仿练习，如图9-16所示。

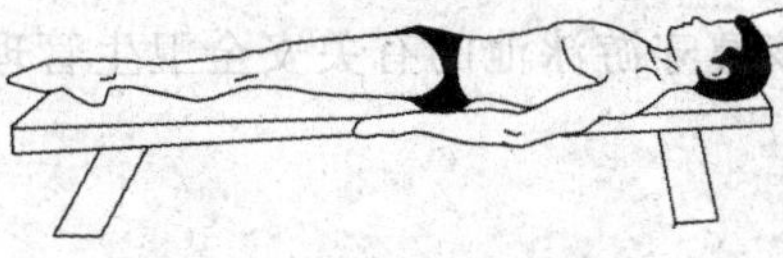

图 9-16

2.水中练习方法

(1)单手扶池边,身体仰卧自然伸展于水面,另一臂做划水和移臂的练习。

(2)在同伴协助下做分解的单臂或双臂的划水、移臂练习。此练习应在浅水区进行,如图9-17所示。

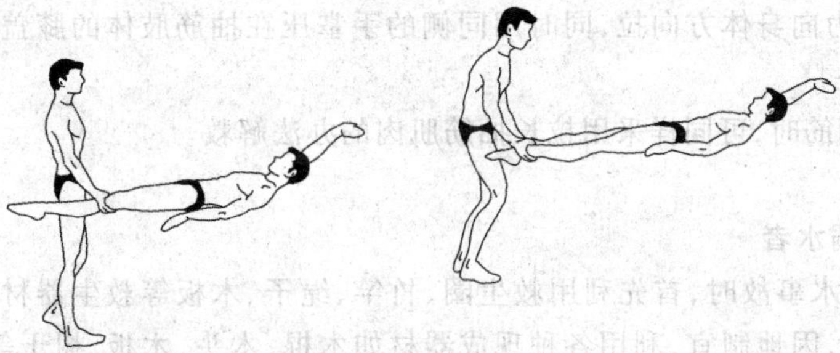

图 9-17

(3)利用两脚蹬离池壁后的惯性做划水练习,两腿要用力打水,以利于身体上浮和延长划水练习次数。

第五节　游泳安全卫生知识与救护

游泳是一项非常有益的运动,但是如果组织不当,游泳也容易出现事故。因此,在教学、训练和群众性的游泳活动中,游泳的安全应放在首要地位,防止发生意外事故。

一、游泳安全卫生

在选择天然水域做游泳场所时,要了解水的情况,包括水质、水底、水流、水深、水中生物的情况,凡是有急流漩涡、污泥、乱石、暗礁、树枝、杂草丛生、水污染的地方,不适宜游泳。在海滨选择游泳场所时,要注意有无伤害人的鱼类或其他动物。

在从事游泳活动前,应进行全面体检,凡患有心脏病、高血压、活动性肺结核、传染性肝炎、肾炎、癫痫病、中耳炎、鼻窦炎、开放性创伤、传染性皮肤病及其他传染病者,不宜下水游泳。人体空腹、酒后、疲劳过度均不宜下水游泳。

入水前要做充分的准备活动,如徒手操、慢跑及模仿游泳动作练习等。下水前,应该用水擦擦面部、胸部、大腿等部位,使身体对冷水的刺激有适应的过程。游泳时间长短,应根据身体情况、水温、气温、从事游泳锻炼的水平等来确定,一般一次游1~1.5小时。如身体出现不良反应,如嘴角发紫、打冷颤、头晕,应立即上岸休息。如遇暴雨雷电,立即上岸停止游泳,勿在大树下躲避。

游泳出水之后，应该用清水将身体冲洗一遍，之后将身上的水擦干，穿好衣服并做一些简单的体操练习，使全身肌肉放松，以消除疲劳。

在公共游泳池活动时，应该遵守游泳池的有关安全卫生管理规定。

二、自我救护

在游泳中，身体各部分都可能发生抽筋现象。在发生抽筋时必须保持镇静，不要慌张，可呼救也可自救。现介绍几种常见的水中抽筋的自我解救方法。

1. 手指抽筋时，可将手握拳，然后用力张开，这样迅速反复做几次，直至抽筋手指恢复正常。

2. 小腿或脚趾抽筋时，可先吸一口气仰浮水上，用抽筋肢体对侧的手握住抽筋肢体的脚趾，并用力向身体方向拉，同时用同侧的手掌压在抽筋肢体的膝盖上，帮助抽筋腿伸直。

3. 大腿抽筋时，可同样采用拉长抽筋肌肉的办法解救。

三、救护溺水者

在发生溺水事故时，首先利用救生圈、竹竿、绳子、木板等救生器材，或根据现场具体情况和条件，因地制宜，利用各种现成器材如木棍、木头、木板、树干等漂浮物进行间接救护。如救护器材不能发挥作用，立即采用直接救护方法救护溺水者。入水前先对水的情况简单观察，如辨别水流方向、水面的宽窄。一般采用脚先入水的下水动作（特别是在不熟悉的水域），这样不仅能防止碰到石头或暗桩，而且从起跳到开始游泳始终能看到目标；采取抬头爬泳或头不入的蛙泳以最快速度游近溺水者，当游到离溺水者 3~5 米处时，深吸气潜入水中，潜至溺水者背后或将他转至背向自己，采取侧泳、仰泳方法将其拖运至岸边。

四、岸上救护

将溺水者拖运出水上岸后，先排除溺水者口鼻中的淤泥、杂物和呕吐物等，使食道和上呼吸道畅通，在迅速做完上述处理后，可进行排腹水，并立即进行人工呼吸。如上岸后溺水者呼吸、心跳停止，应立即进行人工呼吸与胸外心脏按压，同时做好迅速送往医院救护的准备。

思考题：

1. 简述游泳的特点及锻炼价值。
2. 试述蛙泳、爬泳、仰泳的技术动作要领。
3. 归纳游泳安全卫生与救护的基本知识。

第十章 武 术

学习目标:掌握中国传统体育项目的健身原则,进一步提高个人的意志、品质和修养。初步掌握武术基本技能,学习初级长拳、太极拳的基本套路。

第一节 武术运动概述

中华武术,是中华民族在长期的生活和实践中,逐步积累和发展起来的一项宝贵的文化遗产,也是一项具有浓郁民族风格和特色的传统体育运动,深受世界人民的喜爱。

武术的内容丰富,形式多样,风格独特。在其漫长的历史进程中,由于涵盖内容和认识上的不同,不同时期人们对武术概念的诠释也不同。当前武术的定义可以概括为:武术是以中国传统文化为理论基础,以徒手和器械的攻防动作为主要锻炼内容,兼有功法、套路、格斗三种运动形式的传统体育项目。

一、武术的特点

攻防技击是武术的本质特性。作为一项体育活动,虽然套路中的一些动作技术与技击原形有变化,或因为连贯及演练技巧的需要,而穿插一些不具备攻防意义的动作,但一招一式所表现的攻与防的内在含义仍然是套路的技术核心。

内外合一是武术的第二特性。"内练精气神,外练筋骨皮",身心合修,形神兼备是在中国古典哲学、医学、美学等对武术的渗透和影响下形成的独具民族特点的练功方法。手与足合,肘与膝合,肩与胯合,谓之外三合。心与意合,意与气合,气与力合,谓之内三合。身体外在的形体活动,必须与内在的心志活动紧密协调结合,才能对武术有更为深刻的理解。运气调息是武术的第三特性。武术非常重视运气和调息的锻炼。如太极拳讲究"气沉丹田","以心行气";少林拳强调"气自丹田吐"等。刚柔相济是武术的第四特性。各家拳派,不论其练习的侧重点如何,均主张亦刚亦柔,"刚发乎内,柔制乎外";"刚中有柔,柔中带刚";强调刚柔矛盾的协调统一和相互转化,这是其他体育项目中少有的。气势连贯是武术的第五特性。一套拳里,动作必须势势连绵相属,气脉不断。太极拳如此,其他拳术也如此。所谓"连",是指在一招一式之间,要做到"形断意连","势断气连",善于运用内在的心志活动,使之势势相连,贯串一气。击法严格是武术的第六特性。踢、打、摔、拿是武术的四种技击法则。凡是由攻防动作组成的拳术套路,都离不开这四种法则的范畴。这四种法则各有具体的内容和方法,有着严格的技术要求,不得混淆,四击合法,才能真正体现动作的意向。适应性广是武术的第七特性。武术的内容丰富,形式多样。其动作结构、技术要求、运动风格、运动量等都不尽相同,适合不同年龄、性别、体质的人的锻炼要求，人们可根据自己的兴趣、爱好、条件选择练习内容。而且，武术运动很少受时间、季节、场地等客观条件的限制，是终身体育锻炼的好项目。

二、武术的作用

武术的作用主要在于健身、防身、修身和审美娱乐几个方面。武术动作技法丰富全面，不仅有各种手法、腿法、身法、步法、跳跃、平衡、跌扑滚翻以及攻防对练等技术动作，而且套路动作的编排，多是左右对称，上下一致，动静结合，起落有度，因此，能够全面地锻炼和发展人体的速度、耐力、力量、弹跳、柔韧、平衡、灵敏、反应等身体素质和形态机能。同时，武术强调“内外兼修”，不仅讲究“筋、骨、皮”和“手、眼、身法、步”的锤炼，更注重“精神、气息、劲力和功夫”的磨练。通过内练，可以有效地改善大脑皮层神经兴奋与抑制的过程，提高神经系统、呼吸系统、消化系统及内脏器官系统的功能，使人身心得到全面均衡的发展。武术是由中国古代技击术为主要内容经过演变所形成的，不论是套路运动，还是格斗运动，攻防技术仍是其中心内容。武术锻炼除了能够提高人体基本素质外，还能够有效提高人的攻防格斗技能和意识，增强自身的防卫能力。修身是武术的直接效果，而养性则是武术追求的更高境界。“未曾学艺先学礼，未曾习武先习德”，古人把武德列为习武的先决条件，“善修其身，善正其心，善慎其行，善守其德”，“技击之道，尚德不尚力”。这些都充分体现了中国传统道德伦理思想在武学修身中的地位。重礼仪、讲道德是中华武术数千年的优良传统，也是武术养性的重要内容。观赏娱乐是武术运动的又一价值体现，不论是形神兼备的套路运动，还是斗智较勇的激烈对抗，都给人以美的享受。武术的观赏性自古就很受重视。“武舞”、“武艺”这些词语表明古人对武术艺术价值的肯定。现代的人们更是把其技术发挥得淋漓尽致，充分展示了武术的魅力。

三、武术的分类

武术的内容丰富，流派众多。有以流行地区分类的，有以技术特点分类的，也有以姓氏分类的等。一般按其技术特点分为四类：第一类为拳术。如查拳、华拳等类型的长拳，以及太极拳、南拳、形意拳、地趟拳、猴拳、少林拳等。第二类为器械。如刀、剑等短器械；枪、棍、大刀等长器械；双刀、双剑、双枪等双器械；九节鞭、绳镖、流星锤等软器械。第三类为对练。是两人以上按照固定套路动作进行攻防格斗的练习。如徒手对练，器械对练，徒手与器械对练；集体表演是6人以上的徒手或器械的集体演练。第四类为搏击。是两人按照一定的规则要求进行具有实战意义的搏斗形式的练习，如：散打、推手、短兵器等。

第二节 武术基本功练习

一、手型与步型

(一)手型

1. 拳。四指并拢卷握，拇指紧扣于食指、中指第2指节上(图10-1)。

要点：拳握紧，拳面平，腕要直。

2. 掌。四指伸直并拢，拇指弯曲紧扣于虎口处（图 10–2）。

3. 勾。五指第 1 指节捏拢屈腕（解剖学伸腕）（图 10–3）。

要点：手腕紧屈，勾顶突出。

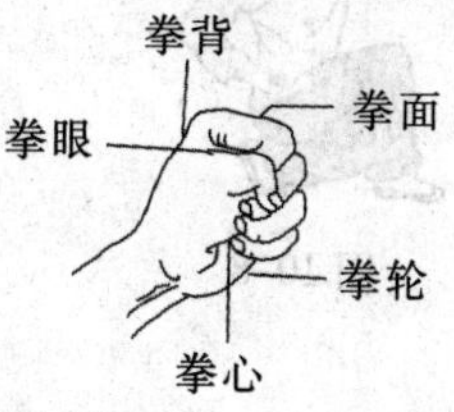

图 10–1

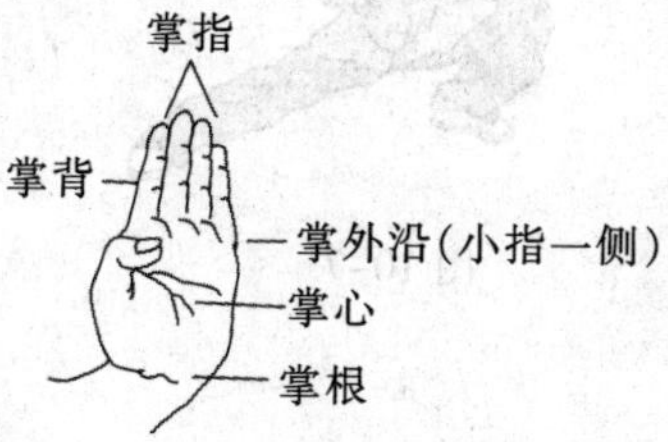

图 10–2

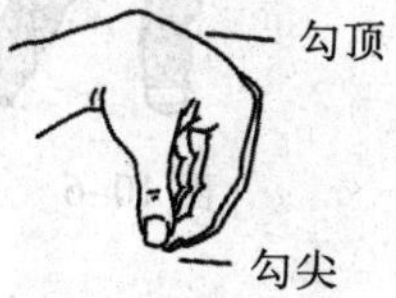

图 10–3

（二）步型

1. 弓步。两脚前后开立一大步，前腿屈膝，大腿接近水平，脚尖稍内扣；后腿挺直，脚尖内扣（斜向前方），两脚全脚着地，两拳抱于腰间，两眼平视（图 10–4）。弓左腿称“左弓步”，弓右腿称“右弓步”。

要点：前腿弓，后腿绷；挺胸、塌腰、沉髋；前、后脚成一直线。

2. 马步。两脚左右开立，屈膝半蹲，大腿接近水平；全脚着地，脚尖正对前方；膝不超过脚尖。身体重心落于两脚之间，两拳抱于腰间，两眼平视（图 10–5）。

要点：挺胸、塌腰，两脚跟外蹬，两膝稍内扣。

图 10–4

图 10–5

3. 虚步。两脚前后开立，后脚尖外展斜向前方，屈膝半蹲，全脚着地；前腿微屈，脚跟离地，脚面绷直，脚尖稍内扣点地。身体重心落于后腿上，两手叉腰，两眼平视（图 10–6）。左脚在前称“左虚步”，右脚在前称“右虚步”。

要点：挺胸、直背、塌腰，两脚前虚后实，虚实分明。

4. 仆步。两脚左右开立，一腿屈膝全蹲，大小腿靠紧，使臀部接近脚跟，全脚着地，膝与脚尖稍外展；另一腿伸直平仆，全脚着地，脚尖内扣。两拳抱于腰间，两眼向左方平视（图 10–7）。仆左腿称“左仆步”，仆右腿称“右仆步”。

要点：挺胸、直背、塌腰、沉髋。

5. 歇步。两腿交叉，屈膝全蹲，前脚全脚着地，脚尖外展，后脚前脚掌着地，两腿靠拢贴紧，臀部坐于小腿接近脚跟处。两拳抱于腰间，两眼向左前方平视（图 10–8）。左脚在前称“左歇步”，右脚在前称“右歇步”。

要点：挺胸、塌腰，两腿靠拢贴紧，坐稳。

图 10-6

图 10-7

图 10-8

二、肩臂功

(一)压肩

面对肋木,相距一大步,两脚左右开立,上体前倾下俯,两臂伸直,手握肋木,向下用力振动压肩(图 10-9);或与另一人合作,两人面对面站立,互相扶按肩部,使体前屈的振动压肩动作(图 10-10)。

要点:抬头、挺胸,臂、腿挺直,压点集中于肩部,振幅逐渐加大。

(二)臂绕环

1. 单臂绕环。弓步站立,一手按在膝上,一臂伸直由上向后、向下、向前绕环,为向后绕环(图 10-11);由上向前、向下、向后绕环,为向前绕环。练习时,左右臂交替进行。做左臂绕环时,换成右弓步站立;做右臂绕环时,换成左弓步站立。

要点:臂伸直,肩放松,划立圆,速度由慢到快,快慢结合。

图 10-9

图 10-10

2. 双臂绕环。两脚左右开立,两臂依次或同时做向前、向后绕环动作(图 10-12)。

要点:与单臂绕环同。

图 10-11

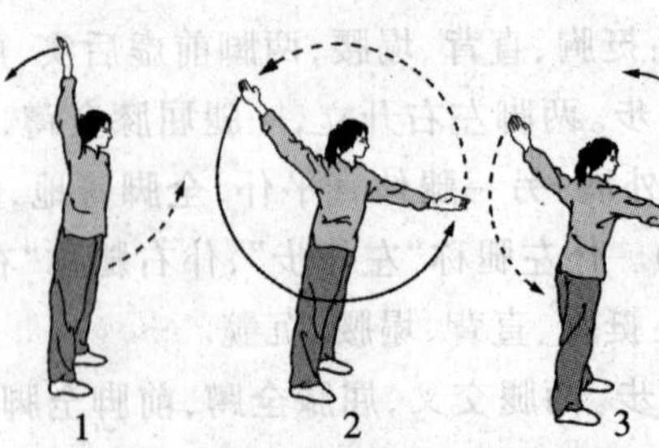

图 10-12

三、腿功与腰功

(一)腿功

1. 压腿。

(1)正压腿。面对肋木,一腿伸直,脚尖勾紧,脚跟放在肋木上,两手按膝,体前屈振压,两臂屈肘(图 10-13 之 1);做数次振压后,体前屈下压,两手抱紧前脚掌,以下颌尽量接近脚尖(图 10-13 之 2)。左右腿交替练习。

要点:两腿伸直,挺胸、直背、收髋,体前屈探压,振压幅度逐渐加大。

图 10-13

图 10-14

(2)侧压腿。身体侧对肋木,将一腿伸直,脚跟放在肋木上,脚尖勾紧;支撑腿挺直,脚内侧正对肋木,一臂直臂上举,一臂屈肘手掌置于胸前,上体向被压腿侧屈振压(图 10-14 之 1)。做数次振压后,上举的臂屈肘用手搬住前脚掌,头触及脚尖(图 10-14 之 2)。左右腿交替练习。

要点:两腿伸直,挺胸、直背、开髋,体侧屈。

(3)仆步压腿。先完成左仆步,然后两手分别抓握两脚外侧脚面(图 10-15 之 1),稍停;接着右脚蹬地,右腿伸膝,重心左移,左膝弯屈,转换成右仆步(图 10-15 之 2)。左右仆步交替练习。

要点:挺胸、塌腰,左右移动不要过快;沉髋,使臀部尽量贴近地面移动。

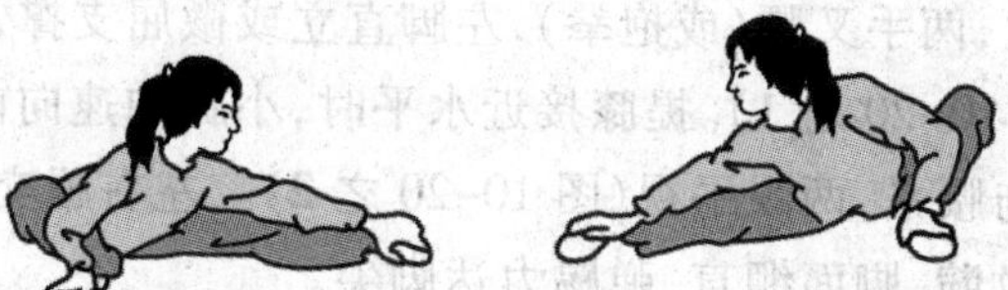

图 10-15

2. 踢腿。

(1)正踢腿。两脚并立,两臂侧平举成立掌(图 10-16 之 1)。一脚向前半步,直立支撑,另一脚脚尖勾紧,直腿快速有力地向前额处踢起,两眼平视(图 10-16 之 2)。左右腿交替练习。

要点:头正、挺胸、塌腰、直腿、勾脚尖,收髋收腹,踢腿过腰后加速,要有寸劲。

(2)斜踢腿。与正踢腿同。惟腿向异侧耳际勾踢,两眼平视(图 10-17)。左右腿交替练习。

要点:与正踢腿同。

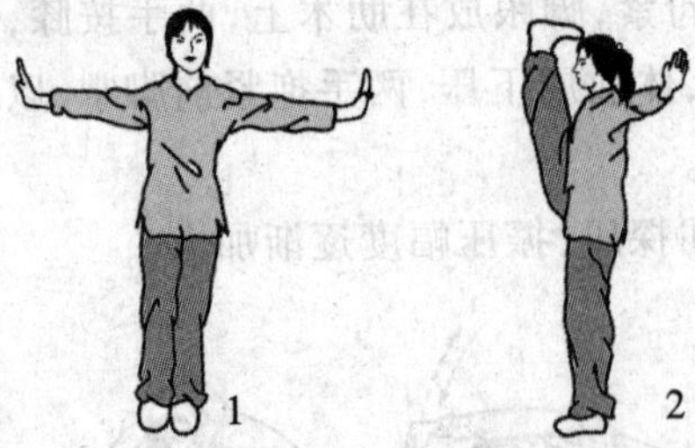

图 10-16

图 10-17

(3)外摆腿。两脚并立，两手侧平举成立掌或平掌。右脚向右前方上半步，左脚尖勾紧，向右侧上方踢起(图 10-18 之 1)。经面前向左侧上方直腿摆动并击响左手掌(也可不击响)，直腿落在右腿旁，两眼平视(图 10-18 之 2)。左右腿交替练习。

要点：挺胸、塌腰、松髋，外摆速度要快，幅度要大，成扇形。

(4)里合腿。与外摆腿同。惟左脚尖勾起里扣并向左上方踢起(图 10-19 之 1)。经面前向右侧上方直腿摆动并击响右手掌(也可不击响)，然后落于右脚外侧，两眼平视(图 10-19 之 2)。左右腿交替练习。

要点：挺胸、直背、松髋、合髋，里合速度要快，幅度要大，成扇形。

图 10-18

图 10-19

(5)弹腿。两脚并立，两手叉腰(或抱拳)，左脚直立或微屈支撑，右腿屈膝提起，大腿与腰平，右脚面绷直(图 10-20 之 1)。提膝接近水平时，小腿加速向前弹踢，力达脚尖；大腿与小腿成一直线，高与腰平，两眼平视(图 10-20 之 2)。左右腿交替练习。

要点：挺胸、直腰、收髋，脚面绷直，弹踢力达脚尖。

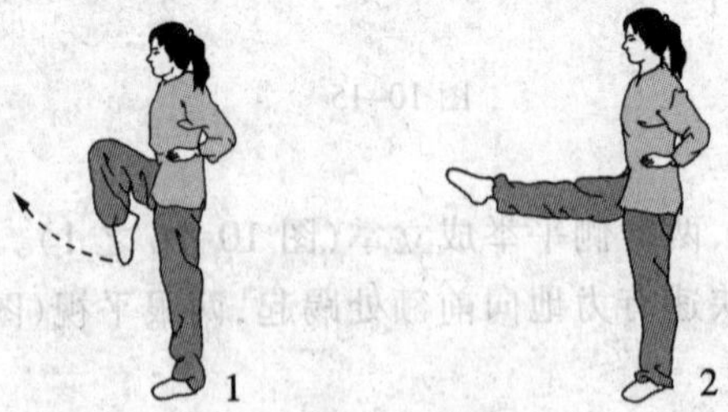

图 10-20

(6)蹬腿。与弹腿同。惟提膝勾脚尖向前蹬腿时，力达脚跟(图 10-21)。左右腿交替练习。

要点：与弹腿同。惟要强调勾脚尖。

(7)侧踢腿。两脚并立，两手叉腰(或抱拳)，右腿向左腿前盖步，两腿交叉，右膝微屈(图 10-22 之 1)；接着右腿蹬直支撑，左腿屈膝提起，脚尖勾起内扣，脚跟用力向左侧上方踹击，高与肩平，上体向右侧倾斜，两眼向左视（图 10–22 之 2）。左右腿交替练习。

要点：挺胸、直腰、挺膝、开髋、猛踹，脚外侧朝上，力达脚跟。

图 10–21

图 10–22

（二）腰功

1. 俯腰。两脚并立，两手五指交叉，直臂上举，手心朝上，上体前俯，两手尽量在脚尖前贴地（图 10–23 之 1）。然后，两手松开，抱住两小腿的下方，逐渐使胸部贴近腿部，稍停后起立（图 10–23 之 2）。还可以向左或向右侧俯腰，使两手向左脚外侧贴触地面（图 10–23 之 3）。

要点：两腿伸直，挺胸、塌腰、收髋，尽力向前折体。

图 10–23

2. 甩腰。两脚并立与肩宽，两腿伸直，两臂上举，以腰髋为轴，上体有后屈甩腰动作，两臂也随之甩动，后屈时要抬头、挺胸、挺腰（图 10–24）。

3. 涮腰。两脚开立略宽于肩，两臂自然下垂，以腰为轴，上体前倾，两臂向左前下方伸出，随即经前向右、向后、向左翻转绕环一周（图 10–25）。

图 10–24

图 10–25

第三节 初级长拳（第三路）

初级长拳（第三路）是典型的基础套路。它结构严谨，布局合理，动作舒展、优美，但具有一定难度。全套动作除预备势和结束动作，共三十二式，分为四段，每段八式。各段分别编排了不同形式的踢打动作，有些踢打动作是由几个攻防动作连接而成。第一、三、四段动作中各有一种不同方法的跳跃组合，这些跳跃组合动作贯穿于套路之中，不仅增加了练习者的兴趣，而且对提高练习者的力量、速度、灵敏、跳跃等身体素质，都起着重要作用。

一、动作名称

起势

(一)并步站立　(二)虚步亮掌　(三)并步对拳

第一段

(一)弓步冲拳　(二)弹腿冲拳　(三)马步冲拳

(四)弓步冲拳　(五)弹腿冲拳　(六)大跃步前穿

(七)弓步击掌　(八)马步架掌

第二段

(一)虚步栽拳　(二)提膝穿掌　(三)仆步穿掌

(四)虚步挑掌　(五)马步击掌　(六)叉步双摆掌

(七)弓步击掌　(八)转身踢腿马步盘肘

第三段

(一)歇步抡砸拳　(二)仆步亮掌　(三)弓步劈拳

(四)换跳步弓步冲拳　(五)马步冲拳　(六)弓步下冲拳

(七)叉步亮掌侧踹腿　(八)虚步挑拳

第四段

(一)弓步顶肘　(二)转身左拍脚　(三)右拍脚

(四)腾空飞脚　(五)歇步下冲拳　(六)仆步抡劈拳

(七)提膝挑掌　(八)提膝劈掌弓步冲拳

收势

(一)虚步亮掌　(二)并步对拳　(三)并步站立

二、动作说明

起势

(一)并步站立

两脚并步站立，两臂垂于身体两侧，五指并拢贴靠腿外侧，双眼向前平视(图 10-26)。

要点：头要端正，颏微收，挺胸、塌腰、收腹。

(二)虚步亮掌

1. 右脚向左后方撤步或左弓步。右掌向右、向上、向前划弧，掌心向上；左臂屈肘，左掌提至腰侧，掌心向上。目视右掌(图 10-27)。

2. 右腿微屈，重心后移。左掌经胸前从右臂上向前穿出伸直；右臂屈肘，右掌收至腰侧，掌心向上。目视左掌(图 10-28)。

3. 重心继续后移，左脚稍向右移，脚尖点地，成左虚步。左臂内旋向左、向后划弧成勾手，勾尖向上；右手继续向后、向右、向前上划弧，屈肘抖腕，在头前上方成亮掌(即横掌)，掌心向前，掌指向左。目视左方(图 10–29)。

要点：三个动作必须连贯。成虚步时，重心落于右腿上，右大腿与地面平行；左腿微屈，脚尖点地。

图 10–26

图 10–27

图 10–28

图 10–29

(三)并步对拳

1. 右腿蹬直，左腿提膝，脚尖里扣，上肢姿势不变(图 10–30)。

2. 左脚向前落步，重心前移。左臂屈肘，左勾手变掌经左肋前伸；右臂外旋向前下落于左掌右侧，两掌同高，掌心均向上(图 10–31)。

3. 右脚向前上一步，两臂下垂后摆(图 10–32)。

4. 左脚向右脚并步，两臂向外向上经胸前屈肘下按，两掌变拳，拳心向下，停于小腹前。目视左侧(图 10–33)。

要点：并步后挺胸、塌腰；对拳、并步、转头要同时完成。

图 10–30

图 10–31

图 10–32

图 10–33

第一段

(一)弓步冲拳

1. 左脚向左上一步，脚尖向斜前方；右腿微屈，成半马步。左臂向上、向左格打，拳眼向后，拳与肩同高；右拳收至腰侧，拳心向上。目视左拳(图 10–34)。

2. 右腿蹬直成左弓步。左拳收至腰侧，拳心向上；右拳向前冲出，高与肩平，拳眼向上。目视右拳(图 10–35)。

要点：成弓步时，右腿充分蹬直，脚跟不要离地；冲拳时，尽量转腰顺肩。

(二)弹腿冲拳

重心前移至右腿，右腿屈膝提起，脚面绷直，猛力向前弹出伸直，高与腰平。右拳收至腰侧；左拳向前伸出。目视前方(图 10–36)。

图 10-34

图 10-35

要点：支撑腿可微屈，弹出的腿要用爆发力，力点达于脚尖。

（三）马步冲拳

右脚向前落步，脚尖里扣，上体左转。左拳收至腰侧，两腿下蹲成马步；左拳向前冲出。目视右拳（图 10-37）。

要点：成马步时，大腿要平，两脚平行，脚跟外蹬，挺胸、塌腰。

图 10-36

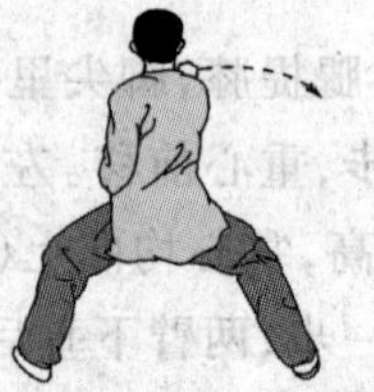

图 10-37

（四）弓步冲拳

1. 上体右转 90°，右脚尖外撇向斜前方，成半马步。右臂屈肘向右格打，拳眼向后。目视右拳（图 10-38）。

2. 左腿蹬直成弓步。右拳收至腰侧；左拳向前冲出。目视左拳（图 10-39）。

要点：与本节的弓步冲拳相同，惟左右相反。

图 10-38

图 10-39

（五）弹腿冲拳

重心前移到右腿，左腿屈膝提起，脚面绷直，猛力向前弹出伸直，高与腰平。左拳收至腰侧，右拳向前冲出。目视前方（图 10-40）。

要点：与本节的弹腿冲拳相同。

（六）大跃步前穿

1. 左腿屈膝。右拳变掌内旋，以手背向下挂至左膝外侧，上体前倾。目视右手（图 10-41）。

图 10-40

图 10-41

2. 左脚向前落步，两腿微屈。左掌继续向后挂，右拳变掌，向后、向下伸直，目视左掌(图 10-42)。

3. 右腿屈膝向前提起，左腿立即猛力蹬地向前跃出。两掌向前、向上划弧摆起。目视左掌(图 10-43)。

图 10-42

图 10-43

4. 右腿落地全蹲，左腿随即落地向前铲出成仆步。右掌变拳抱于腰侧，左掌由上向右向下划弧成立掌，停于右胸前。目视左脚(图 10-44)。

要点：跃步要远，落地要轻，落地后立即接做下一个动作。

(七)弓步击掌

右腿猛力蹬直成左弓步。左掌经左脚面向后划弧至身后成勾手，左臂伸直，勾尖向上；右拳由腰侧变掌向前推出，掌指向上，掌外侧向前。目视右掌(图 10-45)。

要点：推掌、勾手要与弓步形成完整一致。左手向后上勾出不要挟上臂。不要弓腰、突臀、上体前倾。

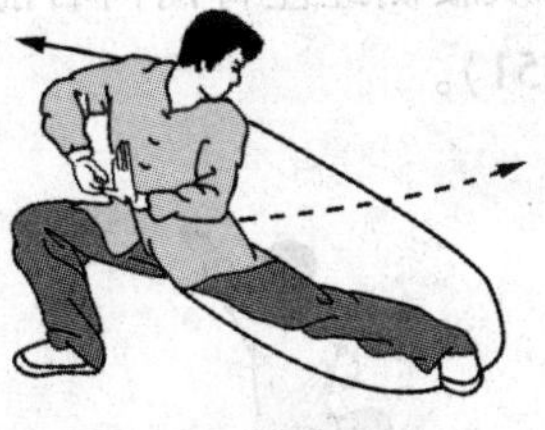

图 10-44

图 10-45

(八)马步架掌

1. 重心移至两腿中间，左脚脚尖里扣成马步，上体右转，右臂向左侧平摆，稍屈肘；同时左勾手变掌由后经左腰侧从右臂内向前上穿出，掌心均朝上。目视左手(图 10-46)。

2. 右掌立于左胸前；左臂向左上屈肘抖腕亮掌于头部上方，掌心向前。目右转视(图 10-47)。

图 10-46

图 10-47

要点：马步同前。

第二段

（一）虚步栽拳

1. 右脚蹬地，屈膝提起；左腿伸直，以前脚掌为轴向左后转体 180°。右掌由左胸前向下经右腿外侧向后划弧成勾手；左臂随体转动并外旋，使掌心朝右。目视右手（图 10-48）。

2. 右脚向右落地，重心移至右腿上，下蹲成左虚步。左掌变拳下落于左膝上，拳眼向里，拳心向后；右勾手变拳，屈肘向上架于头右上方，拳心向前。目视左方（图 10-49）。

要点：右手勾挂要贴近右膝外侧；虚步左腿要蹲成水平。

图 10-48

图 10-49

（二）提膝穿掌

1. 右腿稍伸直。右拳变掌收至腰侧，掌心向上；左拳变掌，向下、向左、向上划弧盖压于头上方，掌心向前（图 10-50）。

2. 右腿蹬直，左腿屈膝提起，脚尖内扣。右掌从腰侧经左臂内向右前上方穿出，掌心向上；左掌收至右胸前成立掌。目视右掌（图 10-51）。

要点：支撑腿与右臂充分伸直。

图 10-50

图 10-51

（三）仆步穿掌

右腿全蹲，左腿向右后方铲出成左仆步。右臂不动，左掌由右胸前向下经左腿内侧，向左脚面穿出。目随左掌转视(图 10-52)。

要点:穿掌时两臂要基本成一条线,切记右臂不可下垂。仆步左脚尖要向内扣紧。

(四)虚步挑掌

1. 右腿蹬直,重心移至左腿,成左弓步。右掌稍下降,左掌随重心前移向前挑起(图 10-53)。

图 10-52

图 10-53

2. 右脚向左前方上步,左腿半蹲,成右虚步。身体随上步左转 180°。在右脚上步的同时,左掌由前向上、向后划弧成立掌,右掌由后向前上挑起成立掌,指尖与眼平。目视右掌(图 10-54)。

要点:上步要快,虚步要稳。

(五)马步击掌

1. 右脚落实,脚尖外撇,重心稍升高并右移,左掌变拳收至腰侧;右掌俯掌向外掳手(图 10-55)。

图 10-54

图 10-55

2. 左脚向前上一步,以右脚为轴向右后转体 180°,两腿下蹲成马步。左掌从右臂上成立掌向左侧击出;右掌变拳收至腰侧。目视左掌(图 10-56)。

要点:右手做掳手时,先使臂稍内旋,腕伸直,手掌向下、向外转,接着臂外旋,掌心经下向上翻转,同时抓握成拳。握拳和击掌动作要同时进行。

(六)叉步双摆掌

1. 重心稍右移,同时两掌向下、向右摆,掌指均向上。目视右掌(图 10-57)。

2. 右脚向左腿后插步,前脚掌着地。两臂继续由右向上、向左摆,停于身体左侧,均成立掌,右掌停于左肘窝处。目随双掌转视(图 10-58)。

要点:两臂要划立圆,幅度要大,摆掌与后插步配合一致。

(七)弓步击掌

1. 两腿不动,左掌收至腰侧,掌心向上;右掌向上、向右划弧,掌心向下(图 10-59)。

图 10-56

图 10-57

2. 左腿后撤一步，成右弓步。右掌向下向后伸直摆动，成勾手，勾尖向上；左掌成立掌向前推出。目视左掌（图 10-60）。

要点：击左掌，右勾手与后撤左步、蹬腿成弓步要完整一致。

图 10-58

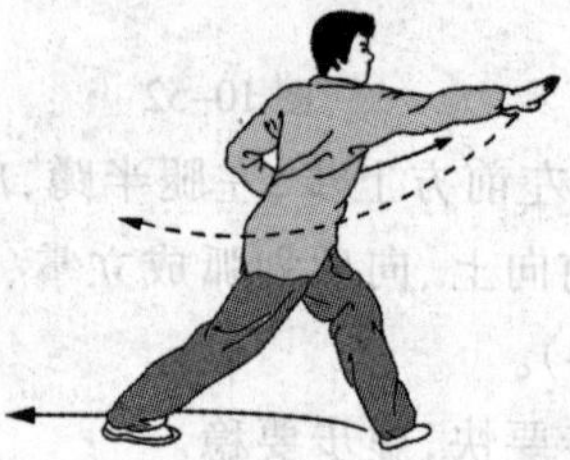

图 10-59

（八）转身踢腿马步盘肘

1. 两脚以前脚掌为轴向左后转体 180°。在转体的同时，左臂向上、向前划半立圆，右臂向下、向后划半圆（图 10-61）。

图 10-60

图 10-61

2. 上动不停，两脚不动，右臂由后向上、向前划半立圆，左臂由前向下、向后划半立圆（图 10-62）。

3. 上动不停，右臂向下成反臂勾手，勾尖向上；左臂向上成亮掌，掌心向前上方。右腿伸直，脚尖勾起，向额前踢（图 10-63）。

图 10-62

图 10-63

4. 右脚向前落地，脚尖里扣。右手不动，左臂屈肘下落至胸前，右掌心向下。目视左掌(图 10–64)。

5. 上体左转 90°，两腿下蹲成马步。同时左掌向前、向左平掳变拳收至腰侧，右勾手变拳，右臂伸直，由体后向前平摆，至体前时屈肘，肋尖向前，高与肩平，拳心向下。目视肘尖(图 10–65)。

要点：两臂抡动时要划立圆，动作连贯；盘肘时要快速有力，右肩前顺。

图 10–64

图 10–65

第三段

(一)歇步抡砸拳

1. 重心稍升高，右脚尖外撇。右臂由胸前向上、向右抡直；左拳向下、向左，使臂抡直。目视右拳(图 10–66)。

2. 上动不停，两脚以前脚掌为轴，向右后转体 180°。右臂向下、向后抡摆，左臂向上、向前随身体转动(图 10–67)。

3. 紧接上动，两腿全蹲成歇步。左臂随身体下蹲向下平砸，拳心向上，臂部微屈；右臂伸直向上举起。目视左拳(图 10–68)。

图 10–66

图 10–67

图 10–68

要点：抡臂动作要连贯完成，划成立圆。歇步要两腿交叉全蹲，左腿大、小腿靠紧，臂部贴于左小腿外侧，膝关节在右小腿外侧，脚跟提起；右脚尖外撇，全脚着地。

(二)仆步亮拳

1. 左脚由右腿后抽出前上一步，左腿蹬直，右腿半蹲，成右弓步。上体微向右转。左拳收至腰侧，右拳变掌向下经胸前向右横击掌。目视右掌(图 10–69)。

2. 右脚蹬地屈膝提起，上体右转。左拳变掌从右掌上向前穿出，掌心向上；右掌平收至左肘下(图 10–70)。

3. 右脚向右落步，屈膝全蹲，左腿伸直，成仆步。左掌向下、向后划弧成勾手，勾尖向上；右掌向右、向上划弧微屈，抖腕成亮掌，掌心向前。头随右手转动，至亮掌时，目视左方(图 10-71)。

要点:仆步时,左腿充分伸直,脚尖里扣,右腿全蹲,两脚脚掌全都着地。上体挺胸、塌腰,稍左转。

图 10-69

图 10-70

图 10-71

(三)弓步劈拳

1. 右腿蹬地立起;左腿收回并向左前方上步。右掌变拳收至腰侧,左勾手变掌由下向前、向左做掳手(图 10-72)。

2. 右腿经左腿前方向左绕上一步,左腿蹬直成右弓步。左手向左平掳后再向前挥摆,虎口朝前(图 10-73)。

3. 在左手平掳的同时,右拳向后平摆,然后再向上做抡劈拳,拳高与耳平,拳心向上,左掌外旋接扶右前臂。目视右拳(图 10-74)。

要点:左右脚上步稍带弧形。

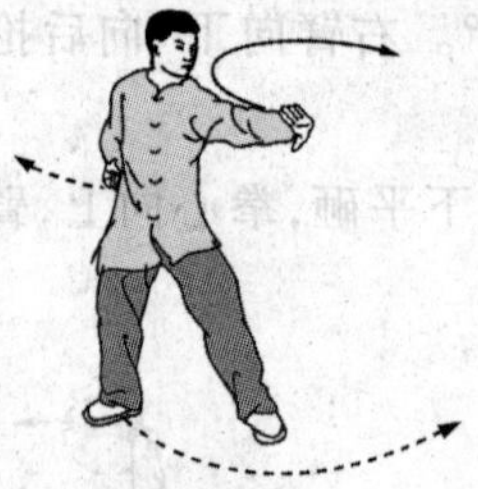
图 10-72

图 10-73

图 10-74

(四)换跳步弓步冲拳

1. 重心后移,右脚稍向后移动。右拳变掌,臂内旋,以掌背向下划弧挂至右膝内侧;左掌背贴靠右肘外侧,掌指向前。目视右掌(图 10-75)。

2. 右腿自然上抬,上体稍向左扭转。右掌挂至体左侧,左掌伸向右腋下。目随右掌转视(图 10-76)。

图 10-75

图 10-76

3. 右脚以全脚掌用力向下震跺，与此同时，左脚急速离地抬起。右手由左向上、向前掳盖而后变拳收至腰侧；左掌伸直向下、向上、向前屈肘下按，掌心向下。上体右转，目视左掌(图 10–77)。

4. 左脚向前落步，右腿蹬直成左弓步。右拳向前冲出，拳高与肩平；左掌藏于右腋下，掌背贴靠腋窝。目视右拳(图 10–78)。

要点：换跳步动作要连贯，协调。震脚时腿要弯屈，全脚掌着地，左脚离地不要过高。

图 10–77

图 10–78

(五)马步冲拳

上体右转 90°，重心移至两腿中间，成马步。右拳收至腰侧，左掌变拳向左冲出，拳眼向上。目视左拳(图 10–79)。

(六)弓步下冲拳

右脚蹬直，左腿变屈，上体稍向左转，成左步。左拳变掌向下经体前向上架于头左上方，掌心向下，右掌自腰侧向左前斜下方冲出。目视右拳(图 10–80)。

图 10–79

图 10–80

(七)叉步亮掌侧踹腿

1. 上体稍右转。左掌由头上下落于右手腕上，右拳变掌，两手交叉成十字。目视双手(图 10–81)。

2. 右脚蹬地并向左腿后插步，以前脚掌着地。左掌由体前向下、向后划弧成勾手，勾尖向上；右掌由前向右、向上划弧抖腕亮掌，掌心向前。目视左侧(图 10–82)。

3. 重心移至右腿，左腿屈膝提起，向左上方猛力踹出。上肢姿势不变。目视左侧(图 10–83)。

要点：插步时上体稍向右倾斜，腿、臂的动作要一致，侧踹高度不能低于腰，大腿内旋，着力点在脚跟。

图 10-81

图 10-82

图 10-83

（八）虚步挑拳

1. 左脚左右侧落地。右掌变拳稍后移，左勾手变拳由体后向左上挑，拳背向上（图 10-84）。

2. 上体左转 180°，微含胸前俯。左拳继续向前向上划弧上挑，右拳向下向前划弧挂至右膝外侧，同时右膝提起。目视右拳（图 10-85）。

3. 右脚向左前方上步，脚尖点地，重心落于左脚，左腿下蹲成右虚步。左拳向后划弧收至腰侧，拳心向上；右拳向前屈臂挑出，拳眼斜向上，拳与肩同高。目视右拳（图 10-86）。

图 10-84

图 10-85

图 10-86

第四段

（一）弓步顶肘

1. 重心升高，右脚踏实，右臂内旋向下直臂划弧以拳背下挂至右膝内侧，左拳不变。目视前下方（图 10-87）。

2. 左腿蹬直，右腿屈膝上抬。左拳变掌，右拳不变，两臂向前、向上划弧摆起。目视右拳转视（图 10-88）。

3. 左脚蹬地起中，身体腾空，两臂继续划弧至头上方（图 10-89）。

图 10-87

图 10-88

图 10-89

4. 右脚先落地，右腿屈膝，左脚向前落步，以前脚掌着地。同时两臂向右、向下屈肘停于右胸前，右拳变掌，左掌变拳。右掌心贴靠左拳面(图 10-90)。

5. 左脚向左上一步，左腿屈膝，右腿蹬直成左弓步。右掌推左拳，以左肘尖向左顶出，高与肩平。目视前方(图 10-91)。

要点：交换步时不要过高，但要快；两臂抡摆时要成圆弧。

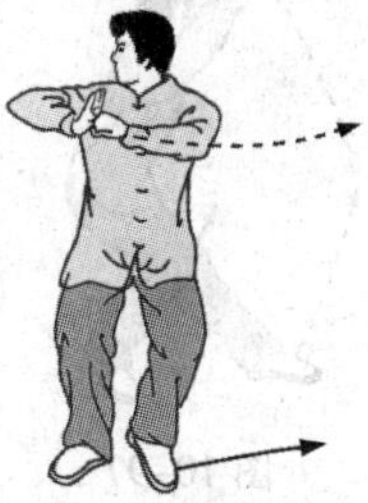

图 10-90

图 10-91

(二)转身左拍脚

1. 以两脚前脚掌为轴向右后转体 180°。随着转体，右臂向上、向右向下划弧抡摆，同时左拳变掌向下向后向前抡摆(图 10-92)。

2. 左腿伸直向前上踢起，脚面绷平。左掌变拳收至腰侧，右掌由体后向上、向前拍击左脚面(图 10-93)。

要点：右掌拍脚时手掌稍横过来，拍脚要准而响亮。

图 10-92

图 10-93

(三)右拍脚

1. 左脚向前落地，左拳变掌向下向后摆，右掌变拳收至腰侧(图 10-94)。

2. 右腿伸直向前上踢起，脚面绷平。左拳变掌由后向上、向前拍击右脚面(图 10-95)。

要点：与本节的转身左拍脚相同。

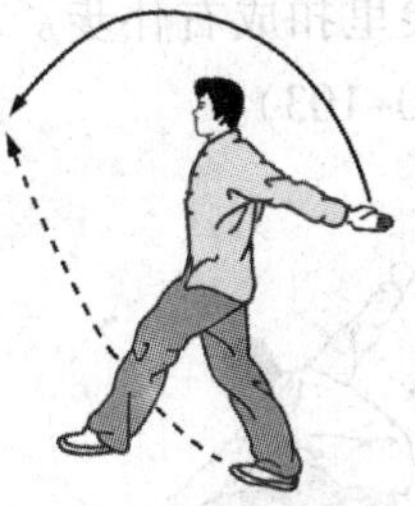

图 10-94

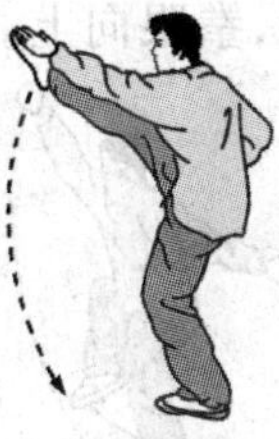

图 10-95

（四）腾空飞脚

1. 右脚落地(图 10-96)。

2. 左脚向前摆起,右脚猛力蹬地跳起,左腿屈膝继续前上摆,同时右拳变掌向前、向上摆起,左掌先上摆而后下降拍击右掌背(图 10-97)。

图 10-96

图 10-97

3. 右腿继续上摆,脚面绷平,右手拍击右脚面,左掌由体前向后上举(图 10-98)。

要点:蹬地要向上,不要太向前冲,左膝尽量上提;击响要在腾空时完成,右臂伸直成水平。

（五）歇步下冲拳

1. 左、右脚先后相继落地。左掌变拳收至腰侧(图 10-99)。

2. 身体右转 90°,两腿全蹲成歇步。右掌抓握、外旋变拳收至腰侧;左拳由腰侧向前下方冲出,拳心向下。目视左拳(图 10-100)。

图 10-98

图 10-99

图 10-100

图 10-101

要点:歇步要稳,冲拳要脆。

（六）仆步抡劈拳

1. 重心升高,右臂由腰侧体后伸直,左臂随身体重心升高向上摆起(图 10-101)。

2. 以右脚前脚掌为轴,左腿屈膝提起,上体左转 270°,右拳由前向后下方划立圆一周;左拳由后向下前上划立圆一周(图 10-102)。

3. 左腿向后落一步,屈膝全蹲,右腿伸直,脚尖里扣成右仆步。右拳由上向下抡劈,拳眼向上;左拳向上举,拳眼向上。目视右拳(图 10-103)。

图 10-102

图 10-103

要点：抡劈时一定要划立圆。

（七）提膝挑掌

1. 重心前移成右弓步。同时右拳变掌由下向上抡摆，左拳变掌稍下落，右掌心向左，左掌心向右（图 10–104）。

2. 左、右臂在垂直面上由前向后各划立圆一周，右臂伸直停于头上，掌心向左，掌指向上；左臂伸直停于身后成反勾手。同时右腿屈膝提起，左腿挺膝伸直独立。目视前方（图 10–105）。

要点：抡臂时要划立圆。

图 10–104

图 10–105

（八）提膝劈掌弓步冲拳

1. 下肢不动，右掌由上向下猛劈伸直，停于右小腿内侧，用力点在小指一侧；左勾手变掌，屈臂向前停于右上臂内侧，掌心向左。目视右掌（图 10–106）。

2. 右脚向右后落地，身体右转 90°。同时左掌变拳收至腰侧，右臂内旋向右划弧做掳手（图 10–107）。

3. 上动不停，左腿蹬直成右弓步。右手抓握变拳收至腰侧，左拳由腰侧向左前方冲出。目视左拳（图 10–108）

要点：提膝劈掌重心要稳，掳手冲拳劲力要足。

图 10–106

图 10–107

图 10–108

收势

（一）虚步亮掌

1. 右脚扣于左膝后，两拳变掌，两臂右上左下屈时交叉于体左前。目视右掌（图 10–109）。

2. 右脚向右后落步，重心后移，右腿半蹲，上体稍右转。同时右掌向上、向右、向下划弧停于左腋下；左掌向右、向上划弧停于右臂上与左胸前，两掌心左下右上。目视左掌（图 10–110）。

3. 左脚尖稍向右移，右腿下蹲成左虚步。左臂伸直向左、向后划弧成反勾手；右臂伸直向下、向右、向上划弧抖腕亮掌,掌心向前。目视左方(图 10-111)。

图 10-109

图 10-110

图 10-111

(二)并步对拳

1. 左腿后撤一步,同时两掌从腰两侧向前穿出伸直,掌心向上(图 10-112)。

2. 右腿后撤一步,同时两臂分别向体后下摆(图 10-113)。

3. 左脚后退半步向右脚并拢。两臂由后向上经体前屈臂下按,两掌变拳,停于腹前,拳心向下,拳面相对。目视左方(图 10-114)。

要点:同起势动作 3。

(三)并步站立

两臂自然下垂,目视正前方(图 10-115)。

图 10-112

图 10-113

图 10-114

图 10-115

第四节　简化太极拳(二十四式)

太极拳是一种柔和、缓慢、轻灵的拳术,它具有养身、养心、养气的功能。练习时要求用意识引导动作,精力集中,全神贯注,呼吸自然,姿态端庄;动作要轻灵、柔和、圆活、缓慢、连贯,整个套路如行云流水,连绵不断。二十四式简化太极拳是在吸取各家太极拳精华的基础上,加以简化编排而成的。从其动作结构和整个套路安排来看,符合由简到繁、先易后难的原则,简单易学,做起来柔和缓慢,圆滑流畅,深受广大人民群众的喜爱。

一、动作名称

第一组

(一)起势　(二)左右野马分鬃　(三)白鹤亮翅

第二组

(四)左右搂膝拗步　(五)手挥琵琶　(六)左右倒卷肱

第三组

(七)左揽雀尾　　(八)右揽雀尾

第四组

(九)单鞭　　(十)云手　　(十一)单鞭

第五组

(十二)高探马　　(十三)右蹬脚　　(十四)双峰贯耳

(十五)转身左蹬脚

第六组

(十六)左下势独立　　(十七)右下势独立

第七组

(十八)左右穿梭　　(十九)海底针　　(二十)闪通臂

第八组

(二十一)转身搬拦捶　(二十二)如封似闭　　(二十三)十字手

(二十四)收势

二、动作说明

第一组

(一)起势

1. 身体自然直立,两脚开立,与肩同宽,脚尖向前;两臂自然下垂,两手放在大腿外侧;目向前平视(图 10-116,图 10-117)。

要点:头颈正直,下颏微向后收,不要故意挺胸或收腹。(起势由立正姿势开始,然后左脚向左分开,成开立步。)

2. 两臂前举:两臂慢慢向前平举,两手高与肩平,与肩同宽,手心向下(图 10-118,10-119)。

3. 屈膝下按:上体保持正直,两腿曲下蹲,同时两掌轻轻下按至腹前,两肘下垂与膝相对;目平视前方(图 10-120)。

要点:头正颈直,松肩坠肘,两掌下按和屈膝下蹲的动作要协调一致,臂部不可凸出。

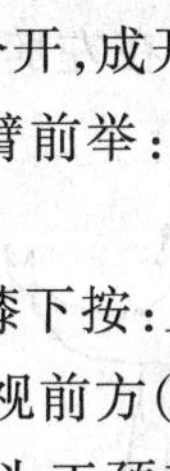
图 10-116

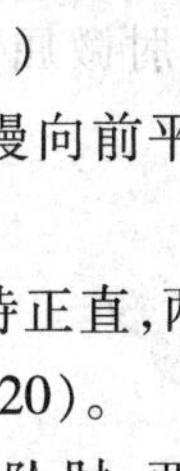
图 10-117

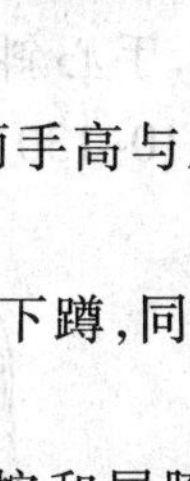
图 10-118

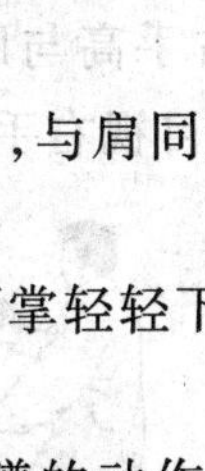
图 10-119

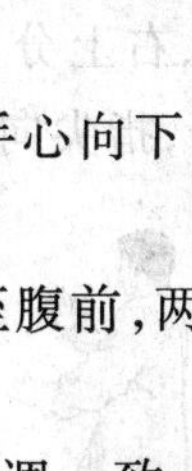
图 10-120

(二)左右野马分鬃

1. 抱球收脚:上体微向右转,身体重心移至右腿上;同时右臂收在胸前平屈,手心向下,左手经体前向右下划弧放在右手下,手心向上,两手心相对成抱球状;左脚随即收到右脚内侧，脚尖点地。目视右手(图 10-121，10-122)。

2. 上步错手：上体微向左转，左脚向左前方迈出，同时左、右手随转体慢慢分别向左上、右下错开，目视左手(图 10-123，10-124)。

3. 弓步分手：上体继续左转，右脚跟后蹬，右腿自然伸直成弓步；左、右手随转体继续向左上、右下分开，左手高于眼平，手心斜向上，肘微屈，右手落在右胯旁，肘也微屈，手心向下，指尖向前。目视左手(图 10-125)。

4. 转体撇脚：上体慢慢后坐，身体重心移至右腿，左脚尖翘起，微向外撇，同时两手准备抱球(图 10-126)。

图 10-121

图 10-122

图 10-123

图 10-124

图 10-125

图 10-126

5. 抱球收脚：左脚掌慢慢踏实，左腿慢慢前弓，身体左转，身体重心再移至左腿，同时左手翻转向下，左臂收在胸前平屈，右手向左上划弧放在左手下，两手心相对成抱球状；右脚随即收到左脚内侧，脚尖点地。目视左手(图 10-127，10-128)。

6. 上步错手：上体微右转，右腿向右前方迈出，同时左右手随转体慢慢分别向左下、右上错开。目视右手(图 10-129)。

7. 弓步分手：左腿自然伸直成右弓步；同时上体继续右转，左、右手继续随转体分别慢慢向左下、右上分开，右手高与眼平，手心斜向上，肘微屈；左手落在左胯旁，肘也微屈，手心向下，指尖向前。目视右手(图 10-130)。

图 10-127

图 10-128

图 10-129

图 10-130

8. 转体撇脚：同 4 解，惟左右相反(图 10-131)。

9. 抱球收脚：同 5 解，惟左右相反(图 10-132，10-133)。

10. 上步错手：同 6 解，惟左右相反(图 10-134)。

11. 弓步分手：同 7 解，惟左右相反(图 10-135)。

要点：上体不可前俯后仰，两臂分开时要成弧形；弓步与分手的速度要均匀一致；重心移动要平稳。

图 10-131

图 10-132

图 10-133

图 10-134

(三)白鹤亮翅

1. 转体抱手:上体微向左转,左手翻掌向下,左臂平屈胸前,右手向左上划弧,手心转向上,与左手相对成抱球状。目视左手(图 10-136)。

2. 虚步分掌:右脚跟进半步,上体后坐,身体重心移至右腿;上体先向右转,面向右前方;然后左脚稍向前移,脚尖点地,成左虚步。同时上体再微向左转,面向前方,两手随转体慢慢向左下、右上分开,右手上提停于右额前,手心向左后方,左手落于左胯前,手心向下,指尖向前。目视前方(图 10-137,10-138)。

要点:定势时胸部要虚含,两臂上下都要保持半圆形;右手上提,左手下按和重心后移要协调一致,上虚下实。

图 10-135

图 10-136

图 10-137

图 10-138

第二组

(四)左右搂膝拗步

1. 举手收脚:右手从体前下落,由下向后上方划弧举至右肩外侧,肘微屈,手与耳同高,手心斜向上;左手由左下向上、向右下方划弧至右胸前,手心斜向下,同时上体先微向左再向右转;左脚收至右脚内侧,脚尖点地。目视右手(图 10-139,10-140,10-141)。

2. 弓步搂推:上体左转,左脚向前(左前)迈出成左弓步;同时右手屈回由耳侧向前推出高与鼻尖平,左手向下由左膝前搂过落于左胯旁,指尖向前。目视右手(图 10-142,10-143)。

图 10-139

图 10-140

图 10-141

图 10-142

3. 举手收脚:右腿慢慢屈膝,上体后坐,重心移至后腿,左脚尖翘起微向外撇,随后脚慢慢踏实,左腿前弓,身体左转,重心移至左腿,右腿收到左脚内侧,脚尖点地;同时左手向外翻掌由左后向上划弧至左肩外侧,肘微屈,手与耳同高,手心斜向上;右手随转体向上、向左下划弧落于左胸前,手心斜向下。目视左手(图 10-144,10-145,10-146)。

图 10-143

图 10-144

图 10-145

图 10-146

4. 弓步搂推:同 2 解,惟左右相反(图 10-147,10-148)。

5. 举手收脚:同 3 解,惟左右相反(图 10-149,10-150,10-151)。

图 10-147

图 10-148

图 10-149

图 10-150

6. 弓步搂推:同 2 解(图 10-152,10-153)。

要点:上体不可前俯后仰;推掌时,要沉肩坠肘,坐腕舒指和搂膝弓腿协调一致。

(五)手挥琵琶

1. 跟步后坐:右脚跟进半步,上体后坐,重心移到右腿上,上体半面向右转(图 10-154)。

图 10-151

图 10-152

图 10-153

图 10-154

2. 虚步合手:左脚略提起稍向前移,变成左虚步,脚跟着地,脚尖翘起,膝部微屈;同时左手由左下向上挑举,高与鼻尖平,掌心向右,臂微屈;右手收回放在左臂肘部里侧,掌心向左;两手成侧立掌合于体前。目视左手食指(图 10-155,10-156)。

要点:左手上起时要由左向上、向前,微带弧形;右脚跟步和重心后移要平稳连贯、定势时两臂有合劲。

（六）左右倒卷肱

1. 转体举手：上体右转，右手翻掌（手心向上）经腹前由下向后上方划弧平举，臂微屈，左手随即翻掌心向上。视线随着向右转体先右视，再转向前方视左手（图 10-157，10-158）。

图 10-155

图 10-156

图 10-157

图 10-158

2. 退步卷肱：右臂屈肘折向前，右手由耳侧向前推出，手心向前，左臂屈肘后撤，手心向上，撤至左肋外侧；同时左腿轻轻提起向后退一步，脚掌先着地，然后全脚慢慢踏实，身体重心移到左腿上，成右虚步，右脚随转体以脚掌为轴扭正。目视右手（图 10-159，10-160）。

3. 转体举手：上体微向左转。同时左手转体向后方划弧平举，手心向上，右手随即翻掌，掌心向上。目随转体先左视，再转向前方视右手（图 10-161）。

4. 退步卷肱：同 2 解，惟左右相反（图 10-162，10-163）。

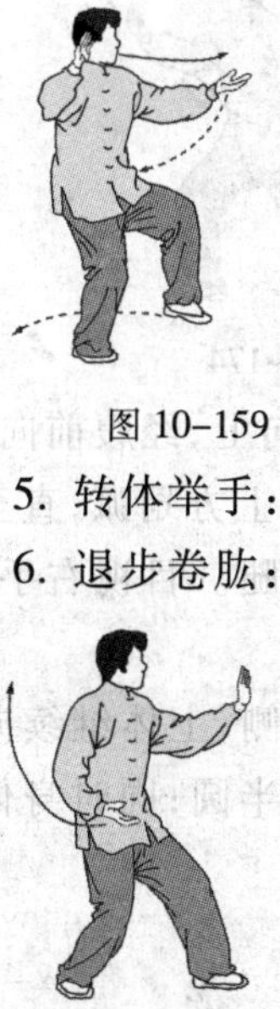
图 10-159

图 10-160

图 10-161

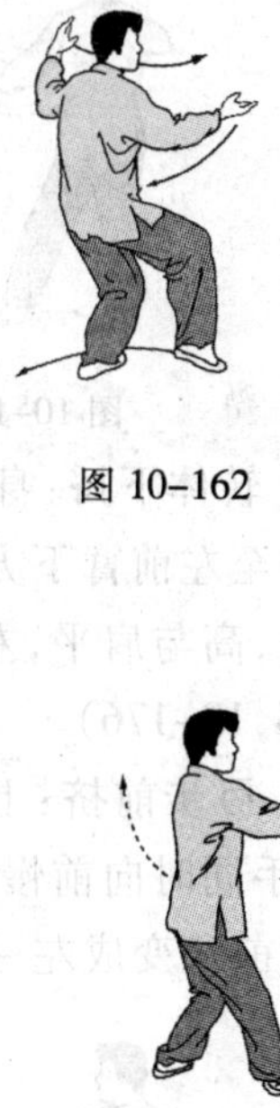
图 10-162

5. 转体举手：同 3 解，惟左右相反（图 10-164）。

6. 退步卷肱：同 2 解，惟左右相反（图 10-165，10-166）。

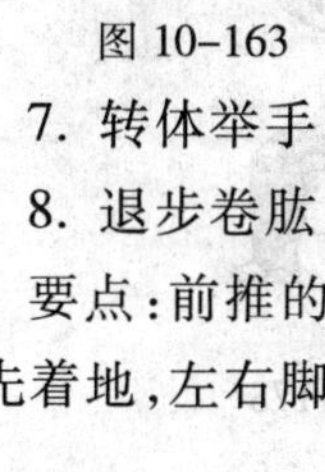
图 10-163

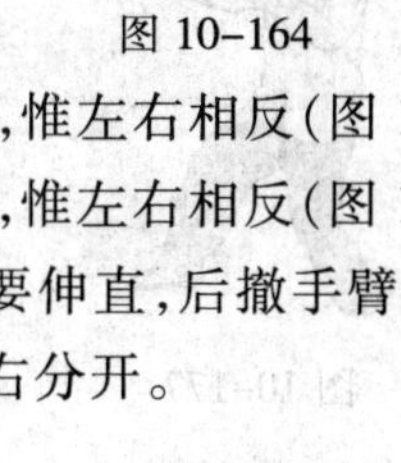
图 10-164

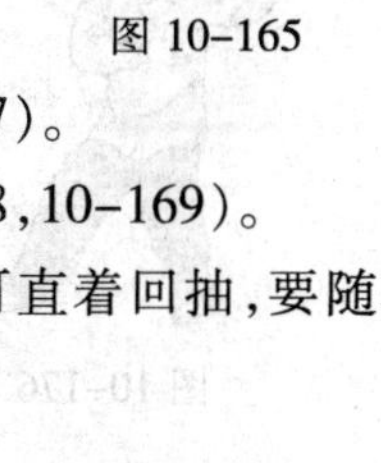
图 10-165

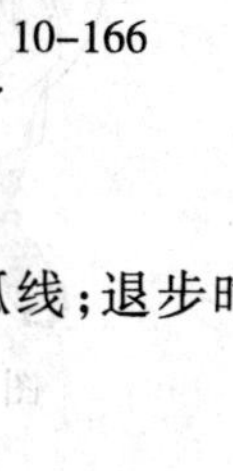
图 10-166

7. 转体举手：同 3 解，惟左右相反（图 10-167）。

8. 退步卷肱：同 2 解，惟左右相反（图 10-168，10-169）。

要点：前推的手臂不要伸直，后撤手臂也不可直着回抽，要随转体走弧线；退步时脚掌先着地，左右脚略向左右分开。

第三组

(七)左揽雀尾

1. 转体举手:上体微向右转,同时右手随转体向后上方划弧平举,手心向上;左手放松,手心向下。目视左手(图 10-170)。

图 10-167

图 10-168

图 10-169

图 10-170

2. 收脚抱球:身体继续向右转,左手自然下落,逐渐翻掌经腹前划弧至右肋前,手心向上;右臂屈肘,手心转向下,收至右胸前,两手相对成抱球状;同时身体重心落在右腿上,左脚收至右脚内侧,脚尖点地,目视右手(图 10-171,10-172)。

3. 弓步绷臂:上体微向左转,左脚向左前方迈出,上体继续向左转,右腿自然蹬直,左腿屈膝成左弓步;同时左臂向左前方绷出,高与肩平,手心向后,右手向右下落放于右胯旁,手心向下,指尖向前。目视左前臂(图 10-173,10-174)。

图 10-171

图 10-172

图 10-173

图 10-174

4. 转体下捋:身体微向左转,左手随即前伸翻掌向下,右手翻掌向上,经腹前向上、向前伸至左前臂下方;然后两手捋,即上体向右转,两手经腹前向右后上方划弧,直至右手向上,高与肩平,左臂平屈于胸前,手心向后;同时身体重心移至右腿。目视右手(图 10-175,10-176)。

5. 弓步前挤:上体微向左转,右臂屈肘折回,右手附于左手腕里侧,上体继续向左转,双手同时向前慢慢挤出,左手心向后,右手心向前,左前臂要保持半圆;同时身体重心逐渐前移变成左弓步。目视左手腕部(图 10-177,10-178)。

图 10-175

图 10-176

图 10-177

图 10-178

6. 后坐收手：左手翻掌，手心向下，右手经左腕上方向前、向右伸出，高与左手齐，手心向下，两手左右分开，宽与肩同；然后右腿屈膝，上体慢慢后坐，身体重心移至右腿上，左脚尖翘起；同时两手屈肘回收至腹前，手心均向前下方。目向前平视(图 10-179,10-180,10-181)。

7. 弓步前按：上式不停，身体重心慢慢前移，同时两手向前、向上按出，掌心向前；左腿前弓成左弓步。目平视前方(图 10-182)。

图 10-179

图 10-180

图 10-181

图 10-182

要点：绷出时，两臂前后要保持弧形；下捋时，上体不可前倾，臂部不能凸出；前挤时，上体要正直，松腰，手的动作和移动重心、弓腿相一致；前按时，两手须走曲线，两肘微屈下坠。

(八)右揽雀尾

1. 收脚抱球：上体后坐并向右转，身体重心移至右腿，左腿尖里扣；右手向右平行划弧至右侧，然后由右下经腹前向左上划弧至左肋前，手心向上；左臂平屈胸前，左手掌向下与右手成抱球状；同时身体重心再移至左腿上，右脚收到左脚内侧，脚尖点地，目视左手(图 10-183,10-184,10-185,10-186)。

图 10-183

图 10-184

图 10-185

图 10-186

2. 弓步绷臂：同“左揽雀尾”3 解，惟左右相反(图 10-187,10-188)。

3. 转体下捋：同“左揽雀尾”4 解，惟左右相反(图 10-189,10-190)。

4. 弓步前挤：同“左揽雀尾”5 解，惟左右相反(图 10-191,10-192)。

图 10-187

图 10-188

图 10-189

图 10-190

图 10-191

图 10-192

图 10-193

图 10-194

5. 后坐收手：同“左揽雀尾”6 解，惟左右相反(图 10-193，10-194，10-195)。

6. 弓步前按：同“左揽雀尾”7 解，惟左右相反(图 10-196)。

要点：同“左揽雀尾”。

第四组

(九)单鞭

1. 转体运臂：上体后坐，重心逐渐移至左腿，右脚尖里扣；同时上体左转，两手(左高右低)向左弧形运转，直至右臂平举，伸于身体左侧，手心向左，右手经腹前运至左肋前，手心向后上方。目视左手(图 10-197，10-198)。

图 10-195

图 10-196

图 10-197

图 10-198

2. 勾手收脚：重心再渐渐移至右腿上，上体右转，左脚向右脚靠拢，脚尖点地；同时右手向右上方划弧，至右侧方时变勾手，臂与肩平；左手向下经腹前向右上划弧停于右肩前，手心向里，目视左手(图 10-199，10-200)。

3. 弓步推掌：上体微向左转，左脚向左前侧方迈出，右脚跟后蹬，成左弓步；在身体重心移向左腿的同时，左掌随上体的继续左转慢慢翻转向前推出，手心向前，手指与眼齐平，臂微屈。目视左手(图 10-201，10-202)。

要点：上体保持正直，松腰，左手外翻推掌时，要随转体边翻边推；定势时两肩要松沉，左肘与左膝上下相对。

图 10-199

图 10-200

图 10-201

图 10-202

(十)云手

1. 转体松勾:重心移至右腿上,身体渐向右转,左脚尖里扣;左手经腹前向右上划弧至右肩前,手心斜向后,同时右手松勾变掌,手心向右前。目视左手(图 10-203,10-204,10-205)。

2. 云手收脚:上体慢慢左转,重心随之逐渐左移;左手由脸前向左侧运转,手心逐渐转向左方;右手由右下经腹前向左上划弧至左肩前,手心斜向后;同时右脚靠近左脚,成小开立步。目视右手(图 10-206,10-207)。

图 10-203

图 10-204

图 10-205

图 10-206

3. 云手开步:上体再向右转,同时左手经腹前向右上划弧至右肩前,手心斜向后;右手向右侧运转,手心翻转向右;随之左腿向左横跨一步。目视左手(图 10-208,10-209,10-210)。

图 10-207

图 10-208

图 10-209

图 10-210

4. 云手收脚:同 2 解(图 10-211,10-212)。

5. 云手开步:同 3 解(图 10-213,10-214,10-215)。

图 10-211

图 10-212

图 10-213

图 10-214

6. 云手收脚:同 2 解(图 10-216,10-217)。

要点:身体转动要以腰为轴,重心移动平稳,不可上下起伏;两臂随腰运转,圆活自然;落步脚掌先着地;目平视随身体移动。

(十一)单鞭

1. 转体勾手:上体向右转,右手随之向右运转,至右侧方时变成勾手;左手经腹前向右划弧至右肩前，手心向内；重心落在右腿上，左脚尖点地。目视左手（图 10–218，10–219，10–220）。

图 10–215

图 10–216

图 10–217

图 10–218

2. 弓步推掌：上体微向左转，左脚向左前侧方迈出，右脚跟后蹬，成左弓步；在身体重心移向左腿的同时，上体继续左转，左掌慢慢翻转向前推出，成“单鞭”式（图 10–221，10–222）。

要点：同前“单鞭”。

图 10–219

图 10–220

图 10–221

图 10–222

第五组

（十二）高探马

1. 跟步翻掌：右脚跟进半步，身体重心逐渐后移至右腿上；右勾手变成掌，两手心翻转向上，两肘微屈；同时身体微向右转，左脚跟渐渐离地。目视左前方（图 10–223）。

2. 虚步推掌：上体微向左转，面向左前方，右掌经右身旁向前推出，手心向前，手指与眼同高；左手收至左侧腰前，手心向上；同时左脚微向前移，脚尖点地，成左虚步。目视右手（图 10–224）。

要点：跟步移换重心，身体要平稳；上体自然正直，两肩下沉，右肘微下垂。

（十三）右蹬脚

1. 弓步分手：左手手心向上，前伸至右手腕背面，两手相互交叉，随即向两侧分开并向下划弧，手心斜向下，同时左脚提起向左前侧方进步；身体重心前移；右腿自然蹬直，成左弓步。目视前方（图 10–225，10–226，10–227）。

2. 抱手收脚：两手由外圈向里圈划弧，两手交合抱于胸前，右手在外，手心均向后；同时右脚向左脚靠拢，脚尖点起。目平视右前方（图 10–228）。

3. 分手蹬脚：两手臂左右分开平举，肘部微屈，手心均向外；同时右腿屈膝提起，右脚向右前方慢慢蹬出，目视右手（图 10–229，10–230）。

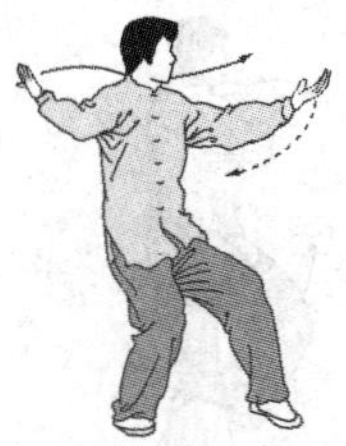
图 10–223

图 10–224

图 10–225

图 10–226

要点：支撑腿微屈，上体不可前俯后仰；分手与蹬脚必须协调一致，右臂和右腿上下相对。

图 10–227

图 10–228

图 10–229

图 10–230

(十四)双峰贯耳

1. 屈膝落手：右腿收回，屈膝平举；左手由后向上、向前下落至体前，两手心均翻转向上，两手同时向下划弧，分落于右膝盖两侧。目视前方(图 10–231，10–232)。

2. 弓步贯拳：右脚向右前方落下，重心渐渐前移，成右弓步，面向右前方，同时两手下落，慢慢变拳，分别从两侧向上、向前划弧贯拳至面部前方，成钳形状，两拳相对，高与耳齐，拳眼都斜向内下。目视右拳(图 10–233，10–234)。

要点：重心前移和弓步贯拳协调一致；完成时，松腰松胯、沉肩垂肘、两臂成弧形。

图 10–231

图 10–232

图 10–233

图 10–234

(十五)转身左蹬脚

1. 转身分拳：左腿屈膝后坐，身体重心移至左腿，上体左转右脚尖里扣；同时两拳变掌，由上向左右划弧分开平举，手心向前。目视右手(图 10–235，10–236)。

2. 收脚抱手：身体重心再移至右腿，左脚收到右脚内侧，脚尖点地；同时两手由外圈向里圈划弧合抱于胸前，左手在外，手心均向后。眼平视左方(图 10–237，10–238)。

3. 分手蹬脚：两手臂左右划弧分开平举，肘部微屈，手心均向外；同时左腿屈膝提起，左脚向左前方慢慢蹬出，目视左手(图 10–239，10–240)。

图 10-235

图 10-236

图 10-237

图 10-238

要点：同右蹬脚。

第六组

(十六)左下势独立

1. 收腿勾手：左腿收回平屈，上体右转；右掌变成勾手，左掌向上、向右划弧下落，立于右肩前，掌心斜向后。目视右手(图 10-241，10-242)。

图 10-239

图 10-240

图 10-241

图 10-242

2. 仆步穿掌：右腿慢慢屈膝下蹲，左腿由内向左侧伸出，成右仆步；左手下落向左下顺左腿内侧向前穿出。目视左手(图 10-243，10-244)。

3. 弓腿起身：身体重心前移，左脚跟为轴，脚尖尽量向外撇，左腿前弓，右腿后蹬，右脚尖里扣，上体微向左转并向前起身；同时左臂继续向前伸出，掌心向右，右勾手下落，勾尖向后。目视左手(图 10-245)。

4. 独立挑掌：右腿慢慢提起平屈，成左独立式；同时右勾手变掌，并由后下方顺右腿外侧向前弧形上挑，屈臂立于右腿上方，肘与膝相对；手心向左；左手落于左胯旁，手心向下，指尖向前。目视右手(图 10-246，10-247)。

要点：仆步，右腿全蹲，两脚掌全部着地；穿掌时重心不可起来；提膝独立挑掌要协调一致。

图 10-243

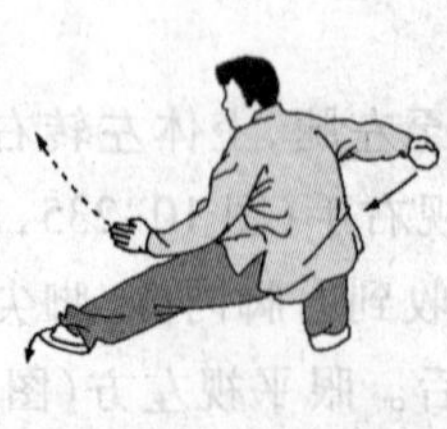
图 10-244

图 10-245

图 10-246

（十七）右下势独立

1. 落脚勾手：右脚下落于左脚前，脚尖点起，然后左脚前掌为轴，脚跟转动，身体随之左转，同时左手向后平举变成勾手，右掌随着转体向左侧划弧，立于左肩前，掌心斜向后。目视左手（图 10-248，10-249）。

2. 仆步穿掌：同“左下势独立”2 解，惟左右相反（图 10-250，10-251）。

图 10-247

图 10-248

图 10-249

图 10-250

3. 弓腿起身：同“左下势独立”3 解，惟左右相反（图 10-252）。

4. 独立挑掌：同“左下势独立”4 解，惟左右相反（图 10-253，10-254）。

要点：同“左下势独立”。

图 10-251

图 10-252

图 10-253

图 10-254

第七组

（十八）左右穿梭

1. 落脚抱球：身体微向左转，左腿向前落地，脚尖外撇，右脚跟离地，两腿屈膝成半坐盘式；同时两手在胸前成抱球状；然后右脚收到左脚内侧，脚尖点地。目视左前臂（图 10-255，10-256，10-257）。

2. 弓步架推：身体右转，右脚向右前方迈出，屈膝弓腿成右弓步；同时右手由脸前向上举并翻掌停架在右额前，手心斜向下；左手先向左下，再经体前向前推出，高于鼻尖平，手心向前。目视左手（图 10-258，10-259，10-260）。

图 10-255

图 10-256

图 10-257

图 10-258

3. 跟步抱球：身体重心略向后移，右脚尖稍向外撇，随即身体重心再移到右腿，左脚跟进，停于右脚内侧，脚尖点地；同时两手在胸前成抱球状。目视右前臂（图 10-261，10-262）。

图 10-259

图 10-260

图 10-261

图 10-262

4. 弓步架推：同 2 解，惟左右相反（图 10-263，10-264，10-265）。

要点：两个定势分别面向左右侧前方；上架之手臂要防止耸肩；上架、前推与弓腿松腰上下协调一致。

（十九）海底针

1. 后脚跟步：右脚向前跟进，身体重心移至右腿，左脚稍向前移举步；右手下落经体前向后、向上提抽至肩上耳旁，左手下落至体前侧（图 10-266）。

图 10-263

图 10-264

图 10-265

图 10-266

2. 虚步插掌：左脚尖点地成左虚步；同时身体稍向右转；右手再随转身左转，由右耳旁斜向前下方插出，掌心向左，指尖斜向下；与此同时，左手向前、向下划弧落于左胯旁，手心向下，指尖向前。目视前下方（图 10-267）。

要点：右手前下插时，上体不可过于前倾，不要低头、撅臀。

（二十）闪通臂

1. 提手收脚：上体稍向右转，左脚微回收举步。同时两手上提，目视前方（图 10-268）。

2. 上步分手：左脚向前迈出，脚跟着地；左右两手分别向左前、右后分开；左手心向前，右手心向外。目视前方（图 10-269）。

3. 弓步架推：重心前移，左腿屈膝成左弓步；同时右手屈臂上举，停于右额前上方，掌心翻转斜向上，拇指朝下；左手由胸前随重心前移慢慢向前推出，高于鼻尖平，手心向前。目视左手（图 10-270）。

要点：上体自然正直，松腰松胯，推掌、架臂均保持微屈。

图 10-267

图 10-268

图 10-269

图 10-270

(二十一)转身搬拦捶

1. 转身握拳:上体后坐,身体重心移至右腿上,左脚尖里扣;身体向右转,然后身体重心再移至左腿上;在此同时,右手随着转体向右、向下经腹前划弧至左肋旁,拳心向下;左掌上举于头前,掌心斜向上。目视前方(图 10-271,10-272)。

2. 上步撇拳:向右转体,右拳经胸前向前翻转撇出,拳心向上;左手落于左胯旁,掌心向下,指尖向前;同时右脚收回后即向前迈出,脚尖外撇。目视右拳(图 10-273,10-274)。

图 10-271

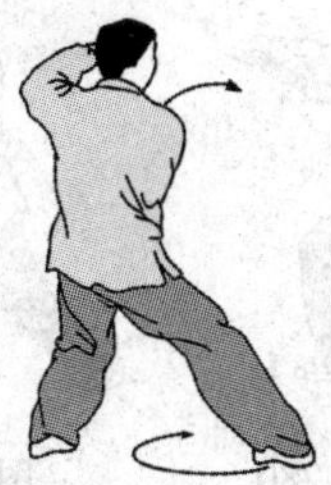

图 10-272(正)

图 10-273(反)

3. 上步拦掌:身体重心移至右腿上,左腿向前迈出一步;左手上起经左侧向前上划弧拦出,掌心向前下方;同时右拳向右划弧收到右腰旁,拳心向上,目视左手(图 10-275,10-276)。

图 10-274(正)

图 10-275(反)

4. 弓步打拳:左腿前弓成左弓步,同时右拳向前打出,拳眼向上,高与胸平,左手附于右前臂里侧。目视右拳(图 10-277)。

要点:先左手按后右手搬并与右腿伸落相配合;拦应以腰带臂;向前冲拳要和拧腰、转胯、弓步相一致。

第八组

(二十二)如封似闭

1. 后坐收掌:左手由右腕下向前伸出,右拳变掌,两手手心逐渐翻转向上并慢慢分开回收；同时身体后坐，左脚尖翘起，身体重心移至右腿。目视前方（图 10-278，10-279，10-280）。

图 10-276

图 10-277

图 10-278

2. 弓步推掌：两手在胸前翻掌，向下经腹前再向上、向前推出；腕部与肩平，手心向前；同时左腿前弓成左弓步。目视前方（图 10-281，10-282，10-283）。

要点：身体后坐时，避免后仰；两臂随身体回收时，肩、肘略向外松开沉坠，臂微屈；两手推出不超过肩宽。

图 10-279

图 10-280

图 10-281

图 10-282

（二十三）十字手

1. 转身摆掌：屈膝后坐，身体重心移向右腿，左脚尖里扣，向右转体；右手随着转体动作向右平摆划弧，与左手成两臂侧平举，掌心向前，肘部微屈；同时右脚尖随着转体稍向外撇，成右侧弓步。目视右手（图 10-284，10-285）。

2. 收脚合抱：身体重心慢慢移至左腿，右脚尖里扣，随即向左收回，两脚距离与肩同宽，两腿逐渐蹬直，成开立步；同时两手向下经腹前向上划弧交叉合抱于胸前，两臂撑圆，腕高于肩平，右手在外，成十字手，手心均向后。目视前方（图 10-286，10-287）。

要点：两手合抱时，沉肩垂肘，身体自然直立，两臂环抱和胸圆满舒适。

图 10-283

图 10-284

图 10-285

图 10-286

（二十四）收势

1. 翻掌下落：两手向外翻掌，手心向下，两臂慢慢下落，停于腹前。目视前方（图 10-288，10-289）。

图 10–287

图 10–288

图 10–289

2. 并步直立;两腿缓缓蹬直,同时两掌慢慢下落至大腿侧,然后右脚收至左脚内侧成并步直立。目视前方(图 10–290,10–291)。

要点:两手下落时,全身放松,同时徐徐呼气送入丹田。

图 10–290

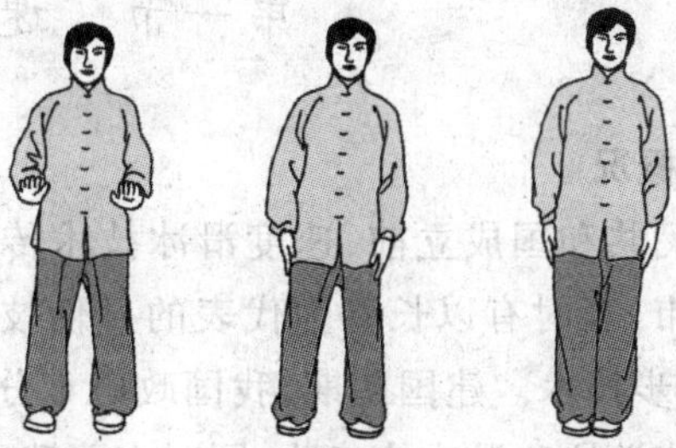

图 10–291

思考题:

1. 简述中华武术的基本特点和健身功能。
2. 武术的基本功包括哪些方面?我们如何打好扎实的基本功?
3. 武术套路有哪些?各有什么健身价值?

第十一章　滑冰与轮滑

学习目标：领会滑冰和轮滑运动的锻炼价值；了解速度滑冰和速度轮滑的基本技术。

第一节　速度滑冰

一、发展概况

中华人民共和国成立前，速度滑冰技术传入我国，主要流行于北京、天津、长春、哈尔滨等大城市，当时有以长春为代表的日伪技术，即一刀三变刃；以哈尔滨为代表的白俄技术，即大步技术。建国初期，我国政府十分重视体育运动，1953 年起，我国有冰地区开始创立滑冰学校和滑冰体工队，同时有了我国第一批全国滑冰记录。50 年代中后期，由于我国接受了当时先进的速滑理论，60 年代到 80 年代我国采取走出去，请进来的学习方式，以及出版发行了大量的速滑理论书籍和教材，形成了较为系统的训练体系，我国速滑运动相继出现了几次高峰期，数人数次获得世界冠军，打破世界纪录。从 80 年代至今是我国速滑运动与世界同步发展阶段，涌现了许多优秀速滑运动员，在冬奥会和世界锦标赛上为祖国争得了荣誉。

速度滑冰对人体有着多方面的影响，能全面促进身体发展，提高速度、力量、耐力和灵敏等身体素质，同进还可培养勇敢顽强和坚忍不拔的意志品质。总之，速滑运动是一项老少皆宜的极好的运动健身项目。

二、速度滑冰基本技术

速度滑冰是以冰刀为工具在冰上进行的一种竞速运动，其基本技术包括直道滑跑技术、弯道滑跑技术、起跑技术和冲刺技术。下面重点介绍直道滑行和弯道滑行技术。

(一)直道滑跑技术

直道滑跑技术包括直道滑跑姿势、单、双腿支撑蹬冰、收摆腿、摆臂和全身配合技术。

1. 直道滑跑姿势

直道滑跑姿势是上体前倾、支撑腿弯曲，双手放于背后（长距离多用背臂，短、中距多用单摆臂或双摆臂），上体与冰面夹角为 10°~15°，大腿与小腿的夹角为 90°~110°，小腿与冰面的夹角为 50°~70°（图 11–1）。

2. 单腿支撑蹬冰

单腿支撑蹬冰是指从惯性滑进结束起，到浮腿冰刀着冰止，为单腿支撑路蹬冰阶段

(图 11-2)。利用全刀向侧蹬冰,将身体重心放在支撑腿上,利用腿的伸展完成蹬冰动作,此阶段是完成蹬冰动作中最初的蹬冰阶段,也是增速最有效的蹬冰动作。

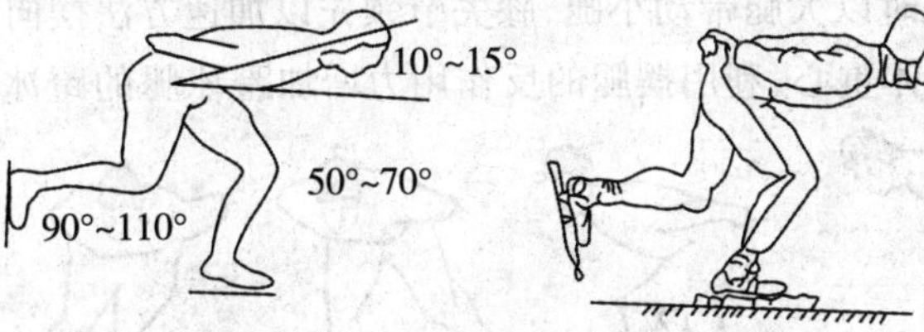

图 11-1

图 11-2

3. 双腿支撑蹬冰

双腿支撑蹬冰是指从浮腿冰刀着冰起,到蹬冰腿结束蹬冰、冰刀离冰止,为双腿支撑蹬冰阶段(图 11-3)。在单腿支撑蹬冰的基础上,快速伸展蹬冰腿,膝踝关节充分伸直,以展踝结束双腿支撑蹬冰动作。此阶段是完成高速中的加速蹬冰动作,并做到适时、准确的完成交移重心。

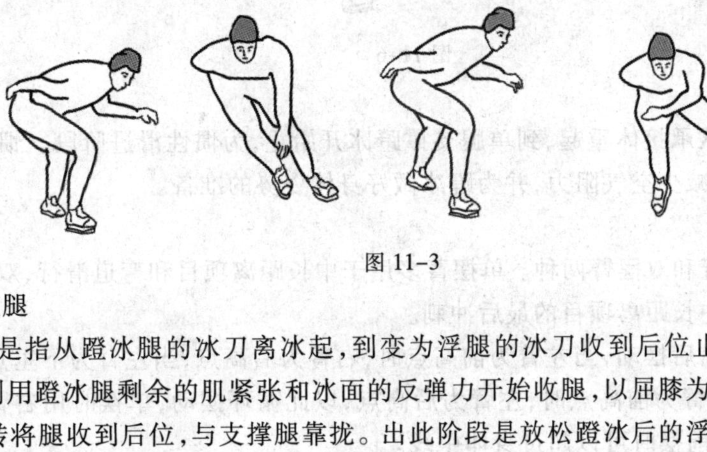

图 11-3

4. 收腿

收腿是指从蹬冰腿的冰刀离冰起,到变为浮腿的冰刀收到后位止,为收腿动作(图 11-4)。利用蹬冰腿剩余的肌紧张和冰面的反弹力开始收腿,以屈膝为主,大小腿成一平面,膝内转将腿收到后位,与支撑腿靠拢。出此阶段是放松蹬冰后的浮腿,为摆腿做好准备。

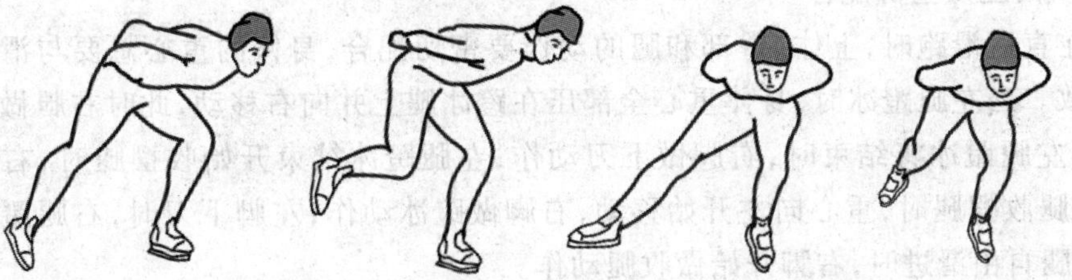

图 11-4

5. 摆腿

摆腿是指浮腿冰刀从后位摆向身体重心移动的方向起，到浮腿冰刀着冰为止，为摆腿阶段(图 11–5)。摆腿时以大腿带动小腿，膝关节领先以加速方法摆向新的滑跑方向。此阶段有助于加速移动身体重心，利用摆腿的反作用力增加蹬冰腿的蹬冰力量。

图 11–5

6. 冰刀着冰

冰刀着冰是从冰刀着冰起，到承接体重止，为冰刀着冰阶段(图 11–6)。冰刀着冰的位置与蹬冰的刀靠近，并超前半刀长着冰，着冰方向与身体重心新的运动方向一致，用冰刀的中后部以冰刀的外刃开始接触冰面，到冰刀转变为正刃时身体重心交给新的支撑腿。此阶段确定下一个滑点的滑行方向，准确适时地承接体重。

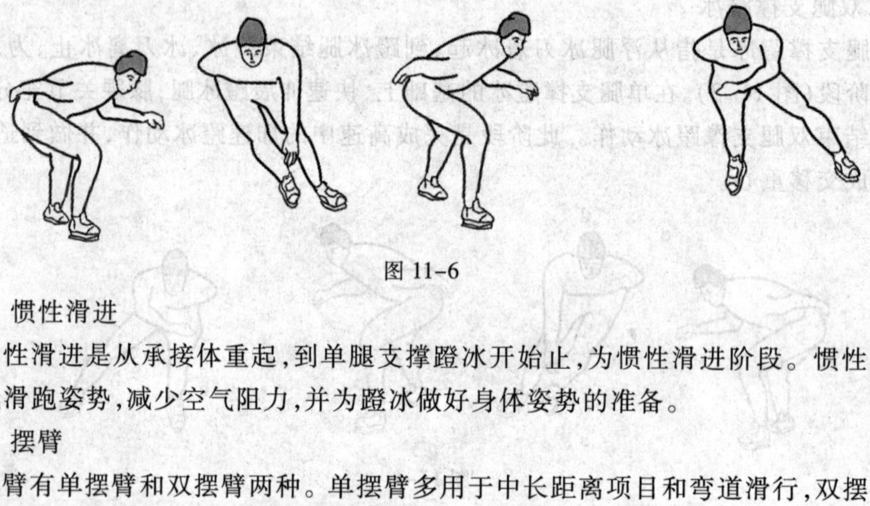

图 11–6

7. 惯性滑进

滑性滑进是从承接体重起，到单腿支撑蹬冰开始止，为惯性滑进阶段。惯性滑进时要降低滑跑姿势，减少空气阻力，并为蹬冰做好身体姿势的准备。

8. 摆臂

摆臂有单摆臂和双摆臂两种。单摆臂多用于中长距离项目和弯道滑行，双摆臂多用于短距离项目和中长距离项目的最后冲刺。

摆臂为对称前后摆动，当左臂为前高点时，右臂为后高点，当左臂为下垂点时，右臂也为下垂点，当右臂为前高点时，左臂为后高点，以此循环摆动，单摆时用右臂，摆动幅度比双摆臂时大，前摆时可以超过身体中线。

9. 两腿及全身配合

在直道滑跑时，上体、臀部和腿的动作要密切配合，身体的重心总要与滑跑方向保持一致。当左腿蹬冰时，身体重心全部压在蹬冰腿上并向右移动，此时右腿做收摆腿动作；当左腿蹬冰将结束时，右脚做下刀动作；左腿蹬冰结束开始收摆腿时，右腿自由滑进；左腿收摆腿时，重心向左开始移动，右脚做蹬冰动作；左脚下刀时，右腿蹬冰即将结束；左腿自由滑进时，右脚开始做收腿动作。

(二)弯道滑跑技术

弯道滑跑技术与直道滑跑技术不同,由于速度滑冰是逆时针方向滑行,所以弯道滑跑技术就是连续不断地向左做交叉压步,以克服离心力和增加弯道滑跑的速度。因此,弯道滑跑技术有其本身的特点。

图 11-7

1. 滑跑姿势

弯道滑跑姿势与直道滑跑姿势的要求基本相同,其不同点是弯道滑跑中身体始终采用向左倾斜的姿势。从直道进入弯道时,在保持直道正确滑跑姿势的基础上,全身成一直线向左倾斜(图 11-7)。

2. 腿的技术

腿的技术包括蹬冰、收腿、冰刀着冰和惯性滑进技术,由于是交叉压步,所以两腿动作有所区别。

(1)蹬冰

蹬冰时右腿动作和直道蹬冰动作相似,向身体右侧依次伸展髋、膝、踝关节。而左腿蹬冰动作与直道蹬冰动作完全相反,是用冰刀外刃向身体右侧蹬冰。另外左腿蹬冰时是在右腿的下方,两腿成较大的交叉姿势。

(2)收腿

右腿蹬冰结束后,冰刀自然抬离冰面,大腿带动小腿向左腿收靠,并从左腿前超越过去,到左腿的左前方。左腿蹬冰结束时是在右腿的右后侧,收腿也是大腿带动小腿,放松地拉回到右腿的内侧,随着重心的左移继续向左前准备着冰。

(3)冰刀着冰

右脚超越到左腿的左前方后,随着左腿蹬冰的进行,右刀尖内刃开始着冰,然后滚动到全刃着冰。右脚着冰时,小腿不能向前摆跨,保持刀跟和左刀尖的最近距离,左脚着冰时尽量贴近右腿内侧。合理的着冰角度和着冰点对保持正确的滑跑姿势,获得连续侧蹬冰非常重要,也是保持高速滑行的基本条件。

(4)惯性滑进

在弯道滑跑中,左腿支撑惯性滑进动作是从右腿结束蹬冰起,到右腿收到与左腿靠近时止。右腿惯性滑进动作是从左腿收腿开始,到左脚冰刀收到右腿的冰刀后方为止。身体重心在惯性滑进时先从支撑脚的冰刀后部移动到冰刀的中部,当进入蹬冰阶段时,重心从冰刀中部移到前部。

3. 两腿及全身配合

当右腿开始蹬冰时,左脚从右腿后向左前摆动;当右腿蹬冰结束时,左脚做着冰动作;右腿收腿时,左腿惯性滑进;右腿超越左腿时,左腿开始蹬冰;右脚着冰时,左腿蹬冰即将结束;右腿惯性滑进时左腿开始收腿。

4. 摆臂

做弯道摆臂动作时两臂摆姿态不同,右臂与直道摆臂基本相同,只是摆到后高点时,更靠近身体;摆到前高点时,臂可超过身体中线。左臂上臂贴近身体;只前后摆动前臂。在较长距离滑跑中也可只摆动右臂,将左臂背在身体后面。

第二节 轮滑运动

一、发展概况

轮滑运动最早的起源可以追溯到8世纪，是由荷兰最先发明了滚轴溜冰。到了1800年，为了在夏天能够继续进行溜冰练习，德国人将木轮子安装在冰鞋上。最早的滚轴溜冰鞋于1818年诞生于德国柏林，这个时期的轮滑技术还只能直行，不能转弯，也没有制动的装置。18世纪60年代，出现了两轮(前后)溜冰的记载，但难以控制滑行。1863年美国人詹姆士·普利姆顿发明了一种能够控制的带有转动装置的鞋，因此说轮滑运动是由滑冰演变而成的。

1866年，詹姆士开办了第一个滚轴溜冰场，到1884年美国人理查森和雷蒙德发明了滚珠轴承，对改进滚轴溜冰运动的技术起到了极大的推动作用。

1924年4月21日，德国、法国、英国和瑞士四国的11名代表成立了最早的“国际滚轮溜冰联合会”。1940年4月28日，在第43届国际奥林匹克委员会会议上，正式承认了轮滑运动项目的国际联合会，从此轮滑运动在世界各国得到广泛的开展。在四轮溜冰运动的发展中，逐渐演化为花样溜冰、速度溜冰和轮滑球三种不同形式的运动项目。1937年在美国出现了第一个速度溜冰的比赛规则，1939年制定了花样溜冰的规则。

19世纪末轮滑运动传入我国，正式开展此项运动是在20世纪80年代初期。1980年9月，我国加入国际轮滑联合会，成为正式会员。目前，国际轮滑联合会有48个会员国。

我国于1982年5月首次在上海举办了“金雀杯速度溜冰邀请赛”，1983年10月举行了第一届全国轮滑锦标赛，比赛项目有速度滑冰、花样滑冰两项。1987—1989年，我国先后参加了第一、二、三届亚洲轮滑锦标赛，取得了优异的成绩，以绝对优势处在亚洲轮滑运动的先进行列。随着轮滑运动在我国的进一步普及，不久的将来定能走向世界。

二、健身意义

轮滑运动具有极强的健身价值，速度轮滑长时间巨大的身体负荷、花样轮滑高度的平衡和技艺、轮滑球激烈的对抗性等，都对人体提出了很高的要求。参加轮滑运动能改善和提高机体功能，使人体各器官、组织的负荷得以增加，改善神经系统、心血管系统、呼吸系统和运动系统的机能。轮滑还能全面协调地发展人体的速度、力量、耐力、柔韧和灵敏素质，促进体质的增强，提高健康水平。

三、速度轮滑比赛项目和器材

速度轮滑分为场地跑道比赛和公路比赛。场地、公路比赛常设项目为:300米、500米、1000米、1500米、2000米、3000米、5000米、10000米、15000米、20000米、21000米、30000米、42000米和50000米。

速度轮滑比赛因其速度快、惊险刺激，所以安全问题尤为重要，速度轮滑运动员护具包括头盔、护膝、护肘、护腕等。轮滑鞋轮轴不得超出轮子以外，不得使用制动器。运动员在选择服装时，除考虑大小、光滑程度和重量等因素外，应尽可能减小空气阻力。

四、速度滑轮基本技术

速度滑轮的技术是指在规定的距离内，以最快最省力的方法滑完全程的合理动作。速度滑轮的完整技术包括直线技术、弯道技术、起跑和冲刺技术。下面重点介绍直线技术与弯道技术。

（一）直线技术

速度滑轮的直线技术就是向前滑行的最基本技术。由于速度滑轮是典型的同期性运动项目，因此直线滑跑技术的好坏直接影响速度的发挥，所以必须掌握好直线技术。

直道滑跑的基本技术动作是由自由滑行和蹬地滑行所组成。每周期包括两个滑步，一个滑步又分两个时期（单支撑时期和双支撑时期）。单支撑时期包括自由滑步和单支撑蹬地两个阶段，双支撑时期就是双支撑蹬地阶段。直道滑行技术包括蹬地、收腿、单支撑蹬地、摆腿（着地动作）、双支撑蹬地、单支撑滑行等部分。练习时两脚左右开立与肩同宽，“八”字站立左腿提膝摆经右腿内侧，前摆着地成支撑脚，同时右腿 45°左后侧蹬地。摆蹬的同时两臂协调前后摆动。右脚蹬地后，伸直所有关下肢关节，蹬地腿离开地面成为浮腿，成左腿单支撑滑行。当右腿蹬地结束的同时，迅速将身体重心移到左腿上。浮腿着地后，蹬地腿继续伸直髋、膝、踝三关节，从而形成两腿同时在地面上的双支撑。此时，将重心逐渐过渡到着地的右腿上，右腿成为支撑腿并控制滑进的方向。两腿交替蹬摆，构成直线滑跑动作。

（二）弯道技术

在弯道滑跑时，由于产生离心力，必须处理好身体斜度、滑跑速度和弯道半径之间的关系，这是弯道滑跑的关键。

进入弯道，重心落在左腿上，右腿抬起，左腿开始蹬地，直到右脚着地。左腿蹬地时，右腿已抬起成浮腿并用大腿带动小腿开始向左腿的右前方加速摆动，摆至交叉后，当右腿位于左腿前方左侧时着地，完成右腿的收腿动作。右腿收回至左腿的左前方，应以轱辘内沿着地，并沿弯道孤线平行的方向滑行。当右脚着地后，形成两腿着地的双支撑阶段。接着左腿开始向外侧蹬地，重心落在右腿上，此时形成交叉步的姿势。左腿蹬地结束后离开地面成为浮腿，然后以大腿带动小腿，屈踝将轱辘尖抬起，膝关节领先，向支撑腿靠近。左腿收回后，着地时尽量贴近右腿内侧，以外沿着地。左腿着地时，右腿轱辘与其成角度并稍靠后形成双支撑，左腿向地面倾斜，身体重心向左腿移动，右腿边蹬地边滑行，快速完成右腿蹬地的最后用力动作，踝关节迅速伸直后蹬地结束。

五、轮滑练习方法

（一）移动身体重心练习

1. 原地移动重心练习

两脚平行站立，两腿微屈，身体重心移至左腿，右腿微抬起、放下，待稳定后将身体重心移至右腿，左腿稍抬起、放下。

2. 原地单脚支撑平衡

两手扶栏杆，将重心移至一条腿上，另一腿向侧伸出再收回，换脚重复以上动作。

3. 原地蹲起练习

两脚平行站立，做下蹲起立动作。下蹲由半蹲到深蹲，动作幅度逐渐加大。

4. “八”字行走练习

两脚成外“八”字站立，重心移至左腿上，右脚向前迈一小步，重心随之移至右腿上。然后抬左脚向前迈一步，重心随着移至左腿上。重复以上练习。

5. 交叉步行走

原地站立，先将重心移至左腿上，收右腿，向左腿前外侧迈步成交叉步姿势，重心随之移至右腿上，接着收左腿向左侧跨一步，成开始姿势，反复练习。

(二)直道滑行

1. 单脚蹬地双脚滑行练习

右脚内刃蹬地，将重心推送至向前滑行的左腿上，右腿蹬地后迅速与左腿并拢成两脚滑行。接着用左脚蹬地，将重心推送至向前滑行的右腿上，左腿蹬地后迅速与右腿并拢两脚滑行。

2. 单脚蹬地单脚滑行

上体前倾，两臂自然下垂，两脚稍分开，成外“八”字站立，重心移至右腿上，用右脚内刃蹬地，左脚用力向前滑出，随着蹬地动作的结束，把重心推送至左腿上，左腿成半蹲支撑惯性滑行。接着向前收右腿，同时左脚蹬地，随着左腿蹬地动作的结束，把重心推送至成半蹲支撑惯性滑行的右腿上。反复进行上述练习。

3. 初步体会直道滑行方法

上体前倾，肩背稍高于臀部，两手互握放于背后或自然摆动。腿部弯曲，上体与地面成 15°~20°角，膝关节成 90°~110°角，踝关节成 50°~70°角。保持此种姿势做单脚蹬地、单脚支撑惯性滑行练习。

4. 直道滑行摆臂练习

有力的摆臂是顺着身体纵轴前后加速摆动，当两臂向上摆动时，可增强蹬地腿的蹬地力量。同时，两臂摆动越快，身体重心的移动也越快。所以要提高滑动的频率，就必须减小摆臂的幅度，加快摆臂的频率。

(三)弯道滑行

1. 左脚支撑、右脚连续蹬地的滑行：

从站立姿势开始，左脚用外刃蹬地后迅速与左脚并拢，接着右脚再做一次蹬地动作，左脚继续做前外曲线滑行。

2. 在圆弧上做不连贯的交叉步滑行：

在圆弧上用直线滑行步法练习滑行，中间插入弯道交叉步。当左脚有稳定的平衡时，右脚向左脚左侧前方迈一小步；右脚有短暂的滑行之后，左脚迅速从右脚后方收回，同时右脚蹬地，左脚直线滑进。重复上述动作。

(四)停止法

在滑行中，有时需要及时停止滑行，所以在初步掌握滑行基本动作的同时，就要学会停止滑行的方法。常用的停止法有“T”形停止法和双脚急停法。

1. “T”形停止法

在向前滑行中，将重心放在右脚上，右膝弯曲同时抬起左脚横放在右脚后成“T”形，然后以左脚四轮的侧面摩擦地面，减缓滑行速度，直到停止滑行。

2. 双脚急停法

在向前滑行中，两脚并拢并同时向逆时针方向（或顺时针方向）转体90°，右脚以内侧轮，左脚以外侧轮压紧地面，同时屈膝后坐，上体前倾，身体向左（右）倾倒，两臂前伸，两脚用力压紧地面停止滑行。

六、安全措施

（1）练习轮滑前，应首先做好准备活动，尤其是手腕和下肢各关节及韧带重点部位等。

（2）初学者为防止和避免摔倒擦伤，应戴一些防护用具，如轮滑专用的户腕、护肘、护膝及头盔等。

（3）每次上场练习前，要严格检查轮滑鞋的轴承和螺丝等部件，如有损坏、松动或破损，要及时修理，以免在滑行中出现问题造成摔伤。

（4）每次练习前，应注意检查场地，要及时清理杂物，使练习场地保持清洁、平整。

（5）禁止做危险或妨碍他人的动作，特别是在人数多的公共轮滑场内，严禁随意追逐、打闹、逆向滑行和横插乱窜。

（6）初学者练习时应采用正确的练习姿势。出现摔跤情况时要学会自我保护。当要向前摔倒时，要主动屈膝下蹲，降低身体重心，用双手撑地缓冲；向后摔倒时，也要下蹲降低重心，尽量让臀部着地，并注意保护尾骨，同时低头，身体向前团身，避免头部后仰磕地；向侧摔倒时，两臂紧贴身体向侧滚动；摔倒时尽量避免单臂前伸支撑以免损伤腕关节和肘关节。

（7）发生外伤事故应及时处理。出现骨折、关节脱位、脑震荡等严重伤害事故，应及时护送伤者到医院治疗。

（8）患有严重疾病的人，不宜参加激烈的轮滑运动，至多可采用慢速滑行，以达到健身强体和娱乐的目的。

思考题：

1. 简述速度滑冰、轮滑运动的发展概况及其锻炼价值。
2. 速度滑冰的基本技术有哪些？练习时应注意什么？
3. 如何掌握轮滑运动的基本技术和方法？

第十二章　休闲娱乐体育

学习目标：了解休闲娱乐体育的内涵、功能及分类，熟悉和掌握部分休闲娱乐体育项目的主要技术。

第一节　休闲娱乐体育概述

体育作为一种社会文化现象，其价值、功能和作用正在为越来越多的人们所认识。将体育作为休闲娱乐的手段，已成为现代文明生活方式的一种时尚和标志，并将在人类社会文明生活中发挥越来越重要的作用。

一、休闲娱乐体育的概念

休闲是指人们在非劳动及工作时间内以各种“玩”的方式求得身心的调节与放松，达到身体保健、体能恢复、身心愉悦目的的一种业余生活和文明的休闲方式。它可以有效地促进人体能量的储蓄和释放，调解人的智能、体能，锻炼和提高人的生理及心理机能。

对休闲体育娱乐广义的理解是：用于娱乐、休闲的各种体育活动，它与体育运动的其他领域有着对立统一的关系。竞技体育的某些项目如果用于休闲和娱乐，也可称之为休闲娱乐体育。

根据休闲娱乐体育的目的和作用，其狭义概念应是：人们在余暇时间所进行的、以满足自身发展需要和愉悦身心为主要目的、具有一定文化品味的体育活动。

二、休闲娱乐体育的特点

休闲娱乐体育应当是个人在业余时间自主选择、自由支配的活动。休闲娱乐体育完全是个人根据自己的爱好、兴趣和需要，自主选择活动的方式与内容，确定活动的强度与负荷，是以个人为主体的活动。

休闲娱乐体育的目标是：通过多种多样的体育活动，达到健身、娱乐、欣赏、交往等目的，满足个人身心发展的需要。其中，健身是休闲体育的基础，娱乐是休闲体育的核心。

休闲娱乐体育不同于一般性体育健身活动，它具有鲜明的挑战性、刺激性、冒险性、新颖性、趣味性和艺术表现性。

休闲娱乐体育是一种具有一定的科学技术含量和文化品味的社会文化活动。因此这些项目通常具有高雅、高尚、高品味的特点，可大大地丰富体育文化活动的内容。

三、休闲娱乐体育的功能

(一)健身功能

作为保持与提高健康水平的体育活动,休闲娱乐体育使人们以最积极、最有益和最愉快的方式去参与。

(二)文化功能

休闲娱乐体育可以提高人们的精神素养,增进文化知识,增强审美意识,全面提高人的整体素质。

(三)娱乐功能

休闲娱乐体育项目极为丰富。人们在直接或间接地参加体育休闲活动中,可充分享受体育运动的乐趣,在表现自身的能力、施展个人才能的同时,获得身心的满足和愉悦。

(四)教育功能

休闲娱乐体育是很好的寓教于乐的教育形式,人们在参与的过程中,可以汲取相关学科的知识,使身心得到自由、均衡的发展,从而完善自我。

四、休闲娱乐体育的分类及内容

休闲娱乐体育有多种分类方法,如个人活动与集体活动、室内活动与室外活动、竞赛活动与非竞赛活动、商业活动与非商业活动等。

按参加者在活动中的身体状态,可分为以下三类:

(一)观赏性活动(间接参与)

主要指观赏各种竞赛和表演。

(二)相对安静状态的活动

主要指棋牌类休闲活动。这类活动,参与者身体活动量较小,脑力支出大,是智慧与心理素质的竞争。

(三)运动性活动

这是休闲娱乐体育的主体。根据各种休闲娱乐活动的特性,运动性活动通常分为以下几种类型:

1. 眩晕类运动。借助特定运动设备使参与者获得平时难以体验到的空间运动感觉,感受生理与心理的极限刺激,如过山车、蹦极和悬崖跳水等。

2. 命中类运动。参与者运用自身的技巧和能力,借助特定器械击中目标,如射击、射箭、飞镖、保龄球、台球等。

3. 冒险类运动。参与者对自然的挑战性休闲活动,如攀岩、探险、漂流、横渡、滑翔、定向运动等。

4. 技巧类运动。参与者把自身运动能力和特定设备有机结合并融为一体的展示高度技艺、技巧的运动,如滑板、山地车、溜旱冰、轮滑等。

5. 游戏竞赛类运动。竞技项目简化或游戏化后形成的体育休闲娱乐活动,如沙滩排球、三人制篮球、毽球等。

6. 水上、冰雪类运动。水上项目主要包括游泳、潜水、滑水、摩托艇、帆板、冲浪等。冰雪项目有滑雪、雪橇、滑冰等。

随着我国人民生活水平的提高和健康价值观念的转变，参加体育活动和休闲娱乐体育的人越来越多，这是现代文明生活的标志之一。将体育活动与休闲娱乐有机结合起来，对繁荣与发展体育事业，促进全民健身运动的进一步开展，提高全民族的整体素质，促进社会主义精神文明建设，有深远的历史意义。同时，它也是我国体育事业发展中有广阔前景的重要领域。

第二节　台　球

一、台球运动的特点与健身价值

台球运动是一项体力和智力、心理和技艺相结合的高雅体育活动，有广泛的群众性、浓厚的趣味性和激烈的竞争性。由于其场地小，不受天气和时间的影响，既能强壮身体，又能锻炼思维和陶冶情操。随着现代生活节奏的加快和台球运动的发展与普及，现在已逐步变为大众参与的群众性休闲体育活动，深受人们的喜爱和欢迎。

台球运动在我国具有广泛的群众基础。中国台球协会成立于 1986 年，目前全国拥有数万家台球馆。我国在 1989—1992 年连续邀请世界台球名家到我国表演，1993 年在北京举办了第 1 届亚洲台球锦标赛，1998 年又举办了世界台球锦标赛。我国的一些高校也开设了台球课程。这些在一定程度上推动了我国台球运动的发展。

二、台球运动的形式

台球的种类很多，就地区而言，可分为三大类：英式台球、法式台球和美式台球。英式台球和美式台球属于落袋式台球，法式台球属于传统的撞击式台球。以所用球的数量来分，有三球台球、四球台球、十六彩球台球和二十二彩球台球等。

台球运动的器材与设备主要包括球台、球杆、球、杆架和辅助设备，如巧克粉、球框及采光装置等。

（一）球台

英式球台的台面规格一般为 350×175cm，美式球台的台面规格一般为 254×127cm，球台高度由地面至边框上缘约为 80cm。

（二）球杆

球杆前端稍细，尾端稍粗，重量和长度各不相同，也无严格的规定和要求，一般球杆长 140~170cm，重 450~650g。

（三）球

台球的大小规格有多种，不同的台球打法所规定的台球大小、重量也不同，彩色号码球的直径是 5.7cm，重 155.9~170.1g；司诺克球直径为 5.2cm，重 141.8~155.9g。

（四）杆架

杆架是用来支撑球杆击球的辅助工具。常用的杆架有十字式和多槽式两种，也有长短之分。

（五）巧克粉

击球时，为了防止滑杆现象，在杆头的皮头上涂擦的涩粉，目的是增加杆头与球之间的摩擦力。

三、台球运动的基本技术

(一)握杆和身体姿势

1. 握杆

握杆的方法正确与否直接影响到出杆的好坏。正确的握杆方法是:拇指和食指在虎口处用轻力握住球杆,其余三个手指虚握(球杆重心至杆尾40cm)。手腕要自然垂下,既不外翻,也不内收,但这个要求不是绝对的,而是一个限定范围,依个人情况和习惯而定。

身体姿势与击球效果密切相关。如右手持杆,站立时左脚在前,右脚稍后一点,两脚之间成"八"字形,也可站成"丁"字形,尽量使身体平衡以及自己觉得自然舒适。当摆臂运杆的时候,身体静止不要晃动,精神集中到试杆的直线运动上,使球杆和视线在同一直线上(如图12–1)。

击球时,上身自然伏下,下巴轻轻蹭到球杆。运杆时尽量保持身体不要晃动,匀速运杆并专注地瞄球(如图12–2)。

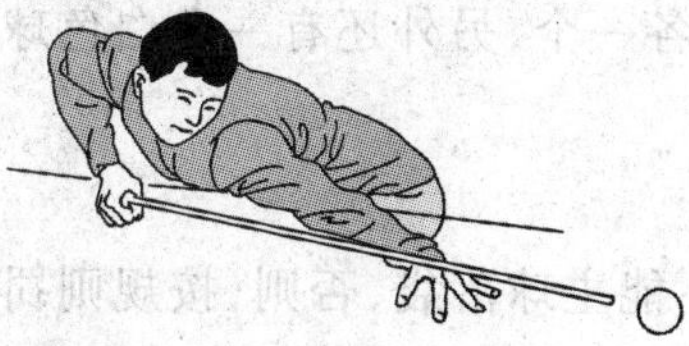

图12–1

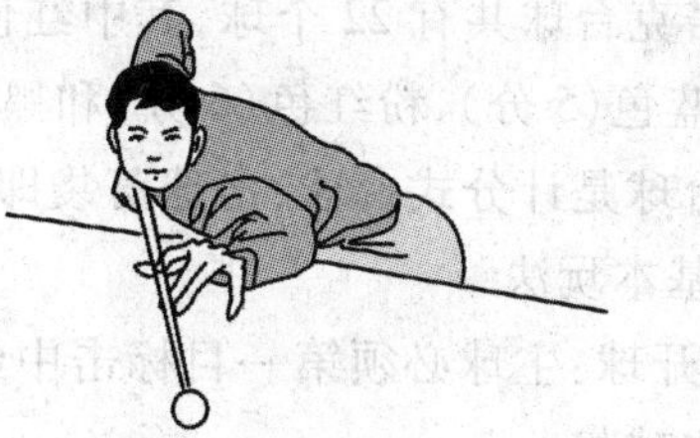

图12–2

2. 杆触球

杆触球是球杆在后摆、停顿后完成的动作。以肘关节为轴,前臂向前送出,击球瞬间,动作要果断清晰,对手腕力量的使用根据击球目的加以控制。

3. 随势跟进

击球后球杆要随势跟进。该动作是为了保证击球力量充分作用在主球上和保持击球动作的协调性和连贯性。

(二)基本杆法与应用

在台球运动中,杆法的应用十分丰富,基本杆法主要有如下几种:

1. 推进球技术

做好击球准备,握杆手保持水平,击球的中心点,力量不可太大、太猛。主球在撞击目标球后,目标球向预定的方向前进,主球也随之徐缓地行进一小段后停下。为了使主球走到下一个目标球最好的下球位置,可能需要用一个推进球来确保走位的准确。

2. 跟进球技术

做好击球准备,握杆手保持水平,击球的中上点,出杆的力量根据主球的走位距离长短而定。主球跟进的距离比主球推进的距离明显要长。为了获得一个较长距离的主球走位位置,需要用高杆来使主球随击球方向跟进。

3. 定位球技术

做好击球准备，球杆保持水平，击球的中上点，使杆平衡滑行前进。出杆时要有爆发力和弹性，做到短促有力。如目标球较远，可击打主球的中心点稍偏下，以确保主球的定位。当主球撞击目标球后，目标球向前滚动，主球停在撞击目标球的位置上。

4. 缩杆球技术

做好击球准备，击球时架杆手尽量放低平些，球杆保持水平，击球的中下点。出杆要果断、迅速，进杆后要保持击杆的姿势，不可回撤或转动球杆。在同一力度下，由于主球和目标球的距离不同，缩杆的效果也不同。

5. 侧旋球技术

击侧旋球时，球杆要保持水平，击球点要准确，出杆时要略向前送，击球时球杆呈水平状态，主球直线前进；击球时随握杆手的提高，主球前进路线的弧度增加。侧旋球技术比较复杂，应用时要注意击球的速度、力量、球杆顶端的硬度等因素。

四、台球的基本玩法

(一)司诺克台球

司诺克台球共有 22 个球，其中红色球(各 1 分)15 个，黄色(2 分)、绿色(3 分)、褐色(4 分)、蓝色(5 分)、粉红色(6 分)和黑色球(7 分)各一个，另外还有一个白色球即主球。司诺克台球是计分式台球，击球落袋即可得分。

1. 基本玩法

(1)开球：主球必须第一目标击中红色球，也不能主球落袋，否则，按规则罚分，由对方获得击球权。

(2)击球次序：第一杆必须击打红色球，落袋后可击打其他任一色球，红色球留在袋内，色球放回原置球点。红色球全部击落后，剩下的 6 个色球必须按分值从低分球到高分球一个个地击打。

(3)计分方法：击落红色球得 1 分，击落色球按其分值得分；犯规将被罚分，将所罚分数加给对方，最后累计积分高者获胜。

(4)手中球与自由球：主球被击出界或落袋，都是下一个击球者的手中球。手中球摆在开球区任一点上，可击任何方向的球。当击球者犯规后，主球变成死角球或障碍球时，应判为自由球。改由对方击球时，可以指定任何非活球代替目标球，这个非活球就是自由球。如：红色球为目标球，选择了蓝色球为自由球，将其击落，等于击落了一个红色球，下一击应选择色球为目标球。

2. 犯规及处罚

(1)球未停稳即开杆击球。

(2)击球时杆头击球两次以上。

(3)击球时双脚离地或服饰、身体、球杆等触球。

(4)用自由球做成障碍球。

(5)手中球未放在开球区开球。

(6)击球时推杆或击成空杆。

(7)击成跳球或击球出台,包括主球出台。

(8)使非活球被击中或落袋。

(9)主球同时撞击两个球(同时击两个红色球或一个自由球、一个活球除外)。

(10)连续两次都击中红色球。

一切犯规都要罚分。罚分多少由球的分值决定,最多 7 分,最少 4 分(不足 4 分的球按 4 分处罚)。

(二)美式(抢 8 号)台球的玩法

美式(抢 8 号)台球共有 16 个球,其中包括 1 个白色球为主球,15 个彩球为目标球,1~7 号为全色球 (或为全红色球),9~15 号为半色球 (或为全黄色球),8 号球为全黑色球。

1. 置球与开球

15 个目标球摆成等边三角形,顶角放在置球点上,对边与顶岸平行,8 号球放在第三排中央,其他两种颜色岔开摆放。

主球可放在开球区内任何位置开球。开球后必须有 1 球落袋或 4 球碰岸,否则开球无效;二杆运动员有权选择接受或要求重新开球。开球击落两个不同组别的目标球,首杆运动员有权选择有利于自己的目标球组;开球后主球自落、有球出界、8 号球落袋或出界及出现其他犯规行为,应摆球重开。

2. 抢 8 号球的条件

只有把分属自己的目标球全部击落以后,才能击打 8 号球。

3. 犯规与失机

出现如主球自落、连击、界外球、错击主球、球未停稳就击球、击球时双脚离地等应判犯规。在指球定袋玩法中,空杆、错击目标球等也属犯规。出现犯规的同时击落己方的目标球无效,取出摆在置球点上。将对方的目标球带入就不再取出,并判给对方手中球(可以将主球放在任何一点,向任何方向击球)。

击中但未击落目标球,判失机;在指球定袋玩法中,没有明确指报目标球和球袋,判失机;将指定的目标球击落到未指定的球袋内,应将其摆在置球点上,己方目标球落袋无效,带入对方的目标球有效,并判失机。

4. 输局

当出现未将分属自己的目标球全部击落袋内,就将 8 号球击落;击打 8 号球时,主球自落、同落及主球或 8 号球出界,均判输局。

第三节 保龄球

一、保龄球运动的特点及健身价值

保龄球最初叫“九柱戏”,起源于德国,定型于美国。这是一种在木板球道上用球滚击木瓶的室内体育运动。

保龄球对人体的心肺、四肢功能的健身功效是显而易见的, 打保龄球只要姿势正确,全身 200 多块肌肉都能得到锻炼。它具有以下的特点和作用:缓解、消除工作和生活中的压力;不分年龄性别,男女老少均能参与,充分体现了人与人之间的平等竞争;不管身体的强弱,只要通过努力均可获得好成绩,可增强人的自信心;弥补日常生活和工作重负下的运动不足。

近年来,保龄球馆在我国许多的大中城市如雨后春笋般地出现,保龄球热在中国充分显示了现代人休闲观念上的一种变化:从文化艺术的感官娱乐转向体育性质的身心锻炼。

1985 年 5 月,中国保龄球协会正式成立。目前,我国保龄球赛事主要有全国锦标赛、全国精英赛、全国青年锦标赛、国际保龄球公开赛等四大赛事。中国保龄球运动员在比赛中初露锋芒,并正朝着冲出亚洲和进军世界的方向努力拼搏。

二、保龄球运动的器材设备与保龄球的选择

每个人都不必事先做特别的准备,便可轻松地进入保龄球馆打球。因为在保龄球馆里,设备齐全,即使身着便装,也不妨碍打球。保龄球运动的器材和设备主要有球道、回球装置、看板、记分台、球台及球等。打保龄球时,为了使步伐滑溜,并且为了保护球道,必须换上保龄球鞋。

保龄球的重量越大,滚冲的力量也越大,所以,用相同的速度掷球时,球重的较有利。初学者应使用较轻的球进行练习,随着臂力的增加与技术的进步逐步加重球的重量。通常球的重量约为球员体重的十分之一为佳。以曲球为例:体重 65 千克的男子,使用球的标准重量应为 6.5 千克(14.5 磅);体重 50 千克的女子,应选择 5 千克(11 磅)的球。

三、保龄球的基本动作

球员从不会到会,从初学到技术娴熟,都必须按照持球、推球、摆动、步伐、掷球和掷球缓冲动作六个步骤来完成掷球动作。

(一)持球

持球前必须选好站立点,一般在犯规线前 5 厘米左右。持球时手腕要平行,手臂与腰尽量地靠拢,整个前臂与上臂成 90°,上体稍前倾,膝稍微弯曲,使球、肩的支点与瞄准点在同一条直线上,即所谓的“三点一线”(如图 12-3、图 12-4)。

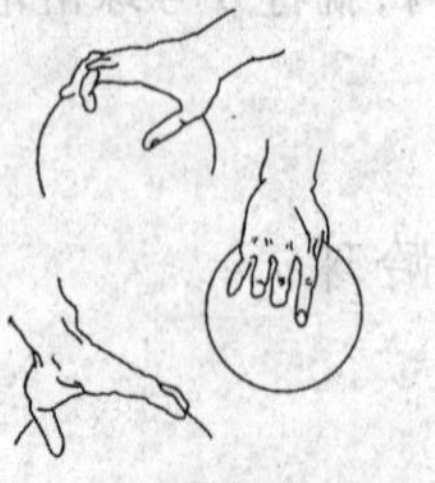

图 12-3

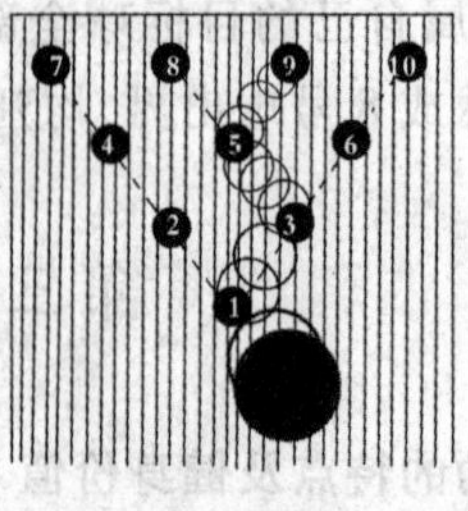

图 12-4

(二)推球

推球动作的正确与否,直接会影响到整个掷球动作是否完美。因此,学打保龄球的时候,最主要的环节就是将推球动作做正确。推球的方式有下列两种:

1. 四步助走推球方式

球员在站立点站定，以右脚为起步脚，推球的动作和右脚步同时起步。推球的同时，右脚起步，身体重心前移至右脚，足尖正对前方，随着重心的移动，膝关节自然弯曲，手臂伸直，拇指的方向与推球方向一致，眼睛直视目标。

2. 五步助走推球方式

以左脚为起步脚，整个球的摆动前进过程与四步助走方式一样。

（三）摆动动作

打保龄球的摆动动作主要是根据钟摆的原理，持球手臂做一个前后的摆动。这种摆动是一种直线性的，是利用球本身的重量去做前后的摆动，而不应加任何力量在保龄球上面，这样可以使球很轻松地掷出。

初学者以四步助走方式比较适合，因为四步助走的摆动比较容易掌握与协调配合。

（四）步伐

右手持球以右脚为起步点。当第一步起脚时，手臂同时做向前推球动作；当第一步脚落地重心稳定时，将球推至最高点；当第二步脚在移动时，球开始向下摆，摆到第二步站稳时，球正好处于整个摆动的最低点。右脚迈第三步时，球继续向后摆动，当第三步站稳时，球后摆至最高点。第四步从左脚开始做滑行，球自上而下摆动并向前推出。在第四步滑步时，右脚必须向着左后方伸展，左手尽量向一侧伸展，保持身体平衡。

（五）掷球动作

所谓掷球，就是滑行脚抵达犯规线之前，同时做球离手的动作，这个瞬间的动作就叫掷球。做这个动作的同时，必须配合节奏，将球顺势向前推出。

（六）掷球延伸动作

掷球后，手臂一定要伸直向前延伸，达到一个适宜的高度，这种高度一般是在肩与眼睛之间，但手臂的延伸动作不是刻意做出来的，而是推球完成后的惯性使然。

四、保龄球的游戏规则

保龄球运动，就是将球掷出，击倒排列着的球瓶，然后计算倒下的球瓶数，以决定胜负。掷出一球，可能将十只球瓶全部击倒，也可能一只球瓶都未击倒。根据一定的规则，在掷了几次球之后，合计分数，决定成绩。

至于一局的掷球次数，随该局的进展而有变化。首先必须知道，一局分为十格，一格又分两栏。倒下的球瓶数就填入记分表的每一小栏中，第一次掷球，如果能将全部球瓶击倒，这是最好的，叫做全倒。如果未能将全部球瓶击倒，可以对剩下的球瓶，再掷一球。第二次掷球如果将全部剩下的球瓶击倒，就叫做分次全倒。如果又剩下几只球瓶时，叫做失误。不论任何情形，每一格最多只能掷两球，然后将球瓶全部重新立起来，再掷下一格的球，连续掷完两球，就叫做掷完第一格。如果第一次掷球就打成全倒，那么第一格就结束了。所以每一格的掷球，有一次或两次的不同情形。

按此方式可以一直掷十格，第十格有特别规定，掷成失误时，仅可掷两球，若成全倒可再掷两球，成分次全倒时可再掷 1 球，总计 3 球。一局的掷球次数，如果全部都是全倒，次数最少，只有 12 次。如果一次全倒也没有，而最后是分次全倒时，次数最多，共 21

次，掷球次数是随全倒数的增加而递减。

第四节　毽　球

一、毽球运动的特点与健身价值

毽球运动是一项融入了足球脚法、羽毛球场地和排球战术的体育活动，有广泛的群众性、浓厚的趣味性和观赏性以及激烈的竞争性。踢毽子是一项全身运动，经常参加这项运动，不仅可使下肢肌肉、韧带富有弹性，关节灵活，而且可使心、肺系统得到全面锻炼，起到增进身体健康的良好作用。

毽球竞赛分为多种类型，其主要有：单人赛、团体赛、单项赛及花毽比赛。在当今的正规比赛中，毽球运动已经发展为一种具对抗性质的竞技运动，而且发展迅速，技术动作、战术水平都得到了很大的提高。

毽球场地器材简单，技术和竞赛规则容易掌握，老少皆宜，对增强体质、锻炼意志、发展综合身体素质都有积极的作用。可以预见，中国传统体育宝库的遗产——毽球，将以崭新的姿态，活跃在世界体育大家庭中，为丰富体育文化宝库、增进人类身体健康做出贡献。

踢毽子，是我国一项流传很广，有着悠久历史的民族体育活动。1999 年，由中国、越南、德国、匈牙利、老挝、中国台北和香港发起成立了世界毽球联合会。随着我国改革开放的进一步发展，毽球在中外体育文化交流活动中开始走向世界。中国毽球队相继出访日本、德国等地。1993 年，首届国际毽球邀请赛在我国重庆举行，大大推动了毽球运动走向世界的步伐。

二、毽球运动的场地与设备

（一）场地

比赛场地采用羽毛球双打场地，长 11.88m，宽 6.1m，中线将场地分为均等的两个场区。在中线两侧各画一条与中线平行的线，叫限制线（头球限制线），中线至限制线的距离为 2m。距两端线中点两侧各 1m 处向场外各画一条长 20cm 与端线垂直的短线，叫发球区线，发球区线向后无限延长的区域叫发球区。

（二）球网

球网长 7m，宽 76cm，网孔 2cm 见方。网柱安在中线以外，距边线 50cm 处。球网的高度为 1.60m（男子）或 1.50m（女子）。

（三）毽球

毽球由毽毛、毽垫等构成。毽毛为四支白色或彩色鹅羽，成十字形插在毛管内；毽球的高度为 13~15cm，重量为 13~15g。

三、毽球的基本技术

（一）基本脚法

1. 脚内侧踢球

膝关节向外张，大腿向外转动，稍有上摆，小腿向上摆，踢毽球时踝关节发力，脚放平，用内足弓部位踢球。这个脚法主要多用在传接球方面。

2. 脚外侧踢球

要稍侧身，向体侧甩踢小腿，勾脚尖，用脚外侧踢球。要想获得较低的托球点，必须要使支撑脚做适当的弯曲，还要注意身体重心应放在支撑脚上。

3. 脚背踢球

用脚背踢球，要注意绷脚尖和抖动脚腕发力击球。这项技术相对其他基本技术而言是难度较大的一种，其动作要求不但要快，还要有一定的准度，抖动脚腕发力击球的节奏过快或过慢都会影响踢球的质量。

4. 触球

在身体膝关节以上部位(手及手臂除外)的踢球都叫触球。触球可以分为大腿触踢球、腹部触踢球、胸部触踢球、头部触踢球等。

(二)攻球技术

攻球技术一般有头攻球、脚踏攻球、倒勾攻球、斜线攻球、外摆攻球、内扫攻球、轻吊攻球及凌空攻球等。除了以上几种攻球技术外，在长期的训练和比赛中，运动员不断创造出一些新的进攻技术，如转身侧扫攻球、肩部压球，还有一些比较不正规的踏球进攻，如后摆侧踏等。这些技术作为一种辅助进攻手段和突袭手段也会给对手造成一定的威胁，在比赛中能收到良好的效果。

四、毽球的玩法

毽球比赛，参赛队由 6 人组成，双方各上场 3 名队员。比赛开始后，双方各自站好自己的位置，由发球一方 1 号位的队员站在本方的发球区，用手将球抛起，用脚踢向对方场区。在本方场区的 3 名队员最多只能 3 人次 4 次击球过网。个人一次最多只能连续击球两次，任何队员不得用手或手臂接触球，用头攻球时运动员必须从限制线后起跳。比赛中，队员的身体任何部位触及球网或发球时球触网，应判为违例。只有掌握发球权的一方，才有得分的机会，先得 15 分为胜一局(必须高于负方 2 分)。比赛采用三局二胜制，在决胜局任何一方先得 8 分时两队交换场地。每局比赛，每队可请求两次暂停(30 秒)，换人不超过 3 人次。

第五节　飞　镖

一、飞镖运动的特点及健身价值

飞镖运动起源于英国，距今已有一百多年的历史。目前，影响最大的赛事有世界飞镖大师锦标赛、世界职业飞镖锦标赛和世界个人飞镖锦标赛。

飞镖运动不需要专门的场地、设施，趣味性强，男女老少都可以参与，时间可长可短。既可用于比赛，又可作为工作、学习之余的消遣。投掷飞镖时要求全神贯注，做到手、眼、身、步伐的协调配合，经常从事飞镖运动，不仅可以锻炼集中注意的能力，增进手臂的力量，提高动作的准确性和空间的判断能力，而且还能培养良好的心理素质，不急不躁，以及果断、坚毅、自信的品质。

我国飞镖运动是在20世纪80年代引进的，并在全国各地组织了一系列飞镖比赛。1997年8月在长沙举办的飞镖比赛，历时半月，有300多人参赛。一些地方成立了飞镖协会、飞镖俱乐部，中国飞镖总会也在积极筹划和酝酿之中。另外，由于电视等媒体的宣传也使越来越多的人认识了飞镖，喜爱上了飞镖，如今，休闲方式的飞镖运动已为越来越多的人所接受和喜爱。

二、飞镖运动的场地和设备

（一）投镖场地

靶盘悬挂于墙上，靶盘中心到地面的高度为1.73m，投掷线至靶盘的距离是2.37m。

（二）靶盘

飞镖的靶盘有纸盘、植绒盘、琼麻盘等，其中琼麻盘是国际比赛指定用盘。国际标准靶盘的直径是54cm（如图12-5）。

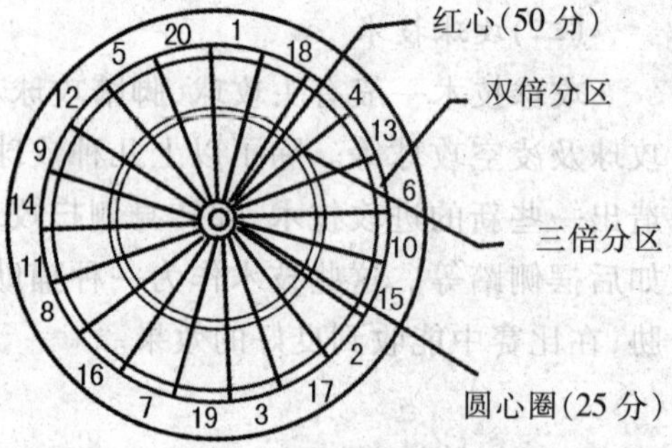

图12-5

（三）飞镖

对于初学者来说普通的黄铜飞镖就够了。但要选择有完整的镖尖、镖筒、镖杆和镖翼，它应手感好，重心稳定，飞行线路易掌握。常见的劣质飞镖镖筒很短，镖杆与镖翼合而为一，而且手感过轻，飞行线路很不稳定。专业选手一般都使用高级钨质飞镖（如图12-6）。

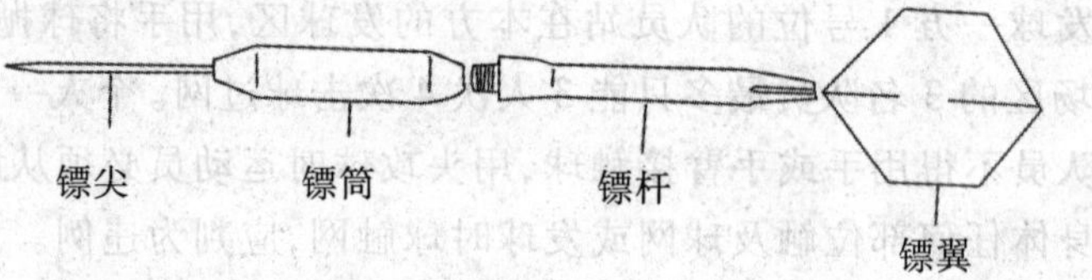

图12-6

三、飞镖的基本技术

（一）投掷姿势

投掷姿势一般有侧向投镖、正向投镖及斜向投镖。初学者可一脚在前、一脚稍后，身体旋转一个角度，以站立较舒适为宜。

（二）持镖方法

持镖的方法较多，因人而异，以拿着舒服、投掷准确为前提。常用的持镖方法有以下几种：

1. 拿毛笔式的握法

这种握法是以拇指、食指、中指的末节指腹握住镖筒，镖尖向前，前臂屈起，镖的高度与眼齐平。这种方法稳定性最佳，是许多优秀投掷者常采用的一种方法。

2. 拿钢笔式的握法

这种握法是以拇指、食指指腹握住镖筒，中指在下抵住镖筒，举臂与眼齐平（如图

12–7)。

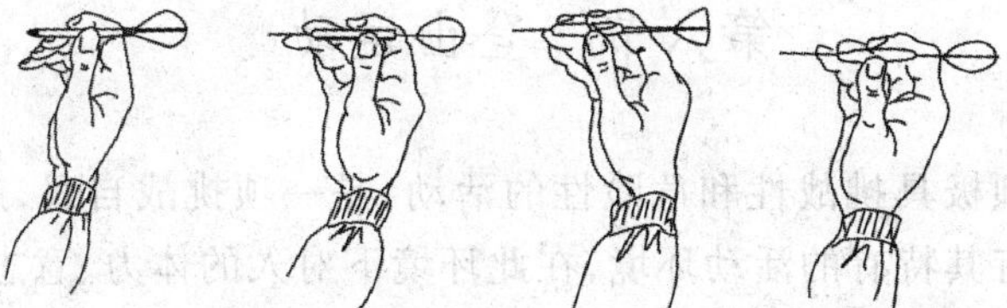

图 12–7

3. 全握法

用拇指、食指、中指、无名指握住镖筒,小指尖在下轻抵镖筒。这种握法稳定但不灵活。

(三)掷镖姿势

投掷时上体微向前倾,两眼平视靶盘,持镖手可预摆几次,以肘关节为轴,前臂迅速向前挥动,手臂接近伸直时掷镖飞向靶盘。投镖时,手和前臂要随镖前送,保证镖的飞行路线,切记不能短促出镖,这样会使镖飞行不稳,影响命中率。

四、飞镖运动的玩法

投中靶心(牛眼)记 50 分;投中靶心外小环记 25 分;投中中环上的小段,按该段对应分数的 3 倍记分;投中外环上的小段,按该段对应分数的 2 倍记分;投中不是 2 倍、3 倍的一段,只按对应分数记分;投中有分数的黑色外环不记分;投中满分或零分的最后一镖时,必须是在 2 倍区的对应小段内。

竞赛时用下列办法记分:

1. 减分记分法

3 支镖全部投出后,合计得分。从原定的总分中扣除(总分为 201 分、301 分、401 分、501 分),看谁最先为零。

2. 累计记分法

3 支镖全部投出后,看谁最先满分。

比赛记分可采用 201 分、301 分、401 分、501 分、801 分 1001 分等记分方法,以得分正好为预定分数为胜。开赛之前,必须先投中 2 倍区或中心点,才能开始记分(倍入),但分数可以包括该支镖投中 2 倍区或牛眼的分数在内,每次投掷后的得分记录必须写在所有比赛者能一目了然的地方。最后一镖,必须掷在 2 倍区或牛眼分数圈内,也就是说再扣掉(或累计)这些分数,使分数刚好为预定分数为胜(倍出)。倘若比赛者投中的分数超过预定分数或仅差 1 分,则得分不记,保持前次剩余的(或累计的)分数。

对于初学者来说,正规的 501 比赛是很难的,尤其是倍出可能相当费劲。但可以试试简化的直入直出的 301 比赛。直入是指从第一支镖就可开始计分;直出是指最后一支镖不必打在 2 倍区内。不过,直入直出的比赛变化不多,易显单调;而倍出的比赛则有很多技巧,要进行精密的计算,以便能准确而迅速地倍出。

第六节 登山运动

登山运动是一项极具挑战性和危险性的活动，是一项挑战自我，超越极限，具有独特魅力的运动。它有其特有的活动环境，在此环境下对人的体力、意志力有特殊的需求和考验。

一、登山装备

登山装备是登山活动中集体和个人所使用的专用装备、保障装备和日用装备的总称，它与登山食品、燃料一起构成登山活动的整个物质保障。

登山装备主要包括专用装备、保障装备和日用装备三大类。

(一)登山专用装备

登山专用装备是指直接与登山活动有关的装备，包括被服装备、技术装备和露营设备。

1. 被服装备：主要是常用的保暖、防护等一系列物品，如岩石衣裤、岩石鞋、御寒服装、风雪衣、高山靴、行囊及防护眼镜等。

2. 技术装备：主要是进行技术操作时的必需装备，如冰镐、冰爪、铁锁、安全带、主绳、辅助绳、雪崩飘带、钢锥、铁锤、雪铲等。除此之外，可根据每次任务的具体路段情况，改进、制备一些相应的增效技术装备，如上升器、下降器、走雪橇、金属梯、小挂梯、滑车等。

3. 露营装备：主要是提供休息、饮食的装备，例如，帐篷、睡袋及灶具等。

(二)保障装备

保障装备是为了应付各种意外情况及其他目的而备用的一些器材和用具，如氧气装备、通讯器材、摄影器材、自卫武器、交通工具、观测仪器、救护器材和一般用品等。

(三)日用装备

日用装备包括起居用品、卫生用品、简单工具、常备药品、辨向图仪、娱乐用品、纸张文具、缝纫用品、灯火照明、体育用品等。一次登山活动，运动员在高山区活动时间较长，有时可达一两个月，各种用品必须携带齐全。

二、登山技术

登山技术是指运动员在登山运动中为克服在复杂地形上遇到的各种困难而采取的科学的操作方法。在登山时遇到的各种地形困难是运动员行动的威胁和障碍。登山过程，就是运动员不断排除这种威胁的过程。

登山技术主要分为结绳、保护、攀登、下降、渡河、搭桥等技术。

(一)结绳技术

绳索之间、绳索与其他装备之间的连接，称为结绳技术。在登山过程中进行相互保护，越过障碍，攀登岩石或冰雪陡壁，渡过山涧急流，都离不开绳索，所以绳索是登山中最重要的装备。因此，掌握结绳技术十分重要。

结绳方法依其用途不同可分为：

1. 固定用的绳结：即将绳索一端直接固定于自然物体上。固定时多采用布林结、牵引结和通过结（如图 12–8）。

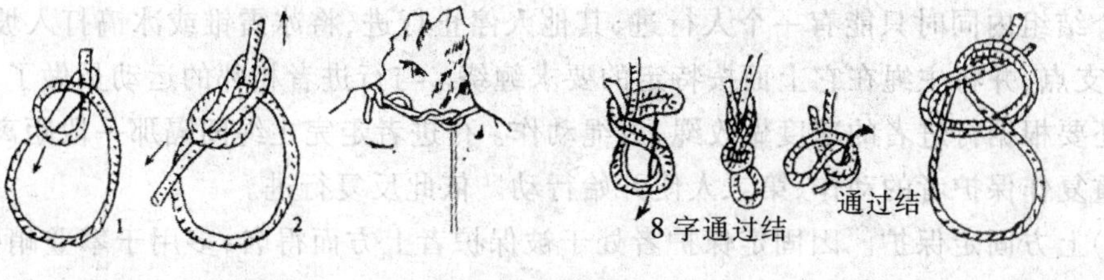

图 12–8

2. 接绳用的绳结：即根据要求，将短绳接成长绳时使用的绳结。多采用平结、交织结（分单双交织结）、混合结（如图 12–9）。

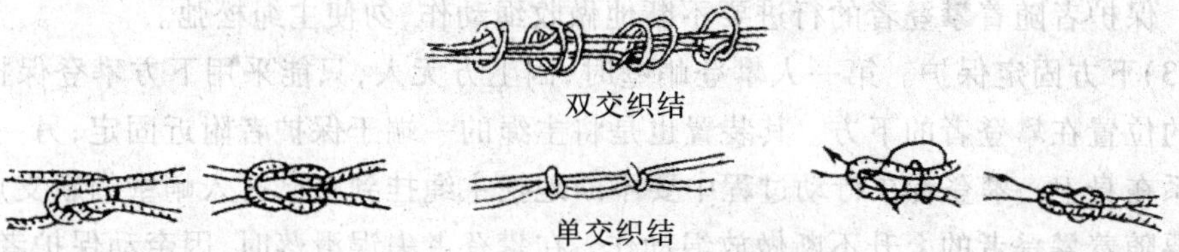

图 12–9

3. 保护用的绳结：是使绳索之间或绳索与铁锁之间能够产生摩擦和滑动的一种连接。多采用单环节的抓结（如图 12–10）。

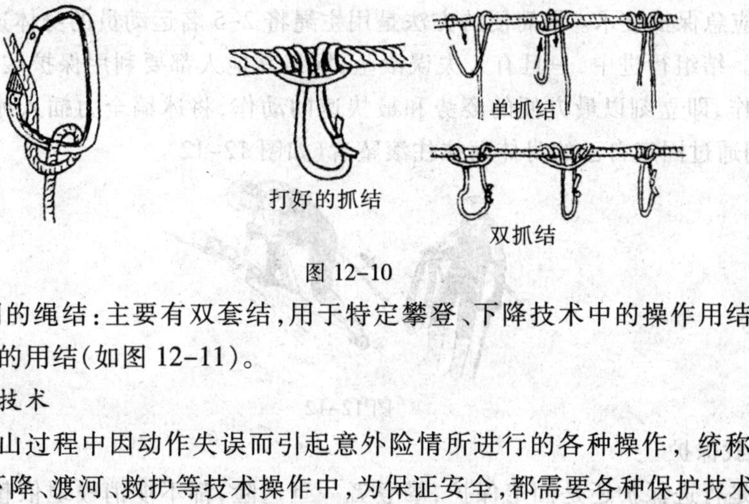

图 12–10

4. 操作用的绳结：主要有双套结，用于特定攀登、下降技术中的操作用结和收绳缠绕后固定绳头的用结（如图 12–11）。

（二）保护技术

为防止登山过程中因动作失误而引起意外险情所进行的各种操作，统称为保护技术。在攀登、下降、渡河、救护等技术操作中，为保证安全，都需要各种保护技术配合。保护技术主要分为固定保护、行进保护和自我保护三种。

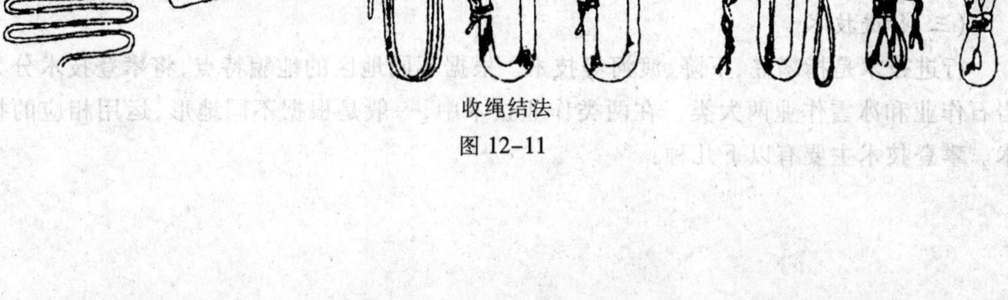

图 12–11

1. 固定保护

根据保护与被保护者的相对位置,固定保护有交替、上方和下方三种保护方式。

(1)交替固定保护。运动员结组通过较陡峭的冰坡时,多采用这种保护。具体要求是:一个结组内同时只能有一个人行进,其他人停止行进,将冰雪锥或冰镐打入坡面,作为牢固支点,并将主绳在它上面按特定的要求缠绕。与行进者相邻的运动员做了上述操作后,还要根据行进者的速度做收绳、放绳动作。行进者走完主绳间隔那一段距离后,停下来,重复作保护者的动作,第二人便开始行动。依此反复行进。

(2)上方固定保护。因固定保护者处于被保护者上方而得名,多用于攀登峭壁的保护中。保护者在峭壁顶部,利用钢锥或自然物将主绳一端牢牢固定,然后将身体牢固地结于主绳的相应位置,构成自我保护装置,以免攀登者失误脱落时被牵动。最后,将主绳另一端抛给峭壁底部的攀登者。攀登者将绳端牢固地结于自己身上,通知上方后便可以行动。保护者随着攀登者的行进要不断地做收绳动作,勿使主绳松弛。

(3)下方固定保护。第一人攀登峭壁时,因上方无人,只能采用下方攀登保护,即保护者的位置在攀登者的下方。其装置也是将主绳的一端于保护者附近固定,另一端交攀登者系在身上。攀登者在行动过程中要不断地把主绳挂到自己打入峭壁的新支点上,保护者要随着攀登者的上升不断做放绳动作。在攀登者失误滑落时,因牵动保护者的拉力来自上方,对保护者构不成威胁。故一般情况下,下方保护者可不设自我保护装置。

2. 行进保护

行进保护是指行进中不需要预设专人保护, 只是在出现险情后依靠保护装置而采取的一种应急保护技术。最简便的方法是用主绳将 2~5 名运动员的身体连接牢固,构成一个结组。结组行进中,一旦有人失误滚坠,同组其他人都要利用保护装置机敏地进行保护性操作,即立刻以最方便的姿势和最快速的动作,将冰镐全力插入冰雪、碎石或裂缝中,以期通过固定自己的身体而拉住滚坠者(如图 12-12)。

图 12-12

3. 自我保护

不管是行进保护还是固定保护,攀登者一旦遇险,都不能消极地依赖别人的保护,而要尽量做出各种自救动作,这叫做自我保护。特别是在采用行进保护的情况下,失误滑坠,就要向同伴高呼“保护”,同时迅速将身体成俯卧姿势,并用全力使冰镐尖与坡面摩擦,以减低下滑速度。

(三)行进技术

行进技术是指攀登、下降、渡河等技术。根据不同地区的地貌特点,将攀登技术分为岩石作业和冰雪作业两大类。在两类作业技术中,一般是根据不同地形,运用相应的技术。攀登技术主要有以下几种:

1. 攀登岩石、峭壁技术

(1)垂直路线的攀登:只要攀上的岩壁坡度为90°,属十分陡峭难攀的路段,就必须采用三点固定攀登、抓结攀登及上升器攀登法。

所谓“三点固定”攀登法,即双手、双脚握(或蹬)牢三个支点后才能移动第四点。这是攀登岩石峭壁常用的基本方法。在攀登陡峭的岩石壁,没有可抓握支点的情况下,可在主绳上用辅助绳打上抓结,另一头打上双套结,然后脚踩双套结,手推抓结向上攀登;也可利用上升器的咬齿与主绳的摩擦,使之只能向上推动不能向下滑脱逐渐上攀。

(2)缘绳攀登:在攀登小于90°的岩壁和陡坡时,可利用第一人上方固定好的主绳扔至下方,攀登者可双手抓绳、脚蹬岩壁而上;为了安全还可打抓结将身体与主绳连接,手推抓结向上攀登(如图12-13)。

图 12-13

(3)双人结组攀登岩石峭壁:遇到攀登路段过长,一次登上有困难时,可两人交替保护攀登。第一个攀登者要带足所需器材和设备,按双人结组装置连接,特别要注意绳套和铁锁。

(4)人工攀登岩石峭壁:遇到岩壁陡峭光滑,无任何可利用的自然支点,或岩壁成屋槽状时,就必须采取人工攀登的方法。这种方法,就是将准备好的挂梯交替向上挂在相应的人工支点上,攀登者利用挂梯做支点向上攀登。

2. 攀登冰陡坡技术

在冰雪作业中,主要困难来自超过45°的冰陡坡。在这种路段上攀登时,脚下容易滑脱,平衡较难掌握。一旦滚坠,下滑速度很快。因此,不仅要在脚下佩戴冰爪,而且在一般情况下,要用绳索结组,在固定保护下轮流单人攀登。如路段不长,下方又无危险地形,也可结组同时攀登。攀登时,双手在胸前横握冰镐:一手握镐头三通处,镐尖朝下;另一手握冰镐下方1/3处(双手距离约等于肩宽)。双臂用力将冰镐尖扎牢于冰面,然后依次移动双脚,反复进行。踏脚时也要用力使冰爪扎牢于冰面,或者采用双手各握一把短小冰镐上攀的方法。在攀登45°以下的冰坡以及各种雪坡时,脚下佩带冰爪,在冰镐辅助下自然上攀即可。只是在冰坡上行进时要用力踏足,以使冰爪扎牢于冰面(如图12-14)。

3. 下降技术

根据路线的坡度,下降分为缓坡、中坡、陡坡、峭壁等4种不同难度的技术。其中,在45°以下的缓坡、中坡下降,因危险性小,一般不需要特殊装备和技术,在冰镐辅助下,根据体力情况,自然下降即可。

陡坡、峭壁下降,主要分为器械下降、坐绳下降及缘绳下降三种(如图12-15)。

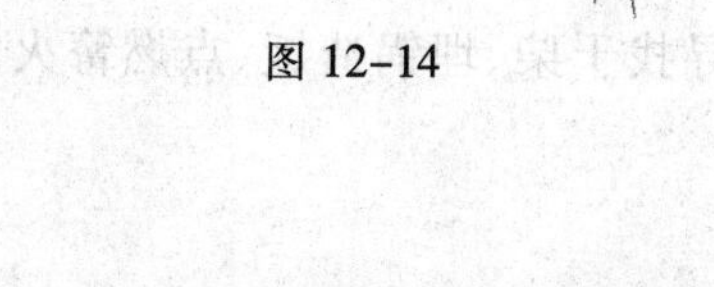
图 12-14

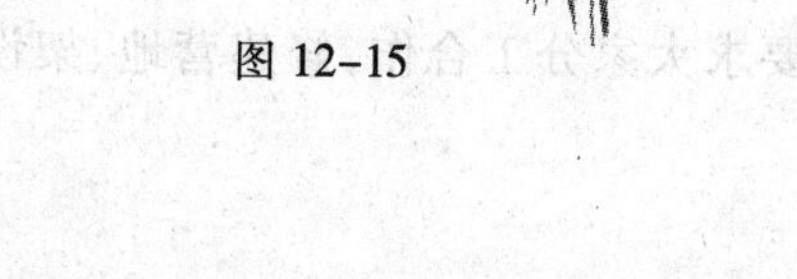
图 12-15

三、高山救护

登山是一种危险性很高的运动，常会发生登山事故。登山事故指的是在登山中由于遭遇山间危险或自然灾害，或登山者发生技术失误而引发的损伤及人身安全的突发事件。常见的有滑坠、雪崩、冰崩、高山病、掉人裂缝、冻伤、缺氧及过度疲劳造成的全身衰竭、滚石、泥石流、山洪、雷电袭击、被毒虫野兽咬伤等。

山难的营救工作包括自救、互救和救援三个步骤。这三个步骤应当紧密衔接，及时进行，才能收到良好的效果。

互救首先要有友爱精神，为了伙伴的安全而放弃自己登山。要时时提高警惕，灵活机动，因地制宜，因陋就简地迅速采取应急措施，进行救援。互救工作最重要的原则是：

1. 对伤病员进行急救处理，包括实施人工呼吸、外伤包扎等。然后迅速护送伤病员向低海拔处或安全地点下撤。没有担架时，可使用树木、背架、睡袋等制作搬运工具。尤其对高山病患者，向下撤几十米，就可能挽救一个人的生命。

2. 自己无力承担救援工作时，立即千方百计地发出求救信号。

第七节　野外生存

野外生存是人在食宿无着落的山野丛林中求生的运动。人类在自然的怀抱中创造了文明，文明却正在使人类远离自然。也许是人类远离自然世界生活得太久了，在都市文明所带来的便捷中逐渐陷入身心的疲惫之后，便开始渴望回归自然。按捺不住心情的都市新潮一族，首先渴望冲出都市文明的封锁去和自然对话，还人类作为大自然中一员的本色，表现人类最本质的能力。野外生存的兴起，正好满足了人类的这一需求。

一、野外生存的锻炼价值

参加野外生存训练可以帮助人们重新认识自我并挖掘自身潜能，能够唤起人们面对困难和挑战的勇气。同时通过参训人员的环保意识和行为使人们更深切地体会到爱护大自然和保护大自然的重要性。

二、野外生存的锻炼内容

(一)体能训练

每人一个背包，重约10~15kg，徒步穿越山地。要求所有参训人员不许掉队，不许弃包，因为每一个人肩上的背包被视为人生的责任。不要轻言放弃，树立坚持到底就是胜利的信念。

(二)徒步穿越

行进在山地、林间、峡谷、溪流、小路、陡坡等地方，难度和强度各不相同，安全可靠，里程10~40km不等。要求参训人员必须共同协作、互相帮助、团结友爱，不允许有掉队现象和消极言论。同时给参训人员创造成就感和自豪感。

(三)野外宿营

要求大家分工合作，修建营地、架设帐篷、寻找干柴、埋锅造饭、点燃篝火，最后捡拾营地附近的垃圾。使参训人员自力更生，消除懒惰，同时在温暖的篝火旁，增进相互了解和情感交流。

（四）攀岩

要求每位参训人员尽最大努力攀爬上去，挑战自身极限，体验人生达到目标的艰辛及成功的喜悦。

三、野外生存基本常识

野外工作由于是短期的、临时性的，这要求野外工作人员在进行装备等准备时，要考虑在完成任务前提下，尽可能少地携带物资，即能不带的就不带，而不能过多地考虑生活的舒适性。由于野外生存训练都是在露天条件下进行的，因而环境的变化是野外工作人员首先考虑的因素之一。工作区域所处的位置，如经纬度、地形、地貌、交通、通讯等条件，工作期间所处的季节、气候等因素都必须在工作前进行详细的调查研究。

（一）野外定位的方法

1. 卫星定位仪 CPS。CPS 是根据 1~5 颗国际通信卫星的信号定位的，可以得到目前位置的经纬度、海拔高度等信息。

2. 地形图定位。可根据地形、地貌及后方交会法定位，也可用 1:5 万或 1:10 万地形图定位。

3. 估计法。按照出发前自己的位置，估计自己行走的方向和距离，大致确定目前的位置。

（二）野外识别方向的方法

1. 罗盘仪指示南北

携带罗盘仪，用以识别方向，确定位置。

2. 日月星辰指示方向

（1）白天太阳东升西落，但不同时间有不同变化。更准确的方法是，将手表的时针对准太阳，在时针和“12”之间划一平分线，线的前端为南（如图 12-16）。

（2）晚上可用月亮来辨别方向；上弦月时，6 点时月亮在东边，12 点时在西边；下弦月时，晚 12 点指向东方，次日凌晨 6 点指向南方；满月时，晚 6 点在东边，12 点在南边，次日 6 点在西边（如图 12-17）。

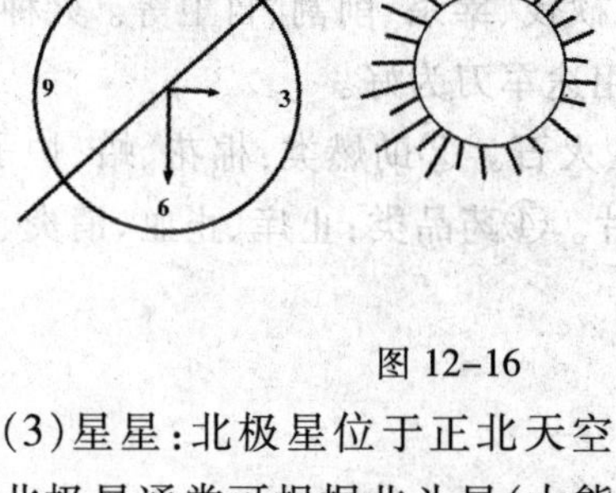

图 12-16

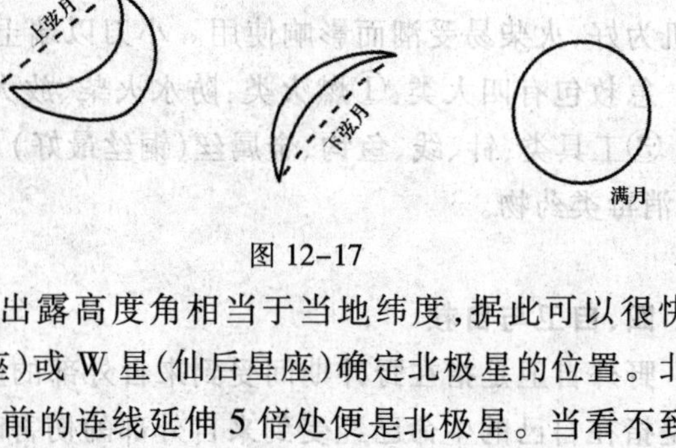

图 12-17

（3）星星：北极星位于正北天空，其出露高度角相当于当地纬度，据此可以很快找到。北极星通常可根据北斗星（大熊星座）或 W 星（仙后星座）确定北极星的位置。北斗七星是较亮的星，形状像一把勺子，头向前的连线延伸 5 倍处便是北极星。当看不到北斗星时，可根据W星，即仙后星座寻找北极星，它由5颗较亮的星组成形状像"W"字母，字母开口方向两倍处便是北极星(如图12–18)。

在北纬23°30′以南地区，夜间有时可见南十字星，它由4颗较亮的星星组成，形同"十"字，左上方和右下方两颗星连线的延长线所指即为正南方向(如图12–19)。

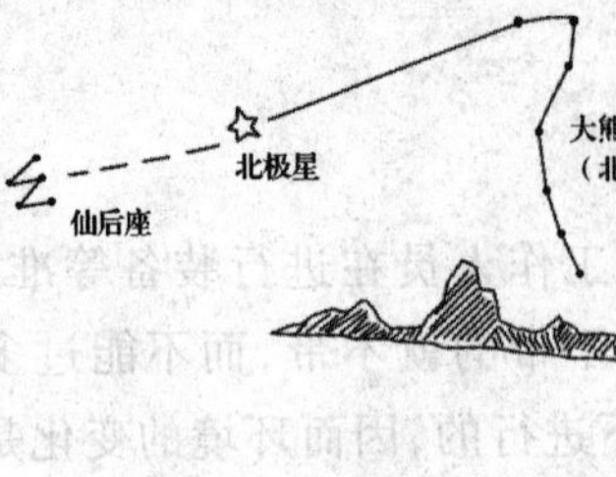

图 12–18

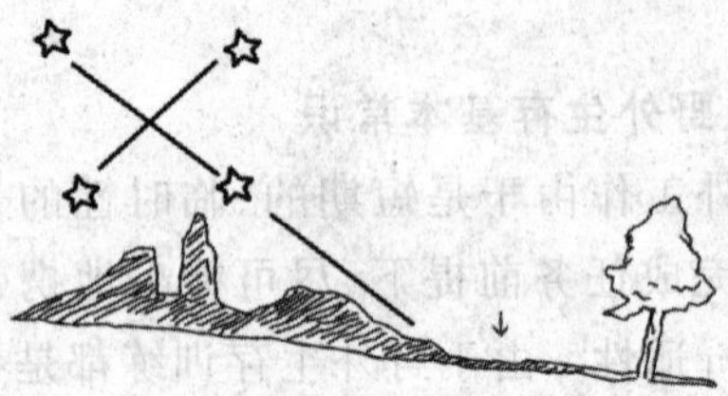

图 12–19

3. 地形、地貌、地物

我国的大河大江山脉是以东西方向居多，房屋多是坐南朝北。

4. 植物

树皮朝阳的一面较光滑，背面较粗糙，阴坡(即北侧)地带蕨类植物、苔藓、菌类植物生长发育得较茂盛。还可用树干的年轮来判别方向，年轮较疏的一面朝南。

(三)食品和装备的准备

1. 三个基本因素：少量、简易和保证

少量是指尽可能地少带。对食品而言，有许多是可以就地解决的，如新鲜蔬菜、牲畜等。要充分利用物资的一物多用，比如不怕压的听装、袋装食品使用前可当做板凳，用过的听装容器可当水杯等。一般携带的食物量为每人每天600g左右。

简易是指轻便、灵活、携带方便但功能多样的物资。食品要在保证营养、热量、口味的前提下，尽可能地携带方便食品、半成品等。

保证是指需要的物资一定不能少带，如粮食、工具等。野外条件简陋，某些物资在野外是很难找到的。

2. 野外必备物资

食品：按计划计算数量，应略有富余。坚持多品种、多口味。

装备：帐篷、炊具、睡袋、衣物、火种和小刀及其他工作用品，如地形图、绳索、通讯器材等。火种和小刀是野外生存必备的工具，没有这两样东西，在遇到危险时很难应付。火种的用途有驱寒、照明、煮食、联络等；小刀的用途有砍伐、宰杀、削割、自卫等。火种以打火机为好，火柴易受潮而影响使用。小刀以瑞士多用途军刀为好。

急救包有四大类：①燃火类：防水火柴、放大镜、火石。②助燃类：棉花、蜡、炉子、酥油。③工具类：针、线、鱼钩、金属丝(铜丝最好)、刀片。④药品类：止痒、止血、消炎、抗过敏、消毒类药物。

四、自卫与自救

野外自卫是指在野外期间受到来自外部的威胁时，采取的保卫自己生命的行为。自救是指在自己的生命已经受到来自外部的伤害时，自己采取的救助生命的行为。

应对野外危险因素的基本原则是：

1. 沉着应付

在毫无准备的情况下，突然面对来自外部的威胁，心情紧张是不可避免的，但为了自卫必须将紧张的心情迅速调整到冷静的状态上。

2. 以己之长，克敌之短

在心理调整后，迅速地想出自卫的办法。

3. 工具和技能的准备与使用

在必备工具随身携带的情况下，当遇到威胁时尽可能地利用工具自卫，如绳索、小刀、火种的使用等。一些技能在自卫的过程中也能发挥很好的作用。在被困时食物是非常重要的，而你所带食品是非常有限的，那么就要合理地分配，并坚持到营救人员找到你，以保全性命。

4. 紧急求援

在孤立无援的情况下，要通过各种手段向外界发出求救信号，争取援助，如无线电呼救等。方法可根据当时的情况临时确定，在没有无线电的情况下，利用其他方式如火光（点燃三堆火，白天施放三柱烟）、灯光、声音、人为标志等发出求救信号。

第八节　定向运动

一、定向运动的特点与健身价值

定向运动起源于瑞典，最初只是一项军事体育活动，后来逐渐演变为一项户外体育运动项目。所谓定向运动是指利用地图和指南针到访地图上所指示的各个点标，以最短时间到达所有点标者为胜。

定向运动是智力与体力并重的运动，还是一项培养精英人才的体育项目。它没有严格的年龄限制，男女老少都可以参加，在活动的过程中人们可以广交朋友，互相交流。

中国定向运动的发展，比欧美地区晚了差不多整整一个世纪。但是经过几十年的发展，有越来越多的人迷上了这项运动，我国定向运动的水平也得到了不断的提高。从全国范围来说，该项运动在广州开展得最早，历史最为悠久，实力也较为雄厚，一些俱乐部如丛林俱乐部等定期举办活动，而上海的群众基础最牢固。现在许多学校里，定向运动已成为必修的体育科目。随着这项运动的普及和选手经验的增加，我国定向运动将成为人们假日休闲的最佳选择。

二、定向运动的形式

（一）越野式定向赛

越野式定向赛为野外定向的主要类型。运动员必须按照赛会提供的地图，根据指定的次序，逐一到访全部控制点后，向指定的终点报到，以需时最短完成整个赛程者为优胜。

（二）夺分式定向赛

在赛区内设有很多控制点，每一控制点都有不同的分值，运动员在限定的时间内，凭技术、经验和体能夺取分数。

(三)接力式定向赛

通常3人或4人为一队,比赛路线分为若干段,每名队员完成其中指定一段后尽快返回(接棒区)以触手方式进行交棒(不用接力棒)。全队队员时间总和为该队总成绩,以时间最短完成全部赛程者为胜。

三、定向运动的装备

(一)服装

服装应轻便、舒适并易于活动。远足经验较少的,可穿旅行靴,以保护脚腕。有经验的运动员可穿比赛专用的鞋,这种鞋的特点是:鞋身防水,鞋底有凸齿,在碎沙地不易滑倒。

(二)定向地图

野外定向地图有别于一般的导游图或街道图,图中的地域名称是不必要的,定向地图必须更详尽地记录地面的情况,等高线把同一高度的地方连串起来,从等高线的形态和密度可以反映山的形状、高度和斜度,利用各种颜色表示前进的易难、植物的分布等,各种符号代表地面的特征,如石块、地洞、建筑物等。务求提供清楚准确的资料,使运动员容易了解地面情况。

(三)指南针

指南针的主要作用为辨别方向,在定向运动中它是不可缺少的工具。指南针的功用主要如下:

1. 正置地图

使地图跟地面环境互相配合,使地图上的北指向正北面。

2. 测量前进的方位,找出前进的方向

将指南针放于地图上,然后将指南针及地图一并转动直至地图正置,这时前进箭头指示的方位便是前往目标的方向。

3. 测定自己的位置

在比赛中,忽略了自己的位置,常是初学者的困扰。参赛者应保持冷静,利用地理环境及指南针找出自己在地图上的位置,再定出前往目标的路线。

四、基本定向技术

(一)正置及拇指辅行法

先将地图正置,把拇指放在地图上自己的位置。这样要前进的方向便在地图前面,使运动员能清楚观察四周的环境及地理特征。当前进时,拇指随着移动,当改变前进方向时,地图也要随着转移,即保持地图上的北指向正北方。那样可以在任何时候都能立即指出自己在图中的位置,会节省不少时间和精力。

(二)利用指南针

利用指南针准确地找出目标的方向,每次前往目标前,可先观察目标周围的地势,加深印象,力求快速而准确地到达目的地。

(三)扶手法

利用明显的地理或人工特征为引导,使前进时更具信心。如小径、围栏、小溪涧等,皆是有用的“扶手”。

(四)搜集途中所遇特征

认真辨别前往控制点途中所遇到的地理特征,以确保前进方向及路线正确。切勿将相似的特征误认。

(五)攻击点

先找出控制点附近特别明显的特征,然后利用指南针,从攻击点迅速准确地前往控制点。攻击点必须是容易辨认的地点,如塔架、小路交点等。

(六)数步测距

先在地图上度量两点间的距离,然后利用步幅准确地测量要走的路程。常用的方法是:先度量 100 米我们所需步行的步数(设 120 步),当我们在地图上量得由 A 点到 B 点的距离是 150 米时便可计算出应走 180 步。为了减少数步的数目,我们利用“双步数”,只数右脚落地的一步,便可把步数减半。

(七)目标偏测

利用指南针前进,把目标偏移,当到达目标的上面或下面,才沿“扶手”进入目标。

除比赛时经常运用上述基本技术外,应在赛后总结中找出常犯的错误和原因,从而改善定向技术。初学者应多从基本技术下功夫,切勿操之过急。

五、定向运动的玩法

运动员凭个人定向技术,阅读地图能力,指南针运用及自己思考判断,在陌生野外环境中,寻找赛前预先放置的各控制点。在规定的比赛路线中,大约有 10~20 个控制点,每个点预先绘在地图上并用红色圆圈标示。当运动员到达控制点时可以找到控制点标志,它是一面 30cm×30cm 的旗号,对角分为白色和橙红色,控制点编号印在上方白色的位置,运动员利用附在标志上的密码夹在适当的位置上“钳”个印记(每个控制点都有一个不同的“密码钳”),证明他曾到达该处。但控制点与控制点之间的路线却没有限制,通常两点之间的路线会有两个以上的选择,寻找完成所需到达的控制点后,必须返回终点报到。定向运动通常在森林、郊外和城市公园里进行,也可在大学校园里进行。森林中的情况比较复杂,又不通视(看不出去),所以参赛者必须会看地图,在最短的时间内判断自己的方向、距离、路线,才能尽量多、尽量快地找到点。

第九节 攀 岩

一、攀岩运动的特点及健身价值

攀岩运动是从登山运动中衍生出来的竞技运动项目,起源于前苏联,是军队中作为一项军事训练项目而存在的。20 世纪 80 年代,以难度攀登为特征的现代竞技攀登比赛开始兴起,并引起广泛的兴趣,世界杯攀岩比赛每年举行一次。攀岩运动集健身、娱乐、竞技于一体,既要求运动员具有勇敢顽强、坚忍不拔的拼搏进取精神,又需要具有良好的柔韧性、节奏感及攀岩技巧，给人以优美、流畅、刺激、力量的享受。

攀岩运动在我国的发展已初具规模，并吸引了越来越多的青年人参加。国内每年要举行两次以上的全国或国际性比赛，了解攀岩的人已相当多，而参与攀岩已成为许多青少年的时尚。在我国的许多地区正纷纷开展这项运动，全国已经有许多高校已建好或正积极修建各种各样的人工攀岩场地，用于大学攀岩队的训练及教学。

由于受攀岩水平、装备等多种因素的制约，目前我国攀爬自然岩壁的人数较少。随着攀岩运动在国内的进一步普及推广，相信会有许多经过清理并做好保护的路线供广大攀岩爱好者攀登。

随着我国经济的发展和人们物质文化需求的日益提高，人们越来越热衷于旅游和冒险运动。攀岩作为一项新兴的具有冒险和创新精神的极限运动，是这几方面的完善结合。我国地理资源丰富，可供攀岩的悬崖峭壁比比皆是。中国人比较灵巧、轻捷，善于攀岩，只要下工夫，我们就可以在不久的将来进入攀岩运动的世界先进行列。

二、攀岩运动的形式及种类

攀岩运动从不同的角度可进行不同的分类。按组织形式可分为竞技攀登和自由攀登；按运动场所可分为人工场地攀登和自然场地攀登。竞技攀登有难度攀登、速度攀登及攀石赛三种比赛项目。按比赛形式又可分为国际赛、洲际赛及国家级比赛。

（一）难度攀岩

难度攀岩的比赛结果是以在规定时间内选手到达的岩壁高度判定的。

（二）速度攀岩

按照指定的路线，以时间区分优劣。

（三）室内攀岩

在室内设置不同角度、不同难度的人工岩壁，供人用四肢借助岩点的位置，手攀脚登。室内攀岩的难易程度可由人直接控制，岩壁也分为人工岩壁和天然岩壁。

三、攀岩运动的装备

攀岩基本装备包括：安全带、主绳、铁索、防滑粉袋、绳套、攀岩鞋、下降器及上升器等，一般有国际攀登委员会（UIAA）认证标记和欧洲标准（CE）标记的装备都能保证安全。

四、攀岩技术要点

（一）尽量节省手的力量

由于手臂力量相对有限，在攀登过程中，应尽量用腿部力量，节省手的力量。

（二）控制好重心

控制重心平衡是攀岩过程中最关键的问题，重心控制得好就省力，反之，就会消耗许多不必要的力量。

（三）有效地休息

一般是到达一个比较容易的位置，以最省力的姿势，边休息边观察下一段要攀爬的线路。

(四)主动调节呼吸

攀爬一条路线是一个连续的过程,从一开始就应该主动地调节呼吸,而不应等快坚持不住了再去调整。

另外,要强调的是,攀岩运动中的保护是每个参与者都应该时刻注意的问题,不管是初学者还是有经验的老手。

五、室内攀岩

作为攀岩爱好者,无论任何年龄,只要有面对艰难的勇气,都可以尝试不同难度的室内攀岩运动。初练者可以选择大一些的岩点,待掌握了一定的技巧后,就可以选择那些小岩点以增加难度,锻炼臂力。活动的岩点还可以改变攀登的路线,当然无论是选择岩壁、岩点还是路线,一定要遵循"循序渐进"的原则。

室内攀岩是在装有人工支点的岩石场地举行的。按国际登联的要求,岩面高于路线长的3/4,如岩面高为15米,则攀登路线长不得少于20米。攀岩比赛采用封闭式,比赛路线由定线员制定。攀登者使用场地提供的比赛器材(如安全带、安全帽、粉袋等),若使用自己的器具时,必须经认可。比赛采用单人攀登、下方保护的方法。攀登者必须将保护绳扣入路线上所有规定的保护铁锁中,铁锁开口必须向下,而且攀登者以身体腰部(以安全腰带为准)超过铁锁前,必须先把绳子扣上,否则,按脱落犯规处理。

攀登者在攀登开始之前,可在路线底部作短暂准备,时间为30秒,当攀登者第二只脚离开地面或准备时间完毕时,即开始计时。攀登者在路线上,在双脚不接触地面的前提下,可上下、左右移动,攀登方式不限。

遇下列情况时可作如下处理:

1. 中途脱落者只计高度和时间;
2. 攀登者返回地面或出界,只计高度和时间;
3. 身体任何部分触摸到线外(包含标志线)时为出界,活动超出标志线空间者不算出界;
4. 超出限定时间,只计高度;
5. 攀登者借助规定人工支点以外器材(如保护铁锁),只计高度和时间;攀登者身体超过保护点,而未将保护绳扣入铁锁作自我保护者,只计高度和时间。

第十节 自行车运动

一、自行车运动的锻炼价值

自行车运动是一种周期性有氧运动,能增强心肺功能。该项运动的体能消耗较大,体内新陈代谢旺盛,身体各组织器官所需营养物质及代谢产物增多使心跳加快,心肌收缩力增强以提高心脏输出量,同时也能改善血管壁弹性,预防血管硬化和高血压病。实验证明,经常骑车锻炼的人比不骑车人患心血管疾病的人少50%。特别是由于骑车姿势的特殊,阻碍了腹式呼吸,也就是说,骑自行车的前倾姿势有利于呼气,不利于吸气,为了获取足够氧气，骑车人就不得不使肺泡全部动员起来，从而提高肺通气量，这样就能更好地增强肺功能。

自行车运动对增强下肢肌肉、关节、韧带的力量尤为明显。它能锻炼人的平衡能力、协调性，提高中枢神经系统的功能；还能陶冶情趣、消除焦虑。

二、自行车的骑行姿势和运动量

自行车的型号要与骑车人身材的高矮相适应，不要勉强地改变身体姿势去适应车子。

骑车时上体应稍前倾，但不宜过分低头含胸；腰部稍弯曲，两肩放松，两臂伸直，应避免背部和肩部拱起，也不要塌腰。在踏蹬车时上体不要左右摇摆，否则时间一长容易引起驼背；车座高度一定要调整好，使之在蹬车时双腿伸直，从而发挥出双腿有效蹬车的力量，增强锻炼效果。

骑车的服装应选择宽松舒适、透气性好的运动服，不妨碍运动；最好养成戴手套的习惯，以起到保暖和防护功能；鞋以硬底短统、合成橡胶运动鞋较适合，袜子以纯棉为佳，雨衣要使用自行车专用雨衣为好。在阳光或下雨时应戴帽子。

骑车时呼吸的节律要与动作相配合，一般蹬两圈配合一次吸气或一次呼气，呼吸要自然。作为有氧锻炼的运动，应是轻缓的、较长时间的运动，运动量适中，时间应在30分钟以上，主要靠骑车速度和时间的调节。如用心率来衡量，一般以运动时心率120~140次/分钟为宜。

三、长途自行车旅行指南

（一）出发前的准备

首先要收集、查阅、整理沿途有关的各种资料和相关信息，包括较新版本的地图、交通图，沿途的地理、历史、人文，名胜古迹，气象资料等。再根据你或你们团队的体力状况、假期长短、旅行季节等因素制定出详细的计划。长途自行车旅行最好能结伴而行，一般人数为3~5人，且最好有异性同行。由于人们之间的性格爱好存在差异，人数过多时很难统一行动。人数太少，安全保证较差。另外，有些物资装备无论一人或多人只需一份，如修车工具、宿营装备等。

1. 自行车的选择

由于自行车是旅游中的主要交通工具，所以旅游的成败与自行车的好坏，有着直接密切的关系。自行车旅游属于一种体育运动项目，往往需要考核运动速度，所以自行车旅游也可分成普通自行车旅游和特殊自行车旅游。前者选用一般的加重型或标定型自行车，后者可选用特制的赛车、山地车等。

2. 调车

一般自行车旅行是边骑边看，自由自在，速度不是很重要，重要的是方便、舒适。车座，以骑行者的腋部放在车座中间，用手去摸轮盘轴心部，以摸到为准，这就是骑车者正确的车座高度。车把与车座在同一水平面上为好，高低在半寸之间。检查一下传动是否

连惯，前后制动是否灵敏。

26 英寸以下的轻便自行车一般不太适合于自行车长途旅行。可选用比较老式的 28 英寸加重自行车。如是新车，在你出发前一定要磨合 200~300km，重新全面调整后再上路。如是旧车，要经过全面大修，特别要对车座进行加工改造。注意一定要保持坐垫表面干燥且不能有褶皱和缝合接缝，以免长时间骑行时磨破皮肤或长痱子。车把基本上应与车座高低相等，高低差距在 3~5cm 以内为好；还应在自行车前后安装好挂包架；最好还应在自行车大梁上安装一个水壶架，以便在骑行中可随时方便取用饮水。另外，在车胎内注入一些补漏剂，一旦车胎被刺破，只需将刺入物拔除，破孔向下打足气，即可自动将破孔堵住，保证继续骑行。出发前，你一定要掌握自行车的调整和修理技术，包括补胎、更换车条、更换刹车块，修理、调整前后中轴、修理飞轮等。

3. 服装

如果是在夏季或在较暖和的季节骑行，最好能购置专门设计的短骑行服。如没有骑行服，特别是骑行裤时，可直接穿有弹力的紧身裤，里面不要再穿着其他服装，并且在经常摩擦的部位涂抹一些能起润滑作用的油脂。夏季骑行应穿着长袖上衣和遮阳帽，以免晒伤皮肤。冬季或在气候较寒冷的地区骑行时，除注意保温外，还要注意防止衣裤或鞋袜过紧而导致血液循环不好，引起冻伤的发生。

4. 其他装备

为防风吹和小飞虫侵入眼睛，要准备好骑行眼镜，有色的可防强烈的阳光照射，五色的适用于阴天，还有一种浅黄色的专门适用于夜间；准备一个小药箱也是必不可少的，常备药品包括：治疗腹泻、肠胃不适、感冒、水土不服、消炎、外伤及眼药水等药品；还应准备一些十滴水、风油精、清凉油、痱子粉等。冬季则要准备一些冰疮膏、“寒痛乐”、姜茶等。在西北要多准备一些饮用水。

（二）骑行旅途中的注意事项

1. 道路选择

长途自行车旅游，对道路要求也比较高。旅游时应选择平坦、易于通行的道路，除迫不得已，应尽量避免去坡道、土道，这对人和车都有损害。

2. 骑车技术

自行车旅游掌握好自行车技术是很重要的，目的是为了节省体力，保证安全。自行车车座的调整，是自行车技术的一个重要方面。一般说来，以车座较低并有 5~10°的后倾最便于长途旅游。车座低，有利于安全，在遇到紧急情况时，双腿伸直便可着地，这样可避免造成危险。

3. 骑行速度

速度应保持在每小时 15km 左右，体力好的可加快到每小时 20km。自行车旅游贵在保持和选择适当的速度，切忌忽快忽慢，途中休息也可保持每 2 至 3 个小时一次，不要想停就停，应坚持到时间或预定地点再休息。在特殊的道路条件下行车，适当地掌握行车速度更为重要。无论是山间小路，还是又长又陡的下坡道，车速度既不可太快，也不可太慢，应因地制宜地选择速度。

每天骑行的时间，在开始的 3 天到一周内，不宜太长。以每天 6~7 小时，骑行 120~

130km 较为合适。身体适应后，每天增加 20~30km，也不会有太大的问题。长途骑行后两脚会充血肿胀。休息时要平躺，尽可能地把脚垫高，以促使血液循环。如有坡度不大的斜坡，也可头朝下躺下休息片刻或把脚放在自行车上休息一下。

4. 季节特点

夏季，由于气温太高，白天骑行体力消耗极大，容易中暑等，不宜骑行。最好选择在早晚骑行。如必须露宿时，应随身带一个防潮垫。换上干燥的衣裤，穿上雨衣，躺在防潮垫上，并且时间不宜过长。切不可穿着汗湿的衣服就地随意躺卧。

骑行时，如感到头晕头痛、全身无力、烦躁心慌、恶心呕吐、舌干口渴、出虚汗、心跳加快等症状，要迅速到阴凉处躺下休息，马上服用一些十滴水，等身体恢复后再逐渐活动。

冬季骑行时，如感到皮肤发痒、红肿、麻木甚至起水疱时，要尽快用冻疮膏轻轻涂抹并做好局部保温。

(三)骑车旅游的自我保健

大腿内侧与座位摩擦，容易产生表皮擦伤；局部出汗多，易生浸渍发炎。故骑一段路程后应下车休息、擦干。午间及夜晚到休息地后，将出汗的内裤换去，将会阴部和两腿内侧洗净擦干，敷上中药松花粉。如已有溃破，要擦伤处理，重者要停止骑行旅行。

车垫长时间顶着会阴部，压迫前列腺、阴囊、尿道等，易使其充血，排尿不畅，细菌易繁殖。故途中约 60 分钟就应下车休息，使压迫处放松，及时排尿。

两手紧握车把，以及坐骨、耻骨部神经受压，过久后易麻木。故骑车时应带手套，且以有弹性为好，两手常变换握持角度及方式；坐时也应有前后、左右着力点的变化，有利于改善局部组织的血液循环和使肌肉松弛。

女性月经期一般不宜骑车长途旅行，如平时有锻炼基础，个人体质情况较好的，也不必禁止。

思考题：

1. 什么是休闲娱乐体育？休闲娱乐体育有哪些类别？其特点是什么？
2. 野外生存项目的特点是什么？野外生存训练应有哪些准备和注意事项？
3. 你曾经参加过本章提到的哪一项休闲娱乐体育项目？谈谈你对这项运动的感受。

第十三章 西北民族体育

学习目标：了解西北民族体育的发展概况；领会和理解西北民族体育游戏的锻炼价值；掌握摔跤、打瓦、打尜、冈朵、跳方、抓骨节、斗鸡、果卓舞的游戏方法和技巧。

第一节 民族体育概述

自古以来，中国就是一个统一的多民族国家，各民族之间在政治经济、科学技术、思想文化、文学艺术等方面，不断地交流，相互影响、相互补充，创造了灿烂的中华传统文化。民族传统体育是中华民族文化的重要组成部分，是社会政治、军事、文化、教育、宗教信仰、风俗习惯和民族传统的反映，是随着社会文化的产生、发展、演变而产生、发展、演变的。在中华民族漫长的历史发展过程中，民族传统体育以其独特的民族性在中华体育中占有一席之地。民族传统体育项目有的反映了民族自然观，有的反映了民族宗教观，有的反映了民族历史观，有的反映了民族文化观，而有的又折射出民族的征战观，形成博大精深的民族体育文化内涵，充分再现了中华民族血浓于水的民族情感和民族情结，以其伏根深远、覆盖广阔的民族文化风韵，成为东方文化形态之一。在社会主义现代化建设中，在发展群众体育和实施全民健身计划中，民族体育发挥着重要的作用。

民族传统体育是指长期流传在各民族间的以锻炼身心和娱乐为目的的各种活动。西北是一个多民族地区，各民族创造出富有浓郁民族特色和独具魅力的具有地方色彩的传统民族体育项目，并广泛分布于西北各地。

儿时的游戏我们还记得多少？中华民族传统体育文化不知不觉在我们身边流失……我们的大学生、中学生中有多少人还知道西北地区民间曾经风靡一时的打瓦游戏、打尜游戏、民族式摔跤、藏族古老的锅庄舞、冈朵(意指脚石)？过去，这样的游戏在民间有上千种。今天，完全有必要重新认识民族体育文化的价值，呼唤民族体育的回归。它对培养人的心灵各种能力，如：自然性、道德性以及认识能力、感官力、想象力、记忆力、注意力、体力等很有益处。这与体育教育提倡自然性的教育和实践性的教育是一致的。同时引申出，对非物质遗产的民间活态文化应记忆传承，承担起历史所赋予我们的责任，充分发挥大学教育这一智能、知识、信息基地。进一步凸显“天人合一”的哲学思想，为建设和谐社会做出贡献。

第二节 西北民族体育游戏精选

一、摔跤运动

摔跤是一项古老的运动，相传起源于原始社会的末期，发展至今已有2000余年的历史。摔跤运动不断地向前发展，演变成方法和形式不同的各式摔跤，成为我国各族人民喜爱的运动项目之一。

现代流行的摔跤运动可分为下列几种：中国式摔跤、国际式摔跤（古典式和自由式两种）。

中国式摔跤比赛按运动员体重分为 10 个级别。比赛时，运动员身穿特制的摔跤衣，系腰带，穿长裤和高靴鞋。在 10×10 米平坦柔软的垫上互摔。可握抱下肢，可用腿使绊以摔倒对方。摔倒对方一跤根据动作的幅度和倒地的情况可得 1 分、2 分、3 分、4 分、5 分。比赛每场分两局，每局为 3 分钟，两局之间休息 1 分钟。以两局中积分多者为胜。

中国式摔跤的基本技术

1. 倒地技术

向前、后、左、右倒地时需低头、含胸、收腹，手撑地时手指向里，屈肘、团身倒地。

2. 大得合

两手分别抓住对方的领口和袖口，使对方两脚平行站立。此时，用抓领口之手的同侧腿从对方裆内去绊对方的支撑腿，使其向后仰面倒下（如图 13–1）。

3. 小得合

用一腿进入对方裆内并绊住其一腿，用身体重量压对方被绊之腿，使之倒下，也可跪下绊压对方的腿（如图 13–2）。

图 13–1

图 13–2

图 13–3

图 13–4

4. 箍腰

抱住对方腰部，一腿插其裆内，两臂收紧，上体前压，迫使对方仰面倒下（如图 13–3）。

5. 上把

左手抓住对方右袖口，右手臂缠住头颈。臀部抵住对方小腹，然后低头、伸膝、提臀，将对方从右腰背上摔下（如图 13–4）。

6. 下把

右手抓住对方后腰带，左手抓住对方右袖口底部，以腋窝挟住其小臂，然后用倒步或盖步移腰屈膝进胯，以臀部抵住对方小腹，低头、伸膝、提臀，将对方从臀背上摔下（如图 13–5）。

7. 倒口袋

左手抓住对方右袖口，以右脚为支撑脚，左脚走倒步，右手握抱对方右臂，右肩抵在其腋窝里；然后迅速低头、伸膝、提臀，弓身将其摔倒（如图 13–6）。

8. 手别子

左手抓住对方右袖口，使其右脚向前迈出一步，此时将右手从对方的右腹下插进，握抱其大腿，并以右肩顶住其右肩胸往下压；然后向右后旋转身体，使对方上翻倒出（如图 13-7）。

图 13-5

图 13-6

图 13-7

9. 右右挽

左晃右挽，右晃左挽。右手抓住对方左领口，左手抓其右胸口，左脚在对方前右下施加压力，使其向右晃动。当对方反抗时，右脚倒步向右转体，左腿挤进其裆部，用左臀部顶其右胯部，右手用力牵引，使之倒下（如图 13-8）。

10. 穿裆靠

以右腿挡住对方的左腿后面，右手从其裆内伸进扣住其左腿，用肩背力量向后靠，将对方摔倒（如图 13-9）。

11. 挑勾子

左手抓住对方右袖口并挟住其小臂，右臂抱挟对方头颈，右腿从其裆内朝上挑起，并低头向左转体，将对方从自己右大腿外侧翻倒（如图 13-10）。

图 13-8

图 13-9

图 13-10

12. 划勾子

左后抓住对方右袖口并挟住其小臂，右臂抱挟对方头颈，右腿缠住其左腿，前挑不成时，迅速顺势向右转体，划其左腿，向右转体将对方摔倒（如图 13-11）。

13. 扛口袋

一手抓住对方袖口，一手从对方裆内插入并抱其腿，随即用肩杠起对方，向侧或向前将其摔下（如图 13-12）。

14. 抹脖脚

左手抓住对方右袖口，左手抹住其右颈脖，右手抹住其右颈脖，右脚向后撤步，在迫使对方左脚上步时，用右脚扫其左脚踝，两手用力向右拉抹，使其倒下（如图 13-13）。

15. 拨脚

左手抓住对方袖口，右手抓住其左领口，以右手牵引对方向左前移动，在其左脚刚着地的瞬间，以右脚拨其左踝部，使其失去平衡而倒地（如图 13-14）。

图 13–11

图 13–12

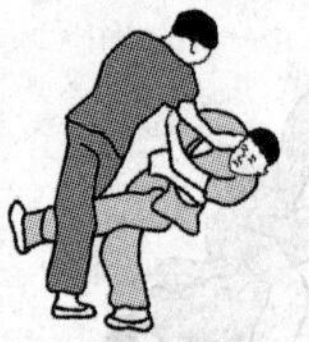

图 13–13

图 13–14

图 13–15

16. 扣腿

以右手抓住对方的右门襟使之右脚迈出一步，随即用左手将此腿的膝部外侧往里扣，右手向对方的右侧推，即可轻易将其推倒(如图 13–15)。

二、打瓦

(一)游戏方法

“打瓦”也是明代长城文化流传下来的民间游戏。“打瓦”的游戏步骤共五关：

1. 从底线手持“母瓦”直接抛击并击倒“法瓦”，同时单脚跳向“法瓦”，单手拾起“母瓦”跳回底线。

2. 从底线手持“母瓦”向前抛适当位置，跨跳一步单脚支撑并触到“母瓦”，再向后移开，用单手拾起“母瓦”，抛击并击倒“法瓦”，同时单脚跳向“法瓦”，用单手拾起“母瓦”跳回底线。

3. 从底线手持“母瓦”向前抛适当的位置，跨跳两步单脚支撑并触到“母瓦”，再向后移开，单手拾起“母瓦”，抛击并击倒“法瓦”，同时单脚跳向“法瓦”，单手拾起“母瓦”跳回底线。

4. 从底线手持“母瓦”向前抛，使其靠近“法瓦”，跨跳三步单脚支撑并触到“母瓦”，再向后移开，用单手拾起“母瓦”，直接将“法瓦”向后拨倒，再跳回底线(蛟龙探海的感觉)。

5. 从底线手持“母瓦”向前抛过“法瓦”，将双眼蒙上，走到“母瓦”前，用前脚掌向后滑动“母瓦”并击倒“法瓦”，取下蒙布拾起“母瓦”走回底线。

(二)场地与器材

打瓦游戏有两条延长线，距离 6~8m。“法瓦”(立在地上瓦)长 24cm，宽 12cm，厚 6cm；“母瓦”长、宽各 12cm，厚 6cm。

（三）游戏规则

1. 俩人玩法：经过挑边（民间猜马钱或“石头剪子布”）优先方先玩，1至5关，关关都有可能出现该局结束并“处罚”对方。对失败方的“处罚”方式是：将对方由“法瓦”处背到“母瓦”处。

2. 集体玩法：民间如6人或8人，采取由高到底排成一列横排，1至6或1至8报数分出两组。经过挑边（民间猜马钱或“石头剪子布”）优先方先玩。这时，3人或4人同时上场开始游戏。游戏中如有队员失败，本方队员在成功的前提下可以解救同伴一关，如再失败看下一个同伴是否成功，如果成功可以继续解救，直到这一局结束并“处罚”对方。

三、打尜（gá）

据考证，打尜是长城内外民间古老的体育文化，属于北方农耕与游牧区结合部民族的体育游戏。长城分秦长城、汉长城、明长城。长城外最早是由牧到农的过度带，当时内长城的生产、生活、文化、传播到牧区，同时，牧区的文化也流入内地，像打尜游戏就是从沙漠、戈壁滩、牧区传入的。这些地区的人们爱吃牛羊肉，随身带着腰刀，用灌木丛中的沙柳条、红荆条等顺手就削成一个尜，再选择粗一点的削成一个棒（约一尺多长），就可以玩“打尜”。《帝京景物略》卷二中记载：二月二日龙抬头……小儿以木二寸，制如枣核，置地而棒之，一击令起，一击令远，以近为负，曰“打拨拨”，古所称击壤者耶!谣云：“杨柳儿活抽陀螺，杨柳儿青防空钟，杨柳儿死踢毽子，杨柳儿发芽打拨儿”。（邓子琴.中国风俗史.巴蜀书社，1988（3），287~290）

（一）游戏方法

2~4人参加，挑边后开始比赛。比赛前决定击3棒还是击5棒定胜负？游戏人将尜放在起始地段（一条起始线），轻击尜的一端，使尜借力弹起（约30~40cm高），这时，击尜人站在尜的侧面利用手中的木棒（左手或右手），击打尜的中部使尜迅速飞向前方，落地后，由击尜手估计击出的距离有多少，如果对方认可，将这段距离的数字记在击尜手方，击尜手继续击尜。反之，如果对方认为击尜手估计的某段距离于实际不符，这时，由双方进行实地丈量，如果确实不符，击尜手停止击尜，将此段距离的数字记在对方身上并由对方从起始地段开始击尜。依次类推，直到有一方完成击3棒或5棒，并且估计的距离不能有误，这一局结束。处罚的方式是：从最后一棒击出尜的落地点开始（包括加上对方估计错的那段距离），由负方将胜方背回到起始线（当时孩子们采用丈量的方式是用自己的脚去一脚一脚向前丈量）。

（二）场地、器材

用一根拇指粗、3寸长的圆木，两头削尖，即为玩具“尜”，再找一根一尺多长的木棍做“板”。在墙根下画一个或方形或圆形的“锅”，在距“锅”2m左右处画一道“兑尜”线。

（三）教学目的

它锻炼人的目测能力、臂力、腰腹力量。击尜有打棒球的感觉，有趣味，能调动学生参与活动的积极性。

四、冈朵

据学者宗咯考证,“冈朵”是藏族民间体育游戏中最古老的项目之一,东起中国青藏高原,西至尼泊尔、印度,民间都流传着这种古老的游戏,距今已有很多年的历史。

(一)游戏方法

冈朵藏语的意思是“脚石”。男女均可参加,只是游戏方式上男女分开比赛。分单人(共俩人比赛)或双人比赛(共四人比赛),比赛开始前双方同时站在“石板”前,抛掷“石饼”,看谁的离线近(挑边),谁先开始。

1. 从底线(距离 6~10m)直接用手抛“石饼”触击“石板”。

2. 从底线(距离 6~10m)将“石饼”抛到“石板”前方,越靠近“石板”越好,用脚内侧将“石饼”踢向“石板”(如直接触击“石板”算犯规)。

3. 从底线手抛“石饼”过“石板”,落地后背对“石板”并用脚掌向后滑动“石饼”触击“石板”(不能回头看“石板”)。

4. 右手持饼在右跨下向前击“石板”(距离 3~4m)。

5. 左手持饼在左跨下向前击“石板”(距离 3~4m)。

6. 将“石饼”放在右脚背上向前走三步,第三步击“石板”(距离 6~10m)。

7. 将“石饼”放在左脚背上向前走三步,第三步击“石板”(距离 6~10m)。

8. 双脚夹“石饼”连续跳三步,第三步将“石饼”抛出并击中“石板”。

9. 将“石饼”放在右脚背上,即右带石,直接向前击“石板”(距离 6~10m)。

10.将“石饼”放在左脚背上,即左带石,直接向前击“石板”(距离 6~10m)。

以上 10 个步骤谁先完成为胜方。负者受到的“惩罚”是二选一:一种是由胜者用脚背将“石饼”向远方踢出,当“石饼”落地后负者要“喊着啊……”不能呼吸迅速急跑将“石饼”取回。如果中途调整呼吸,就在此地将胜方背回原处。另一种是可调整一次呼吸迅速急跑同时“喊着啊……”,将“石饼”取回。如果中途调整二次呼吸,就在此地将胜方背回原处。据当地的老人讲,“喊着啊……”这种“惩罚”形式是为了减轻每天枯燥劳动的一种发泄方式。

(二)场地、器材

器材为一个 40×35cm 的硬质木板制成的“石板”(藏族民间使用的是石板)。现如今“石板”经过改造,第一行是“冈朵”的藏文,第二行是拉丁文与英文拼成的“冈朵”,中间是一个藏族“八吉祥图”案之一,象征着健康、长寿没有终结的意思。它的英文意思是 Endless Knots(如图 13-16)。一个由厚 3cm、宽 7cm、长 10cm 的椭圆形青冈木制成的“石饼”(藏族民间使用的是石片)。场地共有两条线:第一条线离“石板”3~5m;第二条线(底线)离“石板”6~10m(女生可适当调整距离;场地可大可小)。

在原游戏规则基础上加以完善并制定一套严谨的竞赛规则,教师按照规则指导教学,以达到安全、合理、公正、公平的竞赛和强身健体的目的(如图 13-17)。

(三)教学目的

冈朵是集健身、娱乐、协同配合于一体,对人体的速度及灵敏性、协调性、平衡性、稳定性等基本素质有一定要求的民间游戏。这种游戏能锻炼学生身体基本活动能力及协调性,培养学生的体育竞争意识及团结协作精神。

图 13-16

图 13-17

五、跳方

(一)游戏方法

跳方又称蹴瓦、跳房。在平地上画并排五六个大方格,二人或四五人参加,依次出场。用一碎瓦片,称为“瓦儿”,或用布毽代替。抛“瓦儿”于第一格,单脚跳动,蹴“瓦儿”向前,一格一格跳过。行进中“瓦儿”压界线,名为压杠,脚踏界线,名为踩杠,双脚着地,名为脚落地,跳至一格,脚动二次,名为活动脚,都算犯规(“坏了”),犯规即出局等待下一轮。按规则跳完一个来回,即算跳完一格,再抛“瓦儿”于第二格,由第二格蹴瓦向前。跳完全部格子,取得资格,背对房格,将“瓦儿”由头顶向后抛出,名为背瓦,“瓦儿”落在哪一格,哪一格即为胜者的“房子”,胜者在这一格画上记号,名为“盖房子”,此后胜者再跳至自己“房子”的一格时,可以落脚休息,而别人必须蹴瓦跳过这一处“房子”,若“瓦儿”落在别人的房子里,或压了别人“房子”的界线都算犯规。背瓦时出界或压杠,也算犯规,当次所跳格子无效。最后以“盖房子”的多少排名次。

(二)场地、器材

在平地上画并排五六个大方格,二人或四人参加,依次出场。

(三)教学目的

培养学生的弹跳力、灵活性、稳定性及协作精神。

六、抓骨节

(一)游戏方法

明代《北京风俗·岁时》中写到:时日也,女妇间,手持五丸,且掷且拾且承,曰“抓子儿”。丸象木银砾为之,竞以轻捷。又称拾子儿、拾磨个、抓骨节等。一般用五只磨光的石球或猪脚骨为玩具,玩法多种,玩时伴之以歌谣,节奏分明。流行在龙口民间的一种玩法是“窝一窝……”:将手中的五个“磨个”中的一枚(这一枚称为“头”或“俏儿”)抛向空中,而将其余四枚放在地上,腾出手来接住空中落下的“俏儿”,再唱“窝二圆……窝三团……”每唱一句,即抛“俏儿”于空中,趁间以手拨地下“磨个”,使其中三个成靠紧的“品”字形,然后接住“俏儿”唱“窝成哥哥……一上”,唱这句时,抛出“俏儿”,拾起地上另一个“磨个”,摞在“品”字上,接住“俏儿”,再唱“窝成哥哥二拉杠……”唱时低低抛起“俏儿”,

手心向下，中指下弯用食指和无名指接夹住“俏儿”，再唱“打倒——盘个——”，唱时，甩出“俏儿”将摞起的“磨个”打倒，再拾起“俏儿”，抛起，抓起地上四个“磨个”于手中，再接住“俏儿”，五子在手，即为“满一盘”。若唱出一句没有完成相应的动作，或者“俏儿”落地，都算“坏了”，罚当次出局，等待下一轮。如此反复比赛，最后以完成“盘”数的多少排名次。西北地区无论大中小学凡是在教学中遇到刮风下雨在室内可开展这种游戏。

(二)场地、器材

在一块平地上或一米见方的小桌上就可进行游戏比赛。用五个羊骨节组成游戏器材。

(三)教学目的

培养学生的灵敏性、协调性及感官能力。

七、斗鸡

(一)游戏方法

每俩人为一对，若干对为一组进行比赛。游戏时，两人进入圆圈内相对而立，各自都以双手抱起另一条小腿和踝关节。当发出开始的口令后，两人都靠一只脚连续跳动，并用膝、肩、臀等部位互相攻击，设法使对方失去平衡而双脚落地。双脚先落地者为败，胜者计1分，积分多者为胜方。另一种游戏方法，两人面对面单脚站立，同时另一腿小腿后屈，两臂前平举做互相推顶或躲闪动作，迫使对方失去平衡，谁的“后屈小腿”先落地者为失败。

(二)场地、器材

有一块平坦的露天或室内场地就可以进行斗鸡游戏比赛。

(三)游戏规则

1. 未听到比赛开始的口令，不得抢先撞击对方。
2. 斗鸡时，必须双手抱紧弯曲的一条腿，不得以单手抱腿或以另手去推拉对方。
3. 双方同时失去平衡而双脚落地，为平局，可重新进行比赛。
4. 在比赛中不得任意换另一只脚，但可做假动作躲闪。

八、果卓舞

(一)果卓舞概述

果卓舞是藏民族往昔岁月的一种道具，一种符号，它本身包含的文化元素，可以滋养人们的心灵，使人们在怀旧中体味到一种审美价值，体味到一定的人生意义。果卓舞是原生态民间娱乐文化，它不仅呈现出不同的民族特色，而且也呈现出不同社会发展阶段的特点。而这些不同的特征都是在漫长的历史岁月里，伴随藏族人民生活和生产劳动逐渐形成并流传至今的。人体最原始的舞蹈动作的节奏、律动，也可算是本能式的“人体行为”，是为求生存在劳动中表现出来的，是延长人类生命的艺术行为。传统体育和民族舞蹈作为人体艺术行为只能是后天磨砺积累而成的，舞蹈与这些运动形式在藏传佛教的影响下得到了共同发展。

(二)果卓舞在西部的生息繁衍

昌都在藏语中有“两河交汇”之意。它是藏东的政治、经济、文化及交通中心。每年的康巴文化节上，昌都传统舞，包括舞弦子、果卓舞以及鼓铃舞等，将康巴人的风姿和富足展露无遗。早在1887年的《章古屯志略》就记载:“每逢喜庆辄跳锅庄,自七八十人至一二百人,不分男女,附肩联臂绕径而歌,所歌者数十百种,首尾有定局,其中所歌的人变换之巧拙,其语有颂扬者,有言日月星辰者,有论阴晴风雨者,有念稼穑之艰难者,有男女相爱悦者……”

青海西南部的玉树州,长期同川西地区、昌都地区联系密切,统称“康巴”地区。玉树地区歌舞的兴起,年代十分久远。结古寺一世喜那活佛有着非凡的艺术天赋,他独创的一百多种“多顶求卓”,奠定了玉树成为歌舞之乡的基础。

梅里雪山的卡瓦格博峰被藏民奉为神山,每年秋季,川、藏、甘、青等地的藏民前来朝拜山神的络绎不绝。据实地调查,云南藏区的“卓”、“热巴”等传统舞蹈,其总体风格、动律、特征与藏族同类舞蹈相似,说明舞属同流。滇西北是一个多民族杂居地区,藏族同纳西、彝、白、傈僳、普米族交错分布,文化的相互交流由来已久。一些藏族人会跳彝族舞,会唱纳西、白族调,傈僳、纳西族人也会唱藏曲,会跳热巴、果卓舞。

据藏族学者洲塔教授考证:果卓为藏语,意为圆圈舞。果,为转圈的意思,卓,为舞蹈的意思。汉族将它译为“锅庄”舞,也是藏语的谐音。有关“锅庄”之来历的神话传说有多种,一种传说是西藏拉萨修建大昭寺竣工时,格萨尔王命令所有的观众围着寺庙欢歌,延续下来成为一种圆圈舞。据史书记载:羌族的火神“翁不士”,其化身就是羌人的火塘锅庄石。以火塘上的锅庄石象征祖先,这是在许多民族中比较普遍的一种文化现象。羌族的住房中心为锅庄,羌语称希米,火种终年不熄,有万年火之称。锅庄的上方为供奉祖先的神位,平时全家聚会、饮食、接待客人、节日歌舞及祭祀祖先等都在锅庄旁,围坐在火塘边,咂着酒慢慢消磨时光,当然少不了“莎朗”舞。由于藏族舞蹈的民间宗教、娱乐文化的特质,我们将“锅庄”舞统称为果卓舞更为贴切。

果卓舞在不同地域呈现出不同的特点。果卓舞流行于西藏、青海、甘肃、四川、云南等省的藏族地区。雪域歌舞大体可分为两大支系:即民间歌舞支系和宗教舞蹈支系;从类别上看则可分四大类型:即谐——歌舞、卓——舞蹈、噶尔——乐舞、羌姆——宗教舞蹈。这两系四类舞蹈在藏区,又有各自具体的形态特征。而果卓舞主要是“谐”、“卓”两种风格的融合。

西藏地区:主要流传于后藏、阿里西部、昌都地区。从藏族民间舞和古典舞分布的现状来看,有顿足为节、连臂踏歌、热烈欢腾的农村“果谐”(圆圈歌舞),有踏步为节,颤、弹、踢和点变化的“堆谐”(俗称踢踏舞)。“果谐”属于农区古老的歌舞形式,可在野外、村头或室内进行,人数不限,男女老幼皆可参加。“果谐”由慢、快两种不同速度的曲调与舞蹈组成,慢板称作“降谐”,意为“舒展的舞蹈”,曲调缓慢、辽阔,舞蹈舒展、简单;快板称作“久谐”,是“快速歌舞”之意,曲调热情,为4/4或2/4拍,有踏步为节,颤、跨、甩相结合,顿挫有力的“达谐”(林区圈舞);有圆润舒展,长袖翩翩,铃声震荡,粗犷激扬,重技巧动作,表现狂热情绪的“热巴”铃鼓舞;有羽锤翻飞,气吞山河的“色玛卓”(后藏的大鼓舞)和“卓谐”(前藏腰鼓舞)。从动律上看,既有“舞靴”,又有“舞袖”;从韵律上讲,既有“圆滑风”,又有“顿挫风”,既有“点”的强烈音响,又有“线”的圆曲流动。呈现出同一民族不同形态的多风格特征。

青海地区:主要流传于玉树州。舞蹈种类繁多,主要有“卓”、“依”、“热巴”、“热依”、

“锅哇”等。“卓”分“求卓”和“果卓”两种。前者是在举行宗教仪式或迎送贵宾的场合表演的，动作庄重雄浑，音乐沉稳典雅。后者广泛流行于民间，气氛热烈，节奏多变，常常同时有几十人、上百人一起表演。每个舞蹈基本上是从慢到快渐进发展，慢时如鸿毛落地，无声无息，舞姿持重平稳，舒展大方；快时则威风凛凛，气势澎湃，动作粗犷奔放，雄健剽悍，直至发展到极度狂热而结束。“依”也是玉树地区流传最广，最受群众喜爱的舞蹈之一。青海境内的为“安多依”，西藏称“谐”，康巴称“弦子”。舞蹈中，以轻踏、甩袖、扭胯、转动腰胸等为其特点。表演时，男前女后围成圈，1人领舞，群起歌舞。“木莎春”（藏语，意为广场盛会）古典果卓，使用的鼓乐“巴东鼓”与热巴舞同根同源，主要流传于甘南藏族自治州卓尼县和玛曲县。

云南地区：弦子和卓是云南藏区流传较广的两种舞蹈。民间有“巴塘弦子，中甸锅庄”的说法，意思是巴塘的弦子丰富多彩，中甸的果卓最有特色。弦子舞和果卓舞都是自娱性舞蹈，有数十套模拟猴子、兔子、孔雀等动物及表现劳动生产过程的舞蹈。果卓舞在过去无乐器伴奏，以弯腰搭肩、踏跺为其动作特征，以中甸果卓最为有名。跳勒巴，即热巴舞，藏名为勒巴羌，纳西、傈僳族称之为勒巴蹬、勒巴得，主要流传在巨甸、奔子栏、弗山等藏区。

四川地区：马尔康县原生态的“嘉绒果卓”与“西藏踢踏”、“巴塘弦子”并列为我国藏区三大舞种。以金沙江畔大平原即今四川甘孜地区巴塘的“谐”最为有名，人称“巴塘弦子”。嘉绒果卓主要分农区的果卓和牧区的桌卓，农区的桌卓叫“达尔嘎”，牧区的果卓叫“俄卓”。嘉绒果卓因地域和语言差别，形成革什扎、巴底、二十四村、小金区四大流派，主要有纳顶的兔子果卓、孔雀果卓，三岔沟的豹子果卓、打靶果卓，巴底的鹿子果卓等。参舞者人数不限，可多可少，但讲究礼仪和装束，充分展现出了嘉绒藏族服饰的丰富多彩的特点。在巴丹县有一种果卓舞叫“朵体卓”，藏语译为“脚底补丁”，有证明自己是一个勤劳的人的寓意。舞蹈时，男女必须成双成对，舞者身体向反方向前后转动，抬脚时脚掌相互对应。全套由12个组合动作构成。反映了颤、吸、跨、屈、甩等藏舞韵律特征。

上述四个地域充分展示了果卓舞在不同地域的民族特色，它对培养人的各种能力，如自然性、道德性以及认识能力、感官力、想象力、记忆力、注意力、体力等很有益处。这对于体育教育提倡自然性的教育和实践性的教育是一致的。

（三）果卓舞作为西部民族体育舞蹈的体育特征

藏区各地的果卓舞有地域和历史的差异，风格不一，但有它的共性。上述四个地区果卓舞在动律上普遍存在着最基本的三步舞（后撤前踏、倒脚辗转）、四步舞以及“一顺边”动作，动律节奏由慢板到快板的共同规律。果卓舞的不同寻常之处，不仅在于它以舞蹈的方式楔入到当地的民俗文化中，还在于它存在着多种体育健身的功能，只有相应地训练多种技能，身体素质才会有较大幅度的提高。它和高原地区繁重的劳动生活，虔诚的宗教心理、宗教礼仪及习俗等文化积淀有关。它揭示了藏民族在历史演变中不能用文字与语言表达的民族个性和内在气质。从体育角度来看，果卓舞普遍节奏明快，有慢步，也有快步，娱乐性强，不需要器械。它与西方舶来的健身操、摇滚动作、音乐的风格相比有区别。一套果卓舞一定要有“原汁原味”的藏曲，不同的歌曲，有不同风格的果卓舞。

传统体育和果卓舞同属于人体艺术文化，传统体育主要是以强健身体和在竞技中取得胜利为目的来支配身体动作。而果卓舞则主要是以表达情感为出发点,以情感需要来支配身体动作,即传统体育所要张扬的是一种雄健的人体美,民族舞蹈所主要表现的是一种相对讲求审美愉悦的柔和美,是为了“娱人并自娱”。从运动生理学角度分析,它能使人增强对自然环境适应性,提高身体各部位的协调性,增加呼吸频率,促进血液循环,提高单位时间内人的氧摄入量,对大脑及肢体的正常发育有良好的作用。传统体育和果卓舞有着很多共同点,最突出的是它们都有鲜明的民族性、地域性,能够明显地反映出其民族性格特点。

果卓舞承载着藏族一代代人的文化记忆,而这些记忆随着时间的推移又很容易被忽视和遗忘。果卓舞是藏族人民根据现实生活,长期创作的财富,反映了他们在农区、牧区、林区生活中人与人、人与自然以及人与社会之间的关系上的情感和态度,表达他们对生产劳动后丰收的喜悦和愿望,这方面与维吾尔族、苗族等民间舞蹈是一致的。

维吾尔族民间舞蹈的风格特点,在“赛乃姆”中表现尤为突出,昂首、挺胸、立腰是其基本特征,各种眼神、移颈、打指、翻腕等是其风格韵味,旋转是最常用的技巧,连续旋转中不断变换舞姿是高难度技巧。那孜尔库姆是维吾尔族男子竞技性对舞形式的民间舞蹈,如动肩相靠、蹲跳左右转等,节奏由慢到快,两人各自用绝招压倒对方,如跳起三拍手蹲落、跨转蹲等技巧。

作为云贵高原的苗族舞蹈“长衫龙”、芦笙舞是苗族独具一格的舞蹈,有单人舞、双人舞、集体舞等。基本动作是低姿势旋转,屈膝略有起伏,双臂由两肩带动上下左右摆动。几支或几十支芦笙排在一起,人们边吹边跳,有腾空跳跃、旋转、滚翻、蹲跳、倒立等技巧。

从大众健身角度看,上述两个民族的舞蹈突出技巧性,动作变化相对较少,有一定的局限性(男女动作有不同要求)。而果卓舞随意性强,动作由简到难,容易模仿学习,群众既是观众又是表演者,不分男女老幼一起上场,感情奔放,而且舞蹈时,徒手完成,不受器械条件的限制。根据团队的整体水平、情趣、特点,难度动作变换可大可小,动作风格有一百余种。目前,西宁市、兰州市各健身点,每天清晨都有不同年龄段的男女老少跳果卓舞,由最初几十人发展到今天的上千人。高校将果卓舞列入体育教学内容,定会深受学生的喜爱(如图 13-18,13-19)。

图 13-18

图 13-19

(四)果卓舞的教学内容

果卓舞是一个集体项目,人数可多可少,在学校开展果卓舞活动主要以娱乐为主。

果卓舞对基本功要求不高,但是,对于每套动作中的个别难度动作以及藏舞神韵的理解与感受,是教学的难点。

果卓舞项目教学内容主要包括四个藏区不同风格特点的近一百套舞蹈动作,分一般动作和难度动作。一般动作包括:从脚部动作上可概括为颤、拖、屈、踏、蹉、点、踢、吸、跨、扭等10种基本步法;上肢动作可归纳成拉、倾、悠、甩、摆、绕、推、升等8种变化。难度动作包括:从脚部、躯干到上肢的辗转、踢腿转、跨腿转、跳跨转、推磨转、扭腰正反转、拧身反跨转、点步翻身、平转等。

思考题:

1. 简述西北民族体育的发展概况。
2. 如何领会和理解西北民族体育游戏的文化内涵和锻炼价值?
3. 西北民族体育游戏主要有哪些?其技术和技巧有何特点?